大專用書

變異數分析

呂金河　著

三民書局 印行

國家圖書館出版品預行編目資料

變異數分析／呂金河著.－－初版五刷.－－臺北
市: 三民, 2012
　　　面；　　公分

ISBN 978－957－14－1903－9　（平裝）

1.變異數分析

511.2　　　　　　　　　　　　　　　81006554

© 　變異數分析

著 作 人　　呂金河
發 行 人　　劉振強
著作財產權人　三民書局股份有限公司
發 行 所　　三民書局股份有限公司
　　　　　　地址　臺北市復興北路386號
　　　　　　電話　(02)25006600
　　　　　　郵撥帳號　0009998-5
門 市 部　　（復北店）臺北市復興北路386號
　　　　　　（重南店）臺北市重慶南路一段61號
出版日期　　初版一刷　1993年2月
　　　　　　初版五刷　2012年10月
編　　　號　　S 510070
行政院新聞局登記證局版臺業字第○二○○號

ISBN　978-957-14-1903-9　　（平裝）

http://www.sanmin.com.tw　三民網路書店

序

　　變異數分析是研究我們關心的事物是否與某些重要變因存在因果關係的統計方法。在各種變因中，來探求那個變因在什麼情況下對結果的影響最大，最顯著，是變異數分析的主題。本書的主要目的，正在介紹這個重要的資料分析方法，以推廣應用至各種領域。

　　本書的編寫約有以下幾個特點：

　　1.為了便於說明，書中第二章複習了一些基本統計推論的觀念，並視之為較簡單的比較實驗。用此來引出，第三章以後較複雜的比較實驗。

　　2.書中介紹單因子，雙因子及三因子變異數分析的方法及其基本觀念。文共八章，涵蓋內容應已足夠讓讀者對變異數分析有了整體的概念。

　　3.本書假設主要讀者是專校學生，因此書中例題頗多，期使每一觀念及方法都有例題加以說明，以利瞭解。例題中分析計算的過程亦盡量詳細並規則化，以便讀者易於依循並應用。

　　本書的完成，要感謝三民書局劉發行人的熱心支持。還要感謝我家人不斷的鼓勵與策勉。著者才疏學淺，編校疏忽，誤謬之處，敬請學者先進不吝指正。

呂金河

民國八十一年十二月

變異數分析　目次

第三章　單因子變異數分析

第四章　因子水準效果的分析

第五章　單因子變異數分析的其他問題

第六章　二因子變異數分析

第七章　二因子變異數分析的其他問題

第八章　多因子變異數分析

附　錄

第一章
緒　論

1-1　引言

　　變異數分析是一個很重要的統計方法。它和迴歸分析類似，都是用來研究**自變數**(Independent variable)與**因變數**(Dependent variable)間的關係。兩者的因變數常取爲**屬量變數**(Quantitative variable)。而迴歸分析和變異數分析的主要不同在，前者的自變數常取爲屬量變數，而且需事先假設自變數與因變數的關係爲直線或曲線等函數。變異數分析則無上二項條件。因此，相對而言，其應用範圍更廣更大，而成爲資料分析時，不可或缺的工具。

例1　某機構想研究年所得(X)與家庭衣著消費額(Y)間的關係。若取 X＝$50, $60, $70 萬元，三種不同年所得的家庭各幾家，詢問其家庭年衣著消費額。資料圖示如下。若假設 X，Y 的關係呈一曲線，如圖(a)，則可利用迴歸分析，估計下圖(a)曲線的方程式。

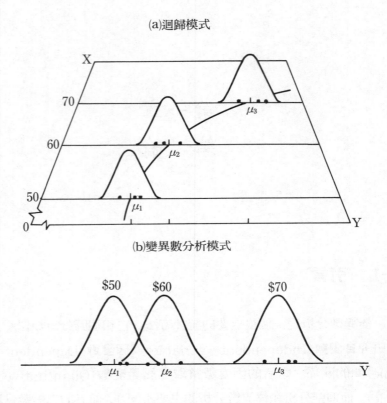

(a)迴歸模式

(b)變異數分析模式

圖 1.1　　迴歸與變異數分析圖

若只想知道所得不同是否確實消費額不同，則可用變異數分析，如上圖 (b)，探討三種不同所得的各個家庭衣著消費平均消費額 μ_1，μ_2，μ_3 是否差異顯著。

　　在實務上，若自變數是屬量變數，而分析者需說明自變數與因變數的關係型態時，選用迴歸分析。若只需證實自變數是否真的影響因變數及什麼情況下影響最大，則採用變異數分析。或者，先用變異數分析證實自變數確實影響因變數後，再用迴歸分析探討變數間的關係函數。兩種統計方法若能相輔相成，自然最爲完美。

1-2　基本名詞

變異數分析中，一些常用的術語分別說明於下：

1.反應值（Response）**或因變數**：研究目的所要測量的目標值。其量測值多屬連續性資料。

2.因子（Factors）**或自變數**：會影響反應值的變數。這些因子是否真的對反應值有影響效果（Effect）是變異數分析的主要目的。因子可能是屬量變數，可能是屬性變數，但都以分類資料的形式表示。

3.水準（Levels）：因子以分類資料表示時的各種不同值，稱爲該因子的水準。

例如上述年所得與家庭衣著消費額的問題。消費額的數量是反應值，爲連續量。年所得是因子，爲屬量變數。但只取\$50, \$60, \$70 萬元三個水準，以這三種分類來研究問題。又如研究四個電視節目的收視率是否大小不同。收視率爲反應值，電視節目爲因子，其爲屬性變數，取四個節目共四個水準來研究問題。

4.處理（Treatments）：各種因子水準的組合稱爲處理。

例如上述年所得與衣著消費額的問題。若只考慮年所得爲因子，則\$50，\$60，\$70 萬元三個水準的組合仍只三種，即對應三個處理。因此，單一因子時，處理和水準意義相同。但影響家庭衣著消費額的因子，也許不只年所得一項。個人的消費習慣可以是因子二，若分成奢侈、中庸、節儉三個水準。家庭中是否有小孩可以是因子三，若分成有、無小孩二個水準，則總共三個因子，水準分別爲三、三、二的水準組合，共有 $3 \times 3 \times 2 = 18$ 種處理。

5.實驗單位(Experimental units)：能接受各種不同處理的標的物，在其上我們要量測反應值。實驗單位要力求其條件，背景因素一致(Uniform)。

　　例如上述衣著消費額的問題，若考慮三個因子，18 種處理，則資料搜集時，至少要找 18 個家庭以對應 18 種處理的情況。家庭即為實驗單位。這 18 個家庭除了對應三種不同因子的 18 種不同處理外，其他條件和背景因素要力求一致。比如，各家庭人數應相同，18 個家庭的社區物價水準應相同，18 個家庭地區氣候條件相似等。在其他條件因素一致的情況下，才能真正凸顯因子不同所產生的影響效果。

　　以上五個專有名詞非常基本。欲了解一個變異數分析的問題，都應該先將上述五個名詞在問題中的意義指明，才能正確的分析題目。

6. 實驗計劃(Experimental design)與**觀察研究**(Observational study)：變異數分析的資料如何搜集？主要有二種方法，一為實驗計劃，一為觀察研究所得。研究者控制或設定各種因子處理，並依隨機化等方法，將各種處理指派到各實驗單位。透過這種有計劃的控制來進行實驗，如此所得資料，可以消除特定因子以外的其他因素對反應值的影響，是較理想的統計資料。若影響反應值的因子不加以控制，或無隨機化的搜集資料，則稱為觀察研究。這類資料的反應值，可能受其他外在因素的影響，而使變異數分析的統計結果可信度降低。

　　例如隨機選 20 家商店，隨機指派 2 種不同商品陳列方式，以研究陳列方式對商品銷售量的影響。100 個顧客，隨機讓他們試吃三種不同廠牌的冷凍水餃，以研究顧客對三種冷凍水餃的喜愛程度是否不同。這是屬於實驗計劃。而實際上，大部分在商業、經濟、社會科學裏，我們所看到的統計資料都屬觀察研究。例如調查 100 個有肺病的病人，詢問他們是否吸烟，用此資料判斷吸烟是否和患肺病有關係。這種觀察研究的資料較易取得。但是吸烟的人可能工作壓力較大，心情不開朗或生活不規律。因此患肺病可能不是因為吸烟，而是因為生活不規律所致。如果改以實驗計劃，找一些身體健康狀況相似的 20 人，隨機分成二組，一組強迫吸烟，一組禁止吸烟，過了 20 年後，看看他們患肺病的人數。如此斷定吸烟是否和肺病有關係，所得結論應該比上述觀察研究所下結論來得更明確且有說服力。因此，如有可能，應多以實驗計劃來搜集資料。但事實上，實驗計劃有時不易進行，如上述吸烟計劃，有人願意被強迫吸烟嗎？所以大部分統計資料，如工廠製程產生的數據、公司管理產生的會計、產量、成本等數據、消費者行為、社會調查意見、經濟指標、儲蓄消費等數據都是觀察研究的資料。

習 題

1-1 試分別定義反應值、因子、水準、處理、實驗單位。

1-2 某品質工程師想研究纖維內棉含量的百分比是否對纖維強度產生顯著影響效果，於是在公司各種產品中，隨機抽取棉含量 15%，20%，25%，30%的纖維各 10 段分別測度其張力強度，問此實驗所顯示的反應值、因子、水準、處理、實驗單位各指什麼？

1-3 某農場主人想比較不同肥料對玉米收穫量的影響。他取鉀、鈉、氨三種肥料各 1 公斤，分別在每平方公尺大的試驗田 12 塊，各分別施以三種肥料各 4 塊。收穫後，測量各試驗田所收玉米重量以做變異數分析，問此實驗所指的反應值、因子、水準、處理、實驗單位各是什麼？

1-4 某冰淇淋公司推出一新產品，分別以紅、藍、黃三色包裝，市場部門記錄了三種包裝下，各週的冰品銷售量，三個月後，以此資料做變異數分析以比較三種包裝法是否對銷售量產生顯著影響。問此問題所指的反應值、因子、水準、處理各是什麼？

第二章
簡單的比較實驗

本章將討論比較二種不同處理的簡單實驗。例如，為比較二種生產方法是否有相同產能，而進行某種觀察或實驗。如此搜集所得的資料如何進行統計分析？此類說明，順便用以複習一些諸如機率分配、期望值、變異數、隨機樣本、估計與檢定等基本統計觀念。

2-1 緒言

某便利商店想知道 A，B 兩牌的香烟銷售量是否相同。於是老板隨機選擇五週做記錄，而得下列資料。

週別	A牌	B牌
1	38	42
2	37	44
3	35	40
4	40	45
5	39	44

　　我們可將香烟廠牌視爲因子，A，B 兩牌則爲因子的二個水準，對應
A，B 兩種處理。觀察上述資料，由於 A 牌數字都較小，可得 B 牌銷售
量較高的印象。若計算兩者的平均值，知 A 牌爲平均每週 37.8 包，而 B
牌爲平均每週 43.0 包，差異爲 5.2 包。但此差數 5.2 是否大到足以表示
A，B 兩牌平均銷售量眞有差異，仍未確定。因爲，我們只觀察五週，也
許另外又觀察了五週，會有完全相反的結果。也就是說，差異數 5.2 也許
主要是抽樣的樣本變異所影響，而實際 A，B 兩牌眞正的差異並不大。
如何來判斷差異 5.2 是樣本變異或 A，B 差異所致？需要一種統計方法
——**假設檢定**(Hypothesis testing)。爲說明方便，先複習一些基本統
計概念。

2-2　基本統計概念

　　實驗計劃中每次觀察或量度的結果可稱爲一次**試行**(Run)。同樣條
件下試行結果可能不同，這是因爲**噪音**(Noise)的影響。比如上例 A 牌香
烟每週（試行）的銷售量因噪音而有變化。這種噪音稱爲**實驗誤差**
(Experiment error)或**誤差**(Error)。這是一種統計誤差，是一些無法
控制且無可避免的變異因素所引起的。誤差或噪音的存在使觀察值變化。
這種反應變數，如香烟每週銷售量，稱爲**隨機變數**(Random variable)，
隨機變數分爲離散和連續二種。若隨機變數的可能值爲有限個或可數的
無窮多個，則稱爲**離散**(Discrete)隨機變數。而若隨機變數的所有可能值
成一區間者，則稱爲**連續**(Continuous)隨機變數。

2-2-1　機率分配(Probability Distribution)

　　隨機變數 Y 的機率結構可用機率分配來描述。若 Y 爲離散，則
$p(y)=P(Y=y)$ 的函數稱爲**機率函數**(Probability function)。若 Y 爲

連續，則用**機率密度函數**(Probability density function)f(y)來描述
機率分配。如下圖 2.1 所示，離散隨機變數 Y 的機率函數 p(y)圖的高度
表示 Y＝y 點的機率。而對連續隨機變數而言，f(y)曲線下方，介於區間
〔a，b〕範圍內的圖形面積表示 a≤Y≤b 的機率。

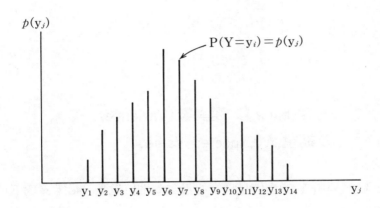

(a)離散的機率分配

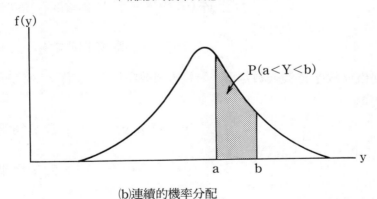

(b)連續的機率分配

圖 2.1　離散與連續的機率分配

機率分配的性質如下:

Y 為離散則　(1) $0 \leq p(y_1) \leq 1$　　　　　　　對所有 y_1 值

　　　　　　(2) $P(Y = y_1) = p(y_1)$　　　　　　對所有 y_1 值

　　　　　　(3) $\sum_{\text{所有 } y_1} p(y_1) = 1$

Y 為連續則　(1) $0 \leq f(y)$

　　　　　　(2) $P(a \leq Y \leq b) = \int_a^b f(y) \, dy$

　　　　　　(3) $\int_{-\infty}^{\infty} f(y) \, dy = 1$

2-2-2　均值(Mean)、變異數(Variance)　　及期望值(Expected Values)

隨機變數 Y 的均值是為中心量數或地位量數, 記作 μ 或 $E(Y)$, 定義為

$$\mu = E(Y) = \begin{cases} \sum_{\text{所有 } y} y p(y) & \text{當 Y 為離散} \\ \int_{-\infty}^{\infty} y f(y) \, dy & \text{當 Y 為連續} \end{cases} \tag{2.1}$$

隨機變數 Y 的變異數是為差異量數或離中量數, 記作 σ^2 或 $Var(Y)$, 定義為

$$\sigma^2 = Var(Y) = \begin{cases} \sum_{\text{所有 } y} (y - \mu)^2 p(y) & \text{當 Y 為離散} \\ \int_{-\infty}^{\infty} (y - \mu)^2 f(y) \, dy & \text{當 Y 為連續} \end{cases} \tag{2.2}$$

變異數的平方根 $\sigma = \sqrt{\sigma^2}$ 稱為**標準差**(Standard deviation), 簡記作 s.d.(Y)。隨機變數 Y 的函數 $g(Y)$ 的期望值, 記作 $E[g(Y)]$, 定義為

$$E[g(Y)] = \begin{cases} \sum_{\text{所有 } y} g(y)p(y) & \text{當 Y 爲離散} \\ \int_{-\infty}^{\infty} g(y)f(y)\,dy & \text{當 Y 爲連續} \end{cases} \quad (2.3)$$

上述 Y 的均值與變異數，其實都是 g(Y) 的特別情況，如 $g(Y) = Y$，則 $E[g(Y)] = E(Y) = \mu$。$g(Y) = (Y-\mu)^2$，則 $\sigma^2 = E[g(Y-\mu)^2]$。期望值有線性(Linear)特性，亦即當 a，b 爲常數時，

$$E[a+bY] = Ea + b \cdot E(Y) = a + b \cdot E(Y) \quad (2.4)$$

因此，易得證

$$\mathrm{Var}(a) = 0$$

$$\mathrm{Var}(Y) = E[(Y-\mu)^2] = E(Y^2) - \mu^2$$

$$\mathrm{Var}(aY) = a^2\mathrm{Var}(Y)$$

若有兩隨機變數 Y_1, Y_2 其均值與變異數記作 $\mu_1 = E(Y_1)$，$\mu_2 = E(Y_2)$，$\sigma_1^2 = \mathrm{Var}(Y_1)$，$\sigma_2^2 = \mathrm{Var}(Y_2)$，則可定義 Y_1，Y_2 的**協變異數**(Covariance)，記作 $\mathrm{Cov}(Y_1, Y_2)$ 爲

$$\mathrm{Cov}(Y_1, Y_2) = E\left[(Y_1-\mu_1)(Y_2-\mu_2)\right]$$
$$= E(Y_1Y_2) - \mu_1\mu_2 \quad (2.5)$$

當 Y_1，Y_2 **機率獨立**(Independence)時，$\mathrm{Cov}(Y_1, Y_2) = 0$，因此協變異數可用以量度 Y_1，Y_2 **相關**(Dependence)程度的大小。由期望值的線性特性，亦可得

$$E(Y_1+Y_2) = E(Y_1) + E(Y_2) = \mu_1 + \mu_2$$

$$E(aY_1+bY_2) = aE(Y_1) + bE(Y_2)$$

$$\mathrm{Var}(Y_1 \pm Y_2) = \mathrm{Var}(Y_1) + \mathrm{Var}(Y_2) \pm 2\,\mathrm{Cov}(Y_1, Y_2)$$

$$\mathrm{Var}(aY_1 \pm bY_2) = a^2\mathrm{Var}(Y_1) + b^2\mathrm{Var}(Y_2) \pm 2ab\,\mathrm{Cov}(Y_1, Y_2)$$

而當 Y_1，Y_2 獨立時，上式可化簡爲

$$\mathrm{Var}(Y_1 \pm Y_2) = \mathrm{Var}(Y_1) + \mathrm{Var}(Y_2)$$

$$\mathrm{Var}(aY_1 \pm bY_2) = a^2\mathrm{Var}(Y_1) + b^2\mathrm{Var}(Y_2)$$

且　　　$E(Y_1 Y_2) = \mu_1 \mu_2$

2-3　抽樣分配(Sampling Distributions)

2-3-1　隨機樣本(Random Samples)、樣本均值 (Sample Mean)及樣本變異數(Sample Variance)

統計分析的特點, 就是想由**母體**(Population)抽出的局部**樣本** (Sample)資料推估母體特性。而這些樣本資料, 我們希望它很具代表性。如何選取樣本是統計工作的重要課題。例如, 母體有 N 個元素, 今抽其中 n 個爲樣本, 則共有 $N!/[(N-n)!n!]$ 種可能樣本, 若每種樣本被選的機率相同, 則稱爲簡單隨機抽樣(Simple random sampling)。理論上, 母體可能有無限多個元素, 每一樣本的觀察值 y 可視爲一隨機變數 Y 的出現值。而稱一組機率獨立且機率分配相同(Independently identically distributed)的隨機變數 Y_1, Y_2, …, Y_n 爲**隨機樣本**。稱不包含任何未知參數的隨機樣本的函數爲**統計量**(Statistic)。其中參數是指母體的特性值, 比如均值 μ 或變異數 σ^2。重要的統計量, 有**樣本均值** $\overline{Y}$

$$\overline{Y} = \frac{\sum\limits_{i=1}^{n} Y_i}{n} \tag{2.6}$$

及**樣本變異數** S^2

$$S^2 = \frac{\sum\limits_{i=1}^{n} (Y_i - \overline{Y})^2}{n-1} \tag{2.7}$$

樣本變異數的平方根 $S = \sqrt{S^2}$ 稱爲**樣本標準差**(Sample standard deviation)。標準差亦可量度資料的離差, 由於其單位和原資料 Y 的單位相同，而不似 S^2 為平方單位，因此應用上，標準差比變異數方便。

2-3-2　估計式(Estimators)及其特性

代表母體特性的特徵數稱為**參數**(Parameters)。而用以估計母體未知參數的統計量則稱為**估計式**。例如樣本均值 $\overline{Y}$ 是母體均值 μ 的估計式，樣本變異數 S^2 是母體變異數 σ^2 的估計式。將樣本資料的數值代入估計式中，則估計式所得數值稱為**估計值**(Estimate)。如 2-1 節的例題中，A 牌香烟的五個數值代入公式(2.6)，得母體均值 μ 的估計值為 37.8。代入估計式(2.7)，則母體變異數 σ^2 的估計值為 3.7。

每一參數的估計式，可能有許多種。統計的點估計就是探討如何找到好的估計式。何謂好的估計式？下面二特性是最重要的好的標準。

1. **不偏**(Unbiased)。估計式的期望值恰等於參數，稱為不偏估計式。這表示〝平均而言〞估計式和參數完全相同，自然是一種好的估計法。

2. **變異最小**(Minimum variance)。各種估計式中，若有變異最小者，表示該估計式的估計誤差較小，當然是一種好的估計法。

例如：樣本均值 $\overline{Y}$ 滿足

$$E(\overline{Y})=E\left(\frac{\sum_{i=1}^{n}Y_i}{n}\right)=\frac{1}{n}\sum_{i=1}^{n}E(Y_i)=\frac{1}{n}\sum_{i=1}^{n}\mu=\mu$$

故 $\overline{Y}$ 是 μ 的不偏估計式。又樣本變異數 S^2 亦為 σ^2 的不偏估計式。在常態母體中，還可證明 $\overline{Y}$ 是 μ 的最小變異估計式。

2-3-3　抽樣分配(Sampling Distribution)

統計量的機率分配稱為**抽樣分配**。最重要的抽樣分配是常態分配。

一隨機變數 Y 的機率密度函數若型如

$$f(y) = \frac{1}{\sigma\sqrt{2\pi}} e^{-\frac{1}{2}(y-\mu)^2/\sigma^2} \qquad -\infty < y < \infty \qquad (2.8)$$

則稱 Y 服從**常態分配**(Normal distribution)，其中$-\infty < \mu < \infty$爲 Y 的均值，$\sigma^2 > 0$ 爲 Y 的變異數。常態分配的機率密度函數 $f(y)$ 作圖如下，其形如倒鐘，對 $y = \mu$ 呈對稱，是最常見的機率分配。記作 $Y \sim N(\mu, \sigma^2)$。

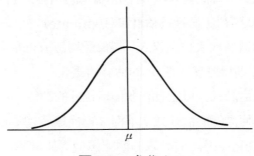

圖 2.2 常 態 分 配

常態分配，特別當 $\mu = 0$，且 $\sigma^2 = 1$ 時，稱爲**標準常態分配**(Standard normal distribution)。若 $Y \sim N(\mu, \sigma^2)$ 則可證明隨機變數

$$Z = \frac{Y - \mu}{\sigma} \qquad (2.9)$$

服從標準常態分配，而記作 $Z \sim N(0, 1)$。Y 減去均值 μ 除以標準差的運算可稱爲**標準化**(Standardizing)。常態分配經過標準化後，可以由標準常態分配的機率表，如附錄表 I，查表求機率。

設 $Y_1, Y_2, \cdots, Y_n$ 爲常態母體 $N(\mu, \sigma^2)$ 抽出的一組隨機樣本，則可證明樣本均值 $\overline{Y} = \sum_{i=1}^{n} Y_i/n$ 的機率分配仍爲常態分配，且其均值爲 μ，變異數爲 σ^2/n。即

$$\overline{Y} \sim N(\mu, \sigma^2/n)$$

而標準化後

$$\frac{\overline{Y}-\mu}{\sigma/\sqrt{n}} \sim N(0,\ 1)。$$

當隨機變數 Y 不爲常態分配時，若考慮 n 個獨立隨機變數的和，則在 n 夠大時，和的機率分配會近似常態分配。即

定理 2.1　中央極限定理(Central Limit Theorem)。

若 Y_1, Y_2, …, Y_n 爲獨立的一組隨機變數，且 $E(Y_i)=\mu_i$，且 $Var(Y_i)=\sigma_i^2$，令 $X=Y_1+Y_2+\cdots+Y_n$，則當 n 夠大時

$$Z_n = \frac{X-\sum_{i=1}^{n}\mu_i}{\sqrt{\sum_{i=1}^{n}\sigma_i^2}} = \frac{\overline{Y}-\mu}{\sigma/\sqrt{n}}$$

近似標準常態分配 $N(0,\ 1)$，其中 $\mu=\sum_{i=1}^{n}\mu_i/n$，而 $\sigma^2=\sum_{i=1}^{n}\sigma_i^2/n$。

以上定理，所謂 n 夠大，需視原始 Y 的機率分配是否對稱而定。若爲對稱，n=10 已夠大，若偏態太大，則 n>100 才可。一般若 n>25 即可視爲 n 夠大。因爲中央極限定理，所以將誤差 X 視爲是一些獨立誤差來源 Y_i 的加總時，常常可以假設 X 服從常態分配。

由獨立的標準常態隨機變數 Z_1, Z_2, …, Z_k，平方加總，令
$$Y=Z_1^2+Z_2^2+\cdots+Z_k^2$$
則統計量 Y 服從自由度 k（Degrees of freedom）的卡方分配（Chi-square distribution）記作 $Y \sim \chi_k^2$。其機率密度函數爲

$$f(y) = \frac{1}{2^{k/2}\Gamma(k/2)}\, y^{\frac{k}{2}-1}e^{-\frac{y}{2}} \qquad y>0 \qquad\qquad (2.10)$$

所謂自由度是指該統計量 Y 中可以自由獨立變化的變數個數，這裏 Z_1 至 Z_k 共 k 個可自由變化，故自由度爲 k。卡方分配的機率密度函數呈右偏，圖示如下，且其均值 $E(Y)=k$，變異數 $Var(Y)=2k$。其對應各種

不同自由度的機率表，見於附錄表Ⅲ。

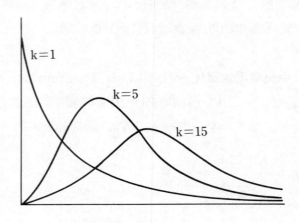

圖 2.3　卡方分配自由度 k

當 Y_1, Y_2, …, Y_n 爲 $N(\mu, \sigma^2)$ 的母體所抽出的隨機樣本，則其樣本變異數滿足

$$\frac{(n-1)S^2}{\sigma^2} = \frac{\sum_{i=1}^{n}(Y_i - \overline{Y})^2}{\sigma^2} \sim \chi_{n-1}^2 \tag{2.11}$$

亦即 $(n-1)S^2/\sigma^2$ 服從自由度 $n-1$ 的卡方分配。

當 Z 爲標準常態，Y 爲自由度 k 的卡方分配隨機變數，且兩者互爲獨立時，

$$T = \frac{Z}{\sqrt{Y/k}}$$

服從自由度 k 的 t 分配，記作 $T \sim t_k$，其機率密度函數爲

$$f(t) = \frac{\Gamma[(k+1)/2]}{\sqrt{k\pi}\,\Gamma(k/2)} \frac{1}{[(t^2/k)+1]^{(k+1)/2}} \quad -\infty < t < \infty$$

t 分配的機率密度函數對原點呈對稱，圖示如下，其均值 $E(T) = 0$，而變

異數 $Var(T) = k/(k-2)$。

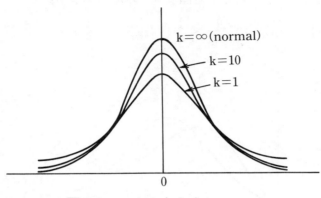

圖 2.4　　t 分配自由度 k

當 $k = \infty$ 時，t 分配變成標準常態分配。其對應各種不同自由度的機率表，
見於附錄表II。當 Y_1, Y_2, …, Y_n 爲 $N(\mu, \sigma^2)$ 的隨機樣本時，

$$T = \frac{\overline{Y} - \mu}{S/\sqrt{n}} \tag{2.12}$$

服從 t 分配，其自由度爲 $n-1$。

　　若 U, V 分別爲自由度 u, v 互相獨立的卡方隨機變數，則

$$F_{u,v} = \frac{U/u}{V/v} \tag{2.13}$$

服從自由度爲 u, v 的 F 分配。F 分配的機率密度函數爲

$$h(F) = \frac{\Gamma\left(\dfrac{u+v}{2}\right)\left(\dfrac{u}{v}\right)^{u/2} F^{(u/2)-1}}{\Gamma\left(\dfrac{u}{2}\right)\Gamma\left(\dfrac{v}{2}\right)\left[\left(\dfrac{u}{v}\right)F+1\right]^{(u+v)/2}} \quad 0 < F < \infty$$

一些 F 機率密度函數圖示如下。其機率表則見於附錄表IV。注意 $F_{u,v}$ 分
配分子的自由度是 u，分母的自由度是 v，而

$$F^* = \frac{1}{F_{u,v}}$$

的分配則爲 $F_{v,u}$，其分子自由度 v，分母自由度 u。故若 a>0，則

$$P(F_{u,v} \geq a) = P(\frac{1}{F_{u,v}} \leq \frac{1}{a}) = P(F_{v,u} \leq \frac{1}{a}) \qquad (2.14)$$

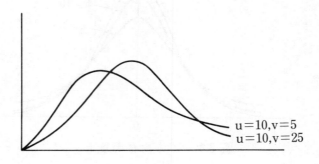

圖 2.5   一些 F 分配

　　設有二個相獨立的常態母體其變異數 σ^2 相等。若由第一個母體取n_1個隨機樣本計算樣本變異數 S_1^2，並由第二個母體取 n_2 個隨機樣本求得樣本變異數 S_2^2，則

$$\frac{(n_1-1)S_1^2/\sigma^2(n_1-1)}{(n_2-1)S_2^2/\sigma^2(n_2-1)} = \frac{S_1^2}{S_2^2} \quad \sim F_{n_1-1,n_2-1} \qquad (2.15)$$

服從 F 分配。

2-4　兩均值差的統計推論

　　2-1 節有關二種廠牌香烟銷售量的比較，可用假設檢定或信賴區間（Confidence interval）等統計推論來分析。本節中，假設資料是由常態母體抽出的隨機樣本。

2-4-1　信賴區間

設 θ 爲未知但值固定的參數，θ 的信賴區間(L, U)爲左右兩端是隨機變數 L，U 所組成，且滿足

$$P(L \leq \theta \leq U) = 1 - \alpha \qquad (2.16)$$

則稱區間(L, U)爲 θ 的 $100(1-\alpha)$% 信賴度(Confidence level)的**信賴區間**。統計量 L，U 分別稱爲**信賴下限**與**信賴上限**(Lower and upper confidence limits)。$1-\alpha$ 稱爲**信賴度**，L，U 的值會隨著樣本資料而變化。若有 100 組不同的樣本資料，代入同一信賴區間(L, U)的公式，則得 100 個不同的(L, U)值，其中約有 $100(1-\alpha)$ 個區間會包含眞正的 θ 值，另外 100α 個區間不包含 θ 的眞值，此稱爲信賴度 $1-\alpha$。

若兩獨立常態母體滿足 $\sigma_1^2 = \sigma_2^2 = \sigma^2$，但 σ^2 值未知，則以混合估計式 (Pooled estimator) S_p^2 估計共同變異數 σ^2

$$S_p^2 = \frac{(n_1-1)S_1^2 + (n_2-1)S_2^2}{n_1 + n_2 - 2} \qquad (2.17)$$

其中 S_1^2，S_2^2 分別爲兩母體的樣本變異數。因統計量

$$\frac{\overline{Y_1} - \overline{Y_2} - (\mu_1 - \mu_2)}{S_p\sqrt{\dfrac{1}{n_1} + \dfrac{1}{n_2}}}$$

服從自由度 $n_1 + n_2 - 2$ 的 t 分配。因此，由

$$P\left(-t_{\alpha/2, n_1+n_2-2} \leq \frac{\overline{Y_1} - \overline{Y_2} - (\mu_1 - \mu_2)}{S_p\sqrt{\dfrac{1}{n_1} + \dfrac{1}{n_2}}} \leq t_{\alpha/2, n_1+n_2-2}\right) = 1 - \alpha$$

即　　$P\left(\overline{Y_1} - \overline{Y_2} - t_{\alpha/2, n_1+n_2-2}S_p\sqrt{\dfrac{1}{n_1} + \dfrac{1}{n_2}} \leq \mu_1 - \mu_2 \right.$

$$\leq \overline{Y_1} - \overline{Y_2} + t_{\alpha/2, n_1+n_2-2} S_p \sqrt{\frac{1}{n_1} + \frac{1}{n_2}} \Bigg) = 1 - \alpha$$

可得 $\mu_1 - \mu_2$ 的 $100(1-\alpha)\%$ 信賴區間爲

$$\overline{Y_1} - \overline{Y_2} - t_{\alpha/2, n_1+n_2-2} S_p \sqrt{\frac{1}{n_1} + \frac{1}{n_2}} \leq \mu_1 - \mu_2 \leq \overline{Y_1} - \overline{Y_2}$$

$$+ t_{\alpha/2, n_1+n_2-2} S_p \sqrt{\frac{1}{n_1} + \frac{1}{n_2}} \qquad (2.18)$$

例 2.1

以上述兩牌香烟比較平均銷售量爲例。由 1-2 節數據計算得

	A 牌	B 牌
樣本均值	$\overline{Y_1} = 37.8$	$\overline{Y_2} = 43.0$
樣本變異數	$S_1^2 = 3.702$	$S_2^2 = 4.00$
樣本標準差	$S_1 = 1.924$	$S_2 = 2.00$
樣本個數	$n_1 = 5$	$n_2 = 5$

則

$$S_p^2 = \frac{4 \times (3.702) + 4 \times (4.00)}{5 + 5 - 2} = 3.851$$

$$S_p = 1.962$$

因 S_1^2 與 S_2^2 差別不太大，可視爲 $\sigma_1^2 = \sigma_2^2$ 相等。由上公式(2.18)

$$37.8 - 43.0 - 2.306 \times 1.962 \sqrt{\frac{1}{5} + \frac{1}{5}} \leq \mu_1 - \mu_2$$

$$\leq 37.8 - 43.0 + 2.306 \times 1.962 \sqrt{\frac{1}{5} + \frac{1}{5}}$$

得 $\qquad -5.2 - 2.86 \leq \mu_1 - \mu_2 \leq -5.2 + 2.86$

$$-8.06 \leq \mu_1 - \mu_2 \leq -2.34$$

故得$(-8.06, -2.34)$為 $\mu_1 - \mu_2$ 的 95%信賴區間。其中 $t_{0.025,8} = 2.036$ 為

自由度 $n_1 + n_2 - 2 = 5 + 5 - 2 = 8$ 的 t 分配的 $1 - \dfrac{\alpha}{2} = 1 - \dfrac{0.05}{2} = 0.975$ 分

位數。因此我們 95%相信 A 牌的平均銷售量比 B 牌的平均銷售量最少

低於 2.34 包，最多低於 8.06 包。

若兩獨立常態母體的變異數 σ_1^2，σ_2^2 值已知，則因統計量

$$Z_0 = \frac{\overline{Y_1} - \overline{Y_2} - (\mu_1 - \mu_2)}{\sqrt{\dfrac{\sigma_1^2}{n_1} + \dfrac{\sigma_2^2}{n_2}}}$$

服從標準常態分配 $N(0, 1)$。可得 $\mu_1 - \mu_2$ 的 $100(1-\alpha)$%信賴區間為

$$\overline{Y_1} - \overline{Y_2} - z_{\alpha/2}\sqrt{\frac{\sigma_1^2}{n_1} + \frac{\sigma_2^2}{n_2}} \leq \mu_1 - \mu_2 \leq \overline{Y_1} - \overline{Y_2} + z_{\alpha/2}\sqrt{\frac{\sigma_1^2}{n_1} + \frac{\sigma_2^2}{n_2}} \quad (2.19)$$

例 2.2

比較兩品牌香烟銷售量，如例 2.1，若假設兩者的變異數分別為 $\sigma_1^2 = 4$，$\sigma_2^2 = 5$，則因 $z_{0.025} = z_{0.05/2} = 1.96$ 為 $N(0, 1)$ 的 $0.975 = 1 - \dfrac{\alpha}{2}$ 分位數，

代入(2.19)公式，得

$$37.8 - 43.0 - 1.96 \times \sqrt{\frac{4}{5} + \frac{5}{5}} \leq \mu_1 - \mu_2 \leq 37.8 - 43.0 + 1.96 \times \sqrt{\frac{4}{5} + \frac{5}{5}}$$

$$-5.2 - 2.63 \leq \mu_1 - \mu_2 \leq -5.2 + 2.63$$

$$-7.83 \leq \mu_1 - \mu_2 \leq -2.57$$

故$(-7.83, -2.57)$為 $\mu_1 - \mu_2$ 的 95%信賴區間。

一個好的信賴區間應要求信賴度較高愈好，而區間長 U−L 愈小愈好。區間長愈短表示精確度愈高，信賴度愈大表示可靠度愈高。若估計

$\mu_1 - \mu_2$ 的信賴區間時, 要求精確度為區間長不超過 d, 由公式(2.19), 即希望

$$2 z_{a/2} \sqrt{\frac{\sigma_1^2}{n_1} + \frac{\sigma_2^2}{n_2}} \leq d$$

那麼樣本個數 n_1, n_2 應取多少? 若搜集樣本資料時, 兩母體的單位費用相等, 則使樣本個數和 $n_1 + n_2$ 值為最小, 應取

$$n_1 = 4 \left(\frac{z_{a/2}}{d} \right)^2 (\sigma_1^2 + \sigma_1 \sigma_2)$$

$$n_2 = 4 \left(\frac{z_{a/2}}{d} \right)^2 (\sigma_2^2 + \sigma_1 \sigma_2) \tag{2.20}$$

在實際應用時, 通常 σ_1^2, σ_2^2 值未知, 因此需先做試查, 取出部分樣本資料; 以此資料計算 S_1^2 及 S_2^2 以估計 σ_1^2 及 σ_2^2 值, 代入上公式求 n_1, n_2。

例 2.3

如上述香烟銷售量的例題, 若下次再抽查時, 要求 $\mu_1 - \mu_2$ 的 95% 信賴區間長不超過 4, 且樣本數和 $n_1 + n_2$ 值為最小, 則用前述 $S_1^2 = 3.702$, 及 $S_2^2 = 4.0$ 估計 σ_1^2 與 σ_2^2 值, 得

$$n_1 = 4 \times \left(\frac{z_{0.025}}{4} \right)^2 \times (S_1^2 + S_1 S_2)$$

$$= 4 \times \left(\frac{1.96}{4} \right)^2 \times (3.702 + 1.924 \times 2.0) = 7.25$$

$$n_2 = 4 \times \left(\frac{z_{0.025}}{4} \right)^2 \times (S_2^2 + S_1 S_2)$$

$$= 4 \times \left(\frac{1.96}{4} \right)^2 \times (4.0 + 1.924 \times 2.0) = 7.537$$

故使 $n_1 + n_2$ 為最小, 則適當的樣本數為 $n_1 = 8$, $n_2 = 8$。

2-4-2　假設檢定

兩牌香烟比較其平均銷售量，以假設檢定分析，則可寫成公式

$$H_0: \mu_1 = \mu_2 \quad 對 \quad H_1: \mu_1 \neq \mu_2$$

其中 μ_1, μ_2 分別表示 A, B 兩牌每週平均銷售量。$H_0: \mu_1 = \mu_2$ 稱爲**虛無假設**(Null hypothesis)，$H_1: \mu_1 \neq \mu_2$ 稱爲對立假設(Alternative hypothesis)。取不等號時稱爲**雙尾檢定**(Two-sided test)。若對立假設爲 $H_1: \mu_1 < \mu_2$ 則稱爲左尾檢定, $H_1: \mu_1 > \mu_2$ 則稱右尾檢定, 後二者合稱單尾檢定(One-sided test)。

假設檢定在設定以上假設後，就去搜集相關的隨機樣本，根據這些樣本資料計算一個檢定統計量的值，依其值的大小判斷是否要拒絕(Reject)虛無假設 H_0。要拒絕 H_0 的統計量值的範圍是一集合，稱爲**拒絕域**(Rejection region)。

假設檢定會產生二種錯誤，若虛無假設爲眞，而你拒絕虛無假設，稱爲**型 I 誤差**(Type I Error)。若虛無假設爲假, 而你不拒絕虛無假設, 則稱**型 II 誤差**(Type II Error)。兩者對應的機率值分別記作 α, β。

$$\alpha = P \text{（型 I 誤差）} = P \text{（拒絕 } H_0 | 當 H_0 爲眞)$$

$$\beta = P \text{（型 II 誤差）} = P \text{（不拒絕 } H_0 | 當 H_0 爲假)$$

拒絕 H_0 的機率稱爲**檢定力**(Power of test)，例如

$$檢定力 = 1 - \beta = P \text{（拒絕 } H_0 | H_0 爲假)$$

一個好的檢定方法，就是在型 I 誤差機率 α 固定下，使型 II 誤差機率 β 值愈小的拒絕域愈好。α 給定的值常爲 0.1, 0.05 或 0.01, 稱爲**顯著水準**(Significance level)。

設由兩獨立的常態母體 $N(\mu_1, \sigma_1^2)$ 及 $N(\mu_2, \sigma_2^2)$ 分別抽出 n_1, n_2 個隨機樣本，則樣本均值差 $\overline{Y_1} - \overline{Y_2}$ 的機率分配爲$N[\mu_1 - \mu_2, \sigma_1^2/n_1 + \sigma_2^2/$

n_2)。若再假定 $\sigma_1^2 = \sigma_2^2 = \sigma^2$ 值已知，則當 H_0：$\mu_1 = \mu_2$ 爲眞時，

$$Z_0 = \frac{\overline{Y_1} - \overline{Y_2}}{\sigma\sqrt{\dfrac{1}{n_1} + \dfrac{1}{n_2}}} \tag{2.21}$$

服從 $N(0, 1)$ 分配。而當 H_1：$\mu_1 \neq \mu_2$ 時，取 $|Z_0| > z_{\alpha/2}$ 爲雙尾檢定的拒絕域，其中 $z_{\alpha/2}$ 爲 $N(0, 1)$ 的 $1 - \alpha/2$ 分位數。亦即 $Z \sim N(0, 1)$ 時 $P(Z \leq z_{\alpha-2}) = 1 - \alpha/2$。

若兩獨立常態母體滿足 $\sigma_1^2 = \sigma_2^2 = \sigma^2$，但 σ^2 值未知，則用混合估計式 S_p^2 以估計共同變異數 σ^2，S_p^2 公式見於 (2.17) 式。將 (2.21) 式中的 σ 以 S_P 代換，則檢定統計量

$$T_0 = \frac{\overline{Y_1} - \overline{Y_2}}{S_P\sqrt{\dfrac{1}{n_1} + \dfrac{1}{n_2}}} \tag{2.22}$$

在 H_0：$\mu_1 = \mu_2$ 爲眞時，服從自由度 $n_1 + n_2 - 2$ 的 t 分配。因此，當 H_1：$\mu_1 \neq \mu_2$ 時，取 $|T_0| > t_{\alpha/2, n_1+n_2-2}$ 爲雙尾的檢定拒絕域，其中 $t_{\alpha/2, n_1+n_2-2}$ 爲自由度 $n_1 + n_2 - 2$ 的 t 分配的 $1 - \alpha/2$ 分位數。當 H_1：$\mu_1 > \mu_2$ 時，則取 $T_0 > t_{\alpha, n_1+n_2-2}$ 爲拒絕域。而當 H_1：$\mu_1 < \mu_2$，則拒絕域爲 $T_0 < -t_{\alpha, n_1+n_2-2}$。

例 2.4

上述二牌香烟比較平均銷售量的例子，由 2-4-1 節數據計算得檢定統計量

$$T_0 = \frac{37.8 - 43.0}{1.962\sqrt{\dfrac{1}{5} + \dfrac{1}{5}}} = -4.19$$

與自由度 $n_1 + n_2 - 2 = 5 + 5 - 2 = 8$ 的 t 分配的 $1 - \alpha/2$ 分位數，當 $\alpha = 0.05$ 時爲 $t_{0.025, 8} = 2.306$，比較 $|T_0| = 4.19 > t_{0.025, 8} = 2.306$，因此結論爲拒絕虛無假設 H_0：$\mu_1 = \mu_2$。亦即 A，B 兩牌香烟平均銷售量確實不同。這

個結論的可靠性是 $1-\alpha=0.95$。

　　以上兩母體均值比較用的 t-檢定法，需有常態母體的假設。如果母體不是常態怎麼辦？統計理論證明，如果資料的搜集是以隨機實驗計劃取得的，資料分配偏離常態只要不嚴重，上述 t 檢定的公式仍可採用。偏離太多，則只好用無母數統計法分析資料。

　　當兩獨立常態母體變異數 $\sigma_1^2 \neq \sigma_2^2$ 時，檢定 H_0：$\mu_1=\mu_2$ 對 H_1：$\mu_1 \neq \mu_2$，則檢定統計量

$$T_0=\frac{\overline{Y_1}-\overline{Y_2}}{\sqrt{\dfrac{S_1^2}{n_1}+\dfrac{S_2^2}{n_2}}} \tag{2.23}$$

的機率分配，在 H_0 爲眞時，近似 t 分配，其自由度爲

$$\nu=\frac{(S_1^2/n_1+S_2^2/n_2)^2}{\dfrac{(S_1^2/n_1)^2}{n_1+1}+\dfrac{(S_2^2/n_2)^2}{n_2+1}}-2$$

其他有關均值的檢定方法，整理如下表

表 2.1　　變異數已知時，μ 的檢定法

假設	檢定統計量	拒絕域
H_0：$\mu=\mu_0$ H_1：$\mu \neq \mu_0$		$\lvert Z_0 \rvert > z_{\alpha/2}$
H_0：$\mu=\mu_0$ H_1：$\mu < \mu_0$	$Z_0=\dfrac{\overline{Y}-\mu_0}{\sigma/\sqrt{n}}$	$Z_0 < -z_\alpha$
H_0：$\mu=\mu_0$ H_1：$\mu > \mu_0$		$Z_0 > z_\alpha$
H_0：$\mu_1=\mu_2$ H_1：$\mu_1 \neq \mu_2$		$\lvert Z_0 \rvert > z_{\alpha/2}$

$$H_0: \mu_1 = \mu_2$$
$$H_1: \mu_1 < \mu_2$$
$$Z_0 = \frac{\overline{Y}_1 - \overline{Y}_2}{\sqrt{\dfrac{\sigma_1^2}{n_1} + \dfrac{\sigma_2^2}{n_2}}} \qquad\qquad Z_0 < -z_\alpha$$

$$H_0: \mu_1 = \mu_2 \qquad\qquad\qquad\qquad\qquad Z_0 > z_\alpha$$
$$H_1: \mu_1 > \mu_2$$

表 2.2   常態母體, 變異數未知時, μ 的檢定法

假設	檢定統計量	拒絕域
$H_0: \mu = \mu_0$		$\lvert T_0 \rvert > t_{\alpha/2, n-1}$
$H_1: \mu = \mu_0$		
$H_0: \mu = \mu_0$	$T_0 = \dfrac{\overline{Y} - \mu_0}{S/\sqrt{n}}$ 其自由度爲 $n-1$	$T_0 < -t_{\alpha, n-1}$
$H_1: \mu < \mu_0$		
$H_0: \mu = \mu_0$		$T_0 > t_{\alpha, n-1}$
$H_1: \mu > \mu_0$		
$H_0: \mu_1 = \mu_2$	$T_0 = \dfrac{\overline{Y}_1 - \overline{Y}_2}{S_p \sqrt{\dfrac{1}{n_1} + \dfrac{1}{n_2}}}$ 當 $\sigma_1^2 = \sigma_2^2$	$\lvert T_0 \rvert > t_{\alpha/2, \nu}$
$H_1: \mu_1 \neq \mu_2$		

其自由度爲 $\nu = n_1 + n_2 - 2$ 或

假設	檢定統計量	拒絕域
$H_0: \mu_1 = \mu_2$	$T_0 = \dfrac{\overline{Y}_1 - \overline{Y}_2}{\sqrt{\dfrac{S_1^2}{n_1} + \dfrac{S_2^2}{n_2}}}$ 當 $\sigma_1^2 \neq \sigma_2^2$	$T_0 < -t_{\alpha, \nu}$
$H_1: \mu_1 < \mu_2$		

其自由度爲

假設	檢定統計量	拒絕域
$H_0: \mu_1 = \mu_2$	$\nu = \dfrac{\left(\dfrac{S_1^2}{n_1} + \dfrac{S_2^2}{n_2}\right)^2}{\dfrac{(S_1^2/n_1)^2}{n_1 + 1} + \dfrac{(S_2^2/n_2)^2}{n_2 + 1}} - 2$	$T_0 > t_{\alpha, \nu}$
$H_1: \mu_1 > \mu_2$		

2-5　配對資料均值差的統計推論

統計資料有時會成對出現。比如某公司生產「欣欣水餃」，在廣告前後分別在統一超商記錄每週銷售量，比較前後銷售量均值差，以評估廣告效果。在統一超商記錄的資料依廣告前後，成對出現。又如欲比較 10 歲學童左右眼視力是否有差異，則每筆資料為某人左右兩眼視力，故成對出現。學生在觀賞愛滋病教育影片前後，分別測量他們對愛滋病的了解情況，則每筆資料為某人觀賞電影前後的測量分數，資料亦成對出現，兩者測量平均分數的差，可以評估影片的教育效果。

設第 i 對資料為(Y_{i1}, Y_{i2})，$i=1, 2, \cdots, n$。其中 Y_{i1}, Y_{i2} 為隨機變數，因其成對出現，Y_{i1}, Y_{i2} 可能互為相關，而不為機率獨立，故資料分析法應與上述 2-4 節情況不同。令

$$D_i = Y_{i1} - Y_{i2} \qquad i=1, 2, \cdots, n$$

每對資料差 D_i 的期望值記作 μ_D

$$\mu_D = E(D_i)$$
$$= E(Y_{i1}) - E(Y_{i2}) = \mu_1 - \mu_2$$

其中 $\mu_1 = E(Y_{i1})$，且 $\mu_2 = E(Y_{i2})$ 分別為配對資料(Y_{i1}, Y_{i2})，個別分量 Y_{i1}, Y_{i2} 的均值。若視 D_i 為單一隨機變數，並假設 D_i 服從常態分配，則檢定 $H_0: \mu_1 = \mu_2$ 的問題，相當於檢定

$$H_0: \mu_D = 0 \qquad 對 \qquad H_1: \mu_D \neq 0$$

其檢定統計量為

$$T_D = \frac{\overline{D}}{S_D / \sqrt{n}} \tag{2.24}$$

其中 $\overline{D} = \sum_{i=1}^{n} D_i / n$ 為 D_i 的樣本均值，且

$$S_D^2 = \frac{\sum\limits_{i=1}^{n}(D_i - \overline{D})^2}{n-1}$$

為 D_i 的樣本變異數。若 $|T_D| > t_{\alpha/2,n-1}$，則拒絕虛無假設 H_0：$\mu_D = 0$。

例 2.5

隨機抽查八個臺北市國中三年級學生的視力，得資料如下

編號	左眼視力	右眼視力	D_i
1	1.0	1.0	0
2	1.1	1.0	0.1
3	0.8	0.6	0.2
4	0.4	0.5	−0.1
5	0.3	0.3	0
6	0.1	0.2	−0.1
7	0.7	0.6	0.1
8	0.9	1.0	−0.1

試檢定學生左右眼視力是否差異顯著。設學生左眼平均視力為 μ_1，右眼為 μ_2，兩者差 $\mu_D = \mu_1 - \mu_2$。因資料配對出現，由上表 D_i，求得 $\overline{D} = \frac{1}{8}\sum\limits_{i=1}^{8}D_i = 0.0125$，$S_D^2 = 0.0128$，故

$$T_D = \frac{0.0125}{\sqrt{0.0128/8}} = 0.313$$

若 $\alpha = 0.05$，則 $t_{0.025,7} = 2.365 > 0.313$，我們不能拒絕假設 H_0：$\mu_D = 0$。亦即，沒有足夠的證據指出左右眼平均視力有差異。

2-6　常態母體變異數的統計推論

資料的變異大小也是研究的重點，比如食品包裝時，每一罐肉鬆的淨重，希望它變異不大。學生的考試成績，希望它變異不大，以表示其程度穩定。測量儀器，希望它對同一物體的測量值變異很小，表示儀器精準。若母體為常態，今檢定

$$H_0: \sigma^2 = \sigma_0^2 \quad 對 \quad H_1: \sigma^2 \neq \sigma_0^2$$

則檢定統計量為

$$\chi_0^2 = \frac{(n-1)S^2}{\sigma_0^2} \tag{2.25}$$

而當 $\chi_0^2 > \chi_{\alpha/2,n-1}^2$ 或 $\chi_0^2 < \chi_{1-\alpha/2,n-1}^2$ 時，拒絕虛無假設。其中 $\chi_{\alpha/2,n-1}^2$ 及 $\chi_{1-\alpha/2,n-1}^2$ 分別為卡方分配，自由度 $n-1$ 的 $1-\frac{\alpha}{2}$ 及 $\frac{\alpha}{2}$ 分位數。而 σ^2 的 $100(1-\alpha)\%$ 信賴區間為

$$\frac{(n-1)S^2}{\chi_{\alpha/2,n-1}^2} \leq \sigma^2 \leq \frac{(n-1)S^2}{\chi_{1-\alpha/2,n-1}^2}$$

若欲比較兩常態母體的變異數相等否，則檢定

$$H_0: \sigma_1^2 = \sigma_2^2 \quad 對 \quad H_1: \sigma_1^2 \neq \sigma_2^2$$

的檢定統計量為樣本變異數的比

$$F_0 = \frac{S_1^2}{S_2^2} \tag{2.26}$$

若 $F_0 > F_{\alpha/2,n_1-1,n_2-1}$ 或 $F_0 < F_{1-\alpha/2,n_1-1,n_2-1}$，則拒絕虛無假設。其中 $F_{\alpha/2,n_1-1,n_2-1}$ 與 $F_{1-\alpha/2,n_1-1,n_2-1}$ 分別為自由度 n_1-1，n_2-1 的 F 分配的 $1-\alpha/2$ 及 $\alpha/2$ 分位數。注意附錄表Ⅳ，只有 F 的 $1-\alpha/2$ 分位數，α 分位數可由下關係式計算求得

$$F_{1-\alpha,\nu_1,\nu_2} = \frac{1}{F_{\alpha,\nu_2,\nu_1}} \tag{2.27}$$

兩常態母體變異數比 σ_1^2/σ_2^2 的 $100(1-\alpha)\%$ 信賴區間則爲

$$\frac{S_1^2}{S_2^2} F_{1-\alpha,n_2-1,n_1-1} \leq \frac{\sigma_1^2}{\sigma_2^2} \leq \frac{S_1^2}{S_2^2} F_{\alpha/2,n_2-1,n_1-1}$$

重要的變異數檢定方法列示於下表 2.3。

例 2.6

某公司所生產的成品應做品管檢驗。檢驗儀器有 A，B 兩牌，經理想知道何者變異數較大，而對兩種儀器分別隨機測試了 $n_1=18$，$n_2=13$ 個量度值，計算出 $\overline{Y_1}=4.21$，$\overline{Y_2}=4.18$，而 $S_1^2=0.019$，$S_2^2=0.049$。因此檢定

$$H_0: \sigma_1^2 = \sigma_2^2 \quad 對 \quad H_1: \sigma_1^2 < \sigma_2^2$$

由表 2.3，檢定統計量爲

$$F_0 = \frac{S_2^2}{S_1^2} = \frac{0.049}{0.019} = 2.58$$

若取 $\alpha=0.05$，則 $F_{0.05,12,17}=2.38$，今 $F_0=2.58>2.38$ 落在拒絕域。故結論爲 B 牌的變異數顯著的比 A 牌變異數大。這個結論的可靠度是 0.95。

表 2.3　常態分配變異數的檢定

假設	檢定統計量	拒絕域
H_0: $\sigma^2 = \sigma_0^2$		$\chi_0^2 > \chi_{\alpha/2, n-1}^2$ 或
H_1: $\sigma^2 \neq \sigma_0^2$		$\chi_0^2 < \chi_{1-\alpha/2, n-1}^2$
H_0: $\sigma^2 = \sigma_0^2$	$\chi_0^2 = \dfrac{(n-1)S^2}{\sigma_0^2}$	$\chi_0^2 < \chi_{1-\alpha, n-1}^2$
H_1: $\sigma^2 < \sigma_0^2$		
H_0: $\sigma^2 = \sigma_0^2$		$\chi_0^2 > \chi_{\alpha, n-1}^2$
H_1: $\sigma^2 > \sigma_0^2$		
H_0: $\sigma_1^2 = \sigma_2^2$	$F_0 = \dfrac{S_1^2}{S_2^2}$	$F_0 > F_{\alpha/2, n_1-1, n_2-1}$ 或
H_1: $\sigma_1^2 \neq \sigma_2^2$		$F_0 < F_{1-\alpha/2, n_1-1, n_2-1}$
H_0: $\sigma_1^2 = \sigma_2^2$	$F_0 = \dfrac{S_1^2}{S_2^2}$	$F_0 > F_{\alpha, n_2-1, n_1-1}$
H_1: $\sigma_1^2 < \sigma_2^2$		
H_0: $\sigma_1^2 = \sigma_2^2$	$F_0 = \dfrac{S_1^2}{S_2^2}$	$F_0 > F_{\alpha, n_1-1, n_2-1}$
H_1: $\sigma_1^2 > \sigma_2^2$		

習　題

2-1　纖維伸張拉斷至少需要 150 psi 的力量（為標準規格），過去經驗顯示該類纖維拉斷力的標準差為 $\sigma = 4$ psi。今隨機抽取五個樣本測量其拉斷力，並得知其樣本平均值為 145 psi，則在 $\alpha = 0.05$ 的顯著水準下，檢定此批樣本的母體是否為合規格。又其平均拉斷力的 95% 信賴區間為何？

2-2　農場主人在其大片農場中，隨機取到五個一平方公尺的小塊田地，量度其上玉米的重量，得樣本平均值為 10 公斤，又樣本標準差為 1 公斤，求該農場每平方公尺玉米產量的 95% 信賴區間。若去年每平方公尺平均產量為 12 公斤，問今年平均產量是否較少？試以 $\alpha = 0.05$ 檢定之。

2-3 某電器產品由使用至故障需送修的使用時間呈常態分配。若隨機選擇 16 個該產品記錄其使用期限，得下列資料：

時間 (單位: 小時)			
162	280	108	212
242	360	184	268
250	378	178	275
159	272	482	200

由此資料判定使用期限平均大過 230 小時是否合理？試以 $\alpha=0.05$ 檢定之，又平均使用期限的 90%信賴區間爲何？

2-4 兩種廠牌的 1600 cc 小汽車想比較其每公升汽油的行駛里程，今隨機各取 10 輛車，在同一地點測試其行駛里程，設資料均呈常態分配且其標準差 $\sigma_A=1.2$，$\sigma_B=1.5$ 已知。測試結果如下表：

A 牌		B 牌		(單位: 公里/公升)
16.3	18.1	15.4	16.4	
16.4	16.9	14.6	19.2	
15.7	15.1	19.6	17.5	
14.6	17.4	17.2	16.9	
17.8	18.8	18.5	15.1	

問 A，B 兩種汽車平均行駛里程相同否？以 $\alpha=0.05$ 檢定之。

2-5 一群學生在觀賞安非他命教育影片前後, 各測試其對安非他命的知識了解程度, 得分如下表:

之前	之後
106	138
124	164
122	158
108	134
115	139

問看教育影片是否對安非他命的了解有所助益？即看影片前後, 測驗分數是否有差異？以 $\alpha=0.05$ 檢定之。

2-6 某公司隨身聽的塑膠外殼有二家供應廠商, 塑膠外殼加壓至破壞的破壞力是要求愈高愈好。設由此二供應商的產品分別隨機選取 $n_1=10$, $n_2=12$ 個產品, 計算得 $\overline{Y_1}=162.5$ psi, $\overline{Y_2}=155.0$ psi, 又已知 $\sigma_1=\sigma_2=1.0$ psi, 問二家供應商產品破壞力是否有差異, 以 $\alpha=0.05$ 檢定之, 又兩者平均破壞力差異的 99% 信賴區間為何？

2-7 隨機抽取 A, B 兩種電燈, 測試其使用壽命。設資料如下:

A 牌		B 牌		(單位: 十小時)
64	83	65	58	
81	65	71	70	
58	59	85	74	
68	75	60	79	
82	72	65	82	

(a)以 $\alpha=0.05$ 檢定 A, B 壽命資料的變異數相等否？

(b)用(a)的結果, 檢定 A, B 平均壽命相等否？

(c)在本問題中, 那裏需要常態假設？

2-8 某化學製程, 在多加觸媒的手段之前與之後, 其產品產率資料爲之前: $\overline{Y_1}=$ 10.5 $S_1^2=95.5$ $n_1=9$; 之後: $\overline{Y_2}=12.5$ $S_2^2=101.0$ $n_2=8$
以 $\alpha=0.05$ 檢定(a)前後兩產率的變異數相同否？(b)前後兩平均產率相等否？

2-9 電鍍廠電鍍金屬片後, 希望電鍍層的厚度盡量均勻, 品管師測量 20 個樣本片, 得厚度資料如下:

5.38	6.75	4.75	6.00	7.25
6.00	7.50	5.75	5.85	6.25
5.84	7.85	5.50	4.50	5.00
5.25	6.40	4.65	6.15	5.35

(a)計算 σ^2 的 95% 信賴區間。

(b)檢定 $\sigma^2=1.0$ 否, 取 $\alpha=0.05$。

(c)在本問題中, 那裏需要常態假設？

2-10 10 個操作員, 各用二種不同的測量儀器量度某貴重金屬的重量, 得資料如下:

操作員	法 I	法 II	(單位: 公絲)
1	26.5	26.4	
2	26.5	26.5	
3	26.6	26.4	
4	26.8	26.7	
5	26.5	26.7	
6	26.7	26.4	
7	26.7	26.5	
8	26.5	26.6	
9	26.8	26.7	
10	26.5	26.8	

以 $\alpha=0.05$ 檢定此二測量法所得平均重量有顯著差異否？

第三章
單因子變異數分析

　　第二章討論二種不同處理所對應的二種母體均值的比較，在本章中將把它擴大到 a 種不同處理所對應的 a 種母體均值的比較上。這 a 種處理可視為某單一因子的 a 個水準所對應的 a 種處理。其資料分析法稱為**單因子變異數分析**(Single-factor ANOVA或One-way ANOVA)。

　　變異數分析大體上均依下列步驟進行：

　　1.根據資料搜集方法或實驗計劃法，建立描述資料的統計模式(Statistical model)。注意模式中有關參數及隨機變數的假設條件。

　　2.估計上述統計模式中的參數。

　　3.由步驟 1 及 2 製作變異數分析表，並判斷因子是否對反應值有影響效果。

　　4.指出重要的因子水準，並估計或比較其參數的信賴區間等。

　　5.根據殘差(Residual)等，檢驗步驟 1 所假設的統計模式適當否。

今分述如下：

3-1　　變異數分析模式

　　下面二例題，用以說明變異數分析模式的性質：

例 3.1　果汁口味

　　某公司開發出新的冷飲果汁，想知道顧客對各種口味的偏好情況。考慮柳橙、蘋果、葡萄、檸檬四種果汁，並找到 20 個大小相似，對該類產品營業額相近的超商。今隨機分配四種果汁至 20 個超商, 每種各五家。在測試期內，統計每家超商的銷售量，則反應值為每種果汁銷售量，主因子為果汁口味，共有四個水準，對應四種處理，每家超商為實驗單位，其他因子，比如售價、果汁甜度、含碳量、濃度、包裝、廣告等都相同。

　　變異數分析模式用以描述並研究果汁口味是否影響銷售量。如圖3.1 (a)所示。每種口味下，五家超商的銷售量不同，而呈某種機率分配。假設四種機率分配都呈倒鐘型的常態分配，而且變異數相同，只有均值不同。如圖 3.1 (a)顯示，柳橙果汁均值最大表示銷售量較大。因為所有機率分配均為常態且變異數相同，其均值 μ_1，μ_2，μ_3，μ_4 就包含了有關果汁口味對銷售影響的情報。因此，圖 3.1 (a)說明了蘋果和葡萄汁比柳橙或檸檬汁銷售差別相當大的事實。

　　注意因子的果汁口味為屬質變數，而搜集資料時，我們隨機指派不同果汁種類至各家超商，並且控制其他因子的背景條件相同。這樣將各種處理完全隨機的分派到各個實驗單位，以量度反應值的實驗計劃，稱為**完全隨機實驗**(Complete randomized design)。

圖 3.1　單因子變異數分析模式

(a)果汁口味

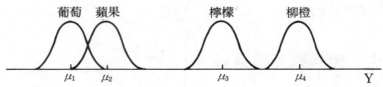

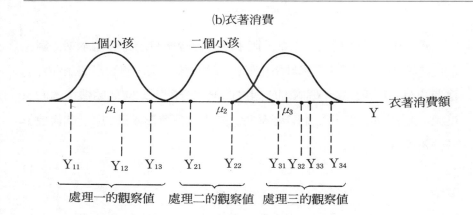

(b)衣著消費

一個小孩　二個小孩

衣著消費額

μ_1　μ_2　μ_3　Y

Y_{11}　Y_{12}　Y_{13}　Y_{21}　Y_{22}　Y_{31} Y_{32} Y_{33} Y_{34}

處理一的觀察值　處理二的觀察值　處理三的觀察值

例 3.2　衣著消費

在一個中等收入的校區抽查幾個有一個，二個，三個小孩的家庭各數家，搜集他們去年衣著消費額的數據。這裏反應值爲各家庭的小孩衣著年消費額。因子爲小孩人數，共三個水準，分別爲一，二、三個小孩，對應三種處理，其實驗單位爲各個家庭。

如圖 3.1(b)所示，每一因子水準下，各家庭的衣著消費額不同，而呈某種機率分配。假設，對每一不同小孩人數的家庭，其消費額的機率分配呈常態分配，且變異數相同。則均值 μ_1，μ_2，μ_3 傳達了孩子數不同對衣著消費額影響的情報。如所預期，圖 3.1(b)顯示家庭孩子數愈多，衣著年消費額愈高。

注意本例中因子爲屬量變數，而在搜集資料時，家庭的孩子數是觀察因子而非實驗因子，它是家庭既存的特徵而不能由研究者將因子水準（孩子數）隨機指派到實驗單位（家庭）中。因此這是屬於觀察研究的資料。

如第一章所述，隨機實驗的所得資料，隨機指派因子水準至實驗單位，可以避免各種偏差，因此分析結論可靠度較高，但社會科學及商業管理等資料的變異數分析多屬觀察研究的資料。

將上兩例題一般化, 在單一因子變異數分析時, 其 a 個水準, 對應 a 個處理。假設在第 i 個處理下, 有 n_i 個觀察值, 第 j 個觀察值記作 Y_{ij}。這個觀察值可視爲第 i 個處理所對應的機率分配下, 某個隨機樣本的量度值。如迴歸模式一樣, 將觀察值 Y_{ij} 描述成各種影響量的和, 則得變異數分析模式

$$Y_{ij} = \mu_i + \varepsilon_{ij} \tag{3.1}$$

其中

Y_{ij} 是第 i 個因子水準或處理的第 j 個反應變數的觀察值

μ_i 爲參數

ε_{ij} 爲獨立隨機變數, 且機率分配爲 $N(0, \sigma^2)$

i=1, 2, $\cdots$, a; j=1, 2, $\cdots$, n_i

模式(3.1)稱爲**單因子變異數分析模式**。

由(3.1)模式可推導得下列重要的模式特性

1. 觀察值 Y_{ij} 是(1)常數項 μ_i 與(2)隨機變數 ε_{ij} 等二個分量的和, 故 Y_{ij} 爲一隨機變數。

2. 因 $E(\varepsilon_{ij}) = 0$, 故 $E(Y_{ij}) = \mu_i$。因此第 i 個處理的各個觀察值有相同的均值 μ_i, 而 $\varepsilon_{ij} = Y_{ij} - \mu_i$ 可解釋爲 Y_{ij} 和 μ_i 差異的隨機誤差項。

3. 因 μ_i 爲常數項, 則 $Var(Y_{ij}) = Var(\varepsilon_{ij}) = \sigma^2$, 故不論因子水準爲何, 所有觀察值 Y_{ij} 的變異數相同。

4. 因 ε_{ij} 爲獨立的常態分配, 由 2 及 3 可得

Y_{ij} 爲獨立的常態 $N(\mu_i, \sigma^2)$ 分配

i=1, 2, $\cdots$, a; j=1, 2, $\cdots$, n_i

因此第 i 個處理所對應的觀察值 Y_{ij}, j=1, 2, $\cdots$, n_i 可視爲常態母體 $N(\mu_i, \sigma^2)$ 所抽出的 n_i 個隨機樣本。而 a 種處理恰對應 a 種常態母體 $N(\mu_i, \sigma^2)$, i=1, 2, $\cdots$, a。

5.模式(3.1)爲線性模式(Linear model)，因爲它是參數 μ_1，μ_2，…，μ_a 的線性函數。

6. Y_{ij} 的機率分配均爲常態且變異數相等。因此不同處理對反應值所產生的差異效果可藉由各種處理的均值 μ_i 的差異顯示。因爲這樣，單因子變異數分析即將第二章變異數相等的兩獨立常態母體均值 μ_1, μ_2 的比較，擴充到a個彼此獨立且變異數相等的常態母體均值 μ_1，μ_2，…，μ_a 的比較上。亦即，我們主要的問題在檢定 a 種處理的均值相同否，即檢定

$$H_0: \mu_1 = \mu_2 = \cdots = \mu_a \tag{3.2}$$

對立　H_1：至少有一對(i，j)，$\mu_i \neq \mu_j$

事實上，模式(3.1)有兩種不同解釋。一種就是以上所述，視 μ_i 爲未知的常數項（參數），稱爲**固定效果模式**(Fixed effect model)。此時，檢定統計假設(3.2)所得的結論，只針對問題中所取的 a 種處理而言，而不可引申至其他因子水準(處理)的效果。另一種則將 μ_i 視爲獨立的隨機變數，常假設 μ_i 呈常態分配 $N(\mu, \sigma_\mu^2)$，且與 ε_{ij} 互爲獨立。亦即，視 μ_i，i＝1，2，…，a爲一常態母體$N(\mu, \sigma_\mu^2)$所抽出a個隨機樣本，則稱(3.1)爲**隨機效果模式**(Random effect model)。此時，a 種處理視爲某一處理母體的隨機樣本，則檢定假設(3.2)的問題應改爲檢定母體變異數 σ_μ^2 是否爲 0，亦即檢定 $H_0: \sigma_\mu^2 = 0$，而檢定結論不是針對問題中所取的 a 種處理而已，可以引申至該因子的各種其他水準。隨機效果模式留待第四章再討論。

例 3.3

例 3.1 的四種果汁口味，例 3.2 的分別擁有一，二，三個小孩的三種家庭，其對應的均值 μ_i 的比較，都屬於固定效果模式的問題。隨機效果模式的例子，如某公司在全省各地擁有數百家連鎖商店。自這些商店中

隨機抽取十家，然後從這十家商店的顧客，調查他們對各家商店服務態度的評分。這十家商店對應十種處理，而顧客評分爲反應值。這些資料用來探討的，不只在此十家商店的服務評價，而是對整個公司的所有連鎖商店評估是否服務水準一致。又如，從某成衣工廠的 100 部縫衣機隨機抽取五部，記錄一週內每天生產的衣服件數，則五部機器爲縫衣機因子的五個水準，各機器的每天生產量爲反應值。這些資料用來探討的主要問題是全工廠（母體）各機器的日產量是否變異不大，而不是該五部機器的產能如何。

單因子變異數分析模式亦常寫成

$$Y_{ij} = \mu + \alpha_i + \varepsilon_{ij} \tag{3.3}$$

其中

μ 表示所有處理的總平均值，爲一常數

$\alpha_i (= \mu_i - \mu)$ 爲一參數，表示第 i 個處理的效果

ε_{ij} 仍爲獨立的常態 $N(0, \sigma^2)$ 隨機變數，表示隨機誤差項

i = 1, 2, …, a;　　j = 1, 2, …, n_i

比較模式 (3.1) 與 (3.3)，知 $\mu_i = \mu + (\mu_i - \mu) = \mu + \alpha_i$

若定義　$\mu = \sum_{i=1}^{a} n_i \mu_i / \sum_{i=1}^{a} n_i$

則

$$\sum_{i=1}^{a} n_i \alpha_i = \sum_{i=1}^{a} n_i (\mu_i - \mu) = \sum_{i=1}^{a} n_i \mu_i - \sum_{i=1}^{a} n_i \mu = 0 \tag{3.4}$$

因此假設 H_0：$\mu_1 = \mu_2 = \cdots = \mu_a$ 爲眞時，所有處理均值 μ_i 全等於 μ，則 μ_i 與 μ 的差異 α_i 可解釋爲處理 i 的**處理效果**（Treatment effect）。而檢定 (3.2)，等價於檢定

$$H_0：\alpha_1 = \alpha_2 = \cdots = \alpha_a = 0$$

對立　H_1：至少有一 i，$\alpha_i \neq 0$

也就是說單因子變異數分析在檢定處理均值相同否，也在檢定因子水準的效果存在否。

3-2　參數的估計

模式 (3.2) 或 (3.3) 的參數值未知，因此需要估計。當 H_0 為眞時，μ_i 值全等於 μ，因此 Y_{ij} 的機率分配均為 $N(\mu, \sigma^2)$，而 Y_{ij} 彼此獨立，i=1，2，$\cdots$，a；　j=1，2，$\cdots$，n_i，這總共 $\sum\limits_{i=1}^{a} n_i = N$ 個觀察值 Y_{ij}，可視為由共同母體 $N(\mu, \sigma^2)$ 所抽出的隨機樣本。則所有觀察值的樣本均值，記作

$$\overline{Y}.. = \sum_{i=1}^{a} \sum_{j=1}^{n_i} Y_{ij} / (\sum_{i=1}^{a} n_i)$$

如 2-3 節所述，為 μ 的不偏且變異最小的估計式。

同理，對各別處理的母體而言，Y_{ij} 服從常態分配 $N(\mu_i, \sigma^2)$ 且互為獨立，故第 i 水準的樣本均值是 μ_i 的優良估計式。記作

$$\hat{\mu}_i = \overline{Y}_i. = \sum_{j=1}^{n_i} Y_{ij} / n_i \text{ 以估計 } \mu_i \quad i=1, 2, \cdots, a$$

而 $\hat{\mu} = \overline{Y}..$ 以估計 μ，

故 $\hat{\alpha}_i = \overline{Y}_i. - \overline{Y}..$ 以估計 $\alpha_i = \mu_i - \mu$　i=1，2，$\cdots$，a

為保持 $Y_{ij} = \mu + \alpha_i + \varepsilon_{ij}$ 兩邊的等式相等，則以

$$Y_{ij} - \overline{Y}_i. \text{ 以估計 } \varepsilon_{ij} \quad i=1, 2, \cdots, a; j=1, 2, \cdots, n_i。$$

以上估計法可整理為

$$\begin{array}{ccccc} Y_{ij} = & \mu & + & \alpha_i & + & \varepsilon_{ij} \\ & \uparrow & & \uparrow & & \uparrow \end{array}$$

$$Y_{ij} = \overline{Y}.. + (\overline{Y}_i. - \overline{Y}..) + (Y_{ij} - \overline{Y}_i.) \tag{3.5}$$

i=1，2，$\cdots$，a；j=1，2，$\cdots$，n_i。

一般為了計算方便, 常將觀察值 Y_{ij} 排列成如下的計算表, 將各處理的 Y_{ij} 和寫在表的下方, 列出樣本個數 n_i, 以求得 $\overline{Y}_{i\cdot}$ 與 $\overline{Y}_{\cdot\cdot}$ 的值。

表 3.1 k 個處理的計算表

處理 (水準)

	1	2	$\cdots$	a	加總
	Y_{11}	Y_{21}	$\cdots$	Y_{a1}	
	Y_{12}	Y_{22}	$\cdots$	Y_{a2}	
	$\vdots$	$\vdots$	$\vdots$	$\vdots$	
	Y_{1n_1}	Y_{2n_2}	$\cdots$	Y_{an_a}	
樣本和	$Y_{1\cdot}$	$Y_{2\cdot}$	$\cdots$	$Y_{a\cdot}$	$Y_{\cdot\cdot}$
樣本個數	n_1	n_2	$\cdots$	n_a	N
樣本均值	$\overline{Y}_{1\cdot}$	$\overline{Y}_{2\cdot}$	$\cdots$	$\overline{Y}_{a\cdot}$	

其中

$$Y_{i\cdot} = \sum_{j=1}^{n_i} Y_{ij} \tag{3.6}$$

為第 i 個處理的觀察值和, 將 $Y_{i\cdot}$ 除以樣本個數 n_i, 則得樣本均值 $\overline{Y}_{i\cdot} = Y_{i\cdot}/n_i$。而總和

$$Y_{\cdot\cdot} = \sum_{i=1}^{a} \sum_{j=1}^{n_i} Y_{ij} = \sum_{i=1}^{a} Y_{i\cdot} \tag{3.7}$$

再除以樣本總個數 $N = \sum_{i=1}^{a} n_i$, 則得總平均值 $\overline{Y}_{\cdot\cdot} = Y_{\cdot\cdot}/N$。

例 3.4 果汁口味

例題 3.1 所述有關四種不同口味的果汁, 在各五家超商的銷售量紀錄, 整理成下表。並將各有關的參數估計值, 如表 3.1, 計算於下表後段。

表 3.2　不同果汁的銷售量資料

觀察值 i	處理 j				加總
	1 蘋果	2 檸檬	3 葡萄	4 柳橙	
1	27	31	28	31	
2	29	28	25	30	
3	25	31	29	32	
4	29	28	24	32	
5	27	30	27	33	
樣本和	137	148	133	158	$Y.. = 576$
樣本均值	$\overline{Y}_1. = 27.4$	$\overline{Y}_2. = 29.6$	$\overline{Y}_3. = 26.6$	$\overline{Y}_4. = 31.6$	
	以估計 μ_1	以估計 μ_2	以估計 μ_3	以估計 μ_4	
樣本個數	$n_1 = 5$	$n_2 = 5$	$n_3 = 5$	$n_4 = 5$	

$$N = 5 + 5 + 5 + 5 = 20$$

$$\overline{Y} = \frac{576}{20} = 28.8$$

故 μ 的估計值為 $\hat{\mu} = \overline{Y}.. = 28.8$，而

$$\hat{\alpha}_1 = \overline{Y}_1. - \overline{Y}.. = 27.4 - 28.8 = -1.4$$

$$\hat{\alpha}_2 = \overline{Y}_2. - \overline{Y}.. = 29.6 - 28.8 = 0.8$$

$$\hat{\alpha}_3 = \overline{Y}_3. - \overline{Y}.. = 26.6 - 28.8 = -2.2$$

$$\hat{\alpha}_4 = \overline{Y}_4. - \overline{Y}.. = 31.6 - 28.8 = 2.8$$

分別為 α_1，α_2，α_3 及 α_4 的估計值。

3-3　變異數分析表(Analysis of Variance Table)

變異數分析的基本方法，就是將觀察值 Y_{ij} 對總平均值 $\overline{Y}..$ 的總變異分割爲幾個分量，而各個分量恰對應各種變異的來源或原因。這些變異的原因影響反應值的效果是否顯著，需對以上各個分量做 F-檢定。這樣分析的方法，通常整理成一張變異數分析表，簡稱 ANOVA 表，以利計算和說明。

Y_{ij} 對 $\overline{Y}..$ 的總變異(Total variability)，是 Y_{ij} 和 $\overline{Y}..$ 的差異**總平方和**(Total sum of squares)，簡記作 SSTO

$$SSTO=\sum_{i=1}^{a}\sum_{j=1}^{n_i}(Y_{ij}-\overline{Y}..)^2 \tag{3.8}$$

將(3.5)式的右邊 $\overline{Y}..$ 移到左邊，則得

$$Y_{ij}-\overline{Y}..=(\overline{Y}_{i.}-\overline{Y}..)+(Y_{ij}-\overline{Y}_{i.})$$

$i=1, 2, \cdots, a$; $j=1, 2, \cdots, n_i$。再對每一對(i, j)將上式兩邊平方求和，得

$$\sum_{i=1}^{a}\sum_{j=1}^{n_i}(Y_{ij}-\overline{Y}..)^2=\sum_{i=1}^{a}n_i(\overline{Y}_{i.}-\overline{Y}..)^2+\sum_{i=1}^{a}\sum_{j=1}^{n_i}(Y_{ij}-\overline{Y}_{i.})^2+$$

$$2\sum_{i=1}^{a}\sum_{j=1}^{n_i}(\overline{Y}_{i.}-\overline{Y}..)(Y_{ij}-\overline{Y}_{i.})$$

其中$\sum_{i=1}^{a}\sum_{j=1}^{n_i}(\overline{Y}_{i.}-\overline{Y}..)(Y_{ij}-\overline{Y}_{i.})=\sum_{i=1}^{a}(\overline{X}_{i.}-\overline{X}..)\left[\sum_{j=1}^{n_i}(Y_{ij}-\overline{Y}_{i.})\right]$

$$=\sum_{i=1}^{a}(\overline{Y}_{i.}-\overline{Y}..)(\sum_{j=1}^{n_i}Y_{ij}-n_i\overline{Y}_{i.})$$

$$=\sum_{i=1}^{a}(\overline{Y}_{i.}-\overline{Y}..)(n_i\overline{Y}_{i.}-n_i\overline{Y}_{i.})=0$$

所以前式平方和可改寫成

$$\sum_{i=1}^{a}\sum_{j=1}^{n_i}(Y_{ij}-\overline{Y}..)^2=\sum_{i=1}^{a}n_i(\overline{Y}_{i.}-\overline{Y}..)^2+\sum_{i=1}^{a}\sum_{j=1}^{n_i}(Y_{ij}-\overline{Y}_{i.})^2 \tag{3.9}$$

爲方便計，記

$$SSTR = \sum_{i=1}^{a} n_i (\overline{Y}_{i.} - \overline{Y}..)^2 \tag{3.10}$$

稱爲**處理平方和**(Treatment sum of squares)，

$$SSE = \sum_{i=1}^{a} \sum_{j=1}^{n_i} (Y_{ij} - \overline{Y}_{i.})^2 \tag{3.11}$$

稱爲**誤差平方和**(Error sum of squares)。因此(3.7)式可簡記爲

$$SSTO = SSTR + SSE \tag{3.12}$$

即變異數分析將總變異分解成 SSTR 與 SSE 兩部份。

1. SSTR 表示估計的因子水準（處理）均值 $\overline{Y}_{i.}$ 與總平均值 $\overline{Y}..$ 的差異大小。當各因子水準的均值 $\overline{Y}_{i.}$ 恒等時，SSTR＝0，而 $\overline{Y}_{i.}$ 間差異愈大時，SSTR 值愈大。SSTR 量測 a 個分組（處理）之間均值的變異，因此亦稱**組間平方和**(Sum of squares between groups)。

2. SSE 表示各觀察值 Y_{ij} 與各因子水準下估計的均值 $\overline{Y}_{i.}$ 的差異。在每一因子水準（分組）下的觀察值之變異愈小，則 SSE 愈小。當各因子水準的觀察值 Y_{ij} 分別全等於對應的均值 $\overline{Y}_{i.}$ 時，SSE＝0。SSE 量測 a 個分組的各個組內資料 Y_{ij} 的變異，再予以加總。因此亦稱爲**組內平方和**(Sum of squares within groups)。

各平方和所對應的自由度，亦可類似的分解。其中

1. SSTO 的自由度是 $N-1 = (\sum_{i=1}^{a} n_i) - 1$。因爲觀察值 Y_{ij}，共有 N_i 個，但需滿足 $\sum\sum (Y_{ij} - \overline{Y}..) = 0$ 的一個限制式，故自由度減少一個，而爲 $N-1$。

2. SSTR 的自由度是 $a-1$。因爲總共 a 個估計的因子水準的均值 $\overline{Y}_{i.}$，需滿足 $\sum n_i (\overline{Y}_{i.} - \overline{Y}..) = 0$ 的一個限制式，故自由度減少一個，而爲 $a-1$。

3. SSE 的自由度是 $N-a = (N-1) - (a-1)$，是 SSTO 的自由度

減去 SSTR 的自由度所得餘數。也可以說 SSTO 的自由度可分解爲 SSTR 與 SSE 所對應自由度的和。從另一角度看,對每一因子水準而言,$\sum_j (Y_{ij} - \overline{Y_i.})^2$ 的自由度是 $n_i - 1$(因爲第 i 個水準內的 n_i 個 Y_{ij},需滿足 $\sum_j (Y_{ij} - \overline{Y_i.}) = 0$ 的一個限制式,使自由度減一,而爲 $n_i - 1$,SSE 是 $\sum_j (Y_{ij} - Y_i.)^2$ 的和,故其自由度爲 $\sum_{i=1}^{a} (n_i - 1) = N - a$。

實際計算各平方和時,如有計算機或統計套裝軟體,則由電腦計算自然最好。手算,則可使用下列簡捷法公式計算

公式 3.1

$$SSTO = \sum_{i=1}^{a} \sum_{j=1}^{n_i} Y_{ij}^2 - \frac{Y..^2}{N} \tag{3.13}$$

$$SSTR = \sum_{i=1}^{a} \frac{Y_i.^2}{n_i} - \frac{Y..^2}{N} \tag{3.14}$$

$$SSE = \sum_{i=1}^{a} \sum_{j=1}^{n_i} Y_{ij}^2 - \sum_{i=1}^{a} \frac{Y_i.^2}{n_i}$$

$$= SSTO - SSTR \tag{3.15}$$

其中 $Y_i. = \sum_{j=1}^{n_i} Y_{ij}$,$Y.. = \sum_{i=1}^{a} Y_i.$

由公式 3.1 計算各平方和時,僅需先計算

$$\sum_{i=1}^{a} \sum_{j=1}^{n_i} Y_{ij}^2, \quad \sum_{i=1}^{a} \frac{Y_i.^2}{n_i}, \quad \frac{Y..^2}{N}$$

這三個數量的計算,可以規律的整理成兩個計算表 3.3(a)及表 3.3(b)如下。依表列數量規律的逐項計算,比較不會算錯。

表 3.3 (a) $\sum\limits_{i=1}^{a}Y_i.^2/n_i$ 與 $Y_{..}$ 的計算

處理（水準）

	1	2	$\cdots$	a	加總
	Y_{11}	Y_{21}	$\cdots$	Y_{a1}	
	Y_{12}	Y_{22}	$\cdots$	Y_{a2}	
	$\vdots$	$\vdots$	$\vdots$	$\vdots$	
	Y_{1n_1}	Y_{2n_2}	$\cdots$	Y_{an_a}	
樣本和	$Y_1.$	$Y_2.$		$Y_a.$	$Y_{..}$
	$\dfrac{Y_1.^2}{n_1}$	$\dfrac{Y_2.^2}{n_2}$		$\dfrac{Y_a.^2}{n_a}$	$\sum\limits_{i=1}^{a}\dfrac{Y_i.^2}{n_i}$

表 3.3 (b) $\sum\limits_{i=1}^{a}\sum\limits_{j=1}^{n_i}Y_{ij}^2$ 的計算

處理（水準）

	1	2	$\cdots$	a	加總
	Y_{11}^2	Y_{21}^2	$\cdots$	Y_{a1}^2	
	Y_{12}^2	Y_{22}^2	$\cdots$	Y_{a2}^2	
	$\vdots$	$\vdots$	$\vdots$	$\vdots$	
	$Y_{1n_1}^2$	$Y_{2n_2}^2$	$\cdots$	$Y_{an_a}^2$	
加總	$\sum\limits_{j=1}^{n_1}Y_{1j}^2$	$\sum\limits_{j=1}^{n_2}Y_{2j}^2$	$\cdots$	$\sum\limits_{j=1}^{n_a}Y_{aj}^2$	$\sum\limits_{i=1}^{a}\sum\limits_{j=1}^{n_i}Y_{ij}^2$

例 3.5 果汁口味

例 3.4 的資料,做平方和的分解,計算如下表

表 3.4 平方和分解的計算表

處理	1 蘋果	2 檸檬	3 葡萄	4 柳橙	加總
	27	31	28	31	
	29	28	25	30	
Y_{ij}	25	31	29	32	
	29	28	24	32	
	27	30	27	33	
$Y_i.$	137	148	133	158	576
$Y_i.^2/n_i$	3753.8	4380.8	3537.8	4992.8	16665.2

表 3.5 $\sum\sum Y_{ij}^2$ 的計算表

處理	1 蘋果	2 檸檬	3 葡萄	4 柳橙	加總
	729	961	784	961	
	841	784	625	900	
Y_{ij}^2	625	961	841	1024	
	841	784	576	1024	
	729	900	729	1089	
$\sum_j Y_{ij}^2$	3765	4390	3555	4998	16708

由上二計算表易知

$$SSTO = \sum_i \sum_j Y_{ij}^2 - Y..^2/N = 16708 - (576)^2/20$$

$$= 16708 - 16588.8 = 119.2$$

$$SSTR = \sum_i Y_i.^2/n_i - Y..^2/N = 16665.2 - 16588.8$$

$$= 76.4$$

而　　　$$SSE = SSTO - SSTR = 119.2 - 76.4 = 42.8$$

或　　　$$SSE = \sum_i \sum_j Y_{ij}^2 - \sum_i Y_i.^2/n_i = 16708 - 16665.2 = 42.8$$

又 SSTO, SSTR, 所對應的自由度, 分別為 $N-1 = 20-1 = 19$, $a-1 = 4-1 = 3$, 而 SSE 的自由度為兩者的差, 即 $19-3 = 16$。

　　各平方和除以其對應的自由度, 所得值稱為**均方**(Mean square)。記

$$MSTR = \frac{SSTR}{a-1}$$

$$MSE = \frac{SSE}{N-a}$$

則稱 MSTR 為**處理均方**(Treatment mean square)，MSE 為**誤差均方**(Error mean square)。

　　MSE 及 MSTR 的期望值可以證明為

$$E(MSE) = \sigma^2 \tag{3.16}$$

$$E(MSTR) = \sigma^2 + \frac{1}{a-1} \sum_{i=1}^{a} n_i(\mu_i - \mu)^2 \tag{3.17}$$

其中 $\mu = \sum_{i=1}^{a} n_i \mu_i / N$。

　　以上兩式均方的期望值顯示以下重要的訊息。

1.　不論各因子水準均值 μ_i 相等與否, MSE 是誤差項 ε_{ij} 的變異數

σ^2 的不偏估計式。直覺的理由是因各因子水準之內的觀察值的變異不會受 μ_i 值的影響。

2. 當各因子水準均值 μ_i 全等時, $\mu_i = \mu$, 故(3.17)式可得 E(MSTR) = E(MSE) = σ^2, 因此, μ_i 全等時, MSTR 和 MSE 都是 σ^2 的不偏估計式。但是 μ_i 不全等時, (3.17)式的第二項為正數, 故 E(MSTR) > E(MSE)。因此, μ_i 不相等時, MSTR 值會變大, 而大於 MSE。直覺的說, 若 MSTR 與 MSE 的值大小略同, 則可能表示 μ_i 值相等, 若 MSTR 值大過 MSE 很多, 可能表示 μ_i 值不等矣。

理論上, 若 H_0: $\mu_1 = \mu_2 = \cdots = \mu_a$ 為眞, 在常態母體的假設下, 可以證明

$$\frac{SSTR}{\sigma^2} \sim \chi^2(a-1)$$

$$\frac{SSE}{\sigma^2} \sim \chi^2(N-a)$$

且 SSTR 與 SSE 互為獨立。因此, 由 2.6 節, 可得

$$F = \frac{\dfrac{SSTR}{\sigma^2}/(a-1)}{\dfrac{SSE}{\sigma^2}/(N-a)} = \frac{MSTR}{MSE} \sim F(a-1, N-a)$$

又由上述均方期望值(3.16)及(3.17)的特性, 易知, F 值愈大, 表示 MSTR > MSE, 則 μ_i 不相等, 故應拒絕虛無假設 H_0。反之, 當 F 值偏小時, 可能表示 μ_i 相等, 故不能拒絕虛無假設。F 值到底多大才叫做大, 則由 F 分配與給定的顯著水準 α 來決定。今即,

拒絕 H_0 若且唯若 $\quad F = \dfrac{MSTR}{MSE} > F_{\alpha, a-1, N-a}$

當 $F \leq F_{\alpha, a-1, N-a}$ 則不拒絕虛無假設 H_0。

以上討論, 可整理成

公式 3.2

單因子變異數分析模式

$$Y_{ij} = \mu_i + \varepsilon_{ij}, \ i=1, \ 2, \ \cdots, \ a; \ j=1, \ 2, \ \cdots, \ n_i$$

的假設下，檢定

$$H_0: \ \mu_1 = \mu_2 = \cdots = \mu_a \quad 對立 \quad H_1: \ \mu_i \ 不全等$$

則檢定統計量 F 的觀察值可由下表計算之

表 3.6　變異數分析表

變異來源	平方和(SS)	自由度(df)	均方(MS)	F 值
處理間	$SSTR = \sum n_i (\overline{Y}_{i.} - \overline{Y}..)^2$	$a-1$	$MSTR = \dfrac{SSTR}{a-1}$	$\dfrac{MSTR}{MSE}$
誤差	$SSE = \sum\sum (Y_{ij} - \overline{Y}_{i.})^2$	$N-a$	$MSE = \dfrac{SSE}{N-a}$	
合計	$SSTO = \sum\sum (Y_{ij} - \overline{Y}..)^2$	$N-1$		

表 3.6 變異數分析表或稱單因子 ANOVA 表。在顯著水準 α 的要求下，由表上最後一項 F 值知

當 $F \leq F_{\alpha, a-1, N-a}$ 則拒絕虛無假設 H_0。

注意，當 H_0 為假，即 μ_i 不全等時，F＝MSTR/MSE 不是服從 F 分配，而為更複雜的非中心化的 F 分配。又上表中 SSTR, SSE 的計算，可由公式 3.1 求得。一般而言，SSTR 及 SSTO 的計算比 SSE 容易，SSTR 與 SSTO 的自由度也比較容易決定。因此在應用時，可先計算 SSTR 與 SSTO 的值，再以 SSE＝SSTO－SSTR 求得 SSE 的值，自由度的判斷亦如此。

例 3.6　果汁口味

例 3.4 果汁口味的資料做平方和的分解, 計算如例 3.5, 則可求得變異數分析表如下

表 3.7 例 3.4 的變異數分析表

變異來源	平方和	自由度	均方	F 值
處理間	76.4	3	25.47	9.52
誤差	42.8	16	2.67	
合計	119.2	19		

其中 $F = \dfrac{76.4/3}{42.8/16} = \dfrac{25.47}{2.67} = 9.52$。又顯著水準 $\alpha = 0.05$ 的拒絕域為 $F > F_{0.05,3,16} = 3.24$。今 $F = 9.52 > 3.24$。所以拒絕虛無假設, 即四種不同口味的果汁銷售量顯著不同。這個結果亦顯示果汁口味不同會影響銷售量。

例 3.7　電池壽命

四種不同廠牌的電池比較其使用壽命。今隨便選出六個隨身聽, 將音量轉至最大, 再隨機選取不同廠牌的全新電池, 分別裝至隨身聽, 測量電池在最大音量下的可使用時間。資料整理如下表

處理 (不同廠牌電池)　單位: 小時

觀察值	A 牌	B 牌	C 牌	D 牌
1	5.6	4.8	6.4	4.8
2	5.2	3.9	5.9	5.1
3	5.4	4.0	5.8	4.5
4	5.7	4.5	5.3	4.4
5	4.6	4.6	5.4	4.3
6	4.8	4.7	6.3	5.0

若電池壽命呈常態分配且不考慮隨身聽不同的影響，則以上資料是否顯示四種電池的平均壽命相同？取顯著水準 $\alpha = 0.05$。

解：設 μ_i 為第 i 種電池的平均壽命，i＝1，2，3，4。則本問題為檢定

$$H_0:\quad \mu_1 = \mu_2 = \mu_3 = \mu_4$$

對立 $H_1:\quad \mu_1, \mu_2, \mu_3, \mu_4$ 不全相等，而變異數分析表的計算過程，如表 3.8，3.9 與表 3.10。

表 3.8　$\sum\limits_{i=1}^{a} Y_i.^2/n_i$ 與 $Y..$ 的計算

	A 牌	B 牌	C 牌	D 牌	加總
	5.6	4.8	6.4	4.8	
	5.2	3.9	5.9	5.1	
	5.4	4.0	5.8	4.5	
	5.7	4.5	5.3	4.4	
	4.6	4.6	5.4	4.3	
	4.8	4.7	6.3	5.0	
$Y_i.$	31.3	26.5	35.1	28.1	121.0
$Y_i.^2/n_i$	163.28	117.04	205.33	131.61	617.26

表 3.9　$\sum\sum Y_{ij}^2$ 的計算

	A 牌	B 牌	C 牌	D 牌	加總
	31.36	23.04	40.96	23.04	
	27.04	15.21	34.81	26.01	
Y_{ij}^2	29.16	16.00	33.64	20.25	
	32.49	20.25	28.09	19.36	
	21.16	21.16	29.16	18.49	
	23.04	22.09	39.69	25.00	
加總	164.25	117.75	206.35	132.15	620.50

表 3.10 例 3.7 的變異數分析表

變異來源		平方和	自由度	均方	F
處理間	SSTR＝7.218		3	2.406	14.85
誤差	SSE＝ 3.240		20	0.162	
合計		10.458	23		

上表中 $CT = Y..^2 / \sum_{i=1}^{a} n_i = (121)^2/24 = 610.042$

$$SSTO = \sum\sum Y_{ij}^2 - CT = 620.50 - 610.042 = 10.458$$
$$SSTR = \sum Y_{i\cdot}^2/n_i - CT = 617.2 - 610.042 = 7.218$$
$$SSE = SSTO - SSTR = 10.458 - 7.218 = 3.240$$
$$MSTR = 7.218/3 = 2.406$$
$$MSE = 3.240/20 = 0.162$$

故 $F = \dfrac{2.406}{0.162} = 14.85 > F_{0.05,3,20} = 3.10$，因此拒絕虛無假設，表示四種

不同廠牌的電池平均壽命不等，這個結論的信賴度有 $0.95 = 1 - 0.05$。

例 3.8　打字速度

辦公室要測試三個英文秘書打字的速度是否有差異。隨機選出八篇文書，分別請他們打字而測量其使用時間。資料整理如下表（其中有二位沒有全部打完八篇）

英文秘書（處理）

	I	II	III
1	6.7	6.7	8.5
2	8.2	8.1	9.7
3	6.8	9.4	10.1
4	5.8	8.6	7.8
5	6.9	7.9	9.6
6	6.6	8.3	9.5
7	6.3	8.7	
8		7.1	

觀察值

若使用時間呈常態分配，且不考慮文書不同的影響，試以以上資料檢定三位秘書打字的平均速度相同否？顯著水準取爲 $\alpha = 0.05$。

解：　設 μ_i 爲第 i 個秘書打字的平均速度，i=1,2,3。本問題即爲檢定

$$H_0: \mu_1 = \mu_2 = \mu_3$$

對立　　$H_1: \mu_1, \mu_2, \mu_3, \mu_4$ 不全相等，

而變異數分析的計算過程，如下表 3.11 及 3.12。

表 3.11　$\sum Y_{i.}^2 / n_i$ 與 $Y_{..}$ 的計算

	秘書 I	II	III	加總
	6.7	6.7	8.5	
	8.2	8.1	9.7	
	6.8	9.4	10.1	
	5.8	8.6	7.8	
	6.9	7.9	9.6	
	6.6	8.3	9.5	
	6.3	8.7		
		7.1		
$Y_{i.}$	47.3	64.8	55.2	167.3
$Y_{i.}^2/n_i$	319.613	524.88	507.84	1352.333

表 3.12 $\sum\sum Y_{1j}^2$ 的計算

		秘書 I	II	III	加總
	1	44.89	44.89	72.25	
	2	67.24	65.61	94.09	
	3	46.24	88.36	102.01	
Y_{1j}^2	4	33.64	73.96	60.84	
	5	47.61	62.41	92.16	
	6	43.56	68.89	90.25	
	7	39.69	75.69		
	8		50.41		
加總		322.87	530.22	511.61	1364.70

由表 3.11 與 3.12 可得

$$CT = Y_{..}^2 / \sum_{i=1}^{3} n_i = (167.3)^2 / (7+8+6) = 1332.823$$

$$SSTO = \sum\sum Y_{1j}^2 - CT = 1364.70 - 1332.823 = 31.867$$

$$SSTR = \sum Y_{1.}^2 / n_i - CT = 1352.333 - 1332.823$$

$$SSE = SSTO - SSTR = 31.867 - 19.510 = 12.357$$

又　　$MSTR = 19.510/2 = 9.755$

　　　$MSE = 12.357/18 = 0.687$

故　　$F = \dfrac{9.755}{0.687} = 14.21$

整理成變異數分析表 3.13 如下

表 3.13 例 3.8 的 ANOVA 表

變異來源	平方和	自由度	均方	F
處理間	19.510	2	9.755	14.21
誤差	12.357	18	0.687	
合計	31.867	20		

α＝0.05 的顯著水準下，$F_{0.05,2,18}$＝3.5546。今 F＝14.21＞3.5546。因此，拒絕虛無假設。表示三位秘書的打字速度顯著不同，這個結論的可信性有百分之 95。

習　題

3-1 奇奇公司研究公司員工對公司福利制度的滿意度，管理部門將員工依學歷分成國中以下，高中，大專以上三級，每一級隨機抽取六名加以調查，滿意度由 0 分至 100 分得資料如下：

滿意度分數

國中以下	高中	大專以上
76	80	75
80	86	73
75	90	78
84	88	80
82	92	82
80	84	77

(a)求各水準效果的估計值。

(b)作變異數分析表並檢定各水準效果，取 α＝0.05。

3-2   爲比較三種不同輪胎的壽命，每種品牌各隨機測試十個輪胎的磨耗里程，得
資料如下：

輪胎可磨耗里程（單位：千公里）

A 牌	82	77	84	72	76	88	60	89	78	73
B 牌	58	49	70	63	45	53	42	54	62	60
C 牌	73	75	80	82	84	68	60	58	64	71

(a)求各水準均值的估計值。

(b)作變異數分析表以檢定水準均值相等否？ $\alpha=0.05$。

3-3   廣告公司爲比較四種廣告方法對促銷某化粧品的效果，乃擇定二十個類似的
銷售區，以隨機方式各選其中五區分別以四種不同方法廣告促銷，一個月後
記錄其產品銷售量，得資料如下：

不同廣告法的銷售量表

電　視	99	88	72	84	80
收音機	84	77	65	60	72
報紙	65	79	73	71	62
廣告單	50	46	58	49	45

(a)試估計各種廣告法的平均銷售量。

(b)以 $\alpha=0.01$ 檢定四種廣告法的平均銷售量相同否？

3-4   公司品管人員記錄了工廠三部機器，每次停機維修的間隔時間，得資料如下：

機器維修的間隔時間（單位：天）

機器 I	14.0	13.7	15.8	15.3	14.6	15.0
機器 II	17.6	16.9	17.1	18.3	17.4	18.9
機器 III	21.4	20.5	21.9	20.3	19.8	20.8

(a)試估計各水準效果。

(b)作變異數分析表並檢定水準效果存在否，$\alpha=0.05$。

3-5　某食品廠以三種不同發酵溫度測試食品發酵所需時間，所得資料如下：

食品發酵時間

溫度 30°C	143	140	149	132	146	150	145
溫度 40°C	132	136	134	129	132	127	129
溫度 50°C	114	118	125	132	127	123	129

試(a)估計各水準均值。

　　(b)檢定三種溫度對應的平均發酵時間是否相同，取 $\alpha=0.05$。

3-6　某汽車公司有四個零件供應廠，為比較其產品品質對各廠所交零件隨機抽檢，得零件不良率資料如下：

零件不良率

甲廠	6.3	6.6	6.0	6.9	7.6	6.8	5.8	6.4
乙廠	8.1	7.7	7.9	7.1	8.3	8.4	8.7	7.3
丙廠	9.6	9.5	9.7	8.5	8.6	7.8	8.3	8.7
丁廠	6.2	7.2	7.5	6.2	6.8	5.3	5.4	5.8

(a)求各廠平均不良率的估計值。

(b)各廠平均不良率差異顯著否，取 $\alpha=0.05$。

3-7　某農場想比較四種不同品種的稻米生產量，將四種品種分種於二十塊土質及大小相同的土地上，收穫時量測其產量，得資料如下：

稻米產量

	雲林 1 號	24	27	25	28	29
品	台南 2 號	32	36	34	34	35
種	高雄 1 號	16	13	20	19	16
	屏東 2 號	32	35	38	39	34

(a)求各品種的平均產量。

(b)各品種平均產量是否差異顯著，以 $\alpha = 0.05$ 檢定之。

3-8 食品廠罐裝食品時，品管部門認為生產線流速可能影響，罐裝食品的重量。工程師想比較三種流速的影響效果，做實驗量測而得以下資料：

食品重量

稍低速	48	44	46	45	48
中 速	44	42	41	40	42
稍高速	39	34	38	33	35

(a)試估計水準效果。

(b)作變異分析檢定因子效果存在否，取 $\alpha = 0.05$。

3-9 設北、中、南三地各隨機選五個人口相近的城市，調查其物價指數，資料如下：

物價指數

北	152.3	149.8	146.7	150.4	153.6
中	143.6	143.3	137.2	136.8	134.2
南	127.3	129.8	123.7	124.3	123.8

(a)試估計三地區的平均物價指數。

(b)三地區的平均物價指數差異顯著否？以 $\alpha = 0.05$ 檢定之。

3-10 某化工廠工程師認為觸媒量的不同可能會影響產品濃度，他設計了三種觸媒量的水準，做實驗得以下資料：

產品濃度

0.8 公斤	58.7	56.1	57.0	58.2	58.4	57.3
1 公斤	60.7	61.2	62.1	60.9	62.3	61.4
1.2 公斤	52.6	49.9	50.2	51.7	52.1	50.8

觸媒量

(a)試估計各水準平均濃度。

(b)三水準的平均濃度差異顯著否？以 $\alpha = 0.05$ 檢定之。

3-11　某工廠管理部門認為他們的三個原料供應商供應的原料，可能因品質的差別，而使工廠生產成品的純度產生差異，為實證此想法，隨機對不同供應商原料的成品測量其純度，得資料如下：

產品純度

甲	61.2	62.4	64.7	60.4	62.1
乙	56.4	55.5	58.2	57.3	56.9
丙	51.6	51.4	53.3	53.5	53.8

供應商

(a)試估計三家供應商的水準效果。

(b)三水準的效果差異顯著否？試以 $\alpha = 0.01$ 檢定之。

3-12　某磁磚廠想知道是否四種不同燒焙溫度對磁磚密度影響顯著，實驗所得資料如下：

溫度	磁磚密度				
100°C	24.9	24.1	24.7	24.6	24.8
120°C	23.9	23.8	23.9	24.0	24.1
140°C	23.6	23.7	23.9	23.4	23.8
160°C	23.8	23.7	23.4	23.5	23.5

(a)試估計各水準的平均密度。

(b)溫度是否對磁磚密度有顯著影響？以 $\alpha = 0.05$ 檢定之。

3-13 某電子工廠研究部門設計了四種電路，想比較由此電路裝配的收音機雜音量是否相同，工程師隨機選了幾個產品做了幾個量測，資料如下：

電路	收音機雜音量					
型 1	17	16	18	12	10	11
型 2	24	23	29	25	27	25
型 3	47	46	50	52	48	50
型 4	40	39	35	38	42	36

(a)試估計各型的平均雜音量。

(b)試以 $\alpha = 0.01$ 檢定四型的平均雜音量差異顯著否。

3-14 四個不同科系的學生隨機抽取八名比較其全校數學會考的成績，得成績資料如下：

數學成績

甲科	64	47	77	58	75	69	87	72
乙科	64	64	42	92	72	68	59	76
丙科	44	65	34	57	77	47	35	49
丁科	52	63	69	73	88	74	90	97

(a)試估計各科的數學平均成績。

(b)試以 $\alpha = 0.01$ 檢定數學平均成績是否差異顯著。

3-15 消基會想比較市面上暢銷的三種廠牌的日光燈壽命而隨機抽取相同燭光而不同廠牌的日光燈各五支作測試，得資料如下：

日光燈壽命

甲牌	108	110	105	113	107
乙牌	96	96	98	92	95
丙牌	85	84	82	86	88

⒜試估計各牌日光燈的平均壽命。

⒝試以 $\alpha=0.01$ 檢定日光燈的平均壽命差異顯著否？

第四章
因子水準效果的分析

前章所述, 用 F 檢定因子水準的均值 μ_i 是否相等, 以判斷因子是否對反應值有影響效果, 是本章水準效果分析的工作。若 F 檢定的結果是各水準均值 μ_i 全等, 則表示因子對反應值沒有影響, 此時無需本章的進一步分析。反之, 若 F 檢定的結論是各水準均值 μ_i 不等, 就需要進一步的分析 μ_i 值那一個最大, 那一個最小, μ_i 之間差異多大等水準效果的統計解析。μ_i 值的統計分析, 主要還是估計與檢定二個基本方法。

4-1　圖示法

在做因子水準的公式化分析前, 用圖形來顯示各水準均值的位置, 可以粗略的比較其均值的差異量。主要的圖示法有(1)**線圖**及(2)**常態機率圖**兩種, 分述如下。

線圖是將估計的因子水準均值 $\overline{Y}_{i\cdot}$, 依其數值大小標示在直線上。由圖形觀察, 很容易看出水準均值 $\overline{Y}_{i\cdot}$ 的大小關係。

例 4.1　果汁口味

例 3.1 果汁口味的資料, 整理數據如下表

	蘋果	檸檬	葡萄	柳橙
n_i	5	5	5	5
$Y_{i.}$	137	148	133	158
$\overline{Y}_{i.}$	27.4	29.6	26.6	31.6

將 $\overline{Y}_{i.}$ 值標示在線圖上，得

圖 **4.1**　四種不同果汁平均銷售量線圖

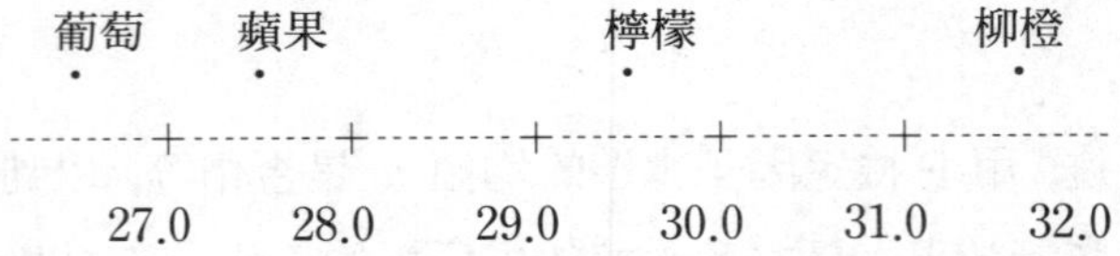

葡萄　蘋果　　　　檸檬　　　　柳橙
　·　　·　　　　　·　　　　　·
----------+---------+---------+---------+---------+---------
　27.0　　28.0　　29.0　　30.0　　31.0　　32.0

　　由圖易知，葡萄平均銷售量最少，柳橙最多。柳橙與檸檬平均銷售量的差，與檸檬、蘋果間平均銷售量的差約略相同。由第二章均值 μ_i 的 95%信賴度的信賴區間公式，因 $\overline{Y}_{i.}$ 的標準差為 σ^2/n_i，由表 3.7，其估計值為

$$\sqrt{MSE/n_i} = \sqrt{2.67/5} = 0.73$$

取二倍標準差，約 $2 \times 0.73 = 1.46$ 為信賴區間的一半長，則可粗略的在圖上估計出各 μ_i 值的信賴區間位置。例如，柳橙的平均銷售量約在 $31.6 - 1.46 = 30.14$ 與 $31.6 + 1.46 = 33.06$ 之間。

　　當各水準的樣本大小 n_i 全等時，設 $n_i \equiv n$，則可由常態機率圖看出各水準均值的大小。

　　因為觀察值 Y_{ij} 呈常態分配且變異數全等於 σ^2。若虛無假設 H_0: $\mu_1 = \mu_2 = \cdots = \mu_a$ 為真，且 $n_i \equiv n$，則均值的估計式 $\overline{Y}_{i.}$ 亦呈常態分配且變異數全等於 σ^2/n。因此估計的均值 $\overline{Y}_{i.}$, i=1, 2, …, a 可以看成是同一

常態母體$N(\mu, \sigma^2/n)$抽出的隨機樣本。將$\overline{Y}_{i\cdot}$的值畫成常態機率圖，若圖形呈一直線，則表示虛無假設H_0為眞。若圖形不爲直線，即表示因子水準均值不相等，而圖上$\overline{Y}_{i\cdot}$的差異距離亦可顯示μ_i值間的差異情況。

常態機率圖的作法如下：

⑴先將$\overline{Y}_{i\cdot}$值，由小至大重新排序。

⑵計算排序後，第 i 點所對應的標準常態分配的百分位數，

$$z(\frac{i-0.375}{a+0.25})$$

即先計算$p = (i-0.375)/(a+0.25)$，再查標準常態分配的累加機率表，求出 100 p 百分位數$z(p)$。

⑶計算，當$H_0 = \mu_1 = \mu_2 = \cdots = \mu_a$為眞時，排序後的第 i 點所對應的均值估計值

$$\hat{\overline{Y}}_{i\cdot} = \overline{Y}_{\cdot\cdot} + z(\frac{i-0.375}{a+0.25}) \times \sqrt{\frac{MSE}{n}} \qquad (4.1)$$

注意上方程式，因$\overline{Y}_{\cdot\cdot}$與$\sqrt{MSE/n}$為常數，若以標準常態分配的百分位數$z(p) = z(\frac{i-0.375}{a+0.25})$為自變數，則$\hat{\overline{Y}}_{i\cdot}$對$z(p)$的圖形為直線。

⑷將排列後的$\overline{Y}_{i\cdot}$對$z(\frac{i-0.375}{1+0.25})$作圖，即取$z(p)$在 x 軸，$\overline{Y}_{i\cdot}$在 y 軸作圖，並將直線(4.1)亦畫出作爲參考線。

若$\overline{Y}_{i\cdot}$的點在參考線附近略成直線，如下圖左邊(a)圖，則表示H_0為眞，水準均值沒有差異，若$\overline{Y}_{i\cdot}$的點跳動如下圖右(b)圖，五個$\overline{Y}_{i\cdot}$點不呈直線，表示H_0為假，水準均值μ_i間有差異。又最小的三點連線略平行於參考線，表示此三點對應的μ_i間沒有差異。同理，最大的二點均值亦沒有差異，但較大較小的這二群均值差異卻顯著。

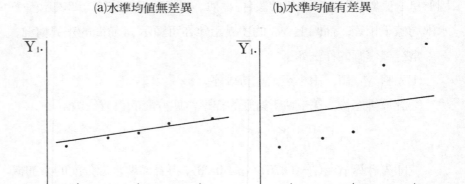

圖 4.2　均水準均值估計值的常態機率圖

(a)水準均值無差異　　　　　　　　(b)水準均值有差異

例 4.2　果汁口味

　　將例 3.1 果汁口味的四個水準均值的估計值 $\overline{Y}_{i.}$，畫成常態機率圖。步驟(1)至(3)的計算結果整理成下表

表 4.1　μ_i 相等時水準均值估計 $\overline{Y}_{i.}$ 及其期望值

排序	(1) 排序後均值	(2) 百分位數	(3) 期望值
i	$\overline{Y}_{i.}$	$z(\frac{i-.375}{a+.25})$	$\hat{\overline{Y}}_{i.}$
1	26.6	−1.049	28.033
2	27.4	−0.299	28.582
3	29.6	0.299	29.019
4	31.6	1.049	29.567

其中百分位數的計算，例如 i＝1，則由標準常態機率表

$$z(\frac{i-0.375}{a+0.25})=z(\frac{1-0.375}{4+0.25})=z(1.47)=-1.049$$

又 $\overline{Y}..＝(26.6+27.4+29.6+31.6)/4＝28.75$

由表 3.7，MSE＝2.69，

故其對應的

$$\widehat{Y}_{1\cdot}=28.75+(-1.049)\sqrt{\frac{2.69}{5}}=28.033$$

其餘三個值的計算亦類似。

$\widehat{Y}_1$ 對 $z(p)$ 的圖形呈一直線，$\overline{Y}_{1\cdot}$ 對 $z(p)$ 的座標點記作 A，則常態機率圖如下圖 4.3。

由圖知，葡萄與蘋果口味的二點連線略平行於平均線，因此二者平均銷售量的差異不顯著。檸檬和柳橙口味銷售量明顯大於葡萄和蘋果口味，四點連續偏離平均線，因此可以由圖，說四種口味的平均銷售量不等。

圖 4.3　果汁口味平均銷售的常態機率圖

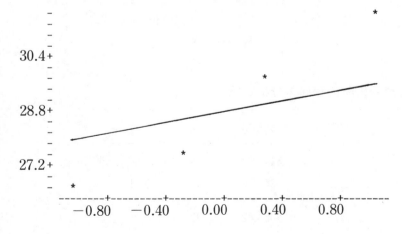

例 4.3

某超商有五家分店，分別用同一問卷，調查顧客對他們服務的滿意程度，各分店各抽取十個顧客，所得評分如下表 4.2:

表 4.2　顧客滿意度評分表

	分店 1	分店 2	分店 3	分店 4	分店 5
	43	89	68	36	48
	39	87	69	45	39
	46	93	68	40	48
	44	91	66	39	46
Y_{ij}	44	88	70	40	42
	48	92	68	43	42
	44	86	71	39	40
	39	88	65	41	45
	43	91	64	40	43
	40	89	69	41	44
$\overline{Y}_{i\cdot}$	43.0	89.4	67.8	40.4	43.7

$$\overline{Y}_{\cdot\cdot}=56.86$$

資料分析所得變異數分析表為

變異來源	平方和	自由度	均方	F 值
分店間	18147.52	4	4536.88	666.10
誤差	306.50	45	6.81	
總合	18454.02	49		

各因子水準的均值 $\overline{Y}_{i\cdot}$ 畫成線圖，如下圖 4.4

圖 4.4　顧客平均滿意度的線圖

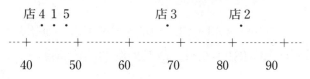

由圖易知店 2 評分最高，店 3 次之，店 4、店 1、店 5 則較差，且後三者評分相差不多。

以上資料若畫成常態機率圖，則依步驟(1)至(3)的計算結果可整理成下表 4.3。

表 4.3　顧客滿意度的常態機率圖上所需數值表

排序 i	(1) 排序後均值 $\overline{Y}_{i\cdot}$	(2) 百分位數 $z(\frac{i-0.375}{5+0.25})$	(3) 期望值 $\hat{\overline{Y}}_{i\cdot}$
1	40.4	−1.180	55.89
2	43.0	−0.497	56.45
3	43.7	0.000	56.86
4	67.8	0.497	57.27
5	89.4	−1.180	57.83

其中百分位數的計算，例如 i=1，則因 a=5

$$\frac{i-0.375}{a+0.25}=\frac{1-0.375}{5+0.25}=0.119$$

由標準常態機率表查表可得機率值 0.119 對應的分位數

$$z(\frac{i-0.375}{a+0.25}) = z(0.119) = -1.180$$

又

$$\hat{\overline{Y}}.. = (40.4 + 43.0 + 43.7 + 67.8 + 89.4)/5 = 56.86$$

由變異數分析表知 MSE＝6.81，故其對應的期望值爲

$$\hat{\overline{Y}}_1. = 56.86 + (-1.180)\sqrt{\frac{6.81}{10}} = 55.89$$

其餘計算可類推。$\overline{Y}_1.$ 對 $z(p)$ 的座標點記作 A，則得常態機率圖如下

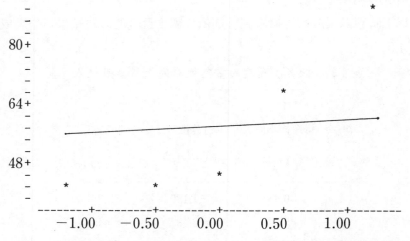

由圖可知，五個 A 點散佈不呈直線，因此五個分店的服務評價差異顯著。事實上，由變異數分析表的 F 值 F＝666.10 相當大，F 檢定亦得五個平均評分差異非常顯著。又分店 4，1，5 三家的座標點連成一線，略平行於平均線，故三個分店相差不大，而另二家則顯著評分較高。

4-2　因子水準效果的估計

本節中要討論的因子水準效果的估計包括下列三種：

1.因子水準均值 μ_i 的估計。

2.二因子水準均值差的估計。

3.因子水準均值**對比**(Contrast)的估計。

分述如下:

4-2-1　因子水準均值的估計

3-2 節已指出,因子水準均值 μ_i 的不偏估計式是 $\overline{Y}_{i\cdot}$,即

$$E(\overline{Y}_{i\cdot}) = \mu_i$$

且

$$\text{Var}(\overline{Y}_{i\cdot}) = \sigma^2/n_i$$

當誤差項 ε_{ij} 爲獨立的常態隨機變數時,由模式 $Y_{ij} = \mu_i + \varepsilon_{ij}$ 及 2-3-3 節討論,可得 $\overline{Y}_{i\cdot}$ 服從常態分配 $N(\mu_i, \sigma^2/n_i)$。今若 σ^2 值未知,以 σ^2 的不偏估計式 MS_E 代換,則由 2-3-3 節可得

$$\frac{\overline{Y}_{i\cdot} - \mu_i}{\sqrt{MSE/n_i}} \text{服從自由度爲 N}-\text{a 的 t 分配}$$

注意 t 分配的自由度 $N-a$ 恰是估計 σ^2 的 MSE 的自由度。查 t 分配的機率表,求其 $1-\alpha/2$ 分位數 $t_{\alpha/2, N-a}$,則因

$$P\{-t_{\alpha/2, N-a} \le \frac{\overline{Y}_{i\cdot} - \mu_i}{\sqrt{MSE/n_i}} \le t_{\alpha/2, N-a}\} = 1 - \alpha,$$

可導出 μ_i 的 $1-\alpha$ 信賴度的信賴區間爲

$$\overline{Y}_{i\cdot} \pm t_{\alpha/2, N-a} \sqrt{\frac{MSE}{n_i}} \tag{4.2}$$

例 4.4　果汁口味

果汁口味的例題中,若欲估計每種口味汽水的平均銷售量的 95%信賴區間,則由表 3.7 知 $MSE = 2.67$,且其自由度爲 16。查 t 分配機率表知 $t_{0.025, 16} = 2.120$。以蘋果口味爲例,由例 4.1 表知其樣本均值 $\overline{Y}_{1\cdot} =$

27.4，$n_1=5$，則 μ_1 的 95%信賴區間為

$$\overline{Y}_1. \pm t_{0.025,16}\sqrt{\frac{MSE}{n_1}}=27.4\pm2.120\sqrt{\frac{2.67}{5}}$$

$$=27.4\pm1.55$$

即

$$25.85\leq\mu_1\leq28.95$$

同理 μ_2 的 95%信賴區間是

$$\overline{Y}_2. \pm t_{0.025,16}\sqrt{\frac{MSE}{n_2}}=29.6\pm2.120\sqrt{\frac{2.67}{5}}=29.6\pm1.55$$

故得　　$28.05\leq\mu_2\leq31.15$

葡萄口味汽水平均銷售量 μ_3 的 95%信賴區間為

$$\overline{Y}_3. \pm t_{0.025,16}\sqrt{\frac{MSE}{n_3}}=26.6\pm2.120\times\sqrt{\frac{2.67}{5}}=26.6\pm1.55$$

即　　$25.05\leq\mu_3\leq28.15$

又柳橙汽水平均銷售量 μ_4 的 95%信賴區間為

$$\overline{Y}_4. \pm t_{0.025,16}\sqrt{\frac{MSE}{n_4}}=31.6\pm2.120\times\sqrt{\frac{2.67}{5}}$$

$$=31.6\pm1.55$$

即　　$30.05\leq\mu_4\leq33.15$

例 4.5　觸媒與產量

在某化學合成的實驗中，以五個不同水準的觸媒量加入反應過程，其合成物的產量因觸媒量的不同而有一些變化，今在隨機次序下，於各不同水準反覆五次實驗，測得合成物產量資料如下表。觸媒量的五個水準分別為 3%，4%，5%，6%及 7%。

表 4.4　　觸媒與產量

觸媒量	觀察值(Y_{1j})					和 $Y_1.$	平均 $\overline{Y}_1.$
	1	2	3	4	5		
3%	13	20	14	19	17	83	16.6
4%	18	22	24	20	19	103	20.6
5%	25	24	28	21	23	121	24.2
6%	19	24	20	26	25	114	22.8
7%	14	21	19	17	18	89	17.8
					Y..=510		$\overline{Y}..$=20.4

平方和的計算

$$SS_T = \sum\sum Y_{1j}^2 - \frac{Y..^2}{N} = 13^2 + 20^2 + 14^2 + \cdots + 17^2 + 18^2 -$$

$$\frac{(510)^2}{25}$$

$$= 360.0$$

$$SSTR = \sum_{i=1}^{5} \frac{Y_1.^2}{n} - \frac{Y..^2}{N}$$

$$= \frac{83^2 + 103^2 + 121^2 + 114^2 + 89^2}{5} - \frac{(510)^2}{25} = 207.2$$

$$SSE = SST - SSTR = 360.0 - 207.2 = 152.8$$

故變異數分析表為

表 4.5　　觸媒與產量的變異數分析表

變異來源	平方和	自由度	均方	F
觸媒量	207.2	4	51.80	6.78
誤差	152.8	20	7.64	
總和	360.0	24		

F＝6.78＞$F_{0.05,4,20}$＝2.87。因此在 α＝0.05 的顯著水準下拒絕 H_0： μ_1＝μ_2＝μ_3＝μ_4＝μ_5。即表示不同的觸媒量對產品產量影響效果顯著不同。

　　若欲估計各種觸媒量下產品產量的平均值，由表 4.4，知

$$\hat{\mu}_1＝\overline{Y}_1.＝16.6 \qquad \hat{\mu}_2＝\overline{Y}_2.＝20.6 \qquad \hat{\mu}_3＝\overline{Y}_3.＝24.2$$

$$\hat{\mu}_4＝\overline{Y}_4.＝22.8 \qquad \hat{\mu}_5＝\overline{Y}_5.＝17.8$$

又各因子水準均值的 95%信賴區間為

$$\overline{Y}_1. \pm t_{0.025,20}\sqrt{\frac{MSE}{n}}$$

今由表 4.5 MSE＝7.64，n＝5；t 分配的分位數 $t_{0.025,20}$＝2.086，故 μ_1 的 95%信賴區間為

$$\overline{Y}_1. \pm 2.086\sqrt{\frac{MSE}{n}}＝16.6\pm2.086\sqrt{\frac{7.64}{5}}＝16.6\pm2.58$$

即　　　　$14.02 \leq \mu_1 \leq 19.18$

同理 μ_2 至 μ_5 個別的 95%信賴區間，由表 4.4 及表 4.5，分別計算得

$$20.6\pm2.086\sqrt{7.64/5}＝20.6\pm2.58$$

$$24.2\pm2.086\sqrt{7.64/5}＝24.2\pm2.58$$

$$22.8\pm2.086\sqrt{7.64/5}＝22.8\pm2.58$$

$$17.8\pm2.086\sqrt{7.64/5}＝17.8\pm2.58$$

故信賴區間為　　　$18.02 \leq \mu_2 \leq 23.18$

$$21.62 \leq \mu_3 \leq 26.78$$

$$20.22 \leq \mu_4 \leq 25.38$$

$$15.22 \leq \mu_5 \leq 20.38$$

4-2-2　兩因子水準均值差的估計

　　兩個因子水準的均值 μ_i, μ_j, 若要比較大小，則可估計其差異值 D＝$\mu_i - \mu_j$。此類差異可稱為成對比較(Pairwise comparison)。參數 D 的

點估計, 記作 $\hat{D}$, 爲

$$\hat{D} = \hat{\mu}_i - \hat{\mu}_j = \overline{Y}_{i\cdot} - \overline{Y}_{j\cdot}$$

此估計式爲不偏, 即

$$E(\hat{D}) = \mu_i - \mu_j$$

若 $\overline{Y}_{i\cdot}$ 與 $\overline{Y}_{j\cdot}$ 機率獨立, 則

$$Var(\hat{D}) = Var(\overline{Y}_{i\cdot} - \overline{Y}_{j\cdot}) = Var(\overline{Y}_{i\cdot}) + Var(\overline{Y}_{j\cdot})$$

$$= \sigma^2(\frac{1}{n_i} + \frac{1}{n_j})$$

當誤差項 ε_{ij} 爲獨立的常態隨機變數時, 則可證, $\hat{D}$ 服從常態分配。其變異數的 σ^2 值未知時, 若以 σ^2 的不偏估計式 MSE 代換, 則可得

$$\frac{\hat{D} - D}{\sqrt{MSE(\frac{1}{n_i} + \frac{1}{n_j})}}$$ 服從自由度爲 N−a 的 t 分配

查 t 分配的機率表, 求其 $1 - \frac{\alpha}{2}$ 分位數 $t_{\alpha/2,N-a}$, 則和上節同理, 可得 $\mu_i - \mu_j$ 的 $1 - \alpha$ 信賴度的信賴區間爲

$$\hat{D} \pm t_{\alpha/2,N-a}\sqrt{MSE(\frac{1}{n_i} + \frac{1}{n_j})} \tag{4.3}$$

例 4.6

例 3.8 的三個英文秘書打字速度資料, 若要估計第 I, II 二人平均速度差 $D = \mu_2 - \mu_1$, 則可由表 3.11 知

$$\overline{Y}_{1\cdot} = 6.757, \quad n_1 = 7, \quad \overline{Y}_{2\cdot} = 8.10, \quad n_2 = 8$$

故 D 的點估計值爲

$$\hat{D} = \overline{Y}_{2\cdot} - \overline{Y}_{1\cdot} = 8.10 - 6.757 = 1.343$$

又由表 3.13 知 MSE = 0.687, 且自由度爲 18, 查 t 分配的機率表知 $t_{0.025,18} = 2.101$, 故 $\mu_2 - \mu_1$ 的 95% 信賴度的信賴區間爲

$$\hat{D} \pm 2.101 \times \sqrt{\mathrm{MSE}(\frac{1}{n_2} + \frac{1}{n_1})}$$

$$= 1.343 \pm 2.101 \times \sqrt{0.687 \times (\frac{1}{7} + \frac{1}{8})}$$

$$= 1.343 \pm 2.101 \times 0.429$$

$$= 1.343 \pm 0.9$$

故　　　　$0.443 \leq \mu_2 - \mu_1 \leq 2.243$

為所求信賴區間。亦表示 $\mu_2 > \mu_1 (\mu_2 - \mu_1 > 0)$ 的信賴度有 0.95。

例 4.7

　　例 4.3 的五家超商顧客滿意度的評分, 若要估計第二, 三兩家分數的平均值差異 $D = \mu_2 - \mu_3$, 則由表 4.2 知

$$\overline{Y}_{2.} = 89.4, \quad \overline{Y}_{3.} = 67.8, \quad n_2 = n_3 = 10$$

故 D 的點估計值為

$$\hat{D} = \overline{Y}_{2.} - \overline{Y}_{3.} = 89.4 - 67.8 = 21.6$$

又由表 4.2 知 $\mathrm{MS_E} = 6.81$, 且自由度為 45, 查 t 分配的機率表知 $t_{0.025,45} = 2.015$, 由公式 (2.2), 則 $\mu_2 - \mu_3$ 的 95% 信賴度的信賴區間為

$$\hat{D} \pm 2.015 \times \sqrt{\mathrm{MSE}(\frac{1}{n_2} + \frac{1}{n_3})} = 21.6 \pm 2.015 \times \sqrt{6.81(\frac{1}{10} + \frac{1}{10})}$$

$$= 21.6 \pm 2.015 \times 1.167$$

$$= 21.6 \pm 2.35$$

故　　　　$19.25 \leq \mu_2 - \mu_3 \leq 23.95$

為所求信賴區間。

4-2-3　因子水準均值對比的估計

　　因子水準的均值比較時, 也許不只兩兩比較, 可能好幾個一起比較。

一般而言，稱之爲對比(Contrast)。記作 L，則 L 爲因子水準均值 μ_i 的線性組合，且其係數項 C_i 的和爲零，即

$$L=\sum_{i=1}^{a}C_i\mu_i \qquad 且 \qquad \sum_{i=1}^{a}C_i=0 \tag{4.4}$$

以例 3.7 的電池壽命來說明，假設 A，B 牌爲日本製的國際及東芝牌電池，C 牌爲美國製品，D 牌是本國製品。考慮以下幾種對比

　　1.日本牌平均電池壽命相對比，則

$$L=\mu_1-\mu_2$$

其中 $C_1=1$，$C_2=-1$，$C_3=C_4=0$，故 $\sum_{i=1}^{a}C_i=0$

　　2.中、日兩製品的對比，則

$$L=\frac{\mu_1+\mu_2}{2}-\mu_4$$

其中 $C_1=C_2=\frac{1}{2}$，$C_3=0$，$C_4=-1$，故 $\sum_{i=1}^{a}C_i=0$

　　3.日本製品與非日本製品電池壽命的對比，則

$$L=\frac{\mu_1+\mu_2}{2}-\frac{\mu_3+\mu_4}{2}$$

其中 $C_1=C_2=\frac{1}{2}$，$C_3=C_4=-\frac{1}{2}$，故 $\sum_{i=1}^{a}C_i=0$

或取各種製品的相對銷售量爲權數，用均值的加權平均來考慮如下對比

$$L=\frac{2\mu_1+\mu_2}{3}-\frac{\mu_3+3\mu_4}{4}$$

則權數 $C_1=\frac{2}{3}$，$C_2=\frac{1}{3}$，$C_3=-\frac{1}{4}$，$C_4=-\frac{3}{4}$　滿足 $\sum_{i=1}^{a}C_i=0$

　　第一種對比 $L=\mu_1-\mu_2$，即爲成對均值的比較，因此，4-2-2 節的比較實爲對比的一種特殊情形而已。

　　對比 L 的不偏估計式爲

$$\hat{L} = \sum_{i=1}^{a} C_i \overline{Y}_i. \tag{4.5}$$

因 $\overline{Y}_i$. 互爲獨立，則 $\hat{L}$ 的變異數爲

$$Var(\hat{L}) = \sum_{i=1}^{a} C_i^2 Var(\overline{Y}_i.) = \sum_{i=1}^{a} C_i^2 (\frac{\sigma^2}{n_i}) = \sigma^2 \sum_{i=1}^{a} \frac{C_i^2}{n_i}$$

σ^2 值未知，若以不偏估計式 MSE 代換，則 $Var(\hat{L})$ 的不偏估計式爲

$$\widehat{Var}(\hat{L}) = MSE \sum_{i=1}^{a} \frac{C_i^2}{n_i}$$

因 $\hat{L}$ 爲 $\overline{Y}_i$. 的線性組合且 $\overline{Y}_i$. 爲獨立的常態隨機變數，故 $\hat{L}$ 亦服從常態分配。則

$$\frac{\hat{L} - L}{\sqrt{\widehat{Var}(\hat{L})}}$$

服從自由度爲 $N-a$ 的 t 分配

而信賴度 $1-\alpha$ 的 L 的信賴區間爲

$$\hat{L} \pm t_{\alpha/2, N-a} \sqrt{MSE \sum_{i=1}^{a} \frac{C_i^2}{n_i}} \tag{4.6}$$

例 4.8　果汁口味

若欲比較，較酸口味的檸檬和葡萄對其他二種口味的對比，則估計

$$L = \frac{\mu_2 + \mu_3}{2} - \frac{\mu_1 + \mu_4}{2}$$

其點估計值，由例 4.1 表得

$$\hat{L} = \frac{\overline{Y}_2. + \overline{Y}_3.}{2} - \frac{\overline{Y}_1. + \overline{Y}_4.}{2} = \frac{29.6 + 26.6}{2} - \frac{27.4 + 31.6}{2} = -1.4$$

因 $C_1 = -\frac{1}{2}$, $C_2 = \frac{1}{2}$, $C_3 = \frac{1}{2}$, $C_4 = -\frac{1}{2}$, $n_i = 5$, 得

$$\sum_{i=1}^{a} \frac{C_i^2}{n_i} = \frac{(-\frac{1}{2})^2}{5} + \frac{(\frac{1}{2})^2}{5} + \frac{(\frac{1}{2})^2}{5} + \frac{(-\frac{1}{2})^2}{5} = \frac{1}{5} = 0.2$$

又由表 3.7 得 MSE＝2.67，自由度 16，查 t 分配的機率表知 $t_{0.025,16}$＝2.12，故 L 的 95%信賴度的信賴區間為

$$\hat{L}\pm 2.12\times\sqrt{\text{MSE}\times\sum_{i=1}^{a}\frac{C_i^2}{n_i}}=-1.4\pm 2.12\times\sqrt{2.67\times 0.2}$$

$$=-1.4\pm 2.12\times 0.73$$

$$=-1.4\pm 1.55$$

故　　　　$-2.95\le L\le 0.15$

為所求信賴區間。

例 4.9　電池壽命

如前述，考慮日本製與非日本製電池壽命的對比

$$L=\frac{2\mu_1+\mu_2}{3}-\frac{\mu_3+3\mu_4}{4}$$

則其點估計值，由例 3.7，表 3.8 得

$$\hat{L}=\frac{2\,\overline{Y}_{1.}+\overline{Y}_{2.}}{3}-\frac{\overline{Y}_{3.}+3\,\overline{Y}_{4.}}{4}$$

$$=\frac{2\times 31.3+26.5}{3\times 6}-\frac{35.1+3\times 28.1}{4\times 6}=4.95-4.975=-0.025$$

因 C_1＝⅔，C_2＝⅓，C_3＝－¼，C_4＝－¾　且 n_i＝6，故

$$\sum_{i=1}^{a}\frac{C_i^2}{n_i}=\frac{(⅔)^2}{6}+\frac{(⅓)^2}{6}+\frac{(-¼)^2}{6}+\frac{(-¾)^2}{6}=0.197$$

又由表 3.10 知 MSE＝0.162，自由度 20，查 t 分配的機率表知 $t_{0.025,20}$＝2.086，故 L 的 95%信賴度的信賴區間為

$$\hat{L}\pm 2.086\times\sqrt{\text{MSE}\sum_{i=1}^{a}\frac{C_i^2}{n_i}}=-0.025\pm 2.086\times\sqrt{0.162\times 0.197}$$

$$=-0.025\pm 2.086\times 0.179$$

$$=-0.025\pm 0.373$$

故　　　$-0.0398 \leq L \leq 0.348$

為 L 的信賴區間。

4-3　聯合信賴區間(Simultaneous Confidence Intervals)

前述討論都是對某一特殊值的估計，而得單一的信賴區間。例如，利用 4-2-2 節的公式，得信賴區間

$$38 \leq \mu_2 - \mu_1 \leq 42$$

$$-2 \leq \mu_3 - \mu_1 \leq 3$$

$$34 \leq \mu_2 - \mu_3 \leq 40$$

每一信賴區間的個別信賴度設均為 0.95。此表示 $\mu_1 < \mu_2$ 的信賴度是 0.95，μ_1, μ_3 不等分辨大小的信賴度亦為 0.95，$\mu_3 < \mu_2$ 的信賴度亦為 0.95。但是 μ_1, μ_2, μ_3 要定出其大小次序，不只單獨兩兩比較，最後還要綜合考量，亦即三個信賴區間的結論要求同時成立。則個別言之，信賴度 0.95 的信賴區間，同時成立時的信賴度就少於 0.95 了。若要使幾種成對比較或各種對比的好幾個信賴區間同時考量的信賴度仍達 0.95，則需利用以下**聯合信賴區間**(Simultaneous confidence intervals)的公式。

1. Bonferroni 法
2. Tukey 法
3. Scheffé 法

分述如下。

4-3-1　Bonferroni 法

假設有 g 個對比 L_i, i=1, 2, …, g 的信賴區間要同時考慮，而其信賴度要求至少 $1-\alpha$，則 L_i 所對應的信賴區間為

$$\hat{L}_i \pm B \times \sqrt{\widehat{Var(\hat{L}_i)}} \qquad i=1,\ 2,\ \cdots,\ g \qquad (4.7)$$

其中 $B = t_{\alpha/2g, N-a}$，稱爲 L_i 的 **Bonferroni 聯合信賴區間**。

　　與單一信賴區間比較可知，兩者的差別只在 t 分配查表時，單一信賴區間查 $t_{\alpha/2}$，聯合信賴區間查 $t_{\alpha/2g}$。因此後者的區間長較長，使個別的信賴度大於 $1-\alpha$，而聯合的信賴度可達 $1-\alpha$。

例 4.10　果汁口味

　　若對比　　$L_1 = \dfrac{\mu_1 + \mu_2}{2} - \dfrac{\mu_3 + \mu_4}{2}$

　　及　　　　$L_2 = \dfrac{\mu_2 + \mu_3}{2} - \dfrac{\mu_1 + \mu_4}{2}$

要同時考量，且要求兩者的聯合信賴區間信賴度 0.95。則因

$$\hat{L}_1 = \frac{\overline{Y}_1. + \overline{Y}_2.}{2} - \frac{\overline{Y}_3. + \overline{Y}_4.}{2} = \frac{27.4 + 29.6}{2} - \frac{26.6 + 31.6}{2} = -0.6$$

而由例 4.7 知 $\hat{L}_2 = -1.4$，又 $\sqrt{\widehat{Var(\hat{L}_2)}} = \sqrt{\widehat{Var(\hat{L}_1)}} = \sqrt{MSE \times 0.2}$

$= \sqrt{2.67 \times 0.2} = 0.73$。查 t 分配表，因 g=2, MSE 的自由度爲 16, 故 $B = t_{0.05/2(2),16} = t_{0.0125,16} = 2.482$，則 L_1, L_2 的聯合信賴區間上下限分別爲

$$\hat{L}_1 \pm B \times 0.73 = -0.6 \pm 2.482 \times 0.73 = -0.6 \pm 1.81$$

$$\hat{L}_2 \pm B \times 0.73 = -1.4 \pm 2.482 \times 0.73 = -1.4 \pm 1.81$$

即

$$-2.41 \le L_1 \le 1.21$$

$$-3.21 \le L_2 \le 0.41$$

爲 L_1, L_2 的信賴度 0.95 的 Bonferroni 聯合信賴區間。

例 4.11　觸媒與產量

若對比　　$L_1 = \dfrac{\mu_1 + \mu_2}{2} - \dfrac{\mu_4 + \mu_5}{2}$

$$L_2 = \mu_3 - \dfrac{1}{4}(\mu_1 + \mu_2 + \mu_4 + \mu_5)$$

及　　　　$L_3 = \mu_1 - \mu_5$

要同時考慮，且要求三者的聯合信賴區間信賴度為 0.95。

則因

$$\hat{L}_1 = \dfrac{\overline{Y}_{1\cdot} + \overline{Y}_{2\cdot}}{2} - \dfrac{\overline{Y}_{4\cdot} + \overline{Y}_{5\cdot}}{2}$$

$$= \dfrac{16.6 + 20.6}{2} - \dfrac{22.8 + 17.8}{2} = -1.7$$

$$\hat{L}_2 = \overline{Y}_{3\cdot} - \dfrac{1}{4}(\overline{Y}_{1\cdot} + \overline{Y}_{2\cdot} + \overline{Y}_{4\cdot} + \overline{Y}_{5\cdot})$$

$$= 24.2 - \dfrac{1}{4}(16.6 + 20.6 + 22.8 + 17.8) = 4.75$$

而　　$\hat{L}_3 = \overline{Y}_{1\cdot} - \overline{Y}_{5\cdot} = 16.6 - 17.8 = -1.2$

今

$$\sqrt{\widehat{\mathrm{Var}}(\hat{L}_1)} = \sqrt{\mathrm{MSE} \times \dfrac{(\frac{1}{2})^2 + (\frac{1}{2})^2 + (-\frac{1}{2})^2 + (-\frac{1}{2})^2}{5}}$$

$$= \sqrt{7.64 \times 0.2} = 1.24$$

$$\sqrt{\widehat{\mathrm{Var}}(\hat{L}_2)} = \sqrt{\mathrm{MSE} \times \dfrac{(1)^2 + (-\frac{1}{4})^2 + (-\frac{1}{4})^2 + (-\frac{1}{4})^2 + (-\frac{1}{4})^2}{5}}$$

$$= \sqrt{7.64 \times 0.25} = 1.38$$

$$\sqrt{\widehat{\mathrm{Var}}(\hat{L}_3)} = \sqrt{\mathrm{MSE} \times \dfrac{1^2 + (-1)^2}{5}} = \sqrt{7.64 \times 0.4} = 1.75$$

而 g＝3，由表4.5，MSE＝7.64的自由度為20，查t分配表，得B＝ $t_{0.05/(2 \times 3), 20} = t_{0.0083, 20} = 2.528 + \dfrac{1}{3}(2.845 - 2.508) = 2.633$，由公式(4.6)，則

L_1, L_2, L_3 的聯合信賴區間上下限爲

$$\hat{L}_1 \pm B \times 1.24 = -1.7 \pm 2.633 \times 1.24 = -1.7 \pm 3.26$$

$$\hat{L}_2 \pm B \times 1.38 = 4.75 \pm 2.633 \times 1.38 = 4.75 \pm 3.63$$

$$\hat{L}_3 \pm B \times 1.75 = -1.2 \pm 2.633 \times 1.75 = -1.2 \pm 4.61$$

即 $\qquad -4.96 \leq L_1 \leq 1.56$

$$1.12 \leq L_2 \leq 8.38$$

$$-5.81 \leq L_3 \leq 3.41$$

爲 L_1, L_2, L_3 的信賴度 95%的 Bonferroni 聯合信賴區間。

4-3-2 Tukey 法

當因子水準均值的所有成對的比較一起考慮其信賴區間，則可用 Tukey 法。Tukey 法僅應用在所有成對差異 $D = \mu_i - \mu_j$ 所成群集的聯合信賴區間上。當各因子水準的樣本大小 n_i 全等時，Tukey 法的信賴度恰爲 $1 - \alpha$，當 n_i 不等時，信賴度則大於 $1 - \alpha$，故 Tukey 法爲保守的方法。

Tukey 法利用學生化全距分配(Studentized range distribution)導出聯合信賴區間的公式。若 Y_1, Y_2, $\cdots$, Y_a 爲 a 個由常態母體，均值 μ，變異數 σ^2，抽出的獨立觀察值，S^2 是 σ^2 的估計式且自由度爲 f，則統計量

$$q(a, \ f) = \frac{\max(Y_i) - \min(Y_i)}{S}$$

的機率分配稱爲**學生化全距分配**，其機率值與參數 a, f 有關，各種對應的百分位數可查附錄表Ⅷ。例如 a=4, f=10，則第 95 百分位數爲 $q_{0.05}$ (4, 10)=4.33, 亦即

$$P(q(4, \ 10) \leq 4.33) = 0.95$$

Tukey 的所有成對均值差 $D = \mu_i - \mu_j$ 的**聯合信賴區間**公式爲

$$\hat{D} \pm T\sqrt{\widehat{Var}(\hat{D})} \tag{4.8}$$

其中　　$\hat{D} = \overline{Y}_{i\cdot} - \overline{Y}_{j\cdot}$ (4.8 a)

$$\widehat{Var}(\hat{D}) = MSE(\frac{1}{n_i} + \frac{1}{n_j}) \tag{4.8 b}$$

$$T = \frac{1}{\sqrt{2}} q_\alpha(a, \ N-a) \tag{4.8 c}$$

與單一信賴區間比較，差別在 $t_{\alpha/2, N-a}$ 今改成 $T = \dfrac{1}{\sqrt{2}} q_\alpha(a, \ N-a)$

例 4.12　　果汁口味

考慮四種口味平均銷售量的成對比較，若用 Tukey 法求聯合信賴區間，則因 $a = 4$，$1 - a = 16$，取 $1 - \alpha = 0.95$，則查附錄表Ⅷ得 $q_{0.05}(4, 16) = 4.05$

故　　　$T = \dfrac{1}{\sqrt{2}} \times 4.05 = 2.864$

又由例 3.4 及例 3.6 資料知

$$\widehat{Var}(\hat{D}) = MSE(\frac{1}{n_i} + \frac{1}{n_j}) = 2.67 \times (\frac{1}{5} + \frac{1}{5}) = 1.068$$

則

$$T \times \sqrt{\widehat{Var}(\hat{D})} = 2.864 \times \sqrt{1.068} = 2.96$$

故 95%信賴度的 Tukey 聯合信賴區間爲

$$-5.16 = (27.4 - 29.6) - 2.96 \le \mu_1 - \mu_2 \le (27.4 - 29.6) + 2.96 = 0.76$$

$$-2.16 = (27.4 - 26.6) - 2.96 \le \mu_1 - \mu_3 \le (27.4 - 26.6) + 2.96 = 3.76$$

$$-7.16 = (27.4 - 31.6) - 2.96 \le \mu_1 - \mu_4 \le (27.4 - 31.6) + 2.96 = -1.24$$

$$0.04 = (29.6 - 26.6) - 2.96 \le \mu_2 - \mu_3 \le (29.6 - 26.6) + 2.96 = 5.96$$

$-4.96 = (29.6 - 31.6) - 2.96 \leq \mu_2 - \mu_4 \leq (29.6 - 31.6) + 2.96 = 0.96$

$-7.96 = (26.6 - 31.6) - 2.96 \leq \mu_3 - \mu_4 \leq (26.6 - 31.6) + 2.96 = -2.04$

所有成對均值的比較可知四種口味銷售量的差異存在否，可用下圖表示

$$
\begin{array}{cccc}
\mu_3 & \mu_1 & \mu_2 & \mu_4 \\
26.6 & 27.4 & 29.6 & 31.6
\end{array}
$$

先將估計的均值，由小至大依序排列，數值下方劃一直線者，表示兩者差異不顯著，沒有劃線相連的均值，則差異顯著。如 μ_1，μ_2 差異不顯著，μ_3，μ_2 則差異顯著，μ_1，μ_4 亦差異顯著。

例 4.13　樣本大小不同

如例 3.8 秘書打字速度的資料，用 Tukey 法求聯合信賴區間。因 a＝3，N－a＝18，若取 $1 - \alpha = 0.99$，則查附錄表Ⅷ得

$\qquad q_{0.01}(3, 18) = 4.70$

$\qquad T = \dfrac{1}{\sqrt{2}} \times 4.70 = 3.324$

又 $n_1 = 7$, $n_2 = 8$, $n_3 = 6$, 估計的變異數 $\widehat{\mathrm{Var}}(\hat{D})$ 對不同的 n_i 需重新計算。如比較 μ_1，μ_2，則由表 3.11 及表 3.13

$\qquad \hat{D}_{12} = \overline{Y}_1. - \overline{Y}_2. = 6.757 - 8.1 = -1.343$

$\qquad \widehat{\mathrm{Var}}(\hat{D}_{12}) = \mathrm{MSE}(\dfrac{1}{n_1} + \dfrac{1}{n_2}) = 0.687(\dfrac{1}{7} + \dfrac{1}{8}) = 0.184$

故

$\qquad \hat{D}_{12} \pm T \times \sqrt{\widehat{\mathrm{Var}}(\hat{D}_{12})} = -1.343 \pm 3.324 \times \sqrt{0.184}$

$$\qquad\qquad\qquad = -1.343 \pm 1.426$$

得

$\qquad -2.769 = -1.343 - 1.426 \leq \mu_1 - \mu_2 \leq -1.343 + 1.426 = 0.083$

同理

$$\hat{D}_{13} = \overline{Y}_1. - \overline{Y}_3. = 6.757 - 9.2 = -2.443$$

$$\widehat{Var}(\hat{D}_{13}) = MSE(\frac{1}{n_1} + \frac{1}{n_3}) = 0.687(\frac{1}{7} + \frac{1}{6}) = 0.213$$

$$\hat{D}_{13} \pm T\sqrt{\widehat{Var}(\hat{D}_{13})} = -2.443 \pm 3.324 \times \sqrt{0.213} = -2.443 \pm 1.533$$

可得

$$-3.976 = -2.443 - 1.533 \leq \mu_1 - \mu_3 \leq -2.443 + 1.533 = -0.91$$

又

$$\hat{D}_{23} = \overline{Y}_2. - \overline{Y}_3. = 8.1 - 9.2 = -1.1$$

$$\widehat{Var}(\hat{D}_{23}) = MSE(\frac{1}{n_2} + \frac{1}{n_3}) = 0.687(\frac{1}{8} + \frac{1}{6}) = 0.2$$

$$\hat{D}_{23} \pm T\sqrt{\widehat{Var}(\hat{D}_{23})} = -1.1 \pm 3.324 \times \sqrt{0.2} = -1.1 \pm 1.488$$

可得

$$-2.588 = -1.1 - 1.488 \leq \mu_2 - \mu_3 \leq -1.1 + 1.488 = 0.388$$

由以上聯合信賴區間可知，μ_1，μ_2，μ_3 的差異情況為下圖所示

$$\begin{array}{ccc} \mu_1 & \mu_2 & \mu_3 \\ 6.757 & 8.1 & 9.2 \end{array}$$

故 μ_1，μ_3 差異非常顯著，μ_1 與 μ_2，μ_2 與 μ_3 則差異不顯著。

4-3-3　Scheffé 法

若對因子水準均值的所有可能的對比，考慮其同時成立的聯合信賴區間，則用 Scheffé 法。因子水準均值的所有可能對比

$$L = \sum_{i=1}^{a} C_i \mu_i \quad 其中 \quad \sum_{i=1}^{a} C_i = 0$$

總共有無限多個，這些對比 L 的信賴度 $1-\alpha$ 的 **Scheffé 聯合信賴區間**

的公式為

$$\hat{L} \pm S\sqrt{\widehat{Var}(\hat{L})} \qquad (4.9)$$

其中

$$\hat{L} = \sum_{i=1}^{a} C_i \overline{Y}_1. \qquad (4.9\,a)$$

$$\widehat{Var}(\hat{L}) = MSE\sum_{i=1}^{a} \frac{C_i^2}{n_i} \qquad (4.9\,b)$$

$$S = \sqrt{(a-1)F_{\alpha,a-1,N-a}} \qquad (4.9\,c)$$

與 Bonferroni 公式比較，Bonferroni 法只是 g 個對比的聯合信賴區間，Scheffé 法卻是無窮多個對比的聯合信賴區間，因此，將 Bonferroni 公式的 $B = t_{\alpha/2g,N-a}$ 改為 S。Scheffé 公式自然也可應用至 g 個對比的聯合信賴區間。當 $g \le a$ 時，S 值通常大於 B 值，亦即同樣是 g 個對比的聯合信賴區間，Scheffé 公式所得區間長通常大於 Bonferroni 公式所得區間長。

例 4.14　果汁口味

對不同果汁口味下的平均銷售量，考慮以下四個對比的 Scheffé 聯合信賴區間。取 $1-\alpha=0.95$

$$L_1 = \frac{\mu_1+\mu_2}{2} - \frac{\mu_3+\mu_4}{2}$$

$$L_2 = \frac{\mu_2+\mu_3}{2} - \frac{\mu_1+\mu_4}{2}$$

$$L_3 = \mu_1 - \mu_2$$

$$L_4 = \mu_3 - \mu_4$$

則由例 4.9 知　$\hat{L}_1 = -0.6$　　$\hat{L}_2 = -1.4$

又

$$\hat{L}_3 = \overline{Y}_1. - \overline{Y}_2. = 27.4 - 29.6 = -2.2$$

$$\hat{L}_4 = \overline{Y}_3. - \overline{Y}_4. = 26.6 - 31.6 = -5.0$$

而

$$\widehat{Var}(\hat{L}_1) = \widehat{Var}(\hat{L}_2) = MSE \sum_{i=1}^{4} \frac{(\pm \frac{1}{2})^2}{5} = 2.67 \times 0.2 = 0.534$$

$$\widehat{Var}(\hat{L}_3) = \widehat{Var}(\hat{L}_4) = MSE \times \frac{(1)^2 + (-1)^2}{5}$$

$$= 2.67 \times 0.4 = 1.068$$

$$S = \sqrt{(a-1)F_{0.05,a-1,N-a}} = \sqrt{4 \times F_{0.05,4,16}} = \sqrt{4 \times 3.01} = 3.47$$

故 95%的 Scheffé 聯合信賴區間為

$$-3.13 = -0.6 - 2.53 = -0.6 - 3.47 \times \sqrt{0.534} \leq L_1 \leq$$
$$-0.6 + 3.47 \times \sqrt{0.534} = -0.6 + 2.53 = 1.93$$

$$-3.93 = -1.4 - 2.53 = -1.4 - 3.47 \times \sqrt{0.534} \leq L_2 \leq$$
$$-1.4 + 3.47 \times \sqrt{0.534} = -1.4 + 2.53 = 1.13$$

$$-5.79 = -2.2 - 3.59 = -2.2 - 3.47 \times \sqrt{1.068} \leq L_3 \leq$$
$$-2.2 + 3.47 \times \sqrt{1.068} = -2.2 + 3.59 = 1.39$$

$$-8.39 = -5.0 - 3.59 = -5.0 - 3.47 \times \sqrt{1.068} \leq L_4 \leq$$
$$-5.0 + 3.47 \times \sqrt{1.068} = -5.0 + 3.59 = -1.41$$

例 4.15 觸媒與產量

對不同觸媒量下的平均產品產量，考慮以下三個對比的 Scheffé 聯合信賴區間，取信賴度 $1-\alpha = 0.95$，若

$$L_1 = \frac{\mu_1 + \mu_2}{2} - \frac{\mu_4 + \mu_5}{2}$$

$$L_2 = \mu_3 - \frac{1}{4}(\mu_1 + \mu_2 + \mu_4 + \mu_5)$$

$$L_3 = \mu_1 - \mu_5$$

則由例 4.11, 已知 L_1, L_2, L_3 的點估計值為

$$\hat{L}_1 = -1.7, \quad \hat{L}_2 = 4.75, \quad \hat{L}_3 = -1.2$$

又　　　$\sqrt{\widehat{Var}(\hat{L}_1)} = 1.24, \quad \sqrt{\widehat{Var}(\hat{L}_2)} = 1.38, \quad \sqrt{\widehat{Var}(\hat{L}_3)} = 1.75$

而由公式 (4.8 c),

$$S = \sqrt{(a-1)F_{0.05, a-1, N-a}} = \sqrt{4 \times F_{0.05, 4, 20}} = \sqrt{4 \times 2.87} = 3.39$$

故 95% 的 Scheffé 聯合信賴區間上下限為 $\hat{L}_1 \pm S\sqrt{\widehat{Var}(\hat{L}_1)}$, 即

$$\hat{L}_1 \pm S\sqrt{\widehat{Var}(\hat{L}_1)} = -1.7 \pm 3.39 \times 1.24 = -1.7 \pm 4.20$$

$$\hat{L}_2 \pm S\sqrt{\widehat{Var}(\hat{L}_2)} = 4.75 \pm 3.39 \times 1.38 = 4.75 \pm 4.68$$

$$\hat{L}_3 \pm S\sqrt{\widehat{Var}(\hat{L}_3)} = -1.2 \pm 3.39 \times 1.75 = -1.2 \pm 5.93$$

Scheffé 聯合信賴區間　　　$-5.90 \le L_1 \le 2.50$

$$0.07 \le L_2 \le 9.43$$

$$-7.13 \le L_3 \le 4.73$$

與例 4.11 的 Bonferroni 信賴區間比較, 顯然 Scheffé 聯合信賴區間區間長較大。

4-4　單一自由度的檢定

因子水準效果的比較, 除了上述點估計、區間估計的討論外, 也可由檢定的方法來比較各種因子水準的均值。

4-4-1　對比的檢定

因子水準均值 μ_i 的對比, 檢定其是否等於某一特別值時, 常可化成

單一自由度的 F 檢定。一般檢定

$$H_0: \sum C_i\mu_i = C \qquad 對立 \qquad H_1: \sum C_i\mu_i \neq C \qquad (4.10)$$

的檢定，其中 C_i, C 為給定常數，則在 Y_{ij} 為獨立常態分配 $N(\mu_i, \sigma^2)$ 的假設下，可證明在虛無假設 H_0 為眞時

$$T = \frac{\sum C_i\overline{Y}_i. - C}{\sqrt{MSE \sum \frac{C_i^2}{n_i}}}$$

服從自由度 $N-a$ 的 t 分配。亦即，當 H_0 為眞時

$$F = T^2 = \frac{(\sum C_i \overline{Y}_i. - C)^2}{MSE\sum \frac{C_i^2}{n_i}} \qquad (4.11)$$

服從自由度為 1, $N-a$ 的 F 分配。故此 F 值大於臨界值 $F_{\alpha,1,N-a}$時，應拒絕虛無假設 $H_0: \sum C_i\mu_i = C$。

例 4.16　果汁口味

若欲比較較酸口味的檸檬與葡萄對其他二種口味飲料的銷售量是否有差異，可以檢定對比

$$H_0: \frac{\mu_2+\mu_3}{2} = \frac{\mu_1+\mu_4}{2} \quad 對立 \quad H_1: \frac{\mu_2+\mu_3}{2} \neq \frac{\mu_1+\mu_4}{2}$$

亦即檢定

$$H_0: \frac{\mu_2+\mu_3}{2} - \frac{\mu_1+\mu_4}{2} = 0 \quad 對立 \quad H_1: \frac{\mu_2+\mu_3}{2} - \frac{\mu_1+\mu_4}{2} \neq 0$$

與 (4.10) 式比較，即 $C_1 = -\frac{1}{2}$, $C_2 = \frac{1}{2}$, $C_3 = \frac{1}{2}$, $C_4 = -\frac{1}{2}$且 C=0，利用單一自由度的 F 檢定公式 (4.11)，先計算分母的

$$MSE\sum_{i=1}^{a} \frac{C_i^2}{n_i} = 2.67 \times \frac{(-\frac{1}{2})^2 + (\frac{1}{2})^2 + (\frac{1}{2})^2 + (-\frac{1}{2})^2}{5}$$

$$= 2.67 \times 0.2 = 0.534$$

其中 MSE=2.67，可查表 3.7。分子的

$$\Sigma C_i \overline{Y}_i. - C = \frac{\overline{Y}_2. + \overline{Y}_3.}{2} - \frac{\overline{Y}_1. + \overline{Y}_4.}{2} - 0$$

$$= \frac{29.6 + 26.6}{2} - \frac{27.4 + 31.6}{2} = -1.4$$

故

$$F = \frac{(\Sigma C_i \overline{Y}_i. - C)^2}{MSE \Sigma \frac{C_i^2}{n_i}} = \frac{(-1.4)^2}{0.534} = 3.67$$

又 $N - a = 20 - 4 = 16$，若取 $\alpha = 0.05$，則查 F 分配的機率表，可得臨界值 $F_{0.05,1,16} = 4.49$。今 $F = 3.67 < 4.49$，故不能拒絕 H_0，表示 $\mu_1 + \mu_4$ 與 $\mu_2 + \mu_3$ 相比，兩者差異不大。

例 4.17　觸媒與產量

若欲比較最佳製程條件 (觸媒量 5%) 與其他觸媒量所得平均產量的差異，可以檢定對比

$$H_0: \mu_3 - \frac{1}{4}(\mu_1 + \mu_2 + \mu_4 + \mu_5) = 0 \quad 對立$$

$$H_1: \mu_3 - \frac{1}{4}(\mu_1 + \mu_2 + \mu_4 + \mu_5) \neq 0$$

與 (4.10) 式比較，即 $C_1 = C_2 = -\frac{1}{4}$，$C_3 = 1$，$C_4 = C_5 = -\frac{1}{4}$，而 $C = 0$。利用單一自由度的 F 檢定公式 (4.11)。(4.11) 式的分子為

$$\Sigma C_i \overline{Y}_i. - C = \overline{Y}_2. - \frac{1}{4}(\overline{Y}_1. + \overline{Y}_2. + \overline{Y}_3. + \overline{Y}_4.)$$

$$= 24.20 - \frac{1}{4}(16.6 + 20.6 + 22.8 + 17.8) = 4.75$$

而 (4.11) 式的分母為

$$MSE \times \sum_{i=1}^{a} \frac{C_i^2}{n}$$

$$=7.64\times\frac{(-\frac{1}{4})^2+(-\frac{1}{4})^2+1^2+(-\frac{1}{4})^2+(-\frac{1}{4})^2}{5}$$

$$=7.64\times0.25=1.91$$

其中 $MSE=7.64$，由表 4.5 可查得。故

$$F=\frac{(\sum C_i\overline{Y}_i.-C)^2}{MSE\sum\frac{C_i^2}{n}}=\frac{(4.75)^2}{1.91}=11.81$$

又 $N-a=25-5=20$，若取 $\alpha=0.01$，查 F 分配的機率表可得分位數 $F_{0.01,1,20}=8.10$。今 $F=11.81>8.10$，故拒絕虛無假設 H_0，表示最佳製程條件下的產品平均產量與其他條件下的平均產量差異顯著。

4-4-2　最小顯著差法 (Least Significant Difference (LSD) Method)

當變異數分析的 F 檢定顯示因子水準均值差異顯著時，再進一步想比較那些成對均值產生差異，則可檢定

$$H_0:\ \mu_i=\mu_j\ \ 對立\ \ H_1:\ \mu_i\neq\mu_j\ \ 其中 i\neq j \tag{4.12}$$

檢定統計量則用服從 t 分配的 t_0 統計量

$$t_0=\frac{\overline{Y}_i.-\overline{Y}_j.}{\sqrt{MSE(\frac{1}{n_i}+\frac{1}{n_j})}}$$

其自由度為 n_T-a。顯然 $t_0^2=F$ 亦為分子為單一自由度的 F 分配。在顯著水準 α 下，查 t 分配的 $1-\alpha/2$ 分位數 $t_{\alpha/2,N-a}$，則

$$|\overline{Y}_i.-\overline{Y}_j.|>t_{\alpha/2,N-a}\sqrt{MSE(1/n_i+1/n_j)}$$

時，表示 μ_i，μ_j 差異顯著，應拒絕虛無假設 $H_0:\ \mu_i=\mu_j$。臨界值

$$LSD=t_{\alpha/2,N-a}\sqrt{MSE(\frac{1}{n_i}+\frac{1}{n_j})} \tag{4.13 a}$$

稱為**最小顯著差** (LSD)。特別當 $n_1=n_2=\cdots=n_a=n$ 時，

$$\text{LSD}=t_{\alpha/2,a(n-1)}\sqrt{\frac{2\,\text{MSE}}{n}} \qquad\qquad (4.13\ b)$$

故 LSD 法表示

$$|\overline{Y}_{i\cdot}-\overline{Y}_{j\cdot}|>\text{LSD} \qquad\qquad (4.13\ c)$$

則拒絕 H_0： $\mu_i=\mu_j$。

例 4.18

例 4.3 五家超商的顧客滿意度，若想比較一、二兩家的平均分數，則可檢定

$$H_0: \mu_1=\mu_2 \quad 對立 \quad H_1: \mu_1\neq\mu_2$$

利用最小顯著差（LSD）法，則由表 4.2 知 MSE＝6.81，N－a＝45，又取 $\alpha=0.05$ 時 $t_{\alpha/2,45}=t_{0.025,45}=2.015$，而 $n_1=n_2=10$，故

$$\text{LSD}=t_{0.025,45}\sqrt{\text{MSE}\left(\frac{1}{10}+\frac{1}{10}\right)}=2.015\times\sqrt{6.81\times\frac{2}{10}}=2.35$$

今 $|\overline{Y}_{1\cdot}-\overline{Y}_{2\cdot}|=|43.0-89.4|=46.4>\text{LSD}=2.35$，故應拒絕虛無假設，此表示第一，二兩家超商的顧客滿意度差異很大。

再比較四，五兩家的平均分數，則檢定

$$H_0: \mu_4=\mu_5 \quad 對立 \quad H_1: \mu_4\neq\mu_5$$

利用最小顯著差（LSD）法，其臨界值 LSD，因 MSE＝6.81，$n_i=10$，故得 LSD＝2.35 如上。而

$$|\overline{Y}_{4\cdot}-\overline{Y}_{5\cdot}|=|40.4-43.7|=3.3>2.35$$

故仍應拒絕虛無假設，即表示第四、五兩家超商的顧客滿意度仍差別相當大。

例 4.19　觸媒與產量

以例 4.5 的資料，若想比較與最佳製程條件（觸媒量 5%）相鄰的次

佳製程條件（觸媒量 6%）的平均產量，則可檢定

$$H_0: \mu_3 = \mu_4 \quad 對立 \quad H_1: \mu_3 \neq \mu_4$$

利用最小顯著差法，在 $\alpha = 0.05$ 時，由表 4.5 知，$MSE = 7.64$，$N-a = 20$，則 $t_{\alpha/2,20} = t_{0.025,20} = 2.086$，又 $n_3 = n_4 = 5$，故

$$LSD = t_{0.025,20}\sqrt{MSE(\frac{1}{5} + \frac{1}{5})} = 2.086 \times \sqrt{7.64 \times 0.4} = 3.65$$

今

$$|\overline{Y}_{3.} - \overline{Y}_{4.}| = |24.20 - 22.80| = 1.4 < LSD = 3.65$$

故最佳與次佳觸媒條件所得產品平均產量差異不顯著。

再比較最大與最小觸媒量下產品平均產量，則檢定

$$H_0: \mu_1 = \mu_5 \quad 對立 \quad H_1: \mu_1 \neq \mu_5$$

因 $MSE = 7.64$，$n_1 = 5$，如上可得 $LSD = 3.65$，而

$$|\overline{Y}_{1.} - \overline{Y}_{5.}| = |16.6 - 17.8| = 1.2 < LSD = 3.65$$

故觸媒量太多或太少，兩者所得產品平均產量差異不顯著。

4-5　多重比較(Multiple Comparisons)

4-3 節的聯合信賴區間，從檢定的角度來看，就是本節將討論的多重比較。

例 4.20

果汁口味的例題，若想同時比較四種口味的平均銷售量是否差異存在，則可同時檢定以下假設。

檢定 1: $H_0: \mu_1 = \mu_2$　檢定 2: $H_0: \mu_1 = \mu_3$　檢定 3: $H_0: \mu_1 = \mu_4$

$\quad\quad\quad\; H_1: \mu_1 \neq \mu_2$ $\quad\quad\quad\quad\;\; H_1: \mu_1 \neq \mu_3$ $\quad\quad\quad\quad\;\; H_1: \mu_1 \neq \mu_4$

檢定 4: H_0: $\mu_2 = \mu_3$　檢定 5: H_0: $\mu_2 = \mu_4$　檢定 6: H_0: $\mu_3 = \mu_4$

　　　　H_1: $\mu_2 \neq \mu_3$　　　　H_1: $\mu_2 \neq \mu_4$　　　　H_1: $\mu_3 \neq \mu_4$

以上六個檢定同時考慮, 並要求整體顯著水準爲 α, 而不是對單獨檢定問題討論的檢定方法, 稱爲**多重比較**(Multiple comparsions)。

4-5-1　Duncan 法

　　若有 a 個因子水準的均值要比較其大小, 如例 4.15, 則任取二者配對, 共有 $a(a-1)/2$ 對的均值要做多重比較, 即同時檢定 $a(a-1)/2$ 對的統計假設

　　H_{u0}: $\mu_i = \mu_j$　對立　H_{u1}: $\mu_i \neq \mu_j$　$u = 1, 2, \cdots, a(a-1)/2$

$$(4.14)$$

　　Duncan法又稱**Duncan多重全距檢定法**(Multiple range test), 其檢定步驟爲

　　(1)將 a 個水準均值的估計值 $\overline{Y}_{i\cdot}$, 由小至大依序排列。

　　(2)計算 $\overline{Y}_{i\cdot}$的標準差。

　　當 n_i 全等於 n 時

$$S_{\overline{Y}_{i\cdot}} = \sqrt{\frac{MSE}{n}} \qquad\qquad (4.15\,a)$$

　　當 n_i 值不等時, $S_{\overline{Y}_{i\cdot}}$ 的計算, 則將(4.15 a)公式的 n 代換以 n_i 的調和平均 n_h, 亦即

$$S_{\overline{Y}_{i\cdot}} = \sqrt{\frac{MSE}{n_h}} \qquad 其中\ n_h = \frac{a}{\sum\limits_{i=1}^{a}(1/n_i)} \qquad (4.15\,b)$$

　　(3)查 Duncan 顯著全距表(見附錄表Ⅶ), 得值 $r_\alpha(p, f)$, 其中 α爲顯著水準, $p = 2, 3, 4, \cdots, a$, f 爲 MSE 的自由度。

　　(4)將(2)(3)所得值相乘, 計算$a-1$個最小顯著全距R_p, $p = 2, 3, \cdots, a$

$$R_p = r_\alpha(p, f) \cdot S_{\overline{Y_i}.}, \quad p = 2, 3, \cdots, a$$

(5)排大小次序後的 $\overline{Y_i}.$，配對求其差異值。由最大值開始，最大與最小值的差與 R_a 比大小，最大與第二小值的差與 R_{a-1} 比大小，依此類推，至最大與第二大值的差與 R_2 比大小。再來，則第二大值與其他值比較，如第二大值與最小值的差與 R_{a-1} 比大小，第二大值與第二小值的差與 R_{a-2} 比大小，依此類推，至第二大值與第三大值的差與 R_2 比大小。然後再考慮第三大值與其他值的比較，此過程類推至 $a(a-1)/2$ 對均值的差都與 R_p 比較過爲止。

(6)若以上某均值的差異大過最小顯著全距 R_p，則該對均值差異爲顯著不同，而拒絕該對虛無假設 $H_{0u}: \mu_i = \mu_j$。

例 4.21　果汁口味

利用 Duncan 法比較四種口味果汁的平均銷售量，由例 3.4 及例 3.6 知 $MSE = 2.67$，$N = 20$，$n = 5$，$N - a = 16$

(1)將 $\overline{Y_i}.$ 依序排列，得 $\overline{Y_3}. = 26.6$，$\overline{Y_1}. = 27.4$，$\overline{Y_2}. = 29.6$，$\overline{Y_4}. = 31.6$

(2) $\overline{Y_i}.$ 的標準差爲 $S_{\overline{Y_i}.} = \sqrt{2.67/5} = 0.73$

(3)查附錄表Ⅶ，取 $\alpha = 0.05$ 時，因 $a = 4$，$f = N - a = 16$，可得

$$r_{0.05}(2, 16) = 3.00 \quad r_{0.05}(3, 16) = 3.15 \quad r_{0.05}(4, 16) = 3.23$$

(4)求 $a - 1 = 4 - 1 = 3$ 個最小顯著全距 R_p

$$R_2 = r_{0.05}(2, 16) \times S_{\overline{Y_i}.} = 3.00 \times 0.73 = 2.19$$

$$R_3 = r_{0.05}(3, 16) \times S_{\overline{Y_i}.} = 3.15 \times 0.73 = 2.30$$

$$R_4 = r_{0.05}(4, 16) \times S_{\overline{Y_i}.} = 3.23 \times 0.73 = 2.36$$

(5)配對比較（由大至小）

4 對 3：$\overline{Y_4}. - \overline{Y_3}. = 31.6 - 26.6 = 5.0 > 2.36$　（R_4）

4 對 1：$\overline{Y_4}. - \overline{Y_1}. = 31.6 - 27.4 = 4.2 > 2.30$　（R_3）

4 對 2: $\overline{Y}_{4\cdot}-\overline{Y}_{2\cdot}=31.6-29.6=2.0<2.19$　　(R_2)

2 對 3: $\overline{Y}_{2\cdot}-\overline{Y}_{3\cdot}=29.6-26.6=3.0>2.30$　　(R_3)

2 對 1: $\overline{Y}_{2\cdot}-\overline{Y}_{1\cdot}=29.6-27.4=2.2>2.19$　　(R_2)

1 對 3: $\overline{Y}_{1\cdot}-\overline{Y}_{3\cdot}=27.4-26.6=0.8<2.19$　　(R_2)

(6)由小至大排序的均值，由(5)的比較，可得

$\overline{Y}_{3\cdot}$　　$\overline{Y}_{1\cdot}$　　　$\overline{Y}_{2\cdot}$　　$\overline{Y}_{4\cdot}$

此即表示 $\overline{Y}_{3\cdot}$、$\overline{Y}_{1\cdot}$ 差異不顯著，$\overline{Y}_{2\cdot}$ 與 $\overline{Y}_{4\cdot}$ 差異不顯著，其餘則均值差異明顯存在。

例 4.22　觸媒與產量

利用 Duncan 法，我們來比較五種不同觸媒量下，產品平均產量的大小。由例 4.5 知 MSE＝7.64，N＝25，n＝5，N－a＝20，依上述 Duncan 多重比較的步驟。

(1)將 $\overline{Y}_{i\cdot}$ 依序排列，得

$\overline{Y}_{1\cdot}=16.6$　　$\overline{Y}_{5\cdot}=17.8$　　$\overline{Y}_{2\cdot}=20.6$　　$\overline{Y}_{4\cdot}=22.8$　　$\overline{Y}_{3\cdot}=24.2$

(2) $\overline{Y}_{i\cdot}$ 的標準差為

$$S_{\overline{Y}_{i\cdot}}=\sqrt{MSE/n}=\sqrt{7.64/5}=1.24$$

(3)查附錄Ⅶ，取 $\alpha=0.05$，自由度 a＝5，f＝20 時，可得

$r_{0.05}(2,\ 20)=2.95$　　$r_{0.05}(3,\ 20)=3.10$

$r_{0.05}(4,\ 20)=3.18$　　$r_{0.05}(5,\ 20)=3.25$

(4)求 a－1＝5－1＝4 個最小顯著全距 R_p

$R_2=r_{0.05}(2,\ 20)\times S_{\overline{Y}_{i\cdot}}=2.95\times1.24=3.66$

$R_3=r_{0.05}(3,\ 20)\times S_{\overline{Y}_{i\cdot}}=3.10\times1.24=3.84$

$R_4=r_{0.05}(4,\ 20)\times S_{\overline{Y}_{i\cdot}}=3.18\times1.24=3.94$

$R_5=r_{0.05}(5,\ 20)\times S_{\overline{Y}_{i\cdot}}=3.25\times1.24=4.03$

(5)配對比較（由大至小）

3 對 4： $\overline{Y}_3. - \overline{Y}_4. = 24.2 - 22.8 = 1.4 < 4.03$　　（R_5）

3 對 2： $\overline{Y}_3. - \overline{Y}_2. = 24.2 - 20.6 = 3.6 < 3.94$　　（R_4）

3 對 5： $\overline{Y}_3. - \overline{Y}_5. = 24.2 - 17.8 = 6.4 > 3.84$　　（R_3）

3 對 1： $\overline{Y}_3. - \overline{Y}_1. = 24.2 - 16.6 = 7.6 > 3.66$　　（R_2）

4 對 2： $\overline{Y}_4. - \overline{Y}_2. = 22.8 - 20.6 = 2.2 < 3.94$　　（R_4）

4 對 5： $\overline{Y}_4. - \overline{Y}_5. = 22.8 - 17.8 = 5.0 > 3.84$　　（R_3）

4 對 1： $\overline{Y}_4. - \overline{Y}_1. = 22.8 - 16.6 = 6.2 > 3.66$　　（R_2）

2 對 5： $\overline{Y}_2. - \overline{Y}_1. = 20.6 - 17.8 = 2.8 < 3.84$　　（R_3）

2 對 1： $\overline{Y}_2. - \overline{Y}_1. = 20.6 - 16.6 = 4.0 > 3.66$　　（R_2）

5 對 1： $\overline{Y}_5. - \overline{Y}_1. = 17.8 - 16.6 = 1.2 < 3.66$　　（R_2）

(6)由小至大依序排列的均值，由(5)的比較，可得

$$\underline{\overline{Y}_1. \quad \overline{Y}_5.} \qquad \underline{\overline{Y}_2. \quad \overline{Y}_4. \quad \overline{Y}_3.}$$

此表示 $\overline{Y}_1.$，$\overline{Y}_5.$ 差異不顯著，$\overline{Y}_5.$ 與 $\overline{Y}_2.$ 差異不顯著，而 $\overline{Y}_2.$，$\overline{Y}_4.$ 與 $\overline{Y}_3.$ 三者差異亦不顯著。其餘則均值差異明顯。

4-5-2　Tukey 法

Tukey 的多重比較法是利用 4-3-2 節所述的學生化全距分配 $q(a, f)$，以查表所得的 $q(a, f)$ 百分位數決定檢定的臨界值。其檢定步驟，類似 Duncan 法。

⑴計算 $\overline{Y}_i.$ 的標準差 $S_{\overline{Y}_i.}$，其中 $S_{\overline{Y}_i.}$ 的公式與(4.15 a)或(4.15 b)完全相同。

⑵查附錄Ⅷ的學生化全距分配表，求百分位數 $q_\alpha(a, f)$，其中，f 為 MSE 的自由度，α 為顯著水準，a 是因子水準數。

⑶求臨界值

$$T_\alpha = q_\alpha(a,\ f) \cdot S_{\overline{Y}_{i.}} \tag{4.16}$$

(4)所有成對的均值差 $\hat{D} = \overline{Y}_{i.} - \overline{Y}_{j.}$ 都與 T_α 比較大小，$\hat{D} > T_\alpha$ 則表示該對均值差異顯著，否則表示該對均值無差異。

例 4.23

利用 Tukey 法再來比較四種口味果汁的平均銷售量。由上例 4.21 知 $MSE = 2.67$，$N = 20$，$n = 5$，$N - a = 16$，故

(1)標準差

$$S_{\overline{Y}_{i.}} = \sqrt{2.67/5} = 0.73$$

(2)查附錄表Ⅷ，若取 $\alpha = 0.05$，因 $a = 4$，$f = N - a = 16$，得

$$q_{0.05}(4,\ 16) = 4.05$$

(3)臨界值

$$T_{0.05} = q_{0.05}(4,\ 16) \times 0.73 = 4.05 \times 0.73 = 2.96$$

(4)配對比較

4 對 3：$\overline{Y}_{4.} - \overline{Y}_{3.} = 31.6 - 26.6 = 5.0 > T_{0.05} = 2.96$

4 對 1：$\overline{Y}_{4.} - \overline{Y}_{1.} = 31.6 - 27.4 = 4.2 > T_{0.05} = 2.96$

4 對 2：$\overline{Y}_{4.} - \overline{Y}_{2.} = 31.6 - 29.6 = 2.0 < T_{0.05} = 2.96$

2 對 3：$\overline{Y}_{2.} - \overline{Y}_{3.} = 29.6 - 26.6 = 3.0 > T_{0.05} = 2.96$

2 對 1：$\overline{Y}_{2.} - \overline{Y}_{1.} = 29.6 - 27.4 = 2.2 < T_{0.05} = 2.96$

1 對 3：$\overline{Y}_{1.} - \overline{Y}_{3.} = 27.4 - 26.6 = 0.8 < T_{0.05} = 2.96$

(5)由小至大排列的均值，由(4)的比較可得

$$\underline{\overline{Y}_{3.}\quad \overline{Y}_{1.}}\quad \underline{\overline{Y}_{2.}\quad \overline{Y}_{4.}}$$

此表示 $\overline{Y}_{3.}$ 與 $\overline{Y}_{1.}$，$\overline{Y}_{1.}$ 與 $\overline{Y}_{2.}$，$\overline{Y}_{2.}$ 與 $\overline{Y}_{4.}$，差異不顯著，其餘成對的均值差異顯著。

Duncan 法與 Tukey 法都可用來做所有成對均值的多重比較，

Duncan 法看似比較複雜，但其檢定力(Power)較高，反而比較實用。

例 4.24 觸媒與產量

利用 Tukey 法再比較五種觸媒量處理下，各產品平均產量的大小。

由上例4.22知MSE＝7.64，N＝25，n＝5，N－a＝20，依Tukey法步驟

(1)求標準差

$$S_{\overline{Y_{i.}}} = \sqrt{MSE/n} = \sqrt{7.64/5} = 1.24$$

(2)查附錄表Ⅷ，在 $\alpha = 0.05$，a＝5，f＝20 下，得 $q_{0.05}(5, 20) = 4.23$

(3)臨界值

$$T_{0.05} = q_{0.05}(5, 20) \times 1.24 = 4.23 \times 1.24 = 5.25$$

(4)配對比較

3 對 4： $\overline{Y_{3.}} - \overline{Y_{4.}} = 24.2 - 22.8 = 1.4 < 5.25$

3 對 2： $\overline{Y_{3.}} - \overline{Y_{2.}} = 24.2 - 20.6 = 3.6 < 5.25$

3 對 5： $\overline{Y_{3.}} - \overline{Y_{5.}} = 24.2 - 17.8 = 6.4 > 5.25$

3 對 1： $\overline{Y_{3.}} - \overline{Y_{1.}} = 24.2 - 16.6 = 7.6 > 5.25$

4 對 2： $\overline{Y_{4.}} - \overline{Y_{2.}} = 22.8 - 20.6 = 2.2 < 5.25$

4 對 5： $\overline{Y_{4.}} - \overline{Y_{5.}} = 22.8 - 17.8 = 5.0 < 5.25$

4 對 1： $\overline{Y_{4.}} - \overline{Y_{1.}} = 22.8 - 16.6 = 6.2 > 5.25$

2 對 5： $\overline{Y_{2.}} - \overline{Y_{5.}} = 20.6 - 17.8 = 2.8 < 5.25$

2 對 1： $\overline{Y_{2.}} - \overline{Y_{1.}} = 20.6 - 16.6 = 4.0 < 5.25$

5 對 1： $\overline{Y_{5.}} - \overline{Y_{1.}} = 17.8 - 16.6 = 1.2 < 5.25$

(5)由(4)可得

$$\overline{Y_{1.}} \quad \overline{Y_{5.}} \quad \overline{Y_{2.}} \quad \overline{Y_{4.}} \quad \overline{Y_{3.}}$$

表示除了 $\overline{Y}_3.$ 與 $\overline{Y}_5.$，$\overline{Y}_3.$ 與 $\overline{Y}_1.$，$\overline{Y}_4.$ 與 $\overline{Y}_1.$ 差異顯著外，其餘配對均值差異不顯著。

4-5-3　Scheffé 法

Scheffé 法可應用在所有對比的多重比較。設定有 m 個因子水準的對比

$$\Gamma_u = C_{1u}\mu_1 + C_{2u}\mu_2 + \cdots + C_{au}\mu_a, \quad u=1,\ 2,\ \cdots,\ m \qquad (4.17)$$

則其對應的估計式為一對比

$$C_u = C_{1u}\overline{Y}_1. + C_{2u}\overline{Y}_2. + \cdots + C_{au}\overline{Y}_a., \quad u=1,\ 2,\ \cdots,\ m \qquad (4.18)$$

對比 C_u 的估計的標準差為

$$S_{cu} = \sqrt{MSE\sum_{i=1}^{a}(C_{iu}^2/n_i)} \qquad (4.19)$$

若欲多重比較，以檢定

$$H_{0u}: \Gamma_u = 0, \qquad 對立 \quad H_{1u}: \Gamma_u \neq 0, \ u=1,\ 2,\ \cdots,\ m$$

則不論 m 值為多少，Scheffé 證明，當 α 為顯著水準時，若

$$|C_u| > S_{\alpha,u} \qquad (4.20)$$

則拒絕虛無假設 H_{0u}，其中臨界值 $S_{\alpha,u}$ 定義為

$$S_{\alpha,u} = S_{cu} \times \sqrt{(a-1)F_{\alpha,a-1,N-a}} \qquad (4.21)$$

例 4.25　果汁口味

對不同果汁口味的平均銷售量，取以下四個對比做多重比較，亦即同時檢定以下四個假設

$$H_{01}: \Gamma_1 = \frac{\mu_1+\mu_2}{2} - \frac{\mu_3+\mu_4}{2} = 0 \qquad 對立 \ H_{11}: \Gamma_1 \neq 0$$

$$H_{02}: \quad \Gamma_2 = \frac{\mu_2 + \mu_3}{2} - \frac{\mu_1 + \mu_4}{2} = 0 \qquad \text{對立 } H_{12}: \quad \Gamma_2 \neq 0$$

$$H_{03}: \quad \Gamma_3 = \mu_1 - \mu_2 \qquad\qquad\qquad \text{對立 } H_{13}: \quad \Gamma_3 \neq 0$$

$$H_{04}: \quad \Gamma_4 = \mu_3 - \mu_4 \qquad\qquad\qquad \text{對立 } H_{14}: \quad \Gamma_4 \neq 0$$

由公式(4.18)，Γ_i，$i=1$，2，3，4 的估計值為

$$C_1 = \frac{\overline{Y}_1. + \overline{Y}_2.}{2} - \frac{\overline{Y}_3. + \overline{Y}_4.}{2} = \frac{27.4 + 29.6}{2} - \frac{26.6 + 31.6}{2} = -0.6$$

$$C_2 = \frac{\overline{Y}_2. + \overline{Y}_3.}{2} - \frac{\overline{Y}_1. + \overline{Y}_4.}{2} = \frac{29.6 + 26.6}{2} - \frac{27.4 + 31.6}{2} = -1.4$$

$$C_3 = \overline{Y}_1. - \overline{Y}_2. = 27.4 - 29.6 = -2.2$$

$$C_4 = \overline{Y}_3. - \overline{Y}_4. = 26.6 - 31.6 = -5.0$$

而

$$S_{C1} = S_{C2} = \sqrt{MSE \times \frac{(\frac{1}{2})^2 + (\frac{1}{2})^2 + (-\frac{1}{2})^2 + (-\frac{1}{2})^2}{5}}$$

$$= \sqrt{2.67 \times 0.2} = 0.73$$

$$S_{C3} = S_{C4} = \sqrt{MSE \times \frac{(1)^2 + (-1)^2}{5}} = \sqrt{2.67 \times 0.4} = 1.03$$

則由公式(4.21)知

$$S_{\alpha 1} = S_{\alpha 2} = S_{C1} \times \sqrt{(4-1) \times F_{0.05, 4-1, 20-4}} = S_{C2} \times \sqrt{3 \times F_{0.05, 3, 16}}$$

$$= 0.73 \times \sqrt{3 \times 3.24} = 2.28$$

$$S_{\alpha 3} = S_{\alpha 4} = S_{C3} \times \sqrt{(4-1) F_{0.05, 3, 16}} = 1.03 \times \sqrt{3 \times 3.24} = 3.31$$

再由(4.20)式的 Scheffé 法，知

$$|C_1| = |-0.6| = 0.6 < S_{\alpha 1} = 2.28$$

$$|C_2| = |-1.4| = 1.4 < S_{\alpha 2} = 2.28$$

$$|C_3| = |-2.2| = 2.2 < S_{\alpha 3} = 3.31$$

$$|C_4| = |-5.0| = 5 > S_{\alpha 4} = 3.31$$

故對比 Γ_1，Γ_2，Γ_3 差異都很小，此表示 $\Gamma_i = 0$，$i=1$，2，3，而 $\Gamma_4 \neq 0$，

亦即 $\mu_3 \neq \mu_4$，表示 μ_3，μ_4 的差異顯著。

例 4.26　觸媒與產量

在不同觸媒量下的五個平均產量，取以下四個對比做多重比較。亦即同時檢定以下四個假設

$$H_{01}: \Gamma_1 = \frac{\mu_1 + \mu_2}{2} - \frac{\mu_4 + \mu_5}{2} = 0 \qquad 對立 \quad H_{11}: \Gamma_1 \neq 0$$

$$H_{02}: \Gamma_2 = \mu_3 - \frac{1}{4}(\mu_1 + \mu_2 + \mu_3 + \mu_4) = 0 \qquad 對立 \quad H_{12}: \Gamma_2 \neq 0$$

$$H_{03}: \Gamma_3 = \mu_1 - \mu_5 \qquad\qquad\qquad 對立 \quad H_{13}: \Gamma_3 \neq 0$$

$$H_{04}: \Gamma_4 = \mu_2 - \mu_4 \qquad\qquad\qquad 對立 \quad H_{14}: \Gamma_4 \neq 0$$

由公式(4.18)，Γ_i，i=1，2，3 的估計值和例 4.11 的 L_i，i=1，2，3 計算相同，故

$$C_1 = \hat{L}_1 = -1.7, \quad C_2 = \hat{L}_2 = 4.75, \quad C_3 = \hat{L}_3 = -1.2$$

又 $C_4 = \overline{Y}_2. - \overline{Y}_4. = 20.6 - 22.8 = -2.2$

而

$$S_{C1} = \sqrt{\widehat{Var}(\hat{L}_1)} = 1.24$$

$$S_{C2} = \sqrt{\widehat{Var}(\hat{L}_2)} = 1.38$$

$$S_{C3} = \sqrt{\widehat{Var}(\hat{L}_3)} = 1.75$$

$$S_{C4} = \sqrt{MSE \times \frac{(1)^2 + (-1)^2}{5}} = \sqrt{7.64 \times 0.4} = 1.75$$

由公式(4.21)，因 $\sqrt{(a-1)F_{0.05,5-1,25-5}} = \sqrt{4 \times F_{0.05,4,20}} = \sqrt{4 \times 2.87} = 3.39$

$$S_{\alpha 1} = S_{C1}\sqrt{(a-1)F_{0.05,4,20}} = 1.24 \times 3.39 = 4.20$$

$$S_{\alpha 2} = S_{C2}\sqrt{(a-1)F_{0.05,4,20}} = 1.38 \times 3.39 = 4.68$$

$$S_{\alpha 3}=S_{\alpha 4}=S_{C3}\sqrt{(a-1)F_{0.05,4,20}}=1.75\times 3.39=5.93$$

再由(4.20)式的 Scheffé 方法，得

$$|C_1|=|-1.7|=1.7<S_{\alpha 1}=4.20$$

$$|C_2|=|4.75|=4.75>4.68$$

$$|C_3|=|-1.2|=1.2<5.93$$

$$|C_4|=|-2.2|=2.2<5.93$$

故對比 Γ_1，Γ_3，Γ_4 差異都很小而不顯著，故不拒絕 $\Gamma_i=0$ 的假設，i＝1，3，4，但對 Γ_2 而言，$\Gamma_2\neq 0$ 顯著，即 $\mu_3\neq\dfrac{1}{4}(\mu_1+\mu_2+\mu_4+\mu_5)$。

4-6　隨機效果模式(Random Effect Model)

在隨機效果模式下，因子水準效果的分析與固定效果模式不同。

若因子的可能水準很多，實驗者把因子的所有可能值視爲因子水準的母體(Population)，而由此母體隨機選出 a 個水準來研究，則稱此因子爲隨機(Random)。因爲在實驗中實際使用的因子水準是隨機選擇出來的，對因子水準的統計推論是推論到整個因子水準母體的特性。一般我們假設因子水準的母體有無窮多個水準或大到可視爲有無窮多個水準。例如，前述秘書小姐打字速度的比較。設有小公司其秘書人員有 3 位，如例 3.8，隨機選出幾篇文書測試其打字速度。3 位秘書打字的平均速度的差異是否存在，是我們研究的主題，該 3 位秘書並非由母體抽出的樣本，故屬固定效果模式。而打字速度的資料分析所獲的結論，也僅對此三人有關。但若該公司的規模極大，公司內秘書人數相當多，爲了想了解秘書打字速度是否有差異，假設自所有秘書中隨機選出三位，再隨機選幾篇文書測試她們的打字速度。所有的秘書當成秘書這個因子的

水準母體，隨機選出的三位秘書則對應隨機效果模式的三個水準。今分析她們三位的打字速度資料，可以檢測〝所有〞秘書之間打字平均速度的差異有多大，也可以估計〝所有〞秘書的打字平均速度是多少。所以隨機效果模式的研究對象不是以水準平均數μ_i之間的差異為主，而是以觀察值母體的總平均數μ的估計及因子水準母體的變異數（底下以σ_α^2表示）大小的估計為主。又如，例4.3，若超級商店的規模只有5家分店，在各家分店隨機抽選顧客調查其對商店服務的滿意度。顧客評分的資料加以分析，主要在評估五家分店的評分是否有顯著差異，那一家分店顧客的滿意度最高？這屬固定效果模式的問題與重點。但若該超級商店乃全國連鎖商店系統，其下分店相當多，多到可以視同無窮多，今由其中隨機選出五家分店，調查此五家分店的顧客滿意度，則問題屬隨機效果模式。而研究的重點不在五家分店的差異，而是利用此五家樣本，研究公司所有分店的顧客滿意度變異有多大？所有分店的平均評分是多少？

隨機效果模式對應的統計模式類似(3.3)式，為

$$Y_{ij} = \mu + \alpha_i + \varepsilon_{ij} \quad i=1, 2, \cdots, a; \ j=1, 2, \cdots, n_i \quad (4.22)$$

但是

μ仍為總平均值，為一常數。

α_i則為隨機變數，且假設α_i互為獨立並服從常態分配$N(0, \sigma_\alpha^2)$。

誤差項ε_{ij}仍為獨立的常態$N(0, \sigma^2)$隨機變數。但隨機變數α_i與ε_{ij}互為獨立，$i=1, 2, \cdots, a; \ j=1, 2, \cdots, n_i$。

由模式(4.22)，易知

$$E(Y_{ij}) = E(\mu) + E(\alpha_i) + E(\varepsilon_{ij})$$
$$= \mu + 0 + 0 = \mu$$

而

$$Var(Y_{ij}) = Var(\alpha_i + \varepsilon_{ij})$$

$$= \sigma_a{}^2 + \sigma^2$$

Y_{ij} 的變異數是二個分量 $\sigma_a{}^2$ 及 σ^2 的和, 故隨機效果模式又稱**變異分量模式**(Components of variance model)。當 α_i, ε_{ij} 均爲常態分配時, 易知 Y_{ij} 亦呈常態分配。但是同一水準 i 下的觀察值, 因爲都有相同的隨機項 $\mu_i = \mu + \alpha_i$, 故彼此不獨立, 亦即

$$\begin{aligned} Cov(Y_{ij}, \ Y_{ik}) &= Cov(\mu_i + \varepsilon_{ij}, \ \mu_i + \varepsilon_{ik}) \\ &= Cov(\mu_i, \ \mu_i) + Cov(\mu_i, \ \varepsilon_{ik}) + Cov(\varepsilon_{ij}, \ \mu_i) \\ &\quad + Cov(\varepsilon_{ij}, \ \varepsilon_{ik}) \\ &= Cov(\mu_i, \ \mu_i) + 0 = \sigma^2 \neq 0 \end{aligned}$$

而不同水準下的觀察值 Y_{ij}, Y_{ik} 仍互爲獨立。

一旦因子水準由因子水準的母體被選出來, 則其對應的因子水準均值 μ_i 就被選定而成固定值, 此時, 隨機效果模式(4.22)假設下的同一水準觀察值 Y_{ij}, Y_{ik}, 視爲互相獨立。此乃因 μ_i 固定時, $Cov(Y_{ij}, Y_{ik}) = Cov(\varepsilon_{ij}, \ \varepsilon_{ik}) = 0$。也因此, 隨機效果模式的平方和分解, 和固定效果模式完全一樣, 可得

$$\begin{aligned} SSTO &= \sum_{i=1}^{a} \sum_{j=1}^{n_i} (Y_{ij} - \overline{Y}..)^2 \\ &= \sum_{i=1}^{a} n_i (\overline{Y}_{i\cdot} - \overline{Y}..)^2 + \sum_{i=1}^{a} \sum_{j=1}^{n_i} (Y_{ij} - \overline{Y}_{i\cdot})^2 \\ &= SSTR + SSE \end{aligned} \tag{4.23}$$

亦即, 觀察值的總平方和可分解爲二個分量, 一爲量度處理之間變異大小的 SSTR, 一爲量度處理之內觀察值變異的 SSE。

對個別處理的效果檢定, 在模式(4.22)下, 沒有意義, 我們要檢定的問題是

$$H_0: \ \sigma_a{}^2 = 0 \quad 對立 \quad H_1: \ \sigma_a{}^2 > 0 \tag{4.24}$$

當 $\sigma_a{}^2 = 0$ 時, 因爲 α_i 服從常態 $N(0, \sigma_a{}^2)$, 則所有 α_i 沒有變異, 故 α_i 恒

等於 $E(\alpha_i)=0$。表示所有處理恆等，因子沒有效果。而 $\sigma_\alpha{}^2>0$ 時，處理間的變異才存在。

將各平方和除以其對應的自由度，所得均方

$$\text{MSTR}=\frac{\text{SSTR}}{a-1}, \quad \text{MSE}=\frac{\text{SSE}}{N-a}$$

可以證明（在隨機效果模式下）滿足

$$E[\text{MSTR}]=\sigma^2+n'\sigma_\alpha{}^2 \qquad\qquad (4.25\text{ a})$$
$$E[\text{MSE}]=\sigma^2 \qquad\qquad (4.25\text{ b})$$

其中

$$n'=\frac{1}{a-1}\left[\sum_{i=1}^{a}n_i-\frac{\sum_{i=1}^{a}n_i^2}{\sum_{i=1}^{a}n_i}\right]$$

而當所有 $n_i=n$ 時，$n'=n$。

由 (4.25 a), (4.25 b)，當 $\sigma_\alpha{}^2=0$ 時，顯然 MSE 及 MSTR 有相同的期望值 σ^2。而當 $\sigma_\alpha{}^2>0$ 時，因 n' 恆大於 0，故 $E(\text{MSTR})>E(\text{MSE})$。因此，兩個均方的比

$$F^*=\frac{\text{MSTR}}{\text{MSE}} \qquad\qquad (4.26)$$

是檢定 (4.24) 問題的優良檢定統計量。當 $\sigma_\alpha{}^2=0$ 時，(4.26) 式的 F^* 統計量服從自由度 $a-1$，$N-a$ 的 F 分配，故在顯著水準 α 下，F^* 值太大，即

$$F^*>F_{\alpha,a-1,N-a} \text{ 時，拒絕虛無假設 } H_0: \sigma_\alpha{}^2=0。$$

例 4.27　纖維強度

某大紡織廠擁有許多紡織機，品管部門想要研究不同紡織機生產的同類產品，其纖維強度是否相同。於是在工廠隨機抽出五臺機器，在每

部紡織機上又隨機選擇四段纖維量度其強度，實驗次序隨機，而得資料如下表

表 4.6   纖維強度資料

紡織機 i	觀察值(j) 1	2	3	4	均　　值
1	97	96	99	98	$\overline{Y}_1. = 97.5$
2	90	91	93	92	$\overline{Y}_2. = 91.5$
3	94	96	96	95	$\overline{Y}_3. = 95.25$
4	99	95	98	97	$\overline{Y}_4. = 97.25$
5	92	94	93	92	$\overline{Y}_5. = 92.75$
				總平均	$\overline{Y}.. = 94.85$

以上數據，依第三章計算法，將 SSTO 分解為 SSTR 及 SSE，可得變異數分析表如下

表 4.7   變異數分析表

變異來源	平方和	自由度	均方	F*值
機器間	114.30	4	28.58	17.68
誤　差	24.25	15	1.62	
總　和	138.55	19		

取 $\alpha = 0.05$，則臨界值 $F_{0.05,4,15} = 3.06$。今 $F^* = 17.68 > 3.06$。故拒絕虛無假設，表示該工廠各紡織機生產的纖維強度各有不同，差異顯著。

品管部門依上述變異數分析發現產品強度的變異，主要的變異來源是紡織機間執行的差異。為消除紡織機間的變動，品管人員會去探查是否有些機器疏於保養？機器調整不當否？操作員是否不熟練？等問題。

例 4.28　產品純度

　　某化工廠工程師注意到不同批的原料，所得成品純度似乎不同。爲證實他的想法，工程師由工廠大批原料中，隨機抽出五批原料，設每批原料可做成五個成品，他測試成品純度資料如下

表 4.8　成品純度資料

批原料	觀	察	值(j)			均值
i	1	2	3	4	5	$\overline{Y}_{i.}$
1	34.6	34.8	35.6	33.9	34.0	$\overline{Y}_{1.}=34.58$
2	35.8	34.6	34.2	34.9	35.0	$\overline{Y}_{2.}=34.90$
3	35.1	36.4	34.8	35.2	34.9	$\overline{Y}_{3.}=35.28$
4	32.8	34.0	33.7	34.6	33.9	$\overline{Y}_{4.}=33.80$
5	32.9	34.7	33.8	33.2	33.8	$\overline{Y}_{5.}=33.68$
*	總和	$Y_{..}=861.2$		總平均		$\overline{Y}_{..}=34.45$

平方和的計算如第三章，可得

$$SSTO=\sum_i\sum_j Y_{ij}^2-\frac{Y_{..}^2}{N}=34.6^2+34.8^2+\cdots+33.2^2+33.8^2-\frac{(861.2)^2}{25}$$

$$=18.18$$

$$SSTR=\sum_i\frac{Y_{i.}^2}{n}-\frac{Y_{..}^2}{N}=9.62$$

$$SSE=SSTO-SSTR=18.18-9.62=8.56$$

故變異數分析表爲

表 4.9　變異數分析

變異來源	平方和	自由度	均方	F*值
批原料間	9.62	4	2.41	5.62
誤　差	8.56	20	0.43	
總　和	18.18	24		

取 $\alpha=0.05$，則臨界值 $F_{0.05,4,20}=2.87$，而 $F^*=5.62>2.87$，拒絕虛無假設。故批原料的不同的確影響產品品質。工程師可能要再研究是那類，那種廠牌的原料所得產品純度較高，以提高工廠產品品質。

4-6-1　μ 的估計

在隨機效果模式下，總平均 μ 的估計，尤其是其信賴區間常是主要的課題。因為此時，μ 是反應值母體的代表點。當所有因子水準的樣本大小 n_i 均等時，即 $n_i\equiv n$，則因 $E(Y_{ij})=\mu$，故 μ 的不偏估計式為樣本總均值

$$\hat{\mu}=\overline{Y}..$$

其對應的變異數

$$Var(\overline{Y}..)=\frac{\sigma_a^2}{a}+\frac{\sigma^2}{N}=\frac{n\sigma_a^2+\sigma^2}{N}$$

其中 $N=an$。

$Var(\overline{Y}..)$ 包含二個分量，一為由水準的母體抽出 a 個水準而有變異數 σ_a^2/a，另一則為每個水準下，各抽出 n 個樣本觀察值，總共 $N=an$ 個樣本而有 σ^2/N 的變異數。$Var(\overline{Y}..)$ 的分子與 (4.25 a) 比較，當 $n_i=n$ 時，MSTR 是 $n\sigma_a^2+\sigma^2$ 的不偏估計式，故 MSTR/N 是 $Var(\overline{Y}..)$ 的不偏估計，則可證明，當 $n_i\equiv n$ 時，

$$\frac{\overline{Y}.. - \mu}{\sqrt{MSTR/N}}$$ 服從自由度 $a-1$ 的 t 分配

因此，μ 的信賴度 $1-\alpha$ 的信賴區間公式爲

$$\overline{Y}.. \pm t_{\alpha/2, a-1}\sqrt{\frac{MSTR}{N}} \tag{4.27}$$

例 4.29　纖維強度

由例 4.27 的資料，若品管部門想知道全公司產品纖維的平均強度，則應如何估計？其 90% 的信賴區間如何？

由表 4.6、表 4.7 可知

$$\overline{Y}.. = 94.85, \quad MSTR = 28.58, \quad N = 20, \quad a = 5$$

而 t 分配的 $1-\alpha/2 = 0.95$ 百分位數 $t_{0.05,4} = 2.132$，代入公式 (4.27) 則 μ 的點估計爲 $\overline{Y}.. = 94.85$，90% 的信賴區間爲

$$\overline{Y}.. \pm 2.132\sqrt{\frac{MSTR}{N}} = 94.85 \pm 2.132\sqrt{\frac{28.58}{20}}$$

$$= 94.85 \pm 2.55$$

即　　$92.30 \le \mu \le 97.40$

該公司纖維產品的強度在 92.30 至 97.40 之間。

4-6-2　變異數分量的估計

隨機效果模式中的二個變異分量 σ^2 及 σ_α^2 如何估計？由 (4.25 a)，(4.25 b)，易知 σ^2 的不偏估計式爲

$$\hat{\sigma}^2 = MSE$$

而 σ_α^2 的不偏估計亦可由 (4.25) 式求解 σ_α^2 而得

$$\hat{\sigma}_\alpha^2 = \frac{MSTR - MSE}{n'} \tag{4.28}$$

爲 $\sigma_a{}^2$ 的不偏估計, 但此估計式的分子爲兩個平方和 MSTR 與 MSE 的差, 其值可能爲負, 此時應令 $\hat{\sigma}_a{}^2 = 0$。

當觀察值爲獨立的常態分配時, $(N-a)MSE/\sigma^2$ 服從卡方分配, 自由度 $N-a$。故

$$P(\chi^2_{1-\alpha/2,N-a} \leq \frac{(N-a)MSE}{\sigma^2} \leq \chi^2_{\alpha/2,N-a}) = 1-\alpha$$

故 $1-\alpha$ 信賴度的 σ^2 信賴區間爲

$$\frac{(N-a)MSE}{\chi^2_{\alpha/2,N-a}} \leq \sigma^2 \leq \frac{(N-a)MSE}{\chi^2_{1-\alpha/2,N-a}} \tag{4.29}$$

而 $\sigma_a{}^2$ 的估計式 $\hat{\sigma}_a{}^2$ 是兩個卡方分配隨機變數的線性組合, 其機率分配較複雜, 故 $\hat{\sigma}_a{}^2$ 的信賴區間公式且不討論。

除了 σ^2 及 $\sigma_a{}^2$ 外, 另一常需估計的參數是 $\sigma_a{}^2/(\sigma_a{}^2+\sigma^2)$。

$$\frac{\sigma_a{}^2}{\sigma_a{}^2+\sigma^2} = \frac{Var(\alpha_i)}{Var(Y_{ij})}$$

此參數表示 Y_{ij} 的變異中, 受 α_i 變異影響的百分比, 其比值在 0 與 1 之間, 可用以表示 α_i 變異效果的大小。$\sigma_a{}^2/(\sigma_a{}^2+\sigma^2)$ 的信賴區間, 可由 $\sigma_a{}^2/\sigma^2$ 的信賴區間求得。當 $n_i \equiv n$ 時, MSTR 與 MSE 互爲獨立, 故

$$\frac{MSTR/(n\sigma_a{}^2+\sigma^2)}{MSE/\sigma^2} \sim F_{a-1,N-a}$$

故

$$P(F_{1-\alpha/2,a-1,N-a} \leq \frac{MSTR}{MSE} \frac{\sigma^2}{n\sigma_a{}^2+\sigma^2} \leq F_{\alpha/2,a-1,N-a}) = 1-\alpha$$

上不等式的一些代數運算可變換不等式爲

$$P(L \leq \frac{\sigma_a^2}{\sigma^2} \leq U) = 1-\alpha \tag{4.30}$$

其中

$$L = \frac{1}{n}(\frac{MSTR}{MSE} \frac{1}{F_{\alpha/2,a-1,N-a}} - 1)$$

$$U = \frac{1}{n}\left(\frac{MSTR}{MSE}\frac{1}{F_{1-\alpha/2,a-1,N-a}} - 1\right)$$

亦即 (L, U) 為 $\sigma_\alpha{}^2/\sigma^2$ 的 $1-\alpha$ 信賴度的信賴區間。因此 $\sigma_\alpha{}^2/(\sigma_\alpha{}^2+\sigma^2)$ 的 $1-\alpha$ 信賴度的信賴區間為

$$\frac{L}{1+L} \le \frac{\sigma_\alpha{}^2}{\sigma_\alpha{}^2+\sigma^2} \le \frac{U}{1+U} \tag{4.31}$$

例 4.30　纖維強度

由例 4.27 的纖維強度資料, 試估計 σ^2, $\sigma_\alpha{}^2$ 並求 σ^2, $\sigma_\alpha{}^2/\sigma^2$ 及 $\sigma_\alpha{}^2/(\sigma_\alpha{}^2+\sigma^2)$ 的 90% 信賴區間。

由表 4.7 知

$$MSE = 1.62, \quad MSTR = 28.58, \quad N = 20, \quad a = 5, \quad n = 4$$

故由 (4.28) 式易知, σ^2 的點估計值為 $\hat{\sigma}^2 = 1.62$

$$\sigma_\alpha{}^2 \text{的點估計值} \hat{\sigma}_\alpha{}^2 = \frac{28.58 - 1.62}{4} = 6.74$$

而卡方分配自由度 $N-a=15$ 的百分位數 $\chi_{0.95,15}^2 = 7.26$, $\chi_{0.05,15}^2 = 25.0$, 由 (4.29) 式, 得 σ^2 的 90% 信賴區間為

$$0.97 = \frac{15 \times 1.62}{25.0} \le \sigma^2 \le \frac{15 \times 1.62}{7.26} = 3.35$$

又由公式 (4.30), 查 F 分配機率表知 $F_{0.95,4,15} = 0.17$, $F_{0.05,4,15} = 3.06$, 則 $\sigma_\alpha{}^2/\sigma^2$ 的 90% 信賴區間的上下限為

$$L = \frac{1}{4}\left[\frac{28.58}{1.62}\left(\frac{1}{3.06}\right) - 1\right] = \frac{1}{4}[5.765 - 1] = 1.19$$

$$U = \frac{1}{4}\left[\frac{28.58}{1.62}\left(\frac{1}{0.17}\right) - 1\right] = \frac{1}{4}[103.776 - 1] = 25.69$$

故 $\sigma_\alpha{}^2/\sigma^2$ 的信賴區間為

$$1.19 \le \sigma_\alpha{}^2/\sigma^2 \le 25.69$$

而 $\sigma_a{}^2/(\sigma_a{}^2+\sigma^2)$ 的 90%信賴區間, 由(4.31)式, 為

$$0.54=\frac{1.19}{1+1.19}=\frac{L}{1+L}\le\frac{\sigma_a{}^2}{\sigma_a{}^2+\sigma^2}\le\frac{U}{1+U}=\frac{25.69}{1+25.69}=0.96$$

因此, 以 90%的信賴度, 我們可說纖維強度的變異, 有 54%到 96%是因紡織機之間的變異所引起的。

例 4.31　產品純度

由例 4.28 的資料, 若品管工程師想知道全公司產品純度的平均值, 則應如何估計?其 95%的信賴區間為何?

由表 4.8、表 4.9 可知

$\overline{Y}..=34.45$, MSTR$=2.41$, N$=25$, a$=5$, n$=5$

而 t 分配的 $1-\alpha/2=0.975$ 分位數為 $t_{0.025,4}=2.776$, 由(4.2)式易知 μ 的點估計值為 $\overline{Y}..=34.45$, 而 μ 的 95%信賴區間為

$$\overline{Y}..\pm2.776\sqrt{\frac{MSTR}{N}}=34.45\pm2.776\sqrt{\frac{2.41}{25}}=34.45\pm0.86$$

即　　　　$33.59\le\mu\le35.31$

故該公司產品純度平均約在 33.59 至 35.31 之間。

若欲估計產品純度的變異數分量 σ^2 及 $\sigma_a{}^2$, 並求 σ^2, $\sigma_a{}^2/\sigma^2$ 和 $\sigma_a{}^2/(\sigma_a{}^2+\sigma^2)$ 的 95%信賴區間, 則由表 4.9 易知 σ^2 的點估計值為

$$\hat{\sigma}^2=MSE=0.43$$

$\sigma_a{}^2$ 的點估計值

$$\sigma_a{}^2=\frac{2.41-0.43}{5}=0.396$$

又卡方分配自由度 N$-$a$=20$ 的百分位數 $\chi^2_{0.975,20}=9.59$, $\chi^2_{0.025,20}=34.17$, 由公式(4.29), σ^2 的 95%信賴區間為

$$0.25=\frac{20\times0.43}{34.17}\le\sigma^2\le\frac{20\times0.43}{9.59}=0.90$$

而由公式(4.30)，查 F 分配的百分位數 $F_{0.975,4,20} = \dfrac{1}{8.56} = 0.117$

$F_{0.025,4,20} = 3.51$，則 $\sigma_\alpha^2 / \sigma^2$ 的 95%信賴區間的上下限為

$$L = \frac{1}{5}\left[\frac{2.41}{0.43} \times \frac{1}{3.51} - 1\right] = \frac{1}{5}\{1.60 - 1\} = 0.12$$

$$U = \frac{1}{5}\left[\frac{2.41}{0.43} \times \frac{1}{0.117} - 1\right] = \frac{1}{5}\{47.98 - 1\} = 9.40$$

故 $\sigma_\alpha^2 / \sigma^2$ 的 95%信賴區間為

$$0.12 \leq \sigma_\alpha^2 / \sigma^2 \leq 9.40$$

而 $\sigma_\alpha^2 / (\sigma_\alpha^2 + \sigma^2)$ 的 95%信賴區間，由(4.31)式得

$$0.11 = \frac{0.12}{1 + 0.12} = \frac{L}{1 + L} \leq \frac{\sigma_\alpha^2}{\sigma_\alpha^2 + \sigma^2} \leq \frac{U}{1 + U} = \frac{9.4}{1 + 9.4} = 0.90$$

因此，我們說產品純度的變異有 11%到 90%是因批原料的變異所引起的，這個結論的信賴度是 95%。

習　題

4-1　以習題 3-3 的資料做以下分析：

　　⑴做線圖與常態機率圖以比較各水準均值。

　　⑵利用 Duncan 法做成對均值的比較。

　　⑶求各水準均值的 95%信賴區間。

4-2　以習題 3-6 的資料做以下分析：

　　⑴做線圖與常態機率圖以比較各水準均值。

　　⑵求兩因子水準均值差的 95%信賴區間。

　　⑶分別求對比 $L_1 = \dfrac{\mu_1 - \mu_2}{2}$，$L_2 = \dfrac{\mu_3 - \mu_4}{2}$，$L_3 = \dfrac{\mu_1 + \mu_2}{2} - \dfrac{\mu_3 + \mu_4}{2}$ 的 95%信賴

　　　區間。

　　⑷用 Scheffé 法求⑶題三個對比的 95%聯合信賴區間。

4-3　以習題 3-7 的資料做以下分析:

　　(a)做線圖與常態機率圖以比較各水準均值。

　　(b)求兩因子水準均值差的 95%信賴區間。

　　(c)分別求對比: $L_1 = \dfrac{\mu_1 - \mu_4}{2}$, $L_2 = \dfrac{\mu_2 - \mu_3}{2}$, $L_3 = \dfrac{\mu_1 + \mu_2}{2} - \dfrac{\mu_3 + \mu_4}{2}$ 的 95%信賴區間。

　　(d)用 Scheffé 法求(c)題三個對比的 95%聯合信賴區間。

4-4　以習題 3-1 的資料, 分別用(a) Bonferroni 法(b) Tukey 法(c) Scheffé 法求所有成對水準均值差的 95%聯合信賴區間。

4-5　以習題 3-2 的資料, 分別用(a) Bonferroni 法(b) Tukey 法(c) Scheffé 法求所有成對水準均值差的 99%聯合信賴區間。

4-6　以習題 3-12 的資料

　　(a)依單一自由度檢定法分別檢定 H_0: $\dfrac{\mu_1 - \mu_2}{2} = 0$, H_0: $\dfrac{\mu_3 - \mu_4}{2} = 0$,

　　　H_0: $\dfrac{\mu_1 + \mu_2}{2} - \dfrac{\mu_3 + \mu_4}{2} = 0$ 等三個假設成立否?

　　(b)用最小顯著差法檢定各個成對水準均值差異顯著否?

4-7　以習題 3-13 的資料

　　(a)依單一自由度檢定法分別檢定 H_0: $\dfrac{\mu_1 - \mu_4}{2} = 0$, H_0: $\dfrac{\mu_2 - \mu_3}{2} = 0$,

　　　H_0: $\dfrac{\mu_1 + \mu_2}{2} - \dfrac{\mu_3 + \mu_4}{2} = 0$ 等三個假設成立否?

　　(b)用最小顯著差法檢定各個成對水準均值差異顯著否?

4-8　以習題 3-4 的資料, 分別用(a) Duncan 法(b) Tukey 法, 做水準均值的多重比較, 取 $\alpha = 0.01$。

4-9　以習題 3-5 的資料, 分別用(a) Duncan 法(b) Tukey 法, 做水準均值的多重比較, 取 $\alpha = 0.05$。

4-10　以習題 3-6 的資料, 分別用(a) Duncan 法(b) Tukey 法, 做水準均值的多重比較, 取 $\alpha = 0.01$。

4-11　以習題 3-7 的資料，分別用(a) Duncan 法(b) Tukey 法，做水準均值的多重
　　　比較，取 $\alpha=0.05$。

4-12　以習題 3-8 的資料，用 Tukey 法
　　　(a)求所有成對水準均值差的 95%聯合信賴區間。
　　　(b)做所有水準均值的多重比較，取 $\alpha=0.05$。
　　　(c)(a)，(b)兩題結論是否相同？

4-13　以習題 3-9 的資料，用 Tukey 法
　　　(a)求所有成對水準均值差的 99%聯合信賴區間。
　　　(b)做所有水準均值的多重比較，取 $\alpha=0.01$。
　　　(c)(a)，(b)兩題結論是否相同？

4-14　習題 3-4 中，若品管人員是由全公司許多機器中，隨機選了三部機器，而量
　　　度了機器每次停機維修的間隔時間，則以習題 3-4 的資料
　　　(a)作變異數分析表，以檢定水準效果存在否？$\alpha=0.05$。
　　　(b)變異數分量 σ^2，$\sigma_a{}^2$ 的估計值各多少？

4-15　習題 3-10 的實驗中，若假設工程師對觸媒量的選擇沒有特別概念，他只是隨
　　　機的選了三種數量的觸媒量水準，而所得實驗資料，假設亦與習題 3-10 相同
　　　(a)在隨機效果模式下，觸媒量的影響效果顯著否？試以 $\alpha=0.05$ 檢定之。
　　　(b)試估計各變異分量 σ^2，$\sigma_a{}^2$ 的估計值。
　　　(c)求 $\sigma_a{}^2/(\sigma_a{}^2+\sigma^2)$ 的 95%信賴區間。

4-16　習題 3-12 的實驗，若實驗者對燒焙溫度的選取，只是隨機的選出四個水準，
　　　水準值恰為 100，120，140，160°C，則實驗所得資料如習題 3-12，則
　　　(a)在隨機效果模式下，燒焙溫度對磁磚密度的因子效果顯著否？以 $\alpha=0.05$
　　　　檢定之。
　　　(b)試求各變異分量 σ^2，$\sigma_a{}^2$ 的估計值。
　　　(c)求 $\sigma_a{}^2/(\sigma_a{}^2+\sigma^2)$ 的 95%信賴區間。

4-17　消費者協會，由市面上各式各樣的鋁箔包果汁飲料隨機抽取了四種不同的果
　　　汁各五包，量度每包的含糖百分比得資料如下

果汁含糖量

甲	10.3	10.5	12.1	11.2	12.0
乙	13.4	13.1	14.1	14.8	15.0
丙	17.4	16.7	18.1	17.6	16.4
丁	19.2	19.4	19.8	18.3	19.6

(a)試作變異數分析表，以檢定廠牌不同是否含糖量不同，取 $\alpha = 0.05$。

(b)(a)題中，你用隨機效果模式或固定效果模式分析？為什麼？

(c)試求各變異分量，σ^2，σ_a^2 的估計值。

(d)求 $\sigma_a^2 / (\sigma_a^2 + \sigma^2)$ 的 95% 信賴區間。

第五章
單因子變異數分析的其他問題

單因子變異數分析還有一些重要的問題，如第三章的統計模式有一些假設條件，這些假設是否成立？統計模式是否適當？是否另有重要的因子在影響反應值？比較因子水準的均值時，樣本應取多少才能達到要求的估計精確度？統計模式假設不成立時，是否另有辦法來做變異數分析？諸如此類問題，將在本章討論。

5-1　模式診斷

前述變異數分析時，假設資料可以用下列統計模式描述

$$Y_{ij} = \mu + \alpha_i + \varepsilon_{ij} \quad i=1, 2, \cdots, a, \quad j=1, 2, \cdots, n \quad (5.1)$$

其中誤差項 ε_{ij} 為彼此獨立，且呈常態分配，平均值為 0，變異數為 σ^2 的隨機變數。又在隨機效果模式下，另外又假設 α_i 為彼此獨立，且服從常態分配，均值為 0，變異數為 σ_α^2 的隨機變數，且 α_i 與 ε_{ij} 互為獨立。本節將討論並說明一些檢查以上假設是否成立的方法，當以上假設不成立時，並建議一些修正的方法。

診斷模式是否成立的基本方法是**殘差分析**（Residual analysis）。在單因子變異數分析模式中，殘差 e_{ij} 定義在第三章，為

$$e_{ij} = Y_{ij} - \hat{Y}_{ij} = Y_{ij} - \overline{Y}_{i.}$$

亦即,第 i 個處理下,觀察值 Y_{ij} 減去該因子水準均值的估計式 $\overline{Y}_{i.}$,即為 Y_{ij} 所對應的殘差 e_{ij},殘差 e_{ij} 實為誤差項 ε_{ij} 的估計值,故模式合適與否的檢驗,就利用殘差作圖來分析。

5-1-1 常態假設的驗證

診察模式(5.1)的常態假設是否成立,可將殘差 e_{ij} 畫直方圖(Histo-gram)。若誤差的常態假設成立,殘差直方圖應該看起來是一對稱零點,並且略成倒鐘型的圖形。但因一般而言,實驗的觀察值個數 N 不會太大,樣本的個數太少,因此畫出來的直方圖通常不會很對稱。只要圖形與一般常態分配的機率密度函數圖形不要差得太離譜,都可以說,常態的假設沒違反。若直方形的偏態很明顯,則常態假設不成立,此時,需要進一步的分析。

另一個較有用的驗證法,是將殘差做常態機率圖(Normal probability plot)。常態機率圖的作法,是把殘差由小至大重新排序,排序後的第 k 個殘差對標準常態分配的第 $p_k = (k - \frac{1}{2})/N$ 百分位數作圖。如果誤差項的機率為常態分配,則常態機率圖上的點散佈略成一直線。判定是否為直線,應強調中間的點是否呈直線,兩端的點若偏離直線太遠,可能表示端點值是**離群值**(Outliers),而對常態假設的判定,影響不若中間點的大。

例 5.1 果汁口味

表 5.1 把例 3.4 有關四種不同口味果汁銷售量的資料,在不同口味下(不同處理)的觀察值估計值 $\hat{Y}_{ij} = \overline{Y}_{i.}$ 及其對應的殘差 e_{ij},實驗的隨機次序 t_i 等,整理如下。其中水準值 i=1 即蘋果口味,i=2 即檸檬口味,i=3 是葡萄口味,i=4 是柳橙口味。

表 5.1 果汁口味的殘差資料

水準 i	觀察值 Y_{ij}	估計值 $\hat{Y}_{ij}$	殘差 e_{ij}	實驗次序 t_l
1	27	27.4	−0.4	11
1	29	27.4	1.6	5
1	25	27.4	−2.4	19
1	29	27.4	1.6	17
1	27	27.4	−0.4	15
2	31	29.6	1.4	9
2	28	29.6	−1.6	7
2	31	29.6	1.4	4
2	28	29.6	−1.6	1
2	30	29.6	0.4	8
3	28	26.6	1.4	2
3	25	26.6	−1.6	12
3	29	26.6	2.4	3
3	24	26.6	−2.6	20
3	27	26.6	0.4	10
4	31	31.6	−0.6	16
4	30	31.6	−1.6	6
4	32	31.6	0.4	14
4	32	31.6	0.4	18
4	33	31.6	1.4	13

表 5.2 則將殘差 e_{lj} 由小至大重新排序, 並將 $p_k = (k-0.5)/20$, $k = 1, 2,$ $\cdots, 20$ 及其對應的標準常態 p_k 百分位數(查附錄標準常態機率表即得), 整理爲

表 5.2 *有序化殘差及其對應的百分位數*

次序 i	殘差 e_{lj}	$p_k =$ $(k-0.5)/20$	百分 位數	次序 i	殘差 e_{lj}	$p_k =$ $(k-0.5)/20$	百分 位數
1	−2.6	0.025	−1.96	11	0.4	0.525	0.06
2	−2.4	0.075	−1.44	12	0.4	0.575	0.19
3	−1.6	0.125	−1.15	13	0.4	0.625	0.32
4	−1.6	0.175	−0.93	14	1.4	0.675	0.45
5	−1.6	0.225	−0.76	15	1.4	0.725	0.60
6	−1.6	0.275	−0.60	16	1.4	0.775	0.76
7	−0.6	0.325	−0.45	17	1.4	0.825	0.93
8	−0.4	0.375	−0.32	18	1.6	0.875	1.15
9	−0.4	0.425	−0.19	19	1.6	0.925	1.44
10	0.4	0.475	−0.06	20	2.4	0.975	1.96

以表 5.1 的殘差 e_{lj} 做直方圖, 並以表 5.2 的百分位數爲垂直軸的值, 排序的 e_{lj} 爲水平軸的值, 做常態機率圖如下圖 5.1。

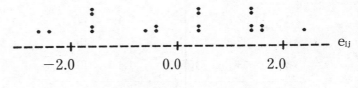

圖 5.1 (a) *殘差直方圖*

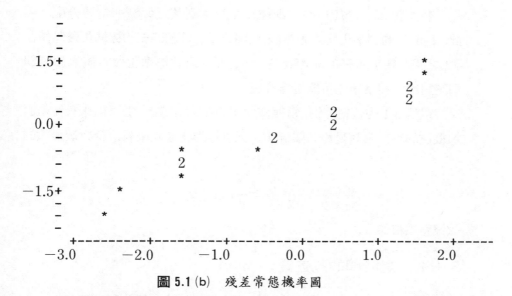

図 5.1 (b)　殘差常態機率圖

由圖研判，可知直方圖的偏態不是很大。常態機率圖上，點的散佈也偏離直線不很嚴重。可以說，殘差與誤差呈常態分配的假設並無嚴重違背，因此常態假設可以成立。

　　殘差的常態機率圖還可檢出離群值(Outlier)。觀察值特別大或特別小而與一般大小不同時，其殘差的絕對值很大，則變異數分析時，平方和中，該項平方值特別大，而對整個變異數分析有絕對的影響。但是這些極端的離群值，和正常值的差異，很可能是記錄，測量時不小心的登錄錯誤。因此，資料分析時，可能的話，先檢出離群值，對這些極端值複查，判斷它是否是記錄的偏差，是否應加修正，不能修正時，是否在資料分析時把它丟掉不計。它是真正的值，雖然極端，則仍應保留在整個變異數分析中。離群值的粗略判定法,常利用標準化殘差(Standard-ized residuals)

$$d_{ij} = \frac{e_{ij}}{\sqrt{MSE}}$$

　　若誤差 ε_{ij} 爲 $N(0, \sigma^2)$，則標準化殘差應該近似標準常態分配。因此，約68%的標準化殘差值應該在 ± 1 之間，而約95%的標準化殘差值在 ± 2 之間，幾乎所有 d_{ij} 值應該在 ± 3 之間。只要標準化殘差值大於3或4則該對應的觀察值極可能是離群值。

　　以例 5.1 的資料爲例，常態機率圖的左，右兩端上看不出來有偏離直線很遠的點，應該是沒有離群值。又以標準化殘差來看，絕對值最大的是

$$d_{34} = \frac{e_{34}}{\sqrt{MSE}} = \frac{-2.6}{\sqrt{2.67}} = -1.59$$

故沒有離群值。

5-1-2　對時間的殘差圖

　　殘差對資料搜集時的時間次序作圖，稱爲**對時間的殘差圖**（Plot of residuals in time sequence）。此殘差圖可以檢測殘差之間是否彼此獨立而不相關。若殘差圖上的資料點有一直向上變正值，或一直向下變負值的趨勢，則殘差間有正相關。若殘差圖上資料點隨著時間次序，一正一負，起伏變化很多很多次，則表示殘差間有負相關。這都與模式(5.1)中誤差項應互爲獨立的假設違背。誤差項不獨立是一個很麻煩，而不易修正解決的問題。因此，在搜集資料時，就應該儘可能的避免此問題的發生。而實驗進行時要求〝隨機化〞是得到獨立資料最重要、最基本的步驟。

　　當實驗依序進行時，由於實驗者或操作者，實驗技巧的漸趨熟練或工作久後的心情懈怠，可能使實驗誤差的變異數隨時間而變化。這種情形會導致，上述對時間的殘差圖在左右的一端資料離散的距離變大。這表示誤差變異數不是一常數 σ^2。誤差變異數不是常數也是嚴重問題，以下二節會有更詳細討論。

例 5.2　果汁口味

果汁口味觀察值的殘差 e_{ij} 及各個觀察值的實驗次序 t_i, 列示於上表 5.1。今取 e_{ij} 對 t_i 作殘差圖如下

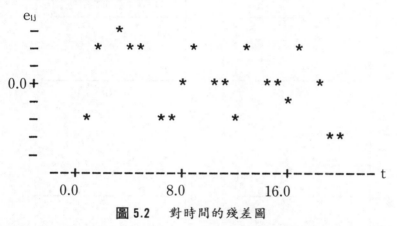

圖 5.2　對時間的殘差圖

殘差圖上, 點的散佈略以 $\overline{e}=0$ 爲中心, 呈長帶型的隨機散佈, 此爲正常圖形。亦即表示殘差之間可以視爲彼此獨立。

5-1-3　對估計值 $\hat{Y}_{ij}$ 的殘差圖

當 (5.1) 的模式合理時, 反應值 Y_{ij} 只受因子 α_i 的影響, 其他因子都與 Y_{ij} 無關。而殘差表示 Y_{ij} 減去受因子 α_i 影響的剩餘部分。若將殘差對反應值 $\hat{Y}_{ij}$ 的估計值作圖, 則此圖形表示其他因子對 Y_{ij} 估計值的關聯情況。當模式 (5.1) 合理時, 這個關聯情況, 應該是〝隨機〞, 以表示其他因子與 Y_{ij} 無關聯。亦即正常情形圖形應該是以 $e=0$ 爲中心做長帶狀的隨機散佈如下圖(a), 若殘差圖的點散佈形成某種型態, 如下圖(b)的喇叭型, 圖(c)的雙碗型, 圖(d)的曲線型, 都表示模式 (5.1) 不正確, 而需修改模式, 重新實驗或重新分析。

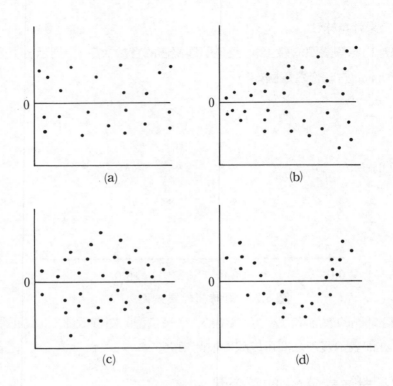

圖 5.3　幾種對估計值的可能殘差圖

　　常常觀察值的變異數會隨觀察值的變大而變大，也就是說實驗的誤差大小與觀察值呈比率關係。這表示誤差變異數不為常數。此時 Y_{1j} 值愈大殘差值愈大，因此，殘差對 $\hat{Y}_{1j}$ 的圖形會像上圖 5.3 (b)的喇叭型。變異數不是常數時，也可能是因誤差項不是常態分配而有較大偏態。偏態分配的變異數常是均值的函數，而使得殘差圖不似圖 5.1 (a)的正常型。

例 5.3　果汁口味

　　果汁口味觀察值的殘差 e_{1j} 及其對應的估計值 $\hat{Y}_{1j}$ 資料列示於表5.1。將 e_{1j}（垂直軸）對 $\hat{Y}_{1j}$（水平軸）作圖，如下圖 5.4。圖上點的散佈不像有特別型態形成，故可說模式 (5.1) 爲合理模式，模式 (5.1) 足以合理解釋銷售量(Y_{1j})與果汁口味的關聯性。圖上 "2" 字表示在該座標上同時有二點出現。

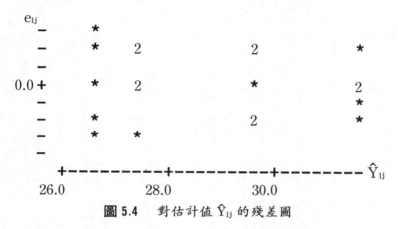

圖 5.4　對估計值 $\hat{Y}_{1j}$ 的殘差圖

例 5.4　觸媒與產量

　　將例 4.5 五種觸媒量的水準下，各觀察值 Y_{1j} 及其對應的估計值 $\hat{Y}_{1j} = \overline{Y}_{1.}$，還有殘差$e_{1j} = Y_{1j} - \overline{Y}_{1.}$，實驗的隨機次序$t_1$ 等，列示於下表5.3，以便作殘差分析。

　　(1)直方圖與常態機率圖

　　將殘差 e_{1j} 由小至大排序，並將 $p_k = (k-0.5)/25$，$k=1, 2, \cdots, 25$ 及其對應的標準常態 p_k 百分位數，由標準常態機率表中查出，整理成表 5.4。

表 5.3 產量的殘差分析

水準	觀察值	估計值	殘差	實驗次序
i	Y_{ij}	$\hat{Y}_{ij}$	e_{ij}	t_i
1	13	16.6	−3.6	12
2	20	16.6	3.4	20
3	14	16.6	−2.6	10
4	19	16.6	2.4	7
5	17	16.6	0.4	14
6	18	20.6	−2.6	5
7	20	20.6	−0.6	16
8	22	20.6	1.4	22
9	24	20.6	3.4	15
10	19	20.6	−1.6	9
11	25	24.2	0.8	19
12	24	24.2	−0.2	17
13	28	24.2	3.8	8
14	21	24.2	−3.2	24
15	23	24.2	−1.2	18
16	19	22.8	−3.8	3
17	24	22.8	1.2	4
18	20	22.8	−2.8	2
19	26	22.8	3.2	6
20	25	22.8	2.2	1
21	14	17.8	−3.8	21
22	21	17.8	3.2	13
23	19	17.8	1.2	23
24	17	17.8	−0.8	25
25	18	17.8	0.2	11

表 5.4　有序化殘差及其對應的百分位數

次序 i	殘差 e_{ij}	$p_k =$ (k-0.5)/25	百分位數	次序 i	殘差 e_{ij}	$p_k =$ (k-0.5)/25	百分位數
1	−3.8	0.02	−2.05	14	0.4	0.54	0.10
2	−3.8	0.06	−1.55	15	0.8	0.58	0.20
3	−3.6	0.10	−1.28	16	1.2	0.62	0.31
4	−3.2	0.14	−1.08	17	1.2	0.66	0.41
5	−2.8	0.18	−0.92	18	1.4	0.70	0.52
6	−2.6	0.22	−0.77	19	2.2	0.74	0.64
7	−2.6	0.26	−0.64	20	2.4	0.78	0.77
8	−1.6	0.30	−0.52	21	3.2	0.82	0.92
9	−1.2	0.34	−0.41	22	3.2	0.86	1.08
10	−0.8	0.38	−0.31	23	3.4	0.90	1.28
11	−0.6	0.42	−0.20	24	3.4	0.94	1.55
12	−0.2	0.46	−0.10	25	3.8	0.98	2.05
13	0.2	0.50	0.00				

以表 5.3 的殘差做直方圖，如下

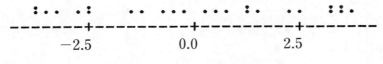

圖 5.5 (a)　殘差直方圖

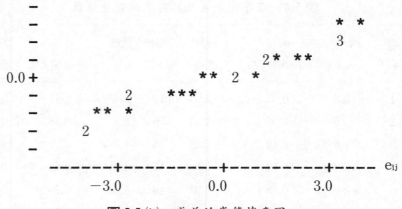

圖 5.5(b)　殘差的常態機率圖

以表5.4的百分位數為垂直軸，排序的 e_{1j} 值為水平軸，作成常態機率圖如上圖5.5(b)。檢查圖5.5知直方圖偏態並不嚴重，而常態機率圖上點的散佈也略成直線。可以說殘差呈常態分配的假設並無嚴重違背。

(2)對時間的殘差圖

表5.3中的殘差 e_{1j} 對實驗次序 t_i 作殘差圖如下

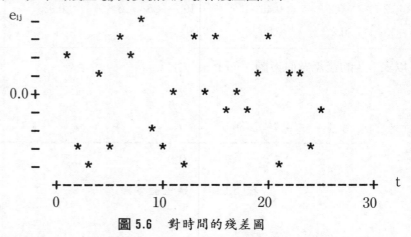

圖 5.6　對時間的殘差圖

殘差圖上，點的散佈略以 $e=0$ 為中心，呈長條帶狀的隨機散佈，此屬正常圖形，亦即殘差間可以視為彼此獨立。

(3)對估計值 $\hat{Y}_{ij}$ 的殘差圖

在表 5.3 的殘差 e_{1j} 對估計值 $\hat{Y}_{1j}$ 作殘差圖如下

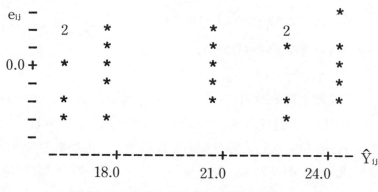

圖 5.7　對估計值 $\hat{Y}_{1j}$ 的殘差圖

殘差圖上, 點的散佈略以 $\overline{e}=0$ 爲中心呈長條帶狀, 每一水準下資料變異的大小範圍亦略相等, 表示殘差變異數爲常數且彼此獨立, 因此模式(5.1)爲合理模式, 其假設條件都可滿足, 變異數分析的結論可信性高。模式(5.1)足以合理解釋產品產量與觸媒量關係密切。

以上殘差圖是診斷誤差變異數是否爲常數的常用方法, 事實上更正式的統計檢定 a 個水準下, 各觀察值的變異數是否相等

H_0: $\sigma_1^2 = \sigma_2^2 = \cdots = \sigma_a^2$　對立　H_1: 至少有一 σ_i^2 不全等

也有很多方法。其中最常用的是 **Bartlett 檢定法**。其檢定步驟爲

(1)計算檢定統計量　$\chi_0^2 = 2.3026\dfrac{q}{c}$ $\hspace{3cm}$ (5.2)

其中

$$q = (N-a)\log_{10}S_P^2 - \sum_{i=1}^{a}(n_i-1)\log_{10}S_i^2$$

$$c = 1 + \frac{1}{3(a-1)}\left[\sum_{i=1}^{a}(n_i-1)^{-1} - (N-a)^{-1}\right]$$

$$S_p^2 = \frac{\sum\limits_{i=1}^{a} (n_i-1) S_i^2}{N-a}$$

且 $S_i^2 = \sum\limits_{j=1}^{n_i} (Y_{ij} - \overline{Y}_{i.})^2 / (n_i-1)$

⑵當 Y_{ij} 為獨立常態分配時，若

$$\chi_0^2 > \chi_{a,a-1}^2$$

則拒絕虛無假設 H_0： $\sigma_1^2 = \sigma_2^2 = \cdots = \sigma_a^2$。

其中 $\chi_{a,a-1}^2$ 為自由度 $a-1$ 的卡方分配的 $1-a$ 分位數。

Bartlett 檢定法對常態分配的假設很敏感，也就是說 Y_{ij} 的分配若不是常態，一定不可用 Bartlett 檢定。當 σ_i^2 值相等(H_0為真)時，S_i^2 的值應該差異不大，則其混合估計式 S_p^2 也應該與 S_i^2 值相差不多，故 q 值應不太大。反之，H_0 為假，q 值變大，因此 χ_0^2 值亦變大，χ_0^2 值大到大於臨界點 $\chi_{a,a-1}^2$ 則應拒絕虛無假設。

例 5.5 果汁口味

用 Bartlett 檢定法來正式檢驗四種果汁口味的觀察值之各個變異數 σ_i^2 是否相等。由例 3.4 的資料表，則

$$S_1^2 = \frac{\sum\limits_{j=1}^{5} (Y_{1j} - \overline{Y}_{1.})^2}{5-1}$$

$$= \frac{(27-27.4)^2 + (29-27.4)^2 + (25-27.4)^2 + (29-27.4)^2 + (27-27.4)^2}{4}$$

$$= 2.8$$

$$S_2^2 = \frac{\sum\limits_{j=1}^{5} (Y_{2j} - \overline{Y}_{2.})^2}{5-1}$$

$$= \frac{(31-29.6)^2 + (28-29.6)^2 + (31-29.6)^2 + (28-29.6)^2 + (30-29.6)^2}{4}$$

$$= 2.3$$

$$S_3^2 = \frac{\sum\limits_{j=1}^{5} (Y_{3j} - \overline{Y}_{3\cdot})^2}{5-1}$$

$$= \frac{(28-26.6)^2 + (25-26.6)^2 + (29-26.6)^2 + (24-26.6)^2 + (27-26.6)^2}{4}$$

$$= 4.3$$

$$S_4^2 = \frac{\sum\limits_{j=1}^{5} (Y_{4j} - \overline{Y}_{4\cdot})^2}{5-1}$$

$$= \frac{(31-31.6)^2 + (30-31.6)^2 + (32-31.6)^2 + (32-31.6)^2 + (33-31.6)^2}{4}$$

$$= 1.3$$

且　　$$S_p^2 = \frac{4(2.8) + 4(2.3) + 4(4.3) + 4(1.3)}{16} = 2.675$$

而　　$q = 16 \log_{10} 2.675 - 4 [\log_{10} 2.8 + \log_{10} 2.3 + \log_{10} 4.3 + \log_{10} 1.3]$

　　　　$= 6.837 - 4 \times 1.556 = 6.837 - 6.225 = 0.612$

　　　　$$c = 1 + \frac{1}{3(4-1)} \left[\sum_{i=1}^{4} \frac{1}{4} - \frac{1}{16} \right] = 1 + \frac{1}{9} \times \frac{15}{16} = 1.104$$

則檢定統計量為

$$\chi_0^2 = 2.3026 \times \frac{0.612}{1.104} = 1.276$$

因 $\chi_{0.05,3}^2 = 7.81 > \chi_0^2$，故顯著水準 $\alpha = 0.05$ 而言，不能拒絕虛無假設 H_0：$\sigma_1^2 = \sigma_2^2 = \sigma_3^2 = \sigma_4^2 = \sigma^2$，即四種果汁口味銷售量的資料顯示具有共同的變異數 σ^2。此與上述殘差圖分析結論相同。

例 5.6　觸媒與產量

對例 4.5 觸媒量不同下的各組觀察值的變異數 σ_i^2，用 Bartlett 檢定法來正式檢定變異數 σ_i^2 相等否。由表 4.4 資料得

$$S_1^2 = \sum_{j=1}^{5} (Y_{1j} - \overline{Y}_{1\cdot})^2 / (5-1)$$

$$= \frac{(13-16.6)^2 + (20-16.6)^2 + (14-16.6)^2 + (19-16.6)^2 + (17-16.6)^2}{4}$$

$$= 9.3$$

$$S_2^2 = \sum_{j=1}^{5} (Y_{2j} - \overline{Y}_{2\cdot})^2 / (5-1)$$

$$= \frac{(18-20.6)^2 + (20-20.6)^2 + (22-20.6)^2 + (24-20.6)^2 + (19-20.6)^2}{4}$$

$$= 5.8$$

$$S_3^2 = \sum_{j=1}^{5} (Y_{3j} - \overline{Y}_{3\cdot})^2 / (5-1)$$

$$= \frac{(25-24.2)^2 + (24-24.2)^2 + (28-24.2)^2 + (21-24.2)^2 + (23-24.2)^2}{4}$$

$$= 6.7$$

$$S_4^2 = \sum_{j} (Y_{4j} - \overline{Y}_{4\cdot})^2 / (5-1)$$

$$= \frac{(19-22.8)^2 + (24-22.8)^2 + (20-22.8)^2 + (26-22.8)^2 + (25-22.8)^2}{4}$$

$$= 9.7$$

$$S_5^2 = \sum_{j} (Y_{5j} - Y_{5\cdot})^2 / (5-1)$$

$$= \frac{(14-17.8)^2 + (21-17.8)^2 + (19-17.8)^2 + (17-17.8)^2 + (18-17.8)^2}{4}$$

$$= 6.7$$

而

$$S_p^2 = \frac{4 \times 9.3 + 4 \times 5.8 + 4 \times 6.7 + 4 \times 9.7 + 4 \times 6.7}{20} = 7.64$$

又

$$q = 20 \times \log_{10} 7.64 - 4 \left[\log_{10} 9.3 + \log_{10} 5.8 + \log_{10} 6.7 + \log_{10} 9.7 + \log_{10} 6.7 \right] = 20 \times 0.883 - 4 \times 4.37 = 17.66 - 17.48 = 0.18$$

$$c = 1 + \frac{1}{3(5-1)} \left[\sum_{i=1}^{5} \frac{1}{4} - \frac{1}{20} \right] = 1 + \frac{1}{12} \times 1.2 = 1 + 0.1 = 1.1$$

故檢定統計量爲

$$\chi_0^2 = 2.3026 \times \frac{0.18}{1.1} = 0.377$$

因 $\chi_{0.05,4}^2 = 9.49 > \chi_0^2 = 0.377$，故在顯著水準 $\alpha = 0.05$ 下，不能拒絕虛無假設 H_0：$\sigma_1^2 = \sigma_2^2 = \sigma_3^2 = \sigma_4^2 = \sigma_5^2$，即五種觸媒量下資料的變異數是一常數 σ^2。此結論和前述例 5.4 用殘差圖分析的結果一致。

5-1-4　使變異數穩定的變數轉換

當 Y_{ij} 的變異數不是常數時，變異數分析的 F 檢定對固定效果模式的影響較小，但對隨機效果模式影響很大，資料分析的結論，會因 Y_{ij} 變異數的不同而完全錯誤。因此，發現 Y_{ij} 的變異數不是常數時，應先將 Y_{ij} 變數轉換成新的變數 Y_{ij}^*，希望新變數有一固定常數的變異數，然後再對新變數 Y_{ij}^* 作變異數分析，這種變數轉換稱爲使變異數穩定的變數轉換 (Variance-stabilizing transformation)。

若觀察值 Y_{ij} 的機率分配已知，則可利用其機率分配選擇變數轉換的方法。例如，若觀察值爲波氏分配(Poisson)，則平方根轉換 $Y_{ij}^* = \sqrt{Y_{ij}}$ 或 $Y_{ij}^* = \sqrt{1 + Y_{ij}}$ 常使 Y_{ij}^* 的變異數穩定在一常數值上。又如 Y_{ij} 的機率分配爲對數常態(Log-normal distribution)則取對數轉換 $Y_{ij}^* = \log Y_{ij}$。若 Y_{ij} 爲二項分配資料而以比率表示，則取 $Y_{ij}^* = \arcsin \sqrt{Y_{ij}}$。若無上述明顯的變數轉換公式，則常數冪次函數的變數轉換如下。

令 $E(Y) = \mu$ 爲觀察值 Y 的期望值，若 Y 的標準差與 Y 的均值 μ 的冪次方呈比例關係

$$\sigma_Y \propto \mu^\tau \tag{5.3}$$

則 Y 的變異數不爲常數。要將 Y 變數轉換成新變數 Y^* 而有常數變異數，則可取

$$Y^* = Y^\lambda \tag{5.4}$$

因 Y^* 的變異數 $\sigma_{Y^*} \propto \mu^{\lambda+\tau-1}$，故若

$$\lambda = 1 - \tau \tag{5.5}$$

時，則 Y^* 的變異數即為一常數。幾種常見的轉換公式如下表 5.5

表 5.5 使變異數穩定的轉換公式

σ_Y 與 μ 的關係式	τ	$\lambda = 1 - \tau$	變換式
$\sigma_Y \propto$ 常數	0	1	不必變換
$\sigma_Y \propto \mu^{1/2}$	½	½	平方根
$\sigma_Y \propto \mu$	1	0	對數變換
$\sigma_Y \propto \mu^{3/2}$	³⁄₂	−½	平方根的倒數
$\sigma_Y \propto \mu^2$	2	−1	倒數

τ 或 λ 值的決定常用的方法有(1)**實證選擇 τ 值**，(2)**Box–Cox變換法**等。其中Box-Cox變換法計算量較大，今只介紹較簡單的實證選擇 τ 值的方法。

若觀察值在每一水準下有些反覆(Replication)。在第 i 水準下，觀察值的均值與標準差滿足 $\sigma_{Y_i} \propto \mu_i^\tau$，亦即

$$\sigma_{Y_i} = \theta\mu_i^\tau$$

其中 θ 為比例常數。上式兩邊取對數，則得

$$\log \sigma_{Y_i} = \log \theta + \tau\log \mu_i \tag{5.6}$$

因此，將 $\log \sigma_{Y_i}$ 對 $\log \mu_i$ 作散佈圖，圖形略成一直線時，直線的斜率即為 τ 值。實際上，σ_{Y_i} 與 μ_i 值均未知，若分別以適當的估計值代換(5.6)式的 $\log\sigma_{Y_i}$ 與 $\log\mu_i$ 值，再作散佈圖。例如以 $\log S_i$，$\log \overline{Y_i}$ 分別估計 $\log \sigma_{Y_i}$ 與 $\log \mu_i$，再以 $\log S_i$ 對 $\log \overline{Y_i}$ 作散佈圖，或以 $\log S_i$ 對 $\log \overline{Y_i}$ 作簡單直線迴歸，則可估計 $\log S_i$ 對 $\log \overline{Y_i}$ 的直線斜率 τ。此稱為實

證選擇 τ 值的方法。

例 5.7

某機車廠測量其出廠機車所排廢氣的二氧化碳含量時，有四種測量方法。今隨機選擇 24 輛機車，以不同方法測度得資料如下

表 5.6　機車廢氣二氧化碳含量

測量法	觀察值 Y_{ij}						$\overline{Y}_{i\cdot}$	S_i
1	0.24	0.38	1.44	0.84	1.80	0.28	0.83	0.66
2	1.02	2.96	2.23	2.42	2.63	3.67	2.49	0.88
3	5.98	8.67	9.88	6.15	9.72	7.45	7.98	1.72
4	16.75	11.68	11.03	17.47	14.45	17.02	14.73	2.82

每一量測法下有六個觀察值，其變異數分析結果如下表

表 5.7　廢氣資料的變異數分析表

變異來源	平方和	自由度	均方	F
量測法	709.23	3	236.41	77.92
誤差	60.68	20	3.03	
總和	769.91	23		

$F = 77.92 > F_{0.01,3,20} = 4.94$。故四種量測法有顯著差異。表 5.6 上，各觀察值 Y_{ij} 減去估計值 $\hat{Y}_{ij} = \overline{Y}_{i\cdot}$，所得殘差 $e_{ij} = Y_{ij} - \overline{Y}_{i\cdot}$，對 $\overline{Y}_{i\cdot} = \hat{Y}_{ij}$ 作殘差圖得

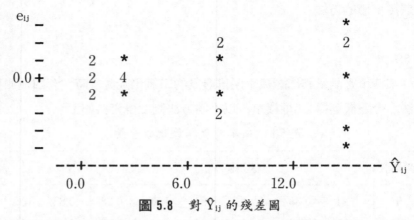

圖 **5.8** 對 $\hat{Y}_{1j}$ 的殘差圖

上圖顯示 $\hat{Y}_{1j}=\overline{Y}_1.$ 的值愈大, 對應殘差 e_{1j} 的變異愈大, 顯然各觀察值在不同水準（量測法）下其變異數不爲常數, 即模式(5.1)中變異數是常數的假設不成立。變異數分析表 5.7 的結論是不可靠的。

為研究使變異數穩定的變數轉換, 將表 5.6 的 $\overline{Y}_1.$, S_1 分別取對數得

$\log \overline{Y}_1.$	-0.08	0.40	0.90	1.17
$\log S_1$	-0.18	-0.06	0.24	0.45

將 $\log S_1$ 對 $\log \overline{Y}_1.$ 作散佈圖如下圖 5.9。散佈圖上的四點略成一直線, 斜率約爲 1/2。若將 $\log S_1$ 對 $\log \overline{Y}_1.$ 做簡單線性迴歸得估計的迴歸線為

$$\log S_1 = -0.19 + 0.50 \log \overline{Y}_1.$$

與(5.6)式比較, 知 $\log \theta$ 的估計值爲 -0.19, 而 τ 的估計值約爲 0.5。

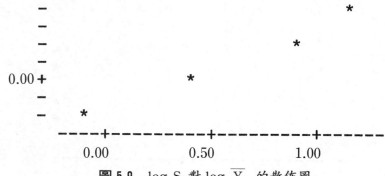

圖 5.9　log S_i 對 log $\overline{Y}_i.$ 的散佈圖

因此平方根的變數轉換似乎是合適的。將表 5.6 的所有資料做平方根轉換得 $Y_{ij}^* = \sqrt{Y_{ij}}$。再將 Y_{ij}^* 的資料做一次變異數分析，得下表

表 5.8　廢氣資料轉換成 $Y^* = \sqrt{Y}$ 的變異數分析表

變異來源	平方和	自由度	均方	F
量測法	31.42	3	10.47	87.25
誤差	2.30	19	0.12	
總和	33.72	22		

$F = 87.25 > F_{0.01,3,20} = 4.94$。故結論仍顯示四種量測法差異非常顯著。將 Y_{ij}^* 值減去對應的估計值 $\hat{Y}_{ij}^*$ 求新的殘差 e_{ij}^*，其中 $\hat{Y}_{ij}^* = \overline{Y}_1.^* = 0.85$，$\hat{Y}_{2j}^* = \overline{Y}_2.^* = 1.55$，$\hat{Y}_{3j}^* = \overline{Y}_3. = 2.81$，$\hat{Y}_{4j}^* = \overline{Y}_4. = 3.82$，再以 e_{ij}^* 對 $\hat{Y}_{ij}$ 作殘差圖，則有下圖 5.10。此圖形上各水準所對應的殘差變異大小，就相近得很多。因此，對變換後的 Y_{ij}^* 而言其變異數為常數，而以上變異數分析表 5.8 與結論就是合理可靠的。注意表 5.8 中誤差項與總和的自由度都比表 5.7 少一，因為原資料已被用來估計 τ 值，故總自由度少去一個。

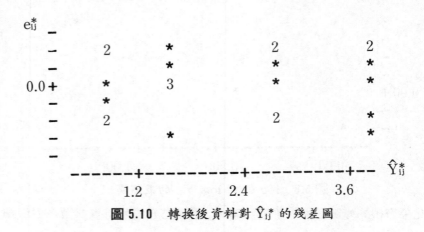

圖 5.10　轉換後資料對 $\hat{Y}_{ij}^{*}$ 的殘差圖

例 5.8　保鮮期限

　　某食品廠欲實驗以比較在不同溫度下工廠生產的產品保鮮的期限。取溫度在 5°C, 10°C, 15°C, 20°C 下隨機抽取產品各五個記錄其保鮮期限，得資料如下表

表 5.9　保鮮期限資料

溫度	觀　察　值　(Y_{ij})					$\overline{Y}_{i\cdot}$	S_i
5°C	40	26	48	21	52	37.4	13.52
10°C	22	37	29	18	38	28.8	8.87
15°C	20	30	18	28	32	25.6	6.23
20°C	16	20	25	22	17	20.0	3.67

依第三章平方和分解的公式與計算，可得如下變異數分析表

表 5.10　保鮮期限資料的變異數分析表

變異來源	平方和	自由度	均方	F
溫度	793.8	3	264.6	3.37
誤差	1255.2	16	78.4	
總和	2048.9	19		

與臨界值 $F_{0.05,3,16}=3.24$ 比較，$3.24 < F = 3.37$。因此在顯著水準 $\alpha = 0.05$ 下，四種保存溫度對保鮮期限的影響差異顯著。

　　資料的殘差分析上，先將表 5.9 的各觀察值減去對應列上的平均值 $\overline{Y}_{1.} = \hat{Y}_{1j}$，可得殘差 $e_{1j} = Y_{1j} - \overline{Y}_{1.}$。殘差 e_{1j} 對估計值 $\overline{Y}_{1.}$ 作殘差圖如下

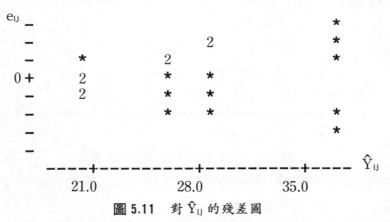

圖 5.11　對 $\hat{Y}_{1j}$ 的殘差圖

上圖顯示 $\hat{Y}_{1j} = \overline{Y}_{1.}$ 的值愈大，則對應的殘差變異愈大。顯然各觀察值在不同溫度下的變異數不爲常數。因此模式(5.1)變異數爲常數的假設不成立，則以上變異數分析表 5.10 的結論是不可靠的。

　　若利用實證選擇 τ 法，找一個使變異數穩定的變數轉換，則將表5.9 的 $\overline{Y}_{1.}$ 及標準差 S_i 分別取對數得

$\overline{Y}_i.$	37.4	28.8	25.6	20.0
$\log \overline{Y}_i.$	1.57	1.46	1.41	1.30
S_i	13.52	8.87	6.23	3.67
$\log S_i$	1.13	0.95	0.79	0.56

將 $\log S_i$ 對 $\log \overline{Y}_i.$ 作散佈圖如下圖 5.12

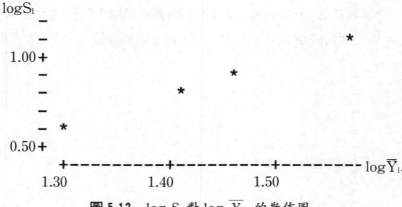

圖 5.12 $\log S_i$ 對 $\log \overline{Y}_i.$ 的散佈圖

散佈圖上的四點略成一直線斜率約爲 2。若將 $\log S_i$ 對 $\log \overline{Y}_i.$ 做簡單線性迴歸，則估計的迴歸線爲

$$\log S_i = -2.17 + 2.11 \log \overline{Y}_i.$$

與 (5.6) 式比較，知 $\log \theta$ 的估計值爲 -2.17，而 τ 的估計值可取爲 2。因此 $\lambda = 1 - \tau = 1 - 2 = -1$ 爲 λ 的估計值，則倒數的變數轉換似乎是可行的。將表 5.9 的所有資料 Y_{ij} 做倒數轉換得 $Y_{ij}^* = 1/Y_{ij}$。再將 Y_{ij}^* 的資料做一次變異數分析，得下表 5.12。

表 5.11　轉換後的資料 $Y_{ij}^* = 1/Y_{ij}$

溫度	觀察值 $Y_{ij}^* = 1/Y_{ij}$					$\overline{Y_{i\cdot}}^*$	S_i^*
5°C	0.0250	0.0385	0.0208	0.0476	0.0192	0.0302	0.0123
10°C	0.0455	0.0270	0.0345	0.0556	0.0263	0.0378	0.0126
15°C	0.0500	0.0333	0.0556	0.0357	0.0313	0.0412	0.0109
20°C	0.0625	0.0500	0.0400	0.0455	0.0588	0.0514	0.0093

表 5.12　轉換成 $Y_{ij}^* = 1/Y_{ij}$ 的變異數分析表

變異來源	平方和	自由度	均方	F
溫度	0.00115	3	0.000385	2.81
誤差	0.00206	15	0.000137	
總和	0.00321	18		

F＝2.81 與臨界值 $F_{0.05,3,16}$＝3.24 比較，值較小，因此在顯著水準 α＝0.05 下，四種保存溫度對保鮮期限似乎影響不夠大。此結論與表 5.10 的結論不同，但是本表 5.11 的結論應比較可信。當然，若以較低標準的 α＝0.1 來看，則 F＝2.81＞$F_{0.1,3,16}$＝2.46，則表 5.10 與表 5.12 的結論相同，都是認為保存溫度對保鮮期限的影響顯著。

　　將轉換後的資料 Y_{ij}^* 減去對應的估計值 $\hat{Y}_{ij}^* = \overline{Y_{i\cdot}}^*$ 求新的殘差 e_{ij}^*，其中 $\hat{Y}_{1j}^* = \overline{Y_{1\cdot}}^* = 0.030$，$\hat{Y}_{2j}^* = \overline{Y_{2\cdot}}^* = 0.038$，$\hat{Y}_{3j}^* = \overline{Y_{3\cdot}}^* = 0.041$，$\hat{Y}_{4j}^* = \overline{Y_{4\cdot}}^* = 0.051$，再以 e_{ij}^* 對估計值 $\hat{Y}_{ij}^*$ 作殘差圖，如下圖 5.13。則圖形顯示各水準所對應的殘差變異數大小非常接近。殘差圖上 e_{ij}^* 的散佈呈長帶狀，表示上表 5.12 的變異數分析比較滿足模式(5.1)的假設條件，因此其分析結果可信性比較高。注意表 5.12 與表 5.8 一樣，誤差與總和的自由度都比原表 5.10 的自由度少一。

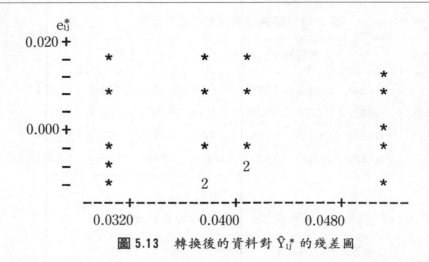

圖 5.13　轉換後的資料對 $\hat{Y}_{ij}^*$ 的殘差圖

5-1-5　對其他變數的殘差圖

觀察值除了受因子 α_i 的影響外，可能還受其他因子的影響。要探究是否其他因子亦影響觀察值，可將殘差 e_{ij} 對此類因子變數作圖。若 e_{ij} 對該變數呈現明顯函數關係，即表示該變數應該是變異數分析中應加考慮的重要因子。若殘差圖上點的散佈沒有明顯型態以顯示函數關係，而只是像圖(5.3)(a)一樣，呈長帶形，則該因子就不是重要因子。例如，不同果汁口味汽水的銷售量，可能不只口味影響銷售量，汽水的廠牌，廣告的策略，銷售的手法，販賣的地點都可能影響銷售量。將前述殘差 e_{ij} 對以上其他因子不同水準的變數值作各種殘差圖，可以研討是否有其他重要因子也會影響汽水銷售量。

5-2　樣本大小的決定

變異數分析和其他統計問題一樣，在實驗中需決定樣本的大小，即每一因子水準下實驗的次數或反覆的次數。一般，若資料分析要精確度高則需較多樣本，樣本數多，資料提供的情報多，可以檢出較小的影響效果。但樣本數多，實驗次數大，花費成本與時間也相對增大。如何在達成必要的精確度下，取較小的樣本，是本節要討論的主題。

5-2-1　作業特性曲線(Operating Characteristic Curves)

變異數分析檢定因子效果是否影響顯著時，檢定的型 I 誤差通常取定為 $\alpha=0.01$ 或 $\alpha=0.05$，而檢定的型 II 誤差則隨樣本的大小變化，若樣本愈大，則型 II 誤差愈小，分析的精確度愈高。而統計檢定的型 II 誤差在各種不同大小樣本下，對某參數所作的圖形稱為**作業特性曲線**。這些曲線圖整理在附錄中，利用作業特性曲線及分析要求的精確度，可以決定實驗進行的次數。以下討論假設各水準下實驗次數（反覆數）n 相等。

型 II 誤差是指當對立假設 H_1 為真時，檢定卻不拒絕虛無假設 H_0，反而說 H_1 為假而接受 H_0，其機率為

$$\beta = 1 - P\{拒絕\ H_0 | H_1 為真\}$$
$$= 1 - P\{F > F_{\alpha, a-1, N-a} | H_1 為真\} \tag{5.7}$$

因為 H_1 為真時，$F = MSTR/MSE$ 的機率分配為**非中心的 F 分配**(Non-central F distribution)，自由度為 $a-1$，$N-a$，而非中心參數 δ。當 $\delta=0$ 時，即為一般的 F 分配。計算(5-7) β 機率的非中心參數 δ，在固定效果模式下與

$$\Phi^2 = \frac{n\sum_{i=1}^{a} \alpha_i^2}{a\sigma^2} = \frac{n\sum_{i=1}^{a} (\mu_i - \mu)^2}{a\sigma^2} \tag{5.8}$$

直接相關。將 β 對各種 Φ 值作圖，即得附錄 V 的作業特性圖。此曲線圖在 $\alpha=0.01$，$\alpha=0.05$ 及不同 F 的自由度 $\nu_1 = a-1$，$\nu_2 = N-a$ 下，因 $F_{\alpha, a-1, N-a}$ 值不同，故 β 值不同，而得各種曲線圖形。

使用作業特性曲線時，需先給定 Φ 值。而公式(5.8)的 Φ 值，需先

知道準數 a，變異數 σ^2，及各水準均值 μ_i，或水準效果 α_i。σ^2 的值可能由過去類似的實驗或經驗去估計，可能先做少數預備實驗，以搜集一些資料好估計 σ^2，甚或由主觀判斷以估計 σ^2。μ_i 值可能是先給定，而要求在給定的 μ_i 值下，以較高的機率拒絕虛無假設。μ_i 值給定下，$\alpha_i = \mu_i - \overline{\mu}$ 即可求得，其中 $\overline{\mu} = (1/a) \sum_{i=1}^{a} \mu_i$。

例 5.9

前述果汁口味的例題。如果吾人要求四種汽水平均銷售量為 $\mu_1 = 27$，$\mu_2 = 29$，$\mu_3 = 26$，$\mu_4 = 32$
則虛無假設 H_0：$\mu_1 = \mu_2 = \mu_3 = \mu_4$ 被拒絕的機率至少 0.90 時，樣本大小應取多少？

設 $\alpha = 0.01$，則因 $\sum_{i=1}^{4} \mu_i = 114$，得 $\mu = 114/4 = 28.5$，且

$$\alpha_1 = \mu_1 - \mu = 27 - 28.5 = -1.5 \qquad \alpha_2 = \mu_2 - \mu = 29 - 28.5 = 0.5$$

$$\alpha_3 = \mu_3 - \mu = 26 - 28.5 = -2.5 \qquad \alpha_4 = \mu_4 - \mu = 32 - 28.5 = 3.5$$

故 $\sum_{i=1}^{4} \alpha_i^2 = (-1.5)^2 + (0.5)^2 + (-2.5)^2 + (3.5)^2 = 21$。設依過去經驗知 $\sigma = 2$，則由公式 (5.8)

$$\Phi^2 = \frac{n \sum_{i=1}^{4} \alpha_i^2}{a \sigma^2} = \frac{n \times 21}{4 \times 2^2} = 1.3125\,n$$

查附錄 V 作業特性圖，取 $\nu_1 = a - 1 = 4 - 1 = 3$，$\nu_2 = N - a = a(n-1) = 4(n-1)$，$\alpha = 0.01$。查圖，先試 n = 4 次反覆，則 $\Phi^2 = 1.3125 \times 4 = 5.25$，故 $\Phi = 2.29$ 且 $\nu_2 = 4 \times (4-1) = 12$，$\nu_1 = 3$，$\alpha = 0.01$，查圖得 $\beta \cong 0.30$，故檢定力 $= 1 - \beta = 0.7$，表示 H_1 為真時 (H_0 為假)，拒絕 H_0 的機率為 0.7，沒達到吾人要求的精確度 0.9。再試 n = 5，則 $\Phi^2 = 1.3125 \times 5 = 6.5625$，$\Phi = 2.56$，且 $\nu_2 = 4(5-1) = 16$，$\nu_1 = 3$，$\alpha = 0.01$，再查圖得 $\beta \cong 0.16$。

n	Φ^2	Φ	$\nu_2=a(n-1)$	β	檢定力$(1-\beta)$
4	5.25	2.29	12	0.30	0.70
5	6.56	2.56	16	0.16	0.84
6	7.875	2.81	20	0.04	0.96

$1-\beta=0.84$ 仍未達精確度要求，再試 n=6，如上表計算，得 $\beta=0.04$，$1-\beta=0.96>0.9$，因此至少需各水準反覆觀察 n=6 次才能達到要求的精確度。

例 5.10 觸媒與產量

前述觸媒量與平均產量的問題，若要求五種觸媒量的平均值為 $\mu_1=15$，$\mu_2=20$，$\mu_3=25$，$\mu_4=22$，$\mu_5=18$ 時，虛無假設 H_0：$\mu_1=\mu_2=\mu_3=\mu_4=\mu_5$ 被拒絕的機率至少已 0.95，則樣本大小(每一水準的實驗反覆數)應取多少？

若 $\alpha=0.05$，則因 $\sum_{i=1}^{5}\mu_i=15+20+25+22+18=100$, 得 $\overline{\mu}=\dfrac{100}{5}=20$

且

$$\alpha_1=\mu_1-\overline{\mu}=15-20=-5 \qquad \alpha_2=\mu_2-\overline{\mu}=20-20=0$$

$$\alpha_3=\mu_3-\overline{\mu}=25-20=5 \qquad \alpha_4=\mu_4-\overline{\mu}=22-20=2$$

$$\alpha_5=\mu_5-\overline{\mu}=18-20=-2$$

故 $\sum_{i=1}^{5}\alpha_i^2=(-5)^2+0+(5)^2+2^2+(-2)^2=58$。設依過去經驗知 $\sigma=3$，則由公式(5.8)

$$\Phi^2=\frac{n\sum_{i=1}^{4}\alpha_i^2}{a\sigma^2}=\frac{n\times58}{5\times3^2}=1.289\,n$$

查附錄V作業特性圖, 取 $\nu_1 = a-1 = 5-1 = 4$, $\nu_2 = N-a = a(n-1) =$ $5(n-1)$, $\alpha = 0.05$。查圖時, 先試 n=4, 則 $\Phi^2 = 1.289 \times 4 = 5.16$, 故 $\Phi =$ 2.27, 又 $\nu_1 = 4$, $\nu_2 = 5 \times (4-1) = 15$, $\alpha = 0.05$, 查圖得 $\beta = 0.07$, 檢定力 $1-\beta = 0.93$, 仍未達要求的標準 0.95。再試 n=5, 則 $\Phi^2 = 1.289 \times 5 =$ 6.45, 得 $\Phi = 2.54$, 而對應的自由度 $\nu_1 = 4$, $\nu_2 = 5 \times (5-1) = 20$, $\alpha = 0.05$。再查圖, 可得 $\beta \cong 0.01$, 檢定力 $1-\beta = 0.99 > 0.95$。因此各水準反覆實驗 n=5 次, 則可滿足題目要求的檢定力至少 0.95 的標準。

實際應用時, 水準均值 μ_i 常需估計, 而事先未知其值。因此另一變通的方法是要求, 當任二水準均值差大過某一特定值時應以較高的機率拒絕虛無假設 H_0: $\mu_1 = \mu_2 = \cdots = \mu_a$。若任二水準均值的差大過 D 時, 可以證明 Φ^2 的最小值為

$$\Phi^2 = \frac{nD^2}{2 a\sigma^2} \tag{5.9}$$

因為這是 Φ^2 的最小值, 因此利用附錄 V 作業特性圖所求樣本大小 n 值比達到要求精確度所需的最小 n 值略大。

例 5.11

再以果汁口味不同的四種汽水銷售量來說明, 設吾人希望, 當任二水準均值相差 6 以上時, 虛無假設就應該被拒絕的機率至少為 0.9, 則實驗時, 各水準的反覆數 (樣本大小) 應取多少? 設 $\sigma = 2$ 已知, 因 a=4, 故由(5.9), Φ^2 的最小值為

$$\Phi^2 = \frac{n \times 6^2}{2 \times 4 \times 2^2} = 1.125$$

如例 5.9。若試 n=4, 則 $\Phi^2 = 1.125 \times 4 = 4.5$, 故 $\Phi = 2.12$, 而 $\nu_2 = 12$, $\nu_1 = 3$, $\alpha = 0.01$。如前, 查附錄V圖得 $\beta \cong 0.4$, 故檢定力 $1-\beta = 0.6 < 0.9$,

再試 n＝5，n＝6，n＝7，得下表。如 n＝7 時，$\Phi^2＝1.125×7＝7.875$

n	Φ^2	Φ	a(n−1)	β	1−β(檢定力)
4	4.5	2.12	12	0.40	0.70
5	5.625	2.37	16	0.25	0.75
6	6.75	2.60	20	0.12	0.88
7	7.875	2.81	24	0.03	0.97

故 $\Phi＝2.81$，而 $\nu_2＝4(7−1)＝24$，得 $\beta \cong 0.03$，故取 n＝7 則可達到要求的檢定力 0.9。

例 5.12　觸媒與產量

以觸媒量與平均產量的問題為例，假設工程師希望當任二水準的均值相差 10 以上時，虛無假設就應該被拒絕的機率至少 0.95。則為達此要求，實驗時各水準下的觀察值的樣本個數應取多少？設顯著水準 $\alpha＝0.05$。

設 $\sigma＝3$ 已知，因 a＝5，由公式(5.9)知，Φ^2 的最小值為

$$\Phi^2＝\frac{n×10^2}{2×5×3^2}＝1.11\,n$$

利用附錄 V 的作業特性曲線，因 a−1＝5−1＝4，N−a＝5(n−1)，若試 n＝4，則 $\Phi^2＝1.11×4＝4.44$，則 $\Phi＝2.11$，又 $\nu_1＝a−1＝4$，$\nu_2＝5(4−1)＝15$，$\alpha＝0.05$，查圖得 $\beta \cong 0.08$，故檢定力 $1−\beta \cong 0.92$，小於要求的 0.95 值。再試 n＝5，則 $\Phi^2＝1.11×5＝5.55$，得 $\Phi＝2.36$，又 $\nu_1＝4$，$\nu_2＝5(5−1)＝20$，$\alpha＝0.05$，查圖得 $\beta \cong 0.03$，檢定力 $1−\beta \cong 0.97＞0.95$。故樣本大小取 n＝5 則可滿足工程師要求的檢定力至少 0.95 的標準。

在隨機效果模式下，型 II 誤差的機率是

$$\beta = 1 - P \{ 拒絕 H_0 | H_1 為眞 \}$$

$$= 1 - P \{ F > F_{\alpha, a-1, N-a} | \sigma_\alpha^2 > 0 \} \tag{5.10}$$

當對立假設 H_1 為眞時（$\sigma_\alpha^2 > 0$），可以證明檢定統計量 F＝MSTR/MSE 的機率分配為中心 F 分配自由度 $a-1$，$N-a$。故 (5.10) 式 β 值的計算可由 F 分配的機率求得。但是較簡單的方式，還是利用作業特性曲線，由曲線圖判讀求 β。附錄 VI 的特性曲線圖，取 $\alpha = 0.01$ 與 $\alpha = 0.05$，將 β 值對各種 λ 在不同自由度下作圖。其中參數 λ 為

$$\lambda = \sqrt{1 + \frac{n \sigma_\alpha^2}{\sigma^2}} \tag{5.11}$$

λ 包含二個未知參數 σ^2 及 σ_α^2。σ^2 值通常由以前類似的實驗或經驗來判定或估計，σ_τ^2 值則由水準的母體的變異大小估計。若能直接估計 σ_τ^2 / σ^2 的比值，而不是分別估計 σ^2 及 σ_τ^2 值，亦可直接代入公式 (5.11) 求 λ 值。

例 5.13　纖維強度

　　紡織廠的品管人員想研究工廠內各紡織機生產的同類產品是否纖維強度相同。於是由工廠隨機抽出五臺機器，但不知每部紡織機上應該檢測多少個樣本以比較纖維平均強度。若品管主管要求以顯著水準 $\alpha = 0.05$，檢定各部機器纖維平均強度，並要求檢定力應大於 0.9，設已知 $\sigma^2 = \sigma_\alpha^2$，問樣本大小應取多少？

　　在此隨機效果模式下，已知 $a = 5$，$\sigma^2 = \sigma_\alpha^2$，則因 $\sigma_\alpha^2 / \sigma^2 = 1$，

$$\lambda = \sqrt{1 + n \times (1)} = \sqrt{1 + n}$$

若試 $n = 6$，則 $\lambda = \sqrt{1+6} = 2.646$，由作業特性曲線 $\nu_1 = a - 1 = 4$，$\nu_2 = N - a = a(n-1) = 5(6-1) = 25$，在 $\alpha = 0.05$ 下查圖，得 $\lambda = 2.646$ 對應的 β 約為 0.20，檢定力是 $1 - \beta = 0.8 < 0.9$，仍未達要求的精確度。再試 n =

7, 則

$$\lambda=\sqrt{1+7\times1}=\sqrt{8}=2.828$$

作業特性曲線上, $\nu_1=a-1=4$, $\nu_2=a(n-1)=5(7-1)=30$, 在 $\alpha=0.05$ 查圖, $\lambda=2.828$ 對應的 β 約爲 0.15, 檢定力 0.85 仍不到 0.9, 再試較大 n 值如下表

n	λ	$\nu_2=a(n-1)$	β	檢定力 $1-\beta$
7	2.828	30	0.15	0.85
8	3	35	0.14	0.86
9	3.162	40	0.12	0.88
10	3.317	45	0.09	0.91

因此每部機器應取的樣本大小爲 n＝10 才能達到檢定力 0.9 的要求。

例 5.14　產品純度

化工廠工程師由工廠大批原料中, 隨機抽取六批原料想要比較各批原料所得成品的產品純度是否相等。若要求變異數分析檢定因子效果存在否的檢定中, 顯著水準取 $\alpha=0.01$, 檢定力至少 0.95, 則每批原料中應取多少個樣本測量純度？設 $\sigma_\alpha^2=2\sigma^2$。

在此隨機效果模式下, 已知 a＝6, 因 $\sigma_\alpha^2/\sigma^2=2$, 代入公式(5.11)得

$$\lambda=\sqrt{1+n\times2}=\sqrt{1+2n}$$

若試 n＝6, 則 $\lambda=\sqrt{1+2\times6}=\sqrt{13}=3.605$, 查作業特性曲線圖, $\nu_1=a-1=5$, $\nu_2=a(n-1)=6(6-1)=30$, 在 $\alpha=0.01$ 下, $\lambda=3.605$ 所對應的 β 值約爲 0.04, 檢定力 $1-\beta=0.96>0.95$, n 值也許太大。再試 n＝5,

則 $\lambda = \sqrt{1+2\times5} = \sqrt{11} = 3.317$, 查作業特性曲線中, $\nu_1 = 5$, $\nu_2 = a(n-1) = 6\times(5-1) = 24$, 在 $\alpha = 0.01$ 下, $\lambda = 3.317$ 對應的 β 值約爲 0.07, 檢定力 $1-\beta = 0.93 < 0.95$。故每批原料的成品各檢測 $n=6$ 個樣品純度則可達到要求的檢定力標準。

5-2-2　誤差界限

若從信賴區間的觀點看, 任二水準均值差的 $1-\alpha$ 信賴度的信賴區間爲

$$\overline{Y}_{i\cdot} - \overline{Y}_{j\cdot} \pm t_{\alpha/2, N-a}\sqrt{\frac{2\,MSE}{n}}$$

其中區間長的一半,

$$B = t_{\alpha/2, N-a}\sqrt{\frac{2\,MSE}{n}} \qquad\qquad (5.12)$$

稱爲誤差界限。若給定誤差界限 B 一個特定值, B 愈小表示信賴區間誤差量愈小, 精密度愈高。反之, B 值愈大, 則信賴區間容許的誤差量愈大, 精密度愈低。若 B 值給定且 MSE 已知或可估計, 則由(5.12)可導出

$$n = 2\,MSE \times (\frac{t_{\alpha/2, N-a}}{B})^2 \qquad\qquad (5.13)$$

注意 n 必爲整數, 上式(5.13)的解可能是非整數, 一定要進位, 而不是四捨五入求得 n。因臨界值 $t_{\alpha/2, N-a}$ 的自由度 $N-a = a(n-1)$ 在 n 未知前, $t_{\alpha/2, N-a}$ 不易求。故(5.12)式在求 n 時, 反而比較有用。

例 5.15

果汁口味的例題, 在分析不同果汁口味的銷售量是否不等時, 若要求對任二不同口味下銷售量均值差的 0.95 信賴區間, 其誤差界限不大於 2。設已知 MSE=3, 則因 a=4, 若試 n=5 則 $N-a = 4(5-1) = 16$, 在

$\alpha=0.05$ 下，$t_{0.025,16}=2.12$，則誤差界限為

$$B=2.12\times\sqrt{\frac{2\times3}{5}}=2.32>2$$

若試 $n=6$，則 $N-a=4(6-1)=20$，而 $t_{0.025,20}=2.086$，則誤差界限為

$$B=2.086\times\sqrt{\frac{2\times3}{6}}=2.086>2$$

故再試 $n=7$，因 $N-a=4(7-1)=24$，而 $t_{0.025,24}=2.064$，誤差界限變為

$$B=2.064\times\sqrt{\frac{2\times3}{7}}=1.91<2$$

故 $n=7$ 是最小的樣本大小，可以滿足要求的信賴區間的精密度。

例 5.16

　　觸媒量不同時產量的均值做變異數分析，若要求任二均值差的 0.9 信賴度的信賴區間，其誤差界限不要大於 3，若 $MSE=8$ 假設已知，而 $a=5$，若取 $n=4$，則 $N-a=a(n-1)=5(4-1)=15$，對應的臨界值 $t_{0.05,15}=1.753$，則誤差界限為

$$B=1.753\times\sqrt{\frac{2\times8}{4}}=3.506>3$$

再試 $n=5$，則 $N-a=5(5-1)=20$，臨界值 $t_{0.05,20}=1.725$，則誤差界限

$$B=1.725\times\sqrt{\frac{2\times8}{5}}=3.08>3$$

再試 $n=6$，因 $N-a=5(6-1)=25$，臨界值 $t_{0.05,25}=1.708$，則誤差界限

$$B=1.708\sqrt{\frac{2\times8}{6}}=2.79<3$$

故 $n=6$ 是最小的樣本大小，如此可滿足要求的信賴區間的精密度。

5-3　反應曲線

　　單因子的變異數分析，其因子可能是屬質或屬量變數。當因子是屬量變數時，其水準值爲純數值。例如溫度，壓力，時間，濃度爲因子時，其水準值均爲純數值。因子爲屬質變數，則水準值常常只是分類資料的代碼，而沒有數值大小或數值運算的意義。例如批材料的因子，分成第 1、2、3、4 批材料爲其水準值，但 1、2、3、4 只是代號，沒有加減或比大小的意義。當因子爲屬量變數時，變異數分析模式(3.1)或(3.3)

$$Y_{ij} = \mu_i + \varepsilon_{ij} = \mu + \alpha_i + \varepsilon_{ij}$$

所做的變異數分析主要在探討因子效果 α_i 是否爲 0，或均值 μ_{ij} 是否全等。若分析結果發現因子效果顯著時，我們也想進一步了解反應值 Y_{ij} 與屬量因子間的關係式到底如何，則應進一步分析 Y_{ij} 與因子間的**反應曲線**(Response curve)。設屬量因子的水準值記作 x，對應的反應值記作 y，則資料 x、y 之間的關係式比較簡單的，可能是直線

$$y = \beta_0 + \beta_1 x + \varepsilon$$

或二次曲線

$$y = \beta_0 + \beta_1 x + \beta_2 x^2 + \varepsilon$$

或三次曲線

$$y = \beta_0 + \beta_1 x + \beta_2 x^2 + \beta_3 x^3 + \varepsilon$$

甚或更高階的 p 次多項式。以上關係式通稱爲反應曲線，其中 ε 爲隨機誤差項。x、y 之間的反應曲線，到底是一次二次，或多次曲線，可以利用各水準 x_i 與其對應的水準均值的估計值 $\overline{Y}_i$ 作各種多項式迴歸，取其中最合適的多項式迴歸估計式做爲 x、y 間的反應曲線。

例 5.17　觸媒與產量

　　例 4.5，五種不同觸媒量下，所得平均產量，由變異數分析表 4.5 已
知觸媒量不同則產量均值差異顯著，若將表 4.4 的資料畫成散佈圖，如下
圖 5.14

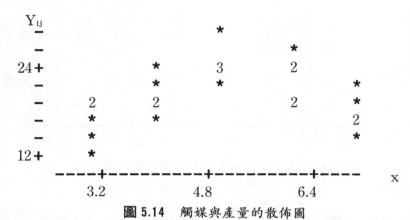

圖 5.14　觸媒與產量的散佈圖

圖上點的散佈略成一曲線。因爲觸媒因子爲屬量變數，取其水準值 x_i 及
其對應的平均產量 $\overline{Y}_{i.}$ 做多項式迴歸

x_i	3%	4%	5%	6%	7%
$\overline{Y}_{i.}$	16.6	20.6	24.2	22.8	17.8

先將 x_i 對 $\overline{Y}_{i.}$ 作散佈圖，如圖 5.15

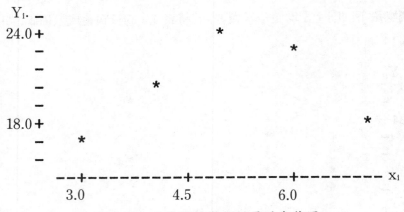

圖 5.15 產量均值對觸媒量的散佈圖

由圖看來，可先試二次多項式迴歸，得估計的迴歸曲線爲

$$y = -19.7 + 16.9\,x - 1.64\,x^2 \tag{5.14}$$

各參數 β_1 的估計值均顯著不爲 0，且迴歸曲線解釋的變異百分比 $R^2 = 0.96$。此迴歸曲線做爲反應曲面似乎是合理的。若再試三次多項式的迴歸曲線，則

$$y = 5.752 + 1.9\,x^2 - 0.236\,x^2$$

其對應的 $R^2 = 98.73$，但 $\hat{\beta}_3 = -0.236$ 值較不顯著。故認爲迴歸曲線是好的選擇。

例 5.18　保鮮期限

例題 5.8，食品的保存溫度與保鮮期限，由原始資料，即表 5.9 作變異數分析的統計模式，已證明不太可靠，經倒數的變數轉換後，以 $Y_{ij}^* = 1/Y_{ij}$ 重做變異數分析，由表 5.11 知在 $\alpha = 0.1$ 的顯著水準下，保存溫度與保鮮期限有相當關聯。今欲分析探求保存溫度 x 與保鮮期限 y 之間的反應曲面，則資料分析，應對 Y_{ij}^* 來代換上述公式。先以表 5.11 Y_{ij}^* 的資料對屬量因子的溫度水準值 x_1 作散佈圖。如圖 5.16

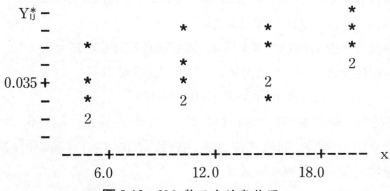

圖 5.16 Y_{ij}^* 對溫度的散佈圖

圖形顯示 Y_{ij}^* 與 x_i 的關係式可能略成直線。今取溫度的水準值與 Y_{ij}^* 的水準均值 $\overline{Y}_{i \cdot}^*$ 做多項式迴歸。

x_i	5	10	15	20
$\overline{Y}_{i \cdot}^*$	0.0302	0.0378	0.0412	0.0514

若先將 $\overline{Y}_{i \cdot}^*$ 對 x_i 做散佈圖得下圖 5.17

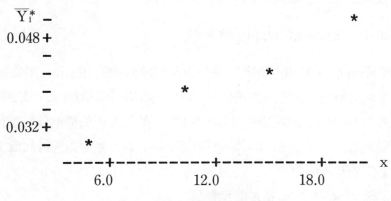

圖 5.17 $\overline{Y}_{i \cdot}^*$ 對溫度的散佈圖

由圖看來，可先試一次多項式的簡單迴歸，得估計的迴歸直線為

$$y^* = 0.0234 + 0.00134\ x$$

其參數 β_1 的估計值均顯著不為 0，而迴歸直線對應的 $R^2 = 96.7\%$。似乎此直線估計式已夠好。若再試二次多項式迴歸估計得

$$y^* = 0.0267 + 0.00067\ x + 0.000027\ x^2$$

此迴歸曲線的 R^2 雖增加為 97.4%，但參數值 $\beta_1 = 0.00067$ 及 $\beta_2 = 0.000027$ 均不顯著，即此曲線迴歸不合適。注意 $y^* = 1/y$，故保存溫度 x 與保鮮期限 y 的反應曲線應為

$$1/y = 0.0234 + 0.00134\ x$$

5-4 無母數的變異數分析法

當變異數分析模式(3.3)的常態分配假設不成立時，前述 F 檢定的變異數分析法不可靠，則可應用無母數的檢定法，本節介紹 Kruskal-Wallis 檢定法及中位數檢定法來做變異數分析。

5-4-l Kruskal-Wallis 檢定法

Kruskal-Wallis 檢定法是利用觀察值的秩數(Ranks)來檢定因子水準的均值是否相等。此時唯一的條件是要求母體的機率分配是連續型，且各水準的分配型態相同。因此各水準下的觀察值的機率分配應有相同的變異數、偏態等等，但其均值可能不同。當然觀察值間彼此機率獨立是必備的基本假設。

Kruskal-Wallis 檢定的步驟是：

⑴將觀察值 Y_{ij}，由小至大依序排出秩序，各 Y_{ij} 所對應的秩序編號記作 R_{ij} 稱為 Y_{ij} 的**秩數**。當兩個以上 Y_{ij} 的值相等時，稱此類觀察值**平級**(tied)，平級的觀察值所對應的秩數求平均值，做為每一個平級觀察值

的 R_{ij} 值。例如二個觀察值相等，而其秩序編號爲第 4，第 5，則這二個觀察值，而其對應的 R_{ij} 均爲 $4.5＝(4＋5)/2$。

(2)令

$$R_{i.}=\sum_{j=1}^{n_i} R_{ij}=第\ i\ 水準的秩數和$$

則檢定統計量

$$H=\frac{1}{S^2}\Bigg[\sum_{i=1}^{a}\frac{R_{i.}^{2}}{n_i}-\frac{N(N+1)^2}{4}\Bigg] \qquad\qquad (5.15\ a)$$

其中 n_i 爲第 i 水準的觀察值個數，$N=\sum_{i=1}^{a} n_i$ 是觀察值的總個數，而

$$S^2=\frac{1}{N-1}\Bigg[\sum_{i=1}^{a}\sum_{j=1}^{n_i}R_{ij}^{2}-\frac{N(N+1)^2}{4}\Bigg] \qquad\qquad (5.16\ a)$$

爲秩數 R_{ij} 的變異數。

當觀察值沒有平級時，S^2 可化簡爲

$$S=N(N+1)/12 \qquad\qquad (5.16\ b)$$

而檢定統計量$(5.15\ a)$，可化簡爲

$$H=\frac{12}{N(N+1)}\sum_{i=1}^{a}\frac{R_{i.}^{2}}{n_i}-3(N+1) \qquad\qquad (5.15\ b)$$

當觀察值平級的個數不多時，$(5.15\ a)$與$(5.15\ b)$兩式的值差異亦不大，可取計算較簡單的$(5.15\ b)$式求 H 值。

(3)當 n_i 值稍大，一般取 $n_i \geq 5$ 時，則檢定統計量在虛無假設 H_0：$\mu_1=\mu_2=\cdots=\mu_a$ 爲眞時，服從自由度 $a-1$ 的卡方分配 χ^2_{a-1}，因此

$$H>\chi^2_{a-1} \qquad\qquad (5.17)$$

時拒絕虛無假設。

例 5.19　果汁口味

果汁口味的例題，若將其觀察值編秩數，可得下表

表 5.13　果汁銷售量的秩數

蘋果		檸檬		葡萄		柳橙	
Y_{1j}	R_{1j}	Y_{2j}	R_{2j}	Y_{3j}	R_{3j}	Y_{4j}	R_{4j}
27	5.0	31	16.0	28	8.0	31	16.0
29	11.0	28	8.0	25	2.5	30	13.5
25	2.5	31	16.0	29	11.0	32	18.5
29	11.0	28	8.0	24	1.0	32	18.5
27	5.0	30	13.5	27	5.0	33	20.0
加總	$R_1. = 34.5$		$R_2. = 61.5$		$R_3. = 27.5$		$R_4. = 86.5$

因為資料平級的個數稍多，利用公式(5.16 a)計算

$$S^2 = \frac{1}{N-1}\left[\sum_{i=1}^{4}\sum_{j=1}^{5}R_{ij}^2 - \frac{N(N+1)^2}{4}\right]$$

$$= \frac{1}{19}\left[2860.50 - \frac{20 \times 21^2}{4}\right] = \frac{1}{19}\left[2860.50 - 2205\right] = 34.5$$

檢定統計量，則由公式(5.15 a)知

$$H = \frac{1}{S^2}\left[\sum_{i=1}^{4}\frac{R_i.^2}{n_i} - \frac{N(N+1)^2}{4}\right]$$

$$= \frac{1}{34.5}\left[\frac{34.5^2}{5} + \frac{61.5^2}{5} + \frac{27.5^2}{5} + \frac{86.5^2}{5} - \frac{20 \times 21^2}{4}\right]$$

$$= \frac{1}{34.5}\left[2642.20 - 2205\right] = 12.67$$

若用(5.15 b)計算

$$H = \frac{12}{N(N+1)}\sum_{i=1}^{4}\frac{R_i.^2}{n_i} - 3(N+1)$$

$$=\frac{12}{20\times21}\times2642.20-3\times21=75.49-63=12.49$$

與上式結果差異不是很大。今 $H=12.67>\chi^2_{0.01,3}=11.34$, 故應拒絕虛無假設, 即不同口味的果汁汽水平均銷售量不等。此結論與用常態分配的 F 檢定結果相同。

例 5.20　　觸媒與產量

觸媒與產量的例題, 若用無母數的 Kruskal-Wallis 檢定法, 則先將觀察值依其大小編秩數, 如下表 5.14

表 5.14　產量大小的秩數

觸媒量									
3%		4%		5%		6%		7%	
Y_{1j}	R_{1j}	Y_{2j}	R_{2j}	Y_{3j}	R_{3j}	Y_{4j}	R_{4j}	Y_{5j}	R_{5j}
13	1.0	18	6.5	25	22.5	19	9.5	14	2.5
20	13.0	20	13.0	24	20.0	24	20.0	21	15.5
14	2.5	22	17.0	28	25.0	20	13.0	19	9.5
19	9.5	24	20.0	21	15.5	26	24.0	17	4.5
17	4.5	19	9.5	23	18.0	25	22.5	18	6.5
總和 $R_{1\cdot}=30.5$		$R_{2\cdot}=66.0$		$R_{3\cdot}=101$		$R_{4\cdot}=89$		$R_{5\cdot}=38.5$	

利用公式(5.16 a)計算

$$S^2=\frac{1}{N-1}\left[\sum_{i=1}^{5}\sum_{j=1}^{6}R_{ij}{}^2-\frac{N(N+1)^2}{4}\right]$$

$$=\frac{1}{24}\left[1^2+13^2+2.5^2+\cdots+9.5^2+4.5^2+6.5^2-\frac{25\times26^2}{4}\right]$$

$$=\frac{1}{24}\{5513.5-4225\}=53.69$$

又由 （5.15 a）得

$$H=\frac{1}{S^2}\left[\sum_{i=1}^{5}\frac{R_{i.}^{2}}{n_i}-\frac{N(N+1)^2}{4}\right]$$

$$=\frac{1}{53.69}\left[\frac{30.5^2}{5}+\frac{66^2}{5}+\frac{101^2}{5}+\frac{89^2}{5}+\frac{38.5^2}{5}-\frac{25\times26^2}{4}\right]$$

$$=\frac{1}{53.69}\left(4978.1-4225\right)=14.03$$

若用較簡單的(5.15 b)計算，則

$$H=\frac{12}{N(N+1)}\sum_{i=1}^{5}\frac{R_{i.}^{2}}{n_i}-3(N+1)$$

$$=\frac{12}{25\times26}\times4978.1-3\times26=13.90$$

與上式 $H=14.03$ 比較，兩者相差不大。今 $H=14.03>\chi^{2}_{0.01,4}=13.28$，故應拒絕虛無假設。此表示 Kruskal-Wallis 檢定結果和一般常態假設的 F 檢定結論相同，兩者都顯示觸媒量不同則平均產量差異非常顯著。

5-4-2　秩數轉換

Kruskal-Wallis 檢定，似乎是將觀察值 Y_{ij} 做變數轉換為秩數 R_{ij}。轉換後的資料，所計算的檢定統計量 H 服從卡方分配。事實上，可以繼續變形為一般的 F 檢定。也就是說，把變數轉換後的秩數 R_{ij} 當作新的觀察值來做一般常態假設下的變異數分析，則檢定因子水準效果是否為零的檢定統計量為

$$F^{*}=\frac{MSTR}{MSE}=\frac{\sum_{i=1}^{a}n_i(\overline{R}_{i.}-\overline{R}_{..})^2/(a-1)}{\sum_i\sum_j(R_{ij}-\overline{R}_{i.})^2/(N-a)}\tag{5.18}$$

若 Kruskal-Wallis 檢定統計量 H 值已求得，則亦可證明

$$F^{*}=\frac{H/(a-1)}{(N-1-H)/(N-a)}\tag{5.19}$$

當 $F^* > F_{\alpha,a-1,N-a}$ 時，則拒絕虛無假設。

Kruskal-Wallis 統計量 H 遞增，則 F^* 遞增，反之 H 遞減，則 F^* 遞減，因此 Kruskal-Wallis 檢定法與秩數轉換後做一般的變異數分析法，意義相同。

例 5.21　果汁口味

將果汁口味的資料作秩數轉換，得資料如上例 5.19 的表 5.13。對 R_{ij} 作 F^* 檢定的檢定統計量 F^*，因 Kruskal-Wallis 統計量值 H＝12.67 在例 5.19 已算出，故由公式(5.19)

$$F^* = \frac{H/(a-1)}{(N-1-H)/(N-a)} = \frac{12.67/(4-1)}{(20-1-12.67)/(20-4)}$$

$$= \frac{4.22}{0.396} = 10.67$$

與臨界點 $F_{0.01,3,16} = 5.29$ 比較，$F^* = 10.67 > 5.29$，故應拒絕虛無假設，即果汁口味不同銷售量會差異顯著。

例 5.22　觸媒與產量

觸媒與產量的例題，若改用秩數轉換後，再做 F^* 檢定，則由例 5.20 的計算，已知 Kruskal-Wallis 檢定統計量的 H 值為 14.03。由公式 (5.19)則 F^* 檢定統計量值為

$$F^* = \frac{H/(a-1)}{(N-1-H)/(N-a)} = \frac{14.03/(5-1)}{(25-1-14.03)/(25-5)}$$

$$= \frac{3.51}{0.5} = 7.02$$

與臨界值 $F_{0.01,4,20} = 3.51$ 比較，$F^* = 7.02 > 3.51$，故仍拒絕虛無假設。即表觸媒量不同，產品的平均產量會差異顯著。

資料作秩數轉換後，再對秩數作 R_{ij} 的一般變異數分析，是一常用的

無母數統計法。若資料先做一般的變異數分析，再做秩數轉換後的 F* 檢定，而兩者的結論相同，如上述例 5.21 或例 5.22，則有關變異數分析的假設大概不會有嚴重違反，亦即以上結論的可信性很高。若兩種檢定方法的結論不同，則秩數轉換後的 F* 檢定法可能較好用，因爲 F* 檢定不用有常態條件，有離散值也影響不大。

5-4-3　多重成對比較

若 Kruskal-Wallis 檢定或 F* 檢定顯示水準均值 μ_i 相等的虛無假設不對時，吾人常希望比較各均值的大小，則可在大樣本時，對秩數R_{ij}求 Bonferroni 聯合信賴區間，利用 $\overline{R}_{i\cdot}$ 與 $\overline{R}_{j\cdot}$ 的差異以判斷各均值的大小。

設 a 個水準均值的所有配對比較，共 $g=a(a-1)/2$ 對，要同時考慮，則在樣本夠大時，$1-\alpha$ 的 Bonferroni 聯合信賴區間公式爲

$$(\overline{R}_{i\cdot} - \overline{R}_{j\cdot}) \pm B \times \left[\frac{N(N+1)}{12} \left(\frac{1}{n_i} + \frac{1}{n_j} \right) \right]^{1/2} \tag{5.20}$$

其中 $B=z_{\alpha/2g}$ 爲標準常態分配的 $1-\alpha/2g$ 分位數，$g=a(a-1)/2$。當聯合信賴區間 (5.20) 包含 0 點時，則不拒絕虛無假設

H_{0ij}: $\mu_i = \mu_j$　對立　H_{1ij}: $\mu_i \neq \mu_j$　$i \neq j$, $ij=1, 2, \cdots, a$

否則即拒絕虛無假設 H_{0ij}，表示均值 μ_i, μ_j 不相等。

例 5.23　果汁口味

例題 5.19 由 Kruskal-Wallis 檢定可知果汁口味不同則平均銷售量亦不同，但那種口味果汁汽水銷售量最大？若以無母數方法分析，則可利用 (5.20) 的 Bonferroni 公式，取 $\alpha=0.05$，因共有 $g=a(a-1)/2=4(4-1)/2=6$ 對配對比較，則 $B=z_{\alpha/2g}=z_{0.05/12}=z_{0.00417}=2.64$，又因 $n_i=5$，公式 (5.20) 的後半爲

$$B\left[\frac{N(N+1)}{12}\left(\frac{1}{n_i}+\frac{1}{n_j}\right)\right]^{1/2}=2.64\left[\frac{20\times21}{12}\left(\frac{1}{5}+\frac{1}{5}\right)\right]^{1/2}=9.88$$

因此多重成對比較，對應的聯合信賴區間，由表 5.13，爲

1 對 2：$(34.5-61.5)/5\pm9.88$ 即 -15.28 與 4.48 之間

1 對 3：$(34.5-27.5)/5\pm9.88$ 即 -7.48 與 11.28 之間

1 對 4：$(34.5-86.5)/5\pm9.88$ 即 -20.28 與 -0.52 之間

2 對 3：$(61.5-27.5)/5\pm9.88$ 即 -3.08 與 16.68 之間

2 對 4：$(61.5-86.5)/5\pm9.88$ 即 -14.88 與 4.88 之間

3 對 4：$(27.5-86.5)/5\pm9.88$ 即 -21.68 與 -1.92 之間

其中區間大部分包含 0，故只有 μ_1 與 μ_4，μ_3 與 μ_4 差異顯著，其餘均值差異不顯著，依其大小次序畫出的關係圖爲

$$\mu_3 \quad \mu_1 \quad \mu_2 \quad \mu_4$$

例 5.24　觸媒與產量

例題 5.20 由 Kruskal–Wallis 檢定已知觸媒量不同則產量的均值差異顯著，但到底那些均值差異較大，那種觸媒量所得產量均值最大亦值研究。若以無母數的 Bonferronic 公式來做多重配對均值比較，則因有 $g=a(a-1)=5(5-1)/2=10$ 對配對同時考慮，在 $\alpha=0.05$ 的顯著水準下，$B=z_{\alpha/2g}=z_{0.05/20}=z_{0.0025}=2.81$，故公式(5.20)的後半爲

$$B\left[\frac{N(N+1)}{12}\left(\frac{1}{n_i}+\frac{1}{n_j}\right)\right]^{1/2}=2.81\times\left[\frac{25\times26}{12}\times\left(\frac{1}{5}+\frac{1}{5}\right)\right]^{1/2}=13.08$$

由表 5.14 的 R_i. 資料及公式(5.20)，聯合信賴區間爲

1 對 2：$(30.5-66)/5\pm13.08$ 即 -20.18 與 5.98 之間

1 對 3：$(30.5-101)/5\pm13.08$ 即 -27.18 與 -1.02 之間

1 對 4：$(30.5-89)/5\pm13.08$ 即 -24.78 與 1.38 之間

1 對 5：$(30.5-38.5)/5\pm13.08$ 即 -14.68 與 11.48 之間

2 對 3：$(66-101)/5\pm13.08$ 即 -20.08 與 6.08 之間

2 對 4：$(66-89)/5\pm13.08$ 即 -17.68 與 8.48 之間

2 對 5：$(66-38.5)/5\pm13.08$ 即 -7.58 與 18.58 之間

3 對 4：$(101-89)/5\pm13.08$ 即 -10.68 與 15.48 之間

3 對 5：$(101-38.5)/5\pm13.08$ 即 -0.58 與 25.58 之間

4 對 5：$(89-38.5)/5\pm13.08$ 即 -2.98 與 23.18 之間

各配對均值差的聯合信賴區間，除了 1 對 3 值爲負外，其餘均包含 0，因此只有 μ_1 與 μ_3 差異顯著，其餘配對均值的差異均不明顯。若將 μ_i 值依小至大順序排列，則其均值的大小與差異關係圖如下

$$\mu_1 \quad \mu_5 \quad \mu_2 \quad \mu_4 \quad \mu_3$$

5-4-4　中位數檢定法

當觀察值的母體不服從常態分配時，**中位數檢定法**（Median test）是另一常用的無母數方法。中位數檢定法，僅假設所有因子水準的母體機率分配的形態要相同，但其均值位置可以不同。而樣本由不同水準的母體抽樣時要彼此獨立，則可檢定

H_0：$\mu_1=\mu_2=\cdots=\mu_a$　對立　H_1：μ_i 不全等

中位數檢定法的步驟爲

⑴對所有水準下的觀察值組合起來，計算 $N=\sum\limits_{i=1}^{a}n_i$ 個資料的樣本中位數 Md。

⑵對每一水準下的觀察值，計數大於中位數 Md 的個數及不大於中位數 Md 的個數。如第 i 水準下，大於中位數 Md 的個數記作 O_{i1}，不大於中位數 Md 的個數記作 O_{i2}。

⑶計算檢定統計量 X^2 的值

$$X^2 = \sum_{i=1}^{a} \sum_{j=1}^{2} \frac{(O_{ij} - E_{ij})^2}{E_{ij}} \tag{5.21}$$

其中 O_{ij} 已由(2)計數而得，$E_{ij} = n_i/2$ 表示虛無假設 H_0 為眞時，各水準下觀察值大或小於 Md 的期望次數。$i = 1, 2, \cdots, a, j = 1, 2$。

(4)當樣本個數夠大時，X^2 的機率分配最近似自由度 $a-1$ 的卡方分配，因此

$$X^2 > \chi^2_{\alpha, a-1}$$

則在顯著水準 α 下，拒絕虛無假設 H_0。

例 5.25　果汁口味

不同果汁口味下的銷售量資料，用中位數檢定法來判斷各果汁口味下的平均銷售量是否相同。依中位數檢定法的步驟

(1)將例 3.4，表 3.2 的銷售量資料共 20 筆，依由小至大次序重新排列，得

    24　25　25　27　27　27　28　28　28　29　29

    29　30　30　31　31　31　32　32　33

中位數是 20 個數字位置在正中間的數，即第 10 與第 11 個數字的平均，此爲 $(29+29)/2 = 29$，故中位數 Md = 29。

(2)對每一水準的觀察值與 Md = 29 比較，計數大於 29 和不大於 29 的個數，今整理如下表

表 5.15 果汁口味資料大或不大於中位數的個數

水準 i	大於中位數 $O_{i1}(E_{i1})$	不大於中位數 $O_{i2}(E_{i2})$	和
蘋果	0 (2.5)	5 (2.5)	5
檸檬	3 (2.5)	2 (2.5)	5
葡萄	0 (2.5)	5 (2.5)	5
柳橙	5 (2.5)	0 (2.5)	5

上表中期望次數 E_{ij} 用小括號記在觀察次數 O_{ij} 的後方, $E_{ij}=5/2=2.5$, 以互相對照。計數次數 O_{ij}, 以檸檬這組為例, 原資料值是 31, 28, 31, 28, 30, 其中大於 29 的有 30, 31, 31 三個, 不大於 29 的是 28, 28 二個, 故 $O_{i1}=3$, $O_{i2}=2$。同理, 蘋果這一組, 數字是 27, 29, 25, 29, 27, 大於 29 的沒有, 5 個數字不大於, 即小於或等於 29, 故 $O_{i1}=0,O_{i2}=5$。餘類推。

(3)代入檢定統計量的公式(5.21), 則

$$X^2 = \frac{(0-2.5)^2}{2.5} + \frac{(5-2.5)^2}{2.5} + \frac{(3-2.5)^2}{2.5} + \frac{(2-2.5)^2}{2.5} +$$

$$\frac{(0-2.5)^2}{2.5} + \frac{(5-2.5)^2}{2.5} + \frac{(5-2.5)^2}{2.5} + \frac{(0-2.5)^2}{2.5}$$

$$=15.20$$

(4) a$=4$, 取 $\alpha=0.01$, 則

$$X^2 = 15.20 > \chi^2_{0.01,3} = 11.34$$

故亦拒絕虛無假設H_0, 表示中位數檢定的結論和前述F檢定, Kruskal-Wallis 檢定等的結論相同, 都是顯示果汁口味不同的平均銷售量差異很大。

例 5.26　觸媒與產量

對觸媒量不同下的產量資料，用中位數檢定法來分析是否觸媒量不同則產量差異顯著。依中位數檢定法的步驟

(1)計算中位數。將例 5.20，表 5.14 的 Y_{ij} 觀察值共 25 筆，依由小至大的次序重新排列，得

　　13　14　14　17　17　18　18　19　19　19　19　20

　　20　20　21　21　22　23　24　24　24　25　25　26　28

位置在正中間的數字，即第 $(25+1)/2 = 13$ 位置的數，計數次序大於 13 的值，得中位數 $Md = 20$。

(2)每一水準下的觀察值，都與 $Md = 20$ 比較，計數大於 20 和不大於 20 的個數 O_{ij}，今整理如下表

表 5.16　產量資料值大於或不大於中位數的個數

水準 i	大於中位數 $O_{i1}(E_{i1})$	不大於中位數 $O_{i2}(E_{i2})$	和
3%	0 (2.5)	5 (2.5)	5
4%	2 (2.5)	3 (2.5)	5
5%	5 (2.5)	0 (2.5)	5
6%	3 (2.5)	2 (2.5)	5
7%	1 (2.5)	4 (2.5)	5

上表中期望次數 $E_{ij} = 5/2 = 2.5$，而 O_{ij} 的計數，以第 1 水準組爲例，觀察值是 13, 20, 14, 19, 17 都不大於 20，故 $O_{12} = 5$ 而 $O_{11} = 0$，第 5 水準組的觀察值是 14, 21, 19, 17, 18，只有 $21 > 20$ 故 $O_{11} = 1, O_{12} = 4$。餘類推。

(3)計算檢定統計量 X^2，以表 5.16 資料代入公式(5.20)

$$X^2 = \frac{(0-2.5)^2}{2.5} + \frac{(5-2.5)^2}{2.5} + \frac{(2-2.5)^2}{2.5} + \frac{(3-2.5)^2}{2.5} +$$

$$\frac{(5-2.5)^2}{2.5} + \frac{(0-2.5)^2}{2.5} + \frac{(3-2.5)^2}{2.5} + \frac{(2-2.5)^2}{2.5} +$$

$$\frac{(1-2.5)^2}{2.5} + \frac{(4-2.5)^2}{2.5}$$

$$= 12.01$$

(4)因 a＝5，在 α＝0.05 下，則

$$X^2 = 12.01 > \chi^2_{0.05,4} = 9.49$$

故應拒絕虛無假設，此亦表示觸媒量不同則平均產量會差異顯著。

習　題

5-1　以習題 3-2 的資料與分析，再做

(a)殘差分析。

(b)殘差分析的結論是否可讓你認定模式(3.3)是合理的？

(c)若(b)是否定的你怎麼辦？

5-2　以習題 3-3 的資料與分析，再做

(a)殘差分析。

(b)(a)的結果，是否與模式(3.3)的假設有所違背？

5-3　以習題 3-5 的資料與分析，再做

(a)殘差分析。

(b)(a)的結論是否可以讓你認定模式(3.3)是合理的？

5-4　以習題 3-6 的資料與分析，再做

(a)殘差分析。

(b)(a)的結果，是否與模式(3.3)的假設有所違背？

(c)若(b)的結果與模式(3.3)的假設有不合處，怎麼辦？

5-5　以習題 3-10 的資料與分析，再做

　　(a)殘差分析。

　　(b)(a)的結果是否與模式(3.3)的假設有所違背？

5-6　以習題 3-14 的資料與分析，再做

　　(a)殘差分析。

　　(b)(a)的結論是否與模式(3.3)的假設有所違背？若有，你該怎麼辦？

5-7　以習題 3-1 的資料做參考，若三個水準的母體均值 $\mu_1=80$，$\mu_2=90$，$\mu_3=75$，設 $\alpha=0.05$，希望 μ_i 值的差異效果，可以以至少 0.90 的機率檢定出來，則樣本應取多大？

5-8　以習題 3-3 的資料做參考，若四個水準的母體均值 $\mu_1=85$，$\mu_2=70$，$\mu_3=65$，$\mu_4=50$ 時，取 $\alpha=0.01$，希望此 μ_i 的差異效果，可以以至少 0.90 的機率檢定出來，則樣本應取多大？

5-9　以習題 3-7 的資料做參考，若四種品種的平均稻米產量差異的最大值為 25 時，可以以至少 0.90 的機率檢定出來，則樣本應取多大？設 $\alpha=0.05$。

5-10　以習題 3-13 的資料做參考，若四種電路的平均雜音量差異的最大值為 40 時，可以以至少 0.90 的機率檢定出來，則樣本應取多少？設 $\alpha=0.01$。

5-11　以習題 4-14 的資料做參考，若 σ_a^2/σ^2 的比值是 4 時，希望能以 0.8 以上的機率檢定出 H_0：$\sigma_a^2=0$ 為假，則樣本應取多少？設 $\alpha=0.05$。

5-12　以習題 4-17 的資料為參考，若 σ_τ^2/σ^2 的比值是 5 時，希望能以 0.85 以上的機率檢定出 $\sigma_a^2\neq0$，則樣本應取多少？設 $\alpha=0.05$。

5-13　以習題 4-2 的資料分析結果為參考，若要使二水準均值差的 95% 信賴區間的誤差界限為 3，則樣本應取多少？

5-14　以習題 4-3 的資料分析結果為參考，若要使二水準均值差的 95% 信賴區間的誤差界限為 5，則樣本應取多少？

5-15　以習題 3-10 的資料，求觸媒量與產品濃度間的反應曲線。

5-16　以習題 3-12 的資料，求燒焙溫度與磁磚密度間的反應曲線。

5-17 以習題 3-7 的資料

(a)用 Kruskal–Wallis 檢定法, 秩數轉換法, 中位數檢定法, 分別檢定因子水準的均值相等否, 取 $\alpha=0.05$。

(b)(a)的結果與習題 3-7 的結果比較, 以上四種檢定法的結論相同否?

(c)用無母數法做水準均值的多重成對比較, 取 $\alpha=0.05$。

(d)(c)的結論與習題 4-11 的結論相同否?

5-18 以習題 3-11 的資料

(a)用 Kruskal–Wallis 檢定法, 秩數轉換法, 中位數檢定法, 分別檢定水準均值相等否, 取 $\alpha=0.01$。

(b)(a)的結論與習題 3-11 的結論比較, 以上四種檢定法是否結論相同?

(c)用無母數法做水準均值的多重成對比較, 取 $\alpha=0.01$。

5-19 以習題 3-15 的資料

(a)用 Kruskal–Wallis 檢定法, 秩數轉換法, 中位數檢定法, 分別檢定水準均值相等否, 取 $\alpha=0.01$。

(b)(a)的結論是否與習題 3-15 的結論相同?

(c)用無母數法做水準均值的多重成對比較, 取 $\alpha=0.01$。

第六章
二因子變異數分析

在單因子變異數分析中，只針對某一因子來解析它對反應變數的關係，此時其他條件都固定不變。事實上，影響反應值的因子不會只有一種，可能會有二個，三個甚至更多個因子都會同時影響反應值。如果讓幾個因子的幾個水準都有變化，而來研究它們對反應值的影響效果，則稱爲多因子的變異數分析。本章從稍簡單的二個因子水準變化的二因子變異數分析爲例，介紹二因子變異數分析的基本概念，這些概念可以很容易的在第八章推廣到多因子變異數分析的情形。

6-1　簡單概念

二因子的變異數分析在研究二個因子的水準同時變化時，對反應值的影響情況。例如：

例 6.1　果汁口味與包裝

例 3.1 的果汁銷售量，我們只考慮果汁口味對銷售量的影響。事實上還有很多因子會影響銷售量。比如，售價、濃度、甜度、包裝法、廣告等。如果這些因子同時考慮則爲多因子變異數分析的問題。今讓其他因子固定，只考慮果汁口味與包裝法二因子，則應如何分析此二因子對反應值（銷售量）的影響？

設果汁口味有柳橙、蘋果、檸檬三種(即三個水準)，包裝法有罐裝、瓶裝、鋁包法三種（即三個水準），則果汁口味與包裝法組合起來有 $3 \times 3 = 9$ 種處理(因子水準的組合稱為處理)。各種處理對應的銷售量資料要先搜集，好使觀察值 Y_{1j} 滿足像單因子變異數分析的統計模式。比如，選出 36 個大小相近，對該類產品營業額亦相近的超商，今隨機分配 9 種處理（即罐裝柳橙、罐裝蘋果、罐裝檸檬、瓶裝柳橙、瓶裝蘋果、瓶裝檸檬、鋁包柳橙、鋁包蘋果、鋁包檸檬）至此 36 家超商，每種各選 4 家。在測試期內，記錄每家超商的果汁銷售量。這樣將各種處理，隨機指派到實驗單位(每家超商)，並且要求實驗單位背景條件相似，以量度反應值的方法，在因子二個以上時，稱為**因子實驗設計**（Factorial design）。這種方法搜集資料，比較能找到滿足統計模式的觀察值 Y_{1j}。對此觀察值用變異數分析模式來研究果汁口味或包裝法是否會影響銷售量。上述每種處理各有 4 個觀察值，稱為反覆 4 次。

例 6.2　電池壽命

影響電池使用壽命的因素，可能是廠牌不同，電池材料不同，電池使用環境的溫度不同，電池外殼不同等。若考慮不同廠牌及不同材料二個因子，取四種廠牌，設為 A_1，A_2，A_3，A_4，三種不同材料 B_1，B_2，B_3。則廠牌有四個水準，材料因子有三個水準，組合成 $4 \times 3 = 12$ 種處理，即 A_1B_1，A_1B_2，A_1B_3，A_2B_1，A_2B_2，A_2B_3，A_3B_1，A_3B_2，A_3B_3，A_4B_1，A_4B_2，A_4B_3 等。今若隨機選出同牌同型的小電燈 24 個為實驗單位，再隨機取出以上 12 種處理的電池各二個，點燃小電燈以測量電池使用壽命。則每一處理有二個觀察值，故為反覆二次。而此實驗搜集資料的方法即為二因子實驗設計。

　　因子的效果是指因子的水準變化時, 對應的反應值所產生的變化量。雙因子變異數分析中, 除了二個因子本身對反應值有影響外, 兩因子間的互動關係可能也會影響反應值的變化。爲了分辨, 因子本身變化對反應值的影響稱爲主因子的**主效果**(Main effect), 兩因子的互動關係對反應值的影響稱爲**交互作用**(Interaction)。

例 6.3

　　某化學工廠, 其產品產率可能受反應溫度(A), 與反應壓力(B)的影響, 設 A, B 二因子各有二個水準 A_1, A_2, 與 B_1, B_2, 不妨分別稱 1, 2 兩水準爲高, 低二水準。做上述因子實驗, 在 A_1B_1, A_1B_2, A_2B_1, A_2B_2 四種處理組合下, 分別量測產品產率得資料如下表

表 6.1　因子實驗資料

	因子 B	
	B_1	B_2
A_1	30	40
A_2	50	62

（因子 A）

則 A 在第一水準下反應值的平均數, 與 A 在第二水準下反應值的平均數相減, 兩者的差即爲 A 因子的主效果。以上述資料爲例

$$A = \frac{50+62}{2} - \frac{30+40}{2} = 21$$

因此反應溫度由低溫 A_1 升到高溫 A_2, 產率平均約增加 21。同理, B 因子的主效果爲

$$B = \frac{40+62}{2} - \frac{30+50}{2} = 11$$

此表示壓力由低壓 B_1 升到高壓 B_2, 產率平均增加 11。當因子水準不只

二個，如單因子變異數分析類似，可用 i 水準下觀察值的均值 μ_i 與總平均 μ 的差異 $\mu_i - \mu$ 來表示 i 水準的主效果。

假設該工廠的另一種產品，在上述 A，B 兩因子的組合處理下，量測的產率資料如下

表 6.2　因子實驗有交互作用的資料

因子 B

		B_1	B_2
因子 A	A_1	20	55
	A_2	50	27

A 因子的主效果是

$$A = \frac{50+27}{2} - \frac{55+20}{2} = 1$$

B 因子的主效果是

$$B = \frac{55+27}{2} - \frac{20+50}{2} = 6$$

似乎反應溫度由低溫 A_1 升到高溫 A_2，產率沒什麼變化，但壓力 B 由低壓 B_1 升到高壓 B_2，產率反而降低。仔細再分析表 6.2 卻發現，壓力 B 如果保持在低壓 B_1 不變，只升高溫度到 A_2，則 A 的單因子效果為

$$A = 50 - 20 = 30$$

產率增加了 30。但是壓力 B 若升到高壓 B_2，然後再看溫度由 A_1 變到 A_2 的效果，則

$$A = 27 - 55 = -28$$

產率反而降低。因此 A 因子的效果顯然會因 B 因子在 B_1 或 B_2 而有不同結果。這種 A，B 因子間互動關係對反應值的影響稱為 A，B 間有交互作用。事實上，這表示溫度與壓力若兩者都在低水準則產率低。如果

其中一種保持在低水準，另一種調高爲高水準，則產率增加。可是 A，B 兩者都調高在高溫，高壓下可能化學反應過度，反而使產率降低。

二水準的二因子交互作用是指在 B_1 水準下，A_1 與 A_2 的效果差，減去 B_2 水準下，A_1 與 A_2 的效果差，兩種差相減的平均值是爲 AB 交互作用效果，記作 $A \times B$，以表 6.2 資料計算

$$A \times B = \frac{1}{2}[(27-55)-(50-20)] = \frac{1}{2}[-28-30] = -29$$

而表 6.1 所對應的 A，B 交互作用效果爲

$$A \times B = \frac{1}{2}[(62-40)-(50-30)] = \frac{1}{2}[22-20] = 1$$

顯然 $A \times B$ 的效果在表 6.2 的資料比較明顯，而對表 6.1 AB 的交互作用幾乎是零。事實上，若對表 6.1 資料再仔細分析。在 B_1 固定下，溫度 A 由 A_1 升到 A_2，產率的變化（A 的效果）爲

$$A = 50 - 30 = 20$$

而在 B_2 固定下，溫度 A 變化所產生的效果爲

$$A = 62 - 40 = 22$$

兩個差異數 22，20 的確相差不大，此表示 A 因子的效果不會隨著 B 因子的變化而產生大的變化，因此 A，B 間的交互作用可以說不存在。

A，B 因子間若交互作用存在時，其對應的主效果沒有實際的意義。以表 6.2 的數據來看，A 因子的主效果計算得 0，但是當檢查 B 不同水準下的 A 效果卻相當大。因此 A 因子確對反應值有影響效果，只是其值的大小依 B 水準的變化而變化。因此 AB 交互作用的瞭解比主效果有用。交互作用的顯著性常會掩蓋主因子的重要性。因此，有交互作用時，不能分別由個別主因子判定主效果的大小，而應同時考慮二因子水準的變化，對所有組合考慮其對反應值的影響。以表 6.2 的數據爲例，A_1 水準的平均值是 $(20+55)/2 = 37.5$，A_2 水準的平均值是 $(50+27)/2 = 38.5$，

因此 A_2 產率高，應取高溫 A_2 來生產。對 B 而言，B_1 水準的平均值是 $(20+50)/2=35$，B_2 水準的平均值是 $(55+27)/2=42$，因此亦應採高壓力 B_2 來生產，產率才會較高。今分別對 A, B 分析；而判定 A_2B_2 才是使產率較高的製程條件，實際上 A_2B_2 下的產率 27 比 A_1B_2 下的產率 55 小，因此，真正使產率最高的製程條件(最佳因子水準組合)應採 A_1B_2 而非 A_2B_2。

　　交互作用的概念，也可用回應圖說明。將表6.1的資料取 A_1B_1，A_1B_2，A_2B_1，A_2B_2 的四個組合，將反應值高度記在垂直軸，得回應圖如下：

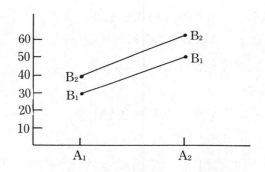

圖 6.1　沒有交互作用的因子實驗

圖上 B_1 與 B_2 線幾乎平行，表示因子 A, B 間交互作用不存在。同理將表 6.2 的資料畫成回應圖如下頁圖 6.2。

圖中 B_1 與 B_2 線不平行，則表示因子 AB 之間交互作用效果存在。用圖示法來表現 A, B 因子的交互作用是否存在是一相當簡易且有用的方法，但真正交互作用效果是否顯著仍應由變異數分析表的 F 檢定來確認。

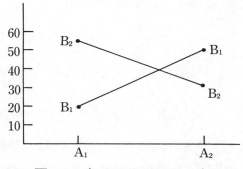

圖 6.2　有交互作用的因子實驗

傳統上，若有 A，B 兩因子，各二水準如上 A_1，A_2，B_1，B_2 則研究因子對反應值的影響時，常常一次變動一個因子，而讓另一因子固定。例如在 B_1 固定下，使 A 因子變化，比較 A_1，A_2 何者較優。若 A_1 較優，則在 A_1 固定下，再使 B 因子變化，再比較 B_1 與 B_2 何者較優。這種一次變動一因子的傳統實驗可圖示如下

表 6.3　一次變動一因子的實驗

<table>
<tr><td colspan="3" align="center">因　子　B</td></tr>
<tr><td></td><td align="center">B_1</td><td align="center">B_2</td></tr>
<tr><td>A_1</td><td>A_1B_1</td><td>A_1B_2</td></tr>
<tr><td>A_2</td><td>A_2B_1</td><td></td></tr>
</table>

因子 A

此時 A 效果可用 $A_2B_1-A_1B_1$ 估計，B 的效果用 $A_1B_2-A_1B_1$ 估計，而實驗由表看起似乎只要進行三次。比上述因子實驗的四種處理要實驗四次，似乎實驗次數少一次（A_2B_2 的一次），但事實上，傳統實驗估計的 A 效果，其估計值的變異數是

$$\mathrm{Var(A)=Var(A_2B_1)+Var(A_1B_1)=\sigma^2+\sigma^2=2\sigma^2}$$

但因子實驗雖進行四次，而估計 A 的效果時

$$A = \frac{(A_2B_2 + A_2B_1)}{2} - \frac{(A_1B_1 + A_1B_2)}{2}$$

故

$$\text{Var}(A) = \frac{1}{4}\{\text{Var}(A_2B_2) + \text{Var}(A_2B_1) + \text{Var}(A_1B_1)$$

$$+ \text{Var}(A_1B_2)\} = \frac{1}{4}\{\sigma^2 + \sigma^2 + \sigma^2 + \sigma^2\} = \sigma^2$$

估計值的變異數是上述傳統實驗的一半。也就是說，傳統一次變動一因子的實驗，若要達到與因子實驗的估計精確度一樣，那麼需實驗次數要加倍(反覆 2 次)，變成實驗六次，反而比因子實驗多出二次。因子實驗的另一個優點是可以估計交互作用，而表 6.3 的傳統實驗，沒有 A_2B_2 項，無法估計交互作用。當交互作用效果存在時，傳統的實驗法可能會像表 6.2 的情況一樣，因一次只變動一因子而導出錯誤的最佳因子水準的組合。因此變異數分析的資料最好是由因子實驗所得。

二因子變異數分析大體上亦和單因子變異數分析一樣，依下列步驟進行：

1. 根據資料搜集法或實驗計劃法(最好是因子實驗)，建立描述資料的統計模式(或稱變異數分析模式)。注意模式中有關參數及隨機變數的假設條件。

2. 估計統計模式中的參數。

3. 做平方和的分解以製作變異數分析表，並判斷因子對反應值的影響效果是否顯著。

4. 指出最佳的因子水準，並估計或比較各參數的信賴區間。

5. 計算殘差，並作殘差分析以判斷步驟1.所假設的統計模式合理否。

今分述如下：

6-2　二因子變異數分析模式

　　二因子變異數分析的二個主因子，也像單因子變異數分析一樣，其因子水準因選取法的不同，而有固定效果模式（二因子皆爲固定效果模式）、隨機效果模式（二因子皆爲隨機效果模式）與混合效果模式（一因子爲固定效果模式，另一因子爲隨機效果模式）三種不同型態的統計模式。本章先對固定效果模式做分析，另二種模式留待下章詳述。

　　例 6.1 所述果汁口味與包裝法對果汁銷售量的實驗，三種果汁口味與三種包裝法是我們特別想研究的主題，果汁口味或包裝法，並不是從許多果汁口味中隨機選出的 3 種，包裝法也不是從許多包裝法中隨機選出的。因此是屬固定效果模式。如例 3.1 所述，若由 3 家條件相似的超商，在某一特定期間記錄 9 種處理的銷售量，得資料如下

表 6.4　果汁口味與包裝法資料

口味	包　裝　法		
	罐　裝	瓶　裝	鋁　包
柳橙	39 38 37 37	31 33 32 32	45 42 44 44
蘋果	26 27 25 28	22 22 25 23	32 31 33 32
檸檬	30 32 31 31	24 28 25 26	35 36 36 34

我們想研究的是，由上述資料是否顯示果汁口味不同，銷售量就會不同，是否包裝法不同，銷售量就不同，果汁口味與包裝法之間是否會交互影響而使九種組合的各組銷售量產生差異？

一般而言，若因子 A 有 a 個水準，因子 B 有 b 個水準，其因子水準的所有組合 (稱爲處理) 共有 ab 個。若在二因子的所有處理下，各有 n 個觀察值(稱爲反覆 n 次)，則總共 abn 個觀察。若 ab 個處理下的 abn 個觀察值的實驗次序是隨機的，亦即取 abn 個背景條件相近的實驗單位，完全隨機的分派 ab 種處理至各個實驗單位，使各個處理均分得 n 個實驗單位，在其上量度得 n 個觀察值，這樣獲得的資料，稱爲**因子實驗** (Factorial design)。隨機次序所得的資料在做變異數分析之前，常整理成如上表 6.4 類似的資料表，以方便計算。

表 6.5　二因子實驗的資料

因 子 B

	1	2	...	b
1	$Y_{111}, Y_{112},$ $\cdots, Y_{11n}$	$Y_{121}, Y_{122},$ $\cdots, Y_{12n}$		$Y_{1b1}, Y_{1b2},$ $\cdots, Y_{1bn}$
2	$Y_{211}, Y_{212},$ $\cdots, Y_{21n}$	$Y_{221}, Y_{222},$ $\cdots, Y_{22n}$		$Y_{2b1}, Y_{2b2},$ $\cdots, Y_{2bn}$
⋮				
a	$Y_{a11}, Y_{a12},$ $\cdots, Y_{a1n}$	$Y_{a21}, Y_{a22},$ $\cdots, Y_{a2n}$		$Y_{ab1}, Y_{ab2},$ $\cdots, Y_{abn}$

因子 A

其中 Y_{ijk} 表示因子 A 在第 i 水準(i=1, 2, …, a)，因子 B 在第 j 水準(j=1, 2, …, b)的第 k 次反覆(k=1, 2, …, n)時的觀察值。

將觀察值 Y_{ijk} 描述成各種因素影響量的和，則得二因子變異數分析

模式

$$i=1,\ 2,\ \cdots,\ a$$

$$Y_{ijk}=\mu+\tau_i+\beta_j+(\tau\beta)_{ij}+\varepsilon_{ijk}\quad j=1,\ 2,\ \cdots,\ b \qquad (6.1)$$

$$k=1,\ 2,\ \cdots,\ n$$

其中 μ 是所有處理的總平均值，爲一常數

τ_i 是 A 因子的第 i 水準的效果，

β_j 是 B 因子的第 j 水準的效果，

$(\tau\beta)_{ij}$ 是 A 因子的第 i 水準與 B 因子的第 j 水準之間的交互作用

效果，

ε_{ijk} 是獨立的隨機變數，表示隨機誤差的大小。

若 A, B 二因子皆爲固定效果模式(Fixed effect)，則 τ_i, β_j, $(\tau\beta)_{ij}$, i=1, 2, $\cdots$, a；j=1, 2, $\cdots$, b 均爲參數，而被定義爲處理效果與總平均值 μ 的差異，因此滿足

$$\sum_{i=1}^{a}\tau_i=0,\ \ \sum_{j=1}^{b}\beta_j=0$$

且 $\qquad \sum_{i=1}^{a}(\tau\beta)_{ij}=0,\ \ \sum_{j=1}^{b}(\tau\beta)_{ij}=0 \qquad\qquad (6.2)$

而隨機誤差項 ε_{ijk} 的機率分配，假設服從常態分配 $N(0, \sigma^2)$ 且彼此獨立。

模式(6.1)可推導得下列重要的模式特性

1. 令

$$\mu_{ij}=\mu+\tau_i+\beta_j+(\tau\beta)_{ij}$$

則觀察值 Y_{ijk} 是參數 μ_{ij} （未知的常數項）與機數變數 ε_{ijk} 兩者的和，因此 Y_{ijk} 是一隨機變數。

2. 因 $E(\varepsilon_{ijk})=0$，故

$$E(Y_{ijk})=\mu_{ij}+0=\mu+\tau_i+\beta_j+(\tau\beta)_{ij}$$

而 $\varepsilon_{ijk}=Y_{ijk}-\mu_{ij}$，即表示因子 A 的第 i 水準及因子 B 的第 j 水準所組

成的第 ij 處理下的觀察值 Y_{ijk} 及其水準組合(處理)均值 μ_{ij} 的差異，故 ε_{ijk} 為誤差大小。

3. 因 μ_{ij} 為常數,即 $\mathrm{Var}(Y_{ijk})=\mathrm{Var}(\varepsilon_{ijk})=\sigma^2$,故不論 A,B 因子水準如何，所有觀察值 Y_{ijk} 具有相同的變異數 σ^2。

4. 因 ε_{ijk} 為獨立的常態分配，由2.及3.可得

$$Y_{ijk} \text{ 為獨立的常態 } N(\mu_{ij}, \ \sigma^2) \text{ 分配}$$

$i=1, 2, \cdots, a; j=1, 2, \cdots, b; k=1, 2, \cdots, n$

因此第 ij 處理所對應的觀察值 Y_{ijk}, $k=1, 2, \cdots, n$, 可視為常態母體 $N(\mu_{ij}, \ \sigma^2)$ 抽出的 n 個隨機樣本。

5. 若令

$$\mu_{i\cdot}=\sum_{j=1}^{b}\mu_{ij}/b, \ \ \mu_{\cdot j}=\sum_{i=1}^{a}\mu_{ij}/a$$

且

$$\mu_{\cdot\cdot}=\sum_{i=1}^{a}\mu_{i\cdot}/a=\sum_{j=1}^{b}\mu_{\cdot j}/b=\sum_{i=1}^{a}\sum_{j=1}^{b}=\mu_{ij}/(ab)$$

則令

$$\tau_i=\mu_{i\cdot}-\mu_{\cdot\cdot} \ \ \text{故} \sum_{i=1}^{a}\tau_i=0$$

而令

$$\beta_j=\mu_{\cdot j}-\mu_{\cdot\cdot} \ \ \text{故} \sum_{j=1}^{b}\beta_j=0$$

又令

$$(\tau\beta)_{ij}=\mu_{ij}-\mu_{i\cdot}-\mu_{\cdot j}+\mu_{\cdot\cdot}$$

故

$$\sum_{i=1}^{a}(\tau\beta)_{ij}=\sum_{i=1}^{a}\mu_{ij}-\sum_{i=1}^{a}\mu_{i\cdot}-\sum_{i=1}^{a}\mu_{\cdot j}+\sum_{i=1}^{a}\mu_{\cdot\cdot}$$

$$=a\mu_{\cdot j}-a\mu_{\cdot\cdot}-a\mu_{\cdot j}+a\mu_{\cdot\cdot}=0$$

$$\sum_{j=1}^{b}(\tau\beta)_{ij}=\sum_{j=1}^{b}\mu_{ij}-\sum_{j=1}^{b}\mu_{i\cdot}-\sum_{j=1}^{b}\mu_{\cdot j}+\sum_{j=1}^{b}\mu_{\cdot\cdot}$$

$$=b\mu_{i\cdot}-b\mu_{i\cdot}-b\mu_{\cdot\cdot}+b\mu_{\cdot\cdot}=0$$

以上等式表示限制式(6.2)必成立，又

$$\mu=\mu_{ij}-\tau_i-\beta_j-(\tau\beta)_{ij}$$

$$=\mu_{ij}-(\mu_{i\cdot}-\mu_{\cdot\cdot})-(\mu_{\cdot j}-\mu_{\cdot\cdot})-(\mu_{ij}-\mu_{i\cdot}-\mu_{\cdot j}+\mu_{\cdot\cdot})$$

$$=\mu.. =\sum_{i=1}^{a}\sum_{j=1}^{b}\mu_{ij}/(ab)$$

故 μ 表示所有處理均值的總平均值。

6. 因 $\sum_{j=1}^{b}\mu_{ij}/b=\mu_{i\cdot}$ 表示因子 A 的第 i 水準下，各種 B 水準均值 μ_{ij} 的平均值 $\mu_{i\cdot}$，今取 A 的第 i 水準下，B 因子的第 j 水準均值 μ_{ij} 和 $\mu_{i\cdot}$ 比較，得差異數 $\mu_{ij}-\mu_{i\cdot}$，將此差異值對所有 A 的水準求平均值，即

$$\sum_{i=1}^{a}(\mu_{ij}-\mu_{i\cdot})/a=\mu_{\cdot j}-\mu..$$

則交互作用項

$$(\tau\beta)_{ij}=\mu_{ij}-\mu_{i\cdot}-\mu_{\cdot j}+\mu..=(\mu_{ij}-\mu_{i\cdot})-(\mu_{\cdot j}-\mu..)$$

表示在因子 A 的第 i 水準下，因子 B 的第 j 水準的個別差異數 $\mu_{ij}-\mu_{i\cdot}$ 與因子 B 的平均差異數 $(\mu_{\cdot j}-\mu..)$ 的差異數。在因子 A 的另一水準 i′ 下，因子 B 的第 j 水準的個別差異數 $\mu_{i'j}-\mu_{i'\cdot}$，若與 $\mu_{ij}-\mu_{i\cdot}$ 值相等，則表示 B 的第 j 水準的效果，不因 A 的水準由 i 變成 i′而不同，此即表示交互作用不存在。而 $\mu_{i'j}-\mu_{i'\cdot}=\mu_{ij}-\mu_{i\cdot}$ 則此差異數對 i 的平均值 $\mu_{\cdot j}-\mu..=\mu_{ij}-\mu_{i\cdot}=\mu_{i'j}-\mu_{i'\cdot}$，故

$$(\tau\beta)_{ij}=(\mu_{ij}-\mu_{i\cdot})-(\mu_{\cdot j}-\mu..)=0$$

表示因子 A 的第 i 水準與因子 B 的第 j 水準沒有交互作用存在。

二因子變異數分析對 A, B 二因子有同等的興趣，因此研究的重點有三。

一為檢定 A 因子的處理效果存在否，即檢定

$$H_0: \tau_1=\tau_2=\cdots=\tau_a=0 \tag{6.3}$$

對立　H_1：至少有一 $\tau_i \neq 0$

一為檢定 B 因子的處理效果存在否，即檢定

$$H_0: \beta_1=\beta_2=\cdots=\beta_b=0 \tag{6.4}$$

對立　H_1：至少有一 $\beta_j \neq 0$

另一為檢定 A, B 兩因子的交互作用存在否，即檢定

$$H_0: (\tau\beta)_{ij}=0 \text{ 對所有 i, j} \tag{6.5}$$

對立　$H_1:$ 至少有一$(\tau\beta)_{ij}=0$

6-3　參數的估計與變異數分析

　　模式(6.1)的參數值未知，因此需要估計。爲符號方便起見，令 $Y_{j..}$ 表示因子 A 的第 i 水準下的所有觀察值的和，$Y_{.j.}$ 表示因子 B 的第 j 水準下，所有觀察值的和，$Y_{ij.}$ 表示 A 的第 i 水準 B 的第 j 水準組成的處理下，所有觀察值的和，$Y...$ 表示全部 abn 個觀察值的總和。並令 $\overline{Y}_{i..}$，$\overline{Y}_{.j.}$，$\overline{Y}_{ij.}$ 及 $\overline{Y}...$ 分別表示對應的 A 因子，B 因子的水準平均，(ij)處理的樣本均值及全體的樣本均值。其對應的數學式爲

$$Y_{i..}=\sum_{j=1}^{b}\sum_{k=1}^{n}Y_{ijk} \qquad \overline{Y}_{i..}=\frac{Y_{i..}}{bn} \qquad i=1, 2, \cdots, a \tag{6.6 a}$$

$$Y_{.j.}=\sum_{i=1}^{a}\sum_{k=1}^{n}Y_{ijk} \qquad \overline{Y}_{.j.}=\frac{Y_{.j.}}{an} \qquad j=1, 2, \cdots, b \tag{6.6 b}$$

$$Y_{ij.}=\sum_{k=1}^{n}Y_{ijk} \qquad \overline{Y}_{ij.}=\frac{Y...}{n} \qquad \begin{matrix} i=1, 2, \cdots, a \\ j=1, 2, \cdots, b \end{matrix} \tag{6.6 c}$$

$$Y...=\sum_{i=1}^{a}\sum_{j=1}^{b}\sum_{k=1}^{n}Y_{ijk} \qquad \overline{Y}...=\frac{Y...}{abn} \tag{6.6 d}$$

當對所有 i=1, 2, $\cdots$, a; j=1, 2, $\cdots$, b, $\tau_i=0$, $\beta_j=0$, $(\tau\beta)_{ij}=0$ 時，$\mu_{ij}=\mu..=\mu$，此時 Y_{ijk} 的機率分配均爲 $N(\mu, \sigma^2)$，且 Y_{ijk} 彼此獨立，因此全部 abn 個觀察值，可視爲是常態母體 $N(\mu, \sigma^2)$ 抽出的 abn 個隨機樣本，其樣本均值

$$\hat{\mu}=\overline{Y}...=\sum_{i=1}^{a}\sum_{j=1}^{b}\sum_{k=1}^{n}Y_{ijk}/(abn)$$

由 2-3 節所述，爲 μ 的不偏且變異最小的估計式。同理，對 A 因子的第 i 個水準而言，其所有樣本觀察值的均值 $\hat{\mu}_i.=\overline{Y}_{i..}$ 是 $\mu_i.$ 的優良估計式，

則 $\quad \hat{\tau}_i = \hat{\mu}_i. - \hat{\mu} = \overline{Y}_i.. - \overline{Y}..., \quad i=1, 2, \cdots, a,$

是 $\tau_i = \mu_i. - \mu.$ 的優良估計式。同理

$$\hat{\beta}_j = \hat{\mu}_{.j} - \hat{\mu}. = \overline{Y}_{.j}. - \overline{Y}..., \quad j=1, 2, \cdots, b,$$

是 $\beta_j = \mu_{.j} - \mu$ 的優良估計式。又第 i, j 處理的母體均值 μ_{ij} 在 Y_{ijk} 爲常態 $N(\mu_{ij}, \sigma^2)$ 的假設下,其樣本均值 $\overline{Y}_{ij}. = \hat{\mu}_{ij}$ 是 μ_{ij} 的不偏且變異最小的估計式,因此

$$(\widehat{\tau\beta})_{ij} = \hat{\mu}_{ij} - \hat{\mu}_i. - \hat{\mu}_{.j} + \hat{\mu}. = \overline{Y}_{ij}. - \overline{Y}_i.. - \overline{Y}_{.j}. + \overline{Y}...,$$

是 $(\tau\beta)_{ij}$ 的優良估計式, i=1, 2, $\cdots$, a; j=1, 2, $\cdots$, b。若將模式(6.1) 的右式以估計式代換,則

$$
\begin{aligned}
Y_{ijk} &= \hat{\mu} + \hat{\tau}_i + \hat{\beta}_j + (\widehat{\alpha\beta})_{ij} + \hat{\varepsilon}_{ijk} \\
&= \overline{Y}... + (\overline{Y}_i.. - \overline{Y}...) + (\overline{Y}_{.j}. - \overline{Y}...) \\
&\quad + (\overline{Y}_{ij}. - \overline{Y}_i.. - \overline{Y}_{.j}. + \overline{Y}...) + \hat{\varepsilon}_{ijk} \\
&= \overline{Y}_{ij}. + \hat{\varepsilon}_{ijk}
\end{aligned}
$$

則 $\quad \hat{\varepsilon}_{ijk} = Y_{ijk} - \overline{Y}_{ij}.$

可以估計誤差項 ε_{ijk},以上估計法可整理成

$$Y_{ijk} = \quad \mu \quad + \quad \tau_i \quad + \quad \beta_j \quad + \quad (\tau\beta)_{ij} \quad + \quad \varepsilon_{ijk}$$
$$\quad\quad \uparrow \quad\quad\quad \uparrow \quad\quad\quad \uparrow \quad\quad\quad\quad \uparrow \quad\quad\quad\quad \uparrow$$
$$Y_{ijk} = \overline{Y}... + (\overline{Y}_i.. - \overline{Y}...) + (\overline{Y}_{.j}. - \overline{Y}...) + (\overline{Y}_{ij}. - \overline{Y}_j.. - \overline{Y}_{.j}. + \overline{Y}...) + (Y_{ijk} - \overline{Y}_{ij}.)$$

$$(6.7)$$

$\nu=1, 2, \cdots, a; \quad j=1, 2, \cdots, b; \quad k=1, 2, \cdots, n。$

　　一般爲了計算方便,常將表 6.5 觀察值 Y_{ijk} 對 k 的加總和 $Y_{ij}.$,即將 表 6.5 的第 i 列第 j 行的方塊內的 Y_{ijk} 加總,和 $Y_{ij}.$ 記在方塊中用一小 圓圈起來。表 6.5 的第 i 列,共 bn 個觀察值的加總,$Y_i..$,記在對應列 的最下端。再將 $Y_i..$ 對 i 求和,或將 $Y_{.j}.$ 對 j 加總求和,得 $Y...$,記在表 的最右下角,得下表 6.6

表 6.6　二因子變異數分析的計算表

		因　子　B				加總
		1	2	⋯	b	
因子A	1	$Y_{111}, Y_{112},$ ⋯, Y_{11n}　$Y_{11.}$	$Y_{121}, Y_{122},$ ⋯, Y_{12n}　$Y_{12.}$	⋯	Y_{1b1}, Y_{1b2} ⋯, Y_{1bn}　$Y_{1b.}$	$Y_{1..}$
	2	$Y_{211}, Y_{212},$ ⋯, Y_{21n}　$Y_{21.}$	$Y_{221}, Y_{222},$ ⋯, Y_{22n}　$Y_{22.}$	⋯	Y_{2b1}, Y_{2b2} ⋯, Y_{2bn}　$Y_{2b.}$	$Y_{2..}$
	⋮	⋮	⋮	⋯	⋮	⋮
	a	$Y_{a11}, Y_{a12},$ ⋯, Y_{a1n}　$Y_{a1.}$	$Y_{a21}, Y_{a22},$ ⋯, Y_{a2n}　$Y_{a2.}$	⋯	Y_{ab1}, Y_{ab2} ⋯, Y_{abn}　$Y_{ab.}$	$Y_{a..}$
加總		$Y_{.1.}$	$Y_{.2.}$	⋯	$Y_{.b.}$	$Y_{...}$

由上表 6.6 並對照公式 (6.6 a)，(6.6 b)，(6.6 c)，(6.6 d) 則，將表最右端的 $Y_{1..}$ 值除以加總個數 bn，則得 $\overline{Y}_{1..}$。表最下方一行的 $Y_{.j.}$ 值除以加總個數 an，則得 $\overline{Y}_{.j.}$，又最右下角的 $Y_{...}$ 除以總個數 abn，則得總平均值 $\overline{Y}_{...}$。

例 6.4　果汁口味與包裝

　　果汁口味與包裝法的不同可得各種不同銷售量，資料如表 6.4，今若欲估計各種口味下果汁的平均銷售量，各種包裝法下各種平均銷售量，及各因子效果 τ_i，β_j，和交互作用項 $(\tau\beta)_{ij}$ 的效果，則可由表 6.6 的計算法，得

表 6.7　果汁銷售量均值的計算表

口味	包　裝　法						加總
	罐裝		瓶裝		鋁包		
柳橙	39　38 37　37	⑮⑤① (151)	31　33 32　32	(128)	45　42 44　44	(175)	454
蘋果	26　27 25　28	(106)	22　22 25　23	(92)	32　31 33　32	(128)	326
檸檬	30　32 31　31	(124)	24　28 25　26	(103)	35　36 36　34	(141)	368
加總		381		323		444	1148

故　　柳橙的平均銷售量是 $\overline{Y}_{1..}=454/12=37.833$

罐裝果汁的平均銷售量 $\overline{Y}_{.1.}=381/12=31.75$

罐裝柳橙的平均銷售量 $\overline{Y}_{11.}=151/4=37.75$

其餘平均銷售量可以類推，而總平均銷售量為 $\overline{Y}_{...}=1148/36=31.889$

以表列示如下

表 6.8　果汁的平均銷售量

(因子 A) 口　味	包裝法　(因子 B)			$\overline{Y}_{i..}$
	罐裝	瓶裝	鋁包	
柳橙	37.75	32.0	43.75	37.833
蘋果	26.50	23.0	32.0	27.167
檸檬	31.0	25.75	35.25	30.667
$\overline{Y}_{.j.}$	31.75	26.917	37.0	$\overline{Y}_{...}=31.889$

　　將果汁口味與包裝法的九種處理平均值，對 A 因子（口味）的三個水準做散佈圖，並將 B 因子同一水準的對應點連成一直線，如下圖

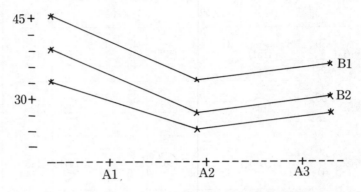

圖 6.3　果汁平均銷售量的散佈圖

圖形顯示反應曲線幾乎是相互平行的，只有在左下方兩線比較不平行，因此 A，B 的交互作用，似乎有一些，但效果不是很顯著。估計各因子水準的效果$\hat{\tau}_i$，$\hat{\beta}_j$，及交互作用效果$(\hat{\tau\beta})_{ij}$，則得

$$\hat{\tau}_1 = \hat{\mu}_{1..} - \hat{\mu} = \overline{Y}_{1..} - \overline{Y}... = 37.833 - 31.889 = 5.944$$

$$\hat{\tau}_2 = \hat{\mu}_{2..} - \hat{\mu} = \overline{Y}_{2..} - \overline{Y}... = 27.167 - 31.889 = -4.722$$

$$\hat{\tau}_3 = \hat{\mu}_{3..} - \hat{\mu} = \overline{Y}_{3..} - \overline{Y}... = 30.667 - 31.889 = -1.222$$

$$\hat{\beta}_1 = \hat{\mu}_{.1.} - \hat{\mu} = \overline{Y}_{.1.} - \overline{Y}... = 31.75 - 31.889 = -0.139$$

$$\hat{\beta}_2 = \hat{\mu}_{.2.} - \hat{\mu} = \overline{Y}_{.2.} - \overline{Y}... = 26.917 - 31.889 = -4.972$$

$$\hat{\beta}_3 = \hat{\mu}_{.3.} - \hat{\mu} = \overline{Y}_{.3.} - \overline{Y}... = 37.0 - 31.889 = 5.111$$

$$(\tau\beta)_{11} = \overline{Y}_{11.} - \overline{Y}_{1..} - \overline{Y}_{.1.} + \overline{Y}...$$

$$= 37.75 - 37.833 - 31.75 + 31.889 = 0.056$$

$$(\tau\beta)_{12} = \overline{Y}_{12.} - \overline{Y}_{1..} - \overline{Y}_{.2.} + \overline{Y}...$$

$$= 32.0 - 37.833 - 26.917 + 31.889 = -0.861$$

$(\tau\beta)_{13} = \overline{Y}_{13.} - \overline{Y}_{1..} - \overline{Y}_{.3.} + \overline{Y}_{...}$

$\qquad = 43.75 - 37.833 - 37.0 + 31.889 = 0.806$

$(\tau\beta)_{21} = \overline{Y}_{21.} - \overline{Y}_{2..} - \overline{Y}_{.1.} + \overline{Y}_{...}$

$\qquad = 26.50 - 27.167 - 31.75 + 31.889 = -0.528$

$(\tau\beta)_{22} = \overline{Y}_{22.} - \overline{Y}_{2..} - \overline{Y}_{.2.} + \overline{Y}_{...}$

$\qquad = 23.0 - 27.167 - 26.917 + 31.889 = 0.805$

$(\tau\beta)_{23} = \overline{Y}_{23.} - \overline{Y}_{2..} - \overline{Y}_{.3.} + \overline{Y}_{...}$

$\qquad = 32.0 - 27.167 - 37.0 + 31.889 = -0.278$

$(\tau\beta)_{31} = \overline{Y}_{31.} - \overline{Y}_{3..} - \overline{Y}_{.1.} + \overline{Y}_{...}$

$\qquad = 31.0 - 30.667 - 31.75 + 31.889 = 0.472$

$(\tau\beta)_{32} = \overline{Y}_{32.} - \overline{Y}_{3..} - \overline{Y}_{.2.} + \overline{Y}_{...}$

$\qquad = 25.75 - 30.667 - 26.917 + 31.889 = 0.055$

$(\tau\beta)_{33} = \overline{Y}_{33.} - \overline{Y}_{3..} - \overline{Y}_{.3.} + \overline{Y}_{...}$

$\qquad = 35.25 - 30.667 - 37.0 + 31.889 = 0.528$

其中 $|\hat{\tau}_1|$, $|\hat{\tau}_2|$ 值較大,可能表示 A 因子(果汁口味)效果顯著,$|\hat{\beta}_2|$, $|\hat{\beta}_3|$ 值較大,可能亦表示因子 B(包裝法)效果顯著,而 $(\tau\beta)_{ij}$ 的絕對值都不太大,亦顯示交互作用可能不明顯。但這只是粗略的評估,更正式的檢定因子效果存在否,應做變異數分析的 F 檢定。

例 6.5 反應條件與雜質

某鋼鐵廠生產的鋼鐵雜質包含比率可能會受反應爐溫度及冷却時間的影響,設爐溫取 200°C、250°C兩水準,而冷却時間取 2, 3, 4 小時三水準,各因子水準的組合反覆三次,做二因子實驗,得資料如下

表 6.9　雜質比率數據的計算

溫度(A 因子)	時　間（B 因子）						加總
	2 小時		3 小時		4 小時		
200°C	2.32 2.29 2.41	(7.02)	1.38 1.44 1.50	(4.32)	2.02 1.96 1.90	(5.88)	17.22
250°C	1.94 1.80 1.98	(5.73)	1.90 1.80 1.85	(5.55)	1.48 1.54 1.43	(4.45)	15.73
加總	12.75		9.87		10.33		32.95

上表各方格內的小圓圈數據是三次反覆觀察值的和，表上最右端一行是各列的加總，最下方一列是各行的加總，右下角 32.95＝Y... 爲 18 個觀察值的總和。將各加總和除以各對應的觀察值個數，則 $\hat{\mu}_{i..}=\overline{Y}_{i..}$，$\hat{\mu}_{.j.}=\overline{Y}_{.j.}$，$\hat{\mu}_{ij.}=\overline{Y}_{ij.}$，$\hat{\mu}=\overline{Y}...$ 的值可計算得下表

表 6.10　雜質比率的各種平均數

溫度 （A 因子）	時間（B 因子）			$\overline{Y}_{i..}$
	2 小時	3 小時	4 小時	
200°C	2.34	1.44	1.96	1.91
250°C	1.91	1.85	1.48	1.75
$\overline{Y}_{.j.}$	2.125	1.645	1.72	$\overline{Y}...=1.83$

將上表中 $\overline{Y}_{ij.}$ 的值對各因子水準做散佈圖如下

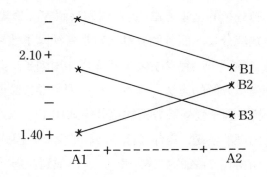

圖 6.4　鋼鐵雜質平均比率的散佈圖

由圖知，反應曲線交叉而不平行，故 A，B 兩因子的交互作用很顯著。若計算各因子水準的效果 $\hat{\tau}_i$，$\hat{\beta}_j$ 及交互作用 $(\hat{\tau\beta})_{ij}$，i＝1，2；j＝1，2，3，則得

$$\hat{\tau}_1=\overline{Y}_{1\cdot\cdot}-\overline{Y}\cdots=1.91-1.83=0.08$$

$$\hat{\tau}_2=\overline{Y}_{2\cdot\cdot}-\overline{Y}\cdots=1.75-1.83=-0.08$$

$$\hat{\beta}_1=\overline{Y}_{\cdot1\cdot}-\overline{Y}\cdots=2.125-1.83=0.295$$

$$\hat{\beta}_2=\overline{Y}_{\cdot2\cdot}-\overline{Y}\cdots=1.645-1.83=-0.185$$

$$\hat{\beta}_3=\overline{Y}_{\cdot3\cdot}-\overline{Y}\cdots=1.72-1.83=-0.11$$

$$(\tau\beta)_{11}=\overline{Y}_{11\cdot}-\overline{Y}_{1\cdot\cdot}-\overline{Y}_{\cdot1\cdot}+\overline{Y}\cdots=2.34-1.91-2.125+1.83=0.135$$

$$(\tau\beta)_{12}=\overline{Y}_{12\cdot}-\overline{Y}_{1\cdot\cdot}-\overline{Y}_{\cdot2\cdot}+\overline{Y}\cdots=1.44-1.91-1.645+1.83=-0.285$$

$$(\tau\beta)_{13}=\overline{Y}_{13\cdot}-\overline{Y}_{1\cdot\cdot}-\overline{Y}_{\cdot3\cdot}+\overline{Y}\cdots=1.96-1.91-1.72+1.83=0.16$$

$$(\tau\beta)_{21}=\overline{Y}_{21\cdot}-\overline{Y}_{2\cdot\cdot}-\overline{Y}_{\cdot1\cdot}+\overline{Y}\cdots=1.91-1.75-2.12+1.83=-0.135$$

$$(\tau\beta)_{22}=\overline{Y}_{22\cdot}-\overline{Y}_{2\cdot\cdot}-\overline{Y}_{\cdot2\cdot}+\overline{Y}\cdots=1.85-1.75-1.645+1.83=0.285$$

$$(\tau\beta)_{23}=\overline{Y}_{23\cdot}-\overline{Y}_{2\cdot\cdot}-\overline{Y}_{\cdot3\cdot}+\overline{Y}\cdots=1.48-1.75-1.72+1.83=-0.16$$

以上因子效果的估計值，雖然絕對值都不很大，但是觀察值本身大都只是 1 至 2 間的數字，因此相對而言，這些因子效果的估計值可能都已夠大，而使主因子效果，τ_i，β_j 式交互效果 $(\tau\beta)_{ij}$ 都很顯著。這些有待正式變異數分析的 F 檢定來證實。

　　二因子變異數分析的基本方法，還是將觀察值 Y_{ijk} 對總平均值 $\overline{Y}...$ 的總變異分割爲幾個分量，而各個分量恰對應各種因子效果的變異，這些變異可解釋爲各種因子（包含主因子及交互作用因子）對總變異影響的大小。這種總變量分解的方法，基本上和單因子變異數分析總變異分解的原理一樣，將二因子變異數分析的統計模式(6.1)，以上述各因子效果的估計式代換對應的參數，再作各種平方和的解析。模式(6.1)用估計式代換參數後，所得(6.7)式的右邊，將 $\overline{Y}...$ 移項到左邊，得

$$Y_{ijk}-\overline{Y}...=(\overline{Y}_{i}..-\overline{Y}...)+(\overline{Y}._{j}.-\overline{Y}...)$$
$$+(\overline{Y}_{ij}.-\overline{Y}_{i}..-\overline{Y}._{j}.-\overline{Y}...)+(Y_{ijk}-\overline{Y}_{ij}.)$$

上式兩邊平方得

$$\sum_{i=1}^{a}\sum_{j=1}^{b}\sum_{k=1}^{n}(Y_{ijk}-\overline{Y}...)^2=\sum_{i=1}^{a}\sum_{j=1}^{b}\sum_{k=1}^{n}\{(\overline{Y}_{i}..-\overline{Y}...)+(\overline{Y}._{j}.-\overline{Y}...)$$
$$+(\overline{Y}_{ij}.-\overline{Y}_{i}..-\overline{Y}._{j}.+\overline{Y}...)$$
$$+(Y_{ijk}-\overline{Y}_{ij}.)\}^2$$
$$=bn\sum_{i=1}^{a}(\overline{Y}_{i}..-\overline{Y}...)^2+an\sum_{j=1}^{b}(\overline{Y}._{j}.-\overline{Y}...)^2$$
$$+n\sum_{i=1}^{a}\sum_{j=1}^{b}(\overline{Y}_{ij}.-\overline{Y}_{i}..-\overline{Y}._{j}.+\overline{Y}...)^2$$
$$+\sum_{i=1}^{a}\sum_{j=1}^{b}\sum_{k=1}^{n}(Y_{ijk}-\overline{Y}_{ij}.)^2 \qquad (6.8)$$

其中六個交叉相乘項

$$2\sum_{i}\sum_{j}\sum_{k}(\overline{Y}_{i}..-\overline{Y}...)(\overline{Y}._{j}.-\overline{Y}...)=0$$

$$2\sum_{i}\sum_{j}\sum_{k}(\overline{Y}_{i}..-\overline{Y}...)(\overline{Y}_{ij}.-\overline{Y}_{i}..-\overline{Y}._{j}.+\overline{Y}...)=0$$

$$2\sum_{i}\sum_{j}\sum_{k}(\overline{Y}_{i}..-\overline{Y}...)(Y_{ijk}-\overline{Y}_{ij}.)=0$$

$$2\sum_{i}\sum_{j}\sum_{k}(\overline{Y}._{j}.-\overline{Y}...)(\overline{Y}_{ij}.-\overline{Y}_{i}..-\overline{Y}._{j}.+\overline{Y}...)=0$$

$$2\sum_{i}\sum_{j}\sum_{k}(\overline{Y}._{j}.-\overline{Y}...)(Y_{ijk}-\overline{Y}_{ij}.)=0$$

$$2\sum_i\sum_j\sum_k(\overline{Y}_{ij\cdot}-\overline{Y}_{i\cdot\cdot}-\overline{Y}_{\cdot j\cdot}+\overline{Y}_{\cdots})(Y_{ijk}-\overline{Y}_{ij\cdot})=0$$

因此(6.8)式左邊的平方和可以分解成四個平方和的加總，若令

$$SS_T=\sum_{i=1}^{a}\sum_{j=1}^{b}\sum_{k=1}^{n}(Y_{i\cdots}-\overline{Y}_{\cdots})^2$$

$$SS_A=\sum_{i=1}^{a}\sum_{j=1}^{b}\sum_{k=1}^{n}(\overline{Y}_{i\cdots}-\overline{Y}_{\cdots})^2=bn\sum_{i=1}^{a}(\overline{Y}_{i\cdots}-\overline{Y}_{\cdots})^2$$

$$SS_B=\sum_{i=1}^{a}\sum_{j=1}^{b}\sum_{k=1}^{n}(\overline{Y}_{\cdot j\cdot}-\overline{Y}_{\cdots})^2=an\sum_{i=1}^{b}(\overline{Y}_{\cdot j\cdot}-\overline{Y}_{\cdots})^2$$

$$SS_{A\times B}=\sum_{i=1}^{a}\sum_{j=1}^{b}\sum_{k=1}^{n}(\overline{Y}_{ij\cdot}-\overline{Y}_{i\cdots}-\overline{Y}_{\cdot j\cdot}-\overline{Y}_{\cdots})^2$$

$$=n\sum_{i=1}^{a}\sum_{j=1}^{b}(\overline{Y}_{ij\cdot}-\overline{Y}_{i\cdots}-\overline{Y}_{\cdot j\cdot}+\overline{Y}_{\cdots})^2$$

且

$$SS_E=\sum_{i=1}^{a}\sum_{j=1}^{b}\sum_{k=1}^{n}(\overline{Y}_{ijk}-\overline{Y}_{ij\cdot})^2$$

則(6.8)式可記作

$$SS_T=SS_A+SS_B+SS_{A\times B}+SS_E \tag{6.9}$$

其中

SS_T 稱爲總平方和, 表示個別觀察值 Y_{ijk} 對總平均值 $\overline{Y}_{\cdots}$ 的差異平方總和。SS_A 稱爲因子 A 的平方和(Sum of squares due to factor A)，表示因子 A 的水準平均值 $\overline{Y}_{i\cdots}$ 之間變異的大小。若 A 水準間變異愈大, 則 SS_A 愈大。SS_B 稱爲因子 B 的平方和(Sum of squares due to factor B)，表示因子 B 的水準平均值 $\overline{Y}_{\cdot j\cdot}$ 之間變異的大小, 若 B 水準間變異愈大, 則 SS_B 愈大。$SS_{A\times B}$ 稱爲 A, B 交互作用的平方和(Sum of squares due to interaction between A and B)，表示 ab 個處理之間交互作用的變異大小, $SS_{A\times B}$ 值愈大, 則 A, B 的交互作用愈明顯。SS_E 則稱爲誤差平方和(Sum of squares due to error)，表示各觀察值 Y_{ijk} 與其處理均值 $\overline{Y}_{ij\cdot}$ 的差異平方和。當每一處理之內的 n 個觀察

值 Y_{ijk} 分別全等於其對應的均值 $\overline{Y}_{ij.}$ 時，$SS_E=0$。如果把每一處理都當作一個常態母體，則 SS_E 是各個處理之內觀察值變異的混同平方和（Pooled sum of squares）。注意每一處理內反覆數 n，至少要大於或等於 2，$n \geq 2$，才能計算變異數。

(6.9)式各平方和的自由度，也可以類似單因子變異數分析來分解。其中

1. SS_T 的自由度是 abn-1。因爲觀察值 Y_{ijk} 共有 abn 個，而計算 SS_T 時，必滿足 $\overline{Y}... = (\sum_i \sum_j \sum_k Y_{ijk})/(abn)$ 的一個限制式，所以自由度減少一個而爲 abn-1。

2. SS_A 的自由度爲 a-1。因爲計算 SS_A 時，總共有 a 個變量 $\overline{Y}_{i..}$，則這些水準均值 $\overline{Y}_{i..}$ 需滿足 $\overline{Y}... = \sum_i \overline{Y}_{i..}/a$ 的限制式，故自由度減少一個而爲 a-1。

3. SS_B 的自由度爲 b-1。因爲計算 SS_B 時，總共有 b 個變量 $\overline{Y}_{.j.}$，而這些水準均值 $\overline{Y}_{.j.}$ 需滿足 $\overline{Y}... = \sum_j \overline{Y}_{.j.}/b$ 的限制式，故自由度減去一個而爲 b-1。

4. $SS_{A \times B}$ 的自由度爲 $(a-1)(b-1)$。因爲計算 $SS_{A \times B}$ 時，總共有 ab 個變量 $\overline{Y}_{ij.}$，但這些處理均值 $\overline{Y}_{ij.}$ 需滿足以下限制式

(a)對所有 i=1, 2, …, a 而言

$$\sum_{j=1}^{b} (\overline{Y}_{ij.} - \overline{Y}_{i..} - \overline{Y}_{.j.} + \overline{Y}...) = \sum_{j=1}^{b} (\widehat{\tau\beta})_{ij} = 0$$

(b)對所有 j=1, 2, …, b 而言

$$\sum_{i=1}^{a} (\overline{Y}_{ij.} - \overline{Y}_{i..} - \overline{Y}_{.j.} + \overline{Y}...) = \sum_{i=1}^{a} (\widehat{\tau\beta})_{ij} = 0$$

(a)中有 a 個方程式，若全部加總則得 $\sum_{i=1}^{a}\sum_{j=1}^{b} (\widehat{\tau\beta})_{ij} = 0$， (b)中有 b 個方程式，若全部加總則得 $\sum_{j=1}^{b}\sum_{i=1}^{a}(\widehat{\tau\beta})_{ij}=0$，兩個全部加總實爲相同，這表示(a)和(b)兩組方程式雖總共有 a+b 個，但實際上彼此有一個相依性，而完全獨立的方程式實在只有 a+b−1 個。因此 $SS_{A\times B}$ 的自由度應由 ab 減去 a+b−1 個（限制式），而得 ab−(a+b−1)＝(a−1)(b−1)。

5.　SS_E 的自由度是 ab(n−1)。因爲 SS_E 是 SS_T 減去 SS_A, SS_B 及 $SS_{A\times B}$ 所得餘數，故其對應的自由度應爲各平方和對應的自由度相減（由 Cochan 定理）。即

$$(abn-1)-(a-1)-(b-1)-(a-1)(b-1)=abn-ab$$
$$=ab(n-1)$$

或由 SS_E 的定義式觀察，對每一處理之內觀察值的變異而言，$\sum_{k=1}^{n}(Y_{ijk}-\overline{Y}_{ij}.)^2$ 是 n 個觀察值，而滿足 $\overline{Y}_{ij}.=\sum_{i=1}^{n}y_{ijk}/n$ 的一個限制式，故其自由度是 n−1。$SS_E=\sum_{i}\sum_{j}\left[\sum_{k}(Y_{ijk}-\overline{Y}_{ij}.)^2\right]$，對每一 ij 處理，中括號內的平方和自由度均爲 n−1, i=1, 2, …, a, j=1, 2, …, b, 共有 ab 個(n−1)，故 SS_E 的自由度是 ab(n−1)。

以上討論可以整理成下表

因子效果	對應的自由度
A	a−1
B	b−1
A×B 交互作用	(a−1)(b−1)
誤差	ab(n−1)
總和	abn−1

　　實際計算各平方和時，如有計算機或統計套裝軟體，則由電腦計算自然最好。如要手算，或用手上型計算機計算，則可用下列簡捷法公式。

公式 6.1　$SS_T = \sum_{i=1}^{a}\sum_{j=1}^{b}\sum_{k=1}^{n} \overline{Y}_{ijk}^{2} - \dfrac{Y...^{2}}{abn}$

$SS_A = \sum_{i=1}^{a} \dfrac{Y_{i..}^{2}}{bn} - \dfrac{Y...^{2}}{abn}$

$SS_B = \sum_{j=1}^{b} \dfrac{Y_{.j.}^{2}}{an} - \dfrac{Y...^{2}}{abn}$

$SS_{A\cdot B} = \sum_{i=1}^{a}\sum_{j=1}^{b} \dfrac{Y_{ij.}^{2}}{n} - \dfrac{Y...^{2}}{abn}$

$SS_{A\times B} = SS_{A\cdot B} - SS_A - SS_B$

$SS_E = SS_T - SS_{A\cdot B} = SS_T - SS_A - SS_B - SS_{A\times B}$

其中 $SS_{A\times B}$ 的計算常分二段，首先計算 $SS_{A\cdot B}$，$SS_{A\cdot B} = \sum_i^a \sum_j^b \sum_k^n (\overline{Y}_{ij.} - \overline{Y}...)^2$ 表示 ab 個處理均值 $\overline{Y}_{ij.}$ 對總平均值的 $\overline{Y}...$ 的變異，因為 $\overline{Y}_{ij.}$ 滿足 $\overline{Y}... = \sum_i \sum_j \overline{Y}_{ij.} / (ab)$ 的限制式，故 $SS_{A\cdot B}$ 的自由度為 ab-1。這個計算公式和 SS_A, SS_B, SS_T 型態相似，都是觀察值平方和減去 $y^2.. / (abn)$，因此比較容易計算。而 $SS_{A\times B} = SS_{A\cdot B} - SS_A - SS_B$ 的公式，對應於自由度的運算，亦很容易看出 $SS_{A\times B}$ 的自由度應為

$$(ab-1) - (a-1) - (b-1) = (a-1)(b-1)$$

由公式 6.1，求各種平方和時，僅需先計算

$$\sum_{i=1}^{a}\sum_{j=1}^{b}\sum_{k=1}^{n} Y_{ijk}^{2}, \quad \sum_{i=1}^{a} \dfrac{Y_{i..}^{2}}{bn}, \quad \sum_{j=1}^{b} \dfrac{Y_{.j.}^{2}}{bn}, \quad \sum_{i=1}^{a}\sum_{j=1}^{b} \dfrac{Y_{ij.}^{2}}{n}, \quad \dfrac{Y...^{2}}{abn}$$

等五個數量。其中 $Y_{i..}$, $Y_{.j.}$, Y, $Y...$ 都已在表 6.6 的最右端及最下方計算完成，$\sum_i \sum_j \sum_k Y_{ijk}^2$ 的計算則將表 6.5 原始資料，個別平方再求和，計算如下表

表 6.11　平方和的計算表

因　子　B

	1	2	⋯	b	和
1	$Y_{111}^2, Y_{112}^2,$ $\cdots, Y_{11n}^2$	$Y_{121}^2, Y_{122}^2,$ $\cdots, Y_{12n}^2$	⋯	$Y_{1b1}^2, Y_{1b2}^2,$ $\cdots, Y_{1bn}^2$	$\sum_j \sum_k Y_{1jk}^2$
2	$Y_{211}^2, Y_{212}^2,$ $\cdots, Y_{21n}^2$	$Y_{221}^2, Y_{222}^2,$ $\cdots, Y_{22n}^2$	⋯	$Y_{2b1}^2, Y_{2b2}^2,$ $\cdots, Y_{2bn}^2$	$\sum_j \sum_k Y_{2jk}^2$
因子A ⋮	⋮	⋮	⋯	⋮	
a	$Y_{a11}^2, Y_{a12}^2,$ $\cdots, Y_{a1n}^2$	$Y_{a21}^2, Y_{a22}^2,$ $\cdots, Y_{a2n}^2$	⋯	$Y_{ab1}^2, Y_{ab2}^2,$ $\cdots, Y_{abn}^2$	$\sum_j \sum_k Y_{ajk}^2$
				加總	$\sum_i \sum_j \sum_k Y_{ijk}^2$

各因子平方和除以其所對應的自由度，所得值稱爲均方(Mean square)，記作

$$MS_A = \frac{SS_A}{a-1}$$

$$MS_B = \frac{SS_B}{b-1}$$

$$MS_{A \times B} = \frac{SS_{A \times B}}{(a-1)(b-1)}$$

$$MS_E = \frac{SS_E}{ab(n-1)}$$

各因子均方不像平方和而沒有可加性，但各均方的期望值在固定效果模式下，可證明滿足下列等式

$$E(MS_A) = E\left(\frac{SS_A}{a-1}\right) = \sigma^2 + \frac{bn\sum_{i=1}^{a}\tau_i^2}{a-1} \tag{6.10}$$

$$E(MS_B) = E\left(\frac{SS_B}{b-1}\right) = \sigma^2 + \frac{an\sum_{j=1}^{b}\beta_i^2}{b-1} \tag{6.11}$$

$$E(MS_{A\times B}) = E\left(\frac{SS_{A\times B}}{(a-1)(b-1)}\right) = \sigma^2 + \frac{n\sum_{i=1}^{a}\sum_{j=1}^{b}(\tau\beta)_{ij}^2}{(a-1)(b-1)} \tag{6.12}$$

且 $$E(MS_E) = E\left(\frac{SS_E}{ab(n-1)}\right) = \sigma^2 \tag{6.13}$$

以上均方的期望值有以下幾個特點

1. 不論各因子效果是否顯著, MS_E 是誤差項 ε_{ijk} 的變異數 σ^2 的不偏估計式。因為 ε_{ijk} 服從常態分配 $N(0, \sigma^2)$, 且互相獨立, 因此 Y_{ijk} 服從常態分配 $N(\mu_{ij}, \sigma^2)$ 且互相獨立, 則 $\sum_{i=1}^{n}(Y_{ijk}-\overline{Y}_{ij\cdot})^2/(n-1)$ 是第 ij 個處理可成母體分配 $N(\mu_{ij}, \sigma^2)$ 的變異數 σ^2 的不偏估計式。對各個處理的母體分配, 雖然 μ_{ij} 可能不同, 但 σ^2 大致相同, 因此 ab 個處理, 總共 abn 個觀察值的混合變異數估計 (Pooled estimation of variance) 為 MS_E, 即

$$\sum_{i=1}^{a}\sum_{j=1}^{b}\left[\sum_{k=1}^{n}(Y_{ijk}-\overline{Y}_{ij\cdot})^2\right]\Big/\left[\sum_{i=1}^{a}\sum_{j=1}^{b}(n-1)\right] = SS_E/[ab(n-1)] = MS_E$$

2. 當因子 A 的水準效果 τ_i 全等於 0 時, $\tau_i \equiv 0$, 由 (6.10) 式, 易知 $E(MS_A) = E(MS_E) = \sigma^2$, 即 $\tau_i \equiv 0$ 時, MS_A 與 MS_E 都是 σ^2 的不偏估計式, 因此兩個 σ^2 的估計式相除, MS_A/MS_E 的比值應該與 1 相差不大。而當 $\tau_i \neq 0$ 時, (6.10) 式的第二項為正數, 故使 $E(MS_A) > E(MS_E)$。直覺上其估計式 S_A 應大於 MS_E, 故 MS_A 值大過 MS_E 很多時, 即 MS_A/MS_E 比值相當大時, 即可能表示 τ_i 值不等於 0 點。

3. 如2.同理, 對因子 B 而言, 若水準效果 $\beta_j \equiv 0$, 則 $E(MS_B) = E(MS_E) = \sigma^2$, 故 MS_B/MS_E 的比值應該與 1 相差不大。而當 $\beta_j \neq 0$ 時, 由 (6.11) 式, 易知 $E(MS_B) > E(MS_E)$, 故當 MS_B/MS_E 比值夠大時, 即表

示 B 因子效果 $\beta_j \neq 0$。

4. A, B 交互作用項 $(\tau\beta)_{ij}$ 是否值為 0, 也可由 (6.12) 式看出。當 $(\tau\beta)_{ij} \equiv 0$ 時, $E(MS_{A \times B}) = E(MS_E)$, 故如 2. 同理, 直覺上此時 $MS_{A \times B}/MS_E$ 的比值應該與 1 相差不多。而當 $(\tau\beta)_{ij} \neq 0$ 時, 由 (6.12) 可得 $E(MS_{A \times B}) > E(MS_E)$, 故 $MS_{A \times B}/MS_E$ 的比值相當大時, 即表示 $(\tau\beta)_{ij}$ 值不等於 0。

理論上, 若虛無假設 H_0: $\tau_1 = \tau_2 = \cdots = \tau_a = 0$ 時, $\tau_i = \mu_{i.} - \mu = 0$, 即對所有 i = 1, 2, …, a, $\mu_i \equiv \mu$。在常態母體的假設下可以證明

$$SS_A / \sigma^2 \sim \chi^2(a-1)$$

且

$$SS_E / \sigma^2 \sim \chi^2(ab(n-1))$$

且 SS_A 與 SS_E 互為獨立。由 2.6 節的討論, 可得

$$F = \frac{\dfrac{SS_A}{\sigma^2}/(a-1)}{\dfrac{SS_E}{\sigma^2}/(ab(n-1))} = \frac{MS_A}{MS_E} \sim F(a-1, \ ab(n-1))$$

又由上述均方期望值的特性, 易知, F 值愈大, 則 $MS_A > MS_E$ 愈多, 故 $\tau_i \neq 0$, 而應拒絕虛無假設 H_0。反之, 當 F 值不太大時, MS_A 與 MS_E 差異不大, 則可能表示 $\tau_i = 0$。以 α 為顯著水準, 則所謂 F 值大或不大, 即由臨界值 $F_{\alpha, a-1, ab(n-1)}$ 決定, 即,

$$F = \frac{MS_A}{MS_E} > F_{\alpha, a-1, ab(n-1)} \ \text{時, 若且唯若拒絕} \ H_0: \ \tau_i \equiv 0 \quad (6.14)$$

同理, 當 H_0: $\beta_1 = \beta_2 = \cdots = \beta_b = 0$ 為真時

$$SS_B / \sigma^2 \sim \chi^2(b-1)$$

且 SS_B 與 SS_E 互為獨立, 故

$$F = \frac{\dfrac{SS_B}{\sigma^2}/(b-1)}{\dfrac{SS_E}{\sigma_2}/(ab(n-1))} = \frac{MS_B}{MS_E} \sim F(b-1, \ ab(n-1))$$

為檢定統計量。當顯著水準為 α，而

$$F = \frac{MS_B}{MS_E} > F_{\alpha, b-1, ab(n-1)} \text{ 時，拒絕虛無假設 } H_0 : \beta_j \equiv 0 \quad (6.15)$$

又對檢定 $H_0 : (\tau\beta)_{11} = (\tau\beta)_{12} = \cdots = (\tau\beta)_{ab} = 0$ 的問題，同理亦可得。

當 $H_0 : (\tau\beta)_{ij} \equiv 0$ 時，

$$\frac{SS_{A \times B}}{\sigma} \sim \chi^2((a-1)(b-1))$$

且 $SS_{A \times B}$ 與 SS_E 互為獨立，故取

$$F = \frac{\dfrac{SS_{A \times B}}{\sigma^2}/((a-1)(b-1))}{\dfrac{SS_E}{\sigma_2}/(ab(n-1))}$$

$$= \frac{MS_{A \times B}}{MS_E} \sim F((a-1)(b-1), \ ab(n-1))$$

為檢定統計量。在顯著水準 α 下

$$F = \frac{MS_{A \times B}}{MS_E} > F_{\alpha, (a-1)(b-1), ab(n-1)} \text{ 時}$$

拒絕虛無假設 $H_0 : (\tau\beta)_{ij} \equiv 0$ \hfill (6.16)

以上討論可整理成

公式 6.2

二因子變異數分析模式

$$Y_{ijk} = \mu + \tau_i + \beta_j + (\tau\beta)_{ij} + \varepsilon_{ijk} \qquad \begin{aligned} &i = 1, \ 2, \ \cdots, \ a \\ &j = 1, \ 2, \ \cdots, \ b \\ &k = 1, \ 2, \ \cdots, \ n \end{aligned}$$

在各處理反覆觀察 $n \geq 2$ 次的假設下，固定效果模式的二因子變異數分析表如下

表 6.12　　固定效果模式的二因子變異數分析表

變異來源	平方和	自由度	均方	F 值
因子 A	SS_A	$a-1$	$MS_A = \dfrac{SS_A}{a-1}$	$F_0 = \dfrac{MS_A}{MS_E}$
因子 B	SS_B	$b-1$	$MS_B = \dfrac{SS_B}{b-1}$	$F_0 = \dfrac{MS_B}{MS_E}$
交互作用	$SS_{A \times B}$	$(a-1)(b-1)$	$MS_{A \times B} = \dfrac{SS_{A \times B}}{(a-1)(b-1)}$	$F_0 = \dfrac{MS_{A \times B}}{MS_E}$
誤差	SS_E	$ab(n-1)$	$MS_E = \dfrac{SS_E}{ab(n-1)}$	
總和	SS_T	$abn-1$		

在顯著水準 α 之下，分別檢定 $H_0: \tau_i \equiv 0$，$H_0: \beta_j \equiv 0$ 或 $H_0: (\tau\beta)_{ij} \equiv 0$ 時，則取變異數分析表最後一行的 F 值，分別與(6.14)，(6.15)，(6.16)的臨界值分別比較其大小，而分別判定虛無假設是否成立。

例 6.6　果汁口味與包裝

果汁口味（因子 A）與包裝法（因子 B）的不同，可得各種不等的銷售量，今對表 6.4 的銷售量資料作變異數分析。

表 6.4 的所有觀察值平方，數值如下表

口味	包　裝　法					
	罐　　裝		瓶　　裝		鋁　　包	
柳橙	1521	1444	961	1089	2025	1764
	1369	1369	1024	1024	1936	1936
蘋果	676	729	484	484	1024	961
	625	784	625	529	1089	1024
檸檬	900	1024	576	784	1225	1296
	961	961	625	676	1296	1156

故將表上所有值加總，則得 $\sum_i \sum_j \sum_k Y_{ijk}{}^2 = 1521 + 1369 + \cdots + 1296 + 1156$

$= 37976$，而由例6.4表6.7已知各因子水準的各種加總和$Y_{ij}.$，$Y_{i}..$，

$Y_{.j}.$ 及 $Y_{...}$，故

$$SS_T = \sum_i \sum_j \sum_k Y_{ijk}{}^2 - \frac{Y_{...}{}^2}{abn} = 37976 - \frac{(1148)^2}{36} = 37976 - 36608.4$$

$$= 1367.6$$

又

$$SS_A = \sum_{i=1}^{a} \frac{Y_{i}..^2}{bn} - \frac{Y_{...}{}^2}{abn} = \frac{454^2 + 326^2 + 368^2}{12} - \frac{(1148)^2}{36}$$

$$= 37318 - 36608.4 = 709.6$$

$$SS_B = \sum_{i=1}^{b} \frac{Y_{.j}.^2}{an} - \frac{Y_{...}{}^2}{abn} = \frac{381^2 + 323^2 + 444^2}{12} - \frac{(1148)^2}{36}$$

$$= 37218.8 - 36608.4 = 610.4$$

$$SS_{A \cdot B} = \sum_{i=1}^{a} \sum_{j=1}^{b} \frac{Y_{.j}.^2}{n} - \frac{Y_{...}{}^2}{abn}$$

$$= \frac{151^2 + 128^2 + 175^2 + 106^2 + 92^2 + 128^2 + 124^2 + 103^2 + 104^2}{4}$$

$$- \frac{(1148)^2}{36} = 37940 - 36608.4 = 1331.6$$

$$SS_{A \times B} = SS_{A \cdot B} - SS_A - SS_B = 1331.6 - 709.6 - 610.4 = 11.6$$

而

$$SS_E = SS_T - SS_{A \cdot B} = 1367.6 - 1331.6 = 36.0$$

或由

$$SS_E = SS_T - SS_A - SS_B - SS_{A \times B} = 1367.6 - 709.6 - 610.4 - 11.6$$

$$= 36.0$$

代入表 6.12 的變異數分析表公式，因 a＝3，b＝3，n＝4 故

$$MS_A＝SS_A/(a-1)＝709.6/(3-1)＝354.8$$

$$MS_B＝SS_B/(b-1)＝610.4/(3-1)＝305.2$$

$$MS_{A×B}＝SS_{A×B}/(a-1)(b-1)＝11.6/(2×2)＝2.9$$

$$MS_E＝SS_E/(ab(n-1))＝36.0/(3×3×(4-1))$$
$$＝36/27＝1.33$$

又各 F 值可計算如下

$$MS_A/MS_E＝354.8/1.33＝266.08$$

$$MS_B/MS_E＝305.2/1.33＝228.90$$

$$MS_{A×B}/MS_E＝2.9/1.33＝2.18$$

整理得變異數分析表如下

表 6.13　果汁銷售量的二因子變異數分析表

變異來源	平方和	自由度	均方	F 值
口味(A)	709.6	2	354.8	266.08
包裝法(B)	610.4	2	305.2	228.90
交互作用	11.6	4	2.9	2.18
誤差	36.0	27	1.33	
總和		35		

其中誤差的自由度亦可由 SS_T 的自由度 35 減去誤差因子外的自由度而求得，即 $35-2-2-4＝27$。若取顯著水準為 $\alpha＝0.01$，則 $F＝266.08＞F_{0.01,2,27}＝5.49$，故拒絕 H_0：$\tau_i\equiv0$，即表示果汁口味則對應的平均銷售量差異非常顯著，果汁口味對銷售量影響很大。又 $F＝228.90＞F_{0.01,2,27}＝$

5.49, 故亦拒絕 H_0: $\beta_j \equiv 0$, 表示不同包裝法所對應的平均銷售量差異亦非常顯著, 包裝不同對果汁銷售量影響亦極大。對果汁口味與包裝法是否有交互影響作檢定時, 因 $F=2.18 < F_{0.01,4,27}=4.11$, 故無法拒絕 H_0: $(\tau\beta)_{ij} \equiv 0$, 即表示 A, B 兩因子交互作用不是很顯著。若取 $\alpha=0.1$, 則臨界值 $F_{0.1,4,27}=2.17 < F=2.18$, 故顯著水準放大時, 就可以拒絕 H_0: $(\tau\beta)_{ij} \equiv 0$, 即表示果汁口味與包裝法間是有些交互作用, 但不是非常顯著。此結論與例 6.4 散佈圖 6.1 所顯示的結果相吻合。由表 6.8, 易知平均銷售量最大的是柳橙鋁包這一種產品。

例 6.7　反應條件與雜質

爐溫與冷却時間對鋼鐵雜質比率的例 6.5 資料做二因子變異數分析如下。

由例 6.5 表 6.9 的觀察值各別平方, 數據列示如下

溫度 （A 因子）	時間（B 因子）		
	2 小時	4 小時	6 小時
200°C	5.382　　5.244 5.808	1.904　　2.074 2.250	4.08　　3.842 3.61
250°C	3.764　　3.24 3.92	3.61　　3.24 3.423	2.19　　2.372 2.045

將上表所有數值加總即得

$$\sum_i \sum_j \sum_k Y_{ijk}{}^2 = 5.382 + 5.244 + \cdots + 2.372 + 2.045 = 61.998$$

又由表 6.9 可知各因子水準的各種加總, $Y_{ij\cdot}$, $Y_{i\cdot\cdot}$, $Y_{\cdot j\cdot}$, 及 $Y_{\cdots}$ 等。故

$$SS_T = \sum_i \sum_j \sum_k Y_{ijk}{}^2 - \frac{Y...^2}{abn} = 61.998 - \frac{(32.95)^2}{18}$$

$$= 61.998 - 60.28 = 1.718$$

而

$$SS_A = \sum_i \frac{Y_{i}..^2}{bn} - \frac{Y...^2}{abn} = \frac{(17.22)^2 + (15.73)^2}{9} - \frac{(32.95)^2}{18}$$

$$= 60.405 - 60.28 = 0.125$$

$$SS_B = \sum_j \frac{Y_{\cdot j}.^2}{an} - \frac{Y...^2}{abn} = \frac{(12.75)^2 + (9.87)^2 + (10.33)^2}{6}$$

$$- \frac{(32.95)^2}{18} = 61.073 - 60.28 = 0.792$$

$$SS_{A\cdot B} = \sum_i \sum_j \frac{Y_{ij}.^2}{n} - \frac{Y...^2}{abn}$$

$$= \frac{(7.02)^2 + (4.32)^2 + (5.88)^2 + (5.73)^2 + (5.55)^2 + (4.45)^2}{3}$$

$$- \frac{(32.95)^2}{18} = 61.947 - 60.28 = 1.667$$

故

$$SS_{A\times B} = SS_{A\cdot B} - SS_A - SS_B = 1.667 - 0.125 - 0.792 = 0.75$$

$$SS_E = SS_T - SS_{A\cdot B} = SS_T - SS_A - SS_B - SS_{A\times B}$$

$$= 61.998 - 61.947 = 0.051$$

代入表 6.12 的變異數分析表公式，因 a=2，b=3，n=3，故

$$MS_A = SS_A/(a-1) = 0.125/(2-1) = 0.125$$

$$MS_B = SS_B/(b-1) = 0.792/(3-1) = 0.396$$

$$MS_{A\times B} = SS_{A\times B}/(a-1)(b-1) = 0.75/(1\times2) = 0.375$$

$$MS_E = SS_E/ab(n-1) = 0.051/(2\times3\times(3-1)) = 0.00425$$

其中 MS_E 的自由度，亦可由 SS_T 的自由度 17−1−2−2=12 而得。又各
F 值可計算如下

$$MS_A/MS_E = 0.125/0.00425 = 29.34$$

$$MS_B/MS_E = 0.396/0.00425 = 92.94$$

$$MS_{A\times B}/MS_E = 0.375/0.00425 = 87.96$$

整理得變異數分析表如下

表 6.14 鋼鐵雜質率的二因子變異數分析表

變異來源	平方和	自由度	均方	F 值
爐溫(A)	0.125	1	0.125	29.34
冷却時間(B)	0.792	2	0.396	92.94
交互作用	0.75	2	0.375	87.96
誤差	0.051	12	0.00425	
總和	1.718	17		

若取顯著水準 $\alpha = 0.01$, 則 $F = 29.34 > F_{0.01,1,12} = 9.33$, 故應拒絕虛無假設 H_0: $\tau_i \equiv 0$, 即表示爐溫不同則鋼鐵所含雜質率差異非常顯著, 爐溫對雜質率影響很大。又 $F = 92.94 > F_{0.01,2,12} = 6.93$, 故亦拒絕虛無假設 H_0: $\beta_j \equiv 0$, 此表示冷却時間不同則鋼鐵的雜質率差異亦非常顯著。而交互作用項對應的 F 值爲 $F = 87.96 > F_{0.01,2,12} = 6.93$, 故亦拒絕虛無假設 H_0: $(\tau\beta)_{ij} \equiv 0$, 因此爐溫與冷却時間有交互作用存在非常明顯。這與例 6.5 圖 6.2 的散佈圖結論吻合, 故要使鋼鐵雜質率變小, 應考慮 A, B 兩因子的互動關係, 而需爐溫與冷却時間同時考量。因此爐溫取 200°C冷却 3 小時則雜質比率最小, 爲最佳製程條件。

例 6.8 反應條件與產量

某化學工廠產品產量與化學反應時的反應溫度（因子 A）與溶液酸

鹹度 ph 值(因子 B)可能有密切關係，品質工程師想研究其間的關連是否顯著。於是取反應溫度三個水準(5℃，15℃，25℃)及 ph 值三個水準(5，7，9)，組合成九種處理(因子水準的組合)，在每個處理都做四次實驗，且 4×9＝36 次實驗的次序是隨機的。這個因子實驗所得產量資料，為了計算方便全部先減去 70，所得數據列示如下，各行列的加總等計算結果亦列示於表 6.15 中

表 6.15　產量資料與計算表（數據＝產量－70）

反應溫度 (因子 A)	ph 值（因子 B）									加總
	5			7			9			
5℃	10 5	9 4	(28)	8 3	6 7	(24)	13 9	12 10	(44)	96
15℃	10 9	6 11	(36)	9 6	13 12	(40)	5 8	10 9	(32)	108
25℃	7 4	4 5	(20)	12 14	14 16	(56)	8 12	10 12	(42)	118
加總		84			120			118		322

而各因子水準均值與處理均值整理如下

反應溫度	ph 值（因子 B）			$\overline{Y}_{\cdot i\cdot}$
（因子 A）	5	7	9	
5°C	7	6	11	8
15°C	9	10	8	9
25°C	5	14	10.5	9.833
$\overline{Y}_{\cdot j\cdot}$	7	10	9.833	$\overline{Y}... = 8.944$

各個觀察值的平方數據如下表

溫度	ph 值（因子 B）					
（因子 A）	5		7		9	
5°C	100	81	64	36	169	144
	25	16	9	49	81	100
15°C	100	36	81	169	25	100
	81	121	36	144	64	81
25°C	49	16	144	196	64	100
	16	25	196	256	144	144

則表上所有數值加總得

$$\sum_i \sum_j \sum_k Y_{ijk}^2 = 100 + 25 + 81 + \cdots + 144 + 100 + 144 = 3262$$

又由表 6.15 上各因子水準的加總值 $Y_{ij\cdot}$，$Y_{i\cdot\cdot}$，$Y_{\cdot j\cdot}$，及 $Y...$ 等代入簡捷法公式得

$$SS_T = \sum_i \sum_j \sum_k Y_{ijk}{}^2 - \frac{Y\dots{}^2}{abn} = 3262 - \frac{(322)^2}{36} = 3262 - 2880.11$$

$$= 381.89$$

$$SS_A = \sum_i \frac{Y_i\dots{}^2}{bn} - \frac{Y\dots{}^2}{abn} = \frac{96^2 + 108^2 + 118^2}{12} - \frac{(322)^2}{36}$$

$$= 2900.33 - 2880.11 = 20.22$$

$$SS_B = \sum_j \frac{Y_{\cdot j}\cdot{}^2}{an} - \frac{Y\dots{}^2}{abn} = \frac{84^2 + 120^2 + 118^2}{12} - \frac{(322)^2}{36}$$

$$= 2948.33 - 2880.11 = 68.22$$

$$SS_{A\cdot B} = \sum_i \sum_j \frac{Y_{ij}\cdot{}^2}{n} - \frac{Y\dots{}^2}{abn}$$

$$= \frac{28^2 + 24^2 + 44^2 + 36^2 + 40^2 + 32^2 + 20^2 + 56^2 + 42^2}{4}$$

$$- \frac{(322)^2}{36} = 3129 - 2880.11 = 248.89$$

故

$$SS_{A \times B} = SS_{A\cdot B} - SS_A - SS_B = 248.89 - 20.22 - 68.22 = 160.45$$

$$SS_E = SS_T - SS_{A\cdot B} = SS_T - SS_A - SS_B - SS_{A \times B}$$

$$= 381.89 - 248.89 = 133.0$$

代入表 6.12 的變異數分析表公式，因 a=3，b=3，n=4，故

$$MS_A = SS_A / (a-1) = 20.22/2 = 10.11$$

$$MS_B = SS_B / (b-1) = 68.22/2 = 34.11$$

$$MS_{A \times B} = SS_{A \times B} / (a-1)(b-1) = 160.45/4 = 40.11$$

$$MS_E = SS_E / ab(n-1) = 133.0 / (3 \times 3 \times 3) = 4.93$$

各 F 值可計算如下

$$MS_A / MS_E = 10.11/4.93 = 2.05$$

$$MS_B / MS_E = 34.11/4.93 = 6.92$$

$$MS_{A \times B} / MS_E = 40.11/4.93 = 8.14$$

其中誤差項的自由度，由總變異 SS_T 的自由度 35 減去 $(2+2+4)$ 得自由度 27。以上計算整理成變異數分析表得

表 6.16　產量的二因子變異數分析表

變異來源	平方和	自由度	均方	F 值
反應溫度(A)	20.22	2	10.11	2.05
ph 值(B)	68.22	2	34.11	6.92
交互作用	160.45	4	40.11	8.14
誤差	133.0	27	4.93	
總和	381.89	35		

取顯著水準 $\alpha=0.05$，以檢定反應溫度的效果 H_0：$\tau_i \equiv 0$ 否，因 F＝2.05＜$F_{0.05,2,27}$＝3.35，故不能拒絕 H_0，此表示反應溫度的變化對產品產量似乎影響不大。若取 $\alpha=0.01$ 以檢定 ph 值對產品產量的影響 H_0：β_j $\equiv0$ 否，因 F＝6.92＞$F_{0.01,2,27}$＝5.49，故 ph 值的不同則對應的產品產量差異非常顯著。對 A、B 因子的交互作用項而言，檢定 H_0：$(\tau\beta)_{ij}\equiv0$ 時，檢定統計量 F 的值 8.14＞$F_{0.01,4,27}$＝4.11，因此反應溫度與 ph 值的交互作用非常顯著，這就不能說反應溫度不會對產品產量產生影響。也就是說，要提高產品產量必需反應溫度和 ph 值同時考慮，而不能只考慮單因子檢定時，效果顯著的 ph 值而已。由上述各處理的平均值表易知，反應溫度取 25°C，ph 值取 ph＝7 時平均產量 14＋70＝84 為最佳製程條件。

　　若取各處理的平均值對 A 因子的三個水準做散佈圖，如下圖 6.3。圖上 B 水準的連結線彼此相交而不平行，因此 A，B 兩因子的交互作用非常明顯，而對單一因子 A(反應溫度)而言，其水準均值 $\overline{Y}_{1..}$＝8，$\overline{Y}_{2..}$＝9，$\overline{Y}_{3..}$＝9.833 值比較接近，故因子 A 的效果不顯著。這些都與上述變異數分析的 F 檢定結論相吻合。

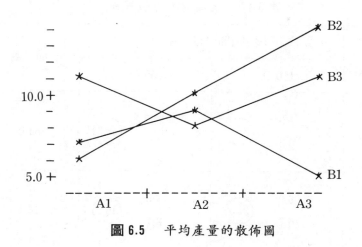

圖 6.5　平均產量的散佈圖

例 6.9　金屬耐壓力

　　某合金廠製程耐壓金屬，設該金屬製造配方（因子 A）有兩種，而製造時，壓縮時間（因子 B）可取 100 分鐘與 150 分鐘兩種水準。品管工程師考慮這二因子組合的四個處理，依隨機次序，以四種處理組合分別各作 5 個樣品測量其耐壓力的大小。為方便計算，實驗所得數據全部先減去 150 psi，所得資料及各行列的加總和列示於下表

表 6.17　金屬耐壓力的資料

配方 (因子 A)	壓縮時間（因子 B）		加　總
	100 分	150 分	
I	9.1　7.9 6.9　　(37.7) 7.5　6.3	9.4　10.7 8.9　　(46.3) 10.1　7.2	84.0
II	8.2　5.2 6.5　　(31.5) 4.9　6.7	3.8　1.6 2.3　　(10.6) 0.8　2.1	42.1
加總	69.2	56.9	$Y_{\cdots}=126.1$

各因子水準均值與處理均值整理如下表

配方 (因子 A)	壓縮時間(因子 B)		$\overline{Y}_{1\cdot\cdot}$
	100 分	150 分	
I	7.54	9.26	8.4
II	6.30	2.12	4.21
$\overline{Y}_{\cdot j\cdot}$	6.92	5.69	$\overline{Y}_{\cdots}=6.305$

由上表觀之，各主因子的平均值 $\overline{Y}_{1\cdot\cdot}=8.4$ 與 $\overline{Y}_{2\cdot\cdot}=4.21$ 差異較大，$\overline{Y}_{\cdot 1\cdot}$ $=6.92$ 與 $\overline{Y}_{\cdot 2\cdot}=5.69$ 差異略小，但兩者似乎值都夠大，可能 A，B 兩個主因子都效果顯著。至於交互作用存在否？若將四種處理均值對 A 因子

的二個水準做散佈圖，如下圖 6.4，圖上 B 因子對應的連結線顯然並不平
行，因此由圖粗略判斷 A，B 兩因子的交互作用似乎存在。

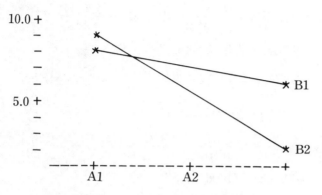

圖 6.6 金屬平均耐壓力的散佈圖

以正式的 F 檢定來判斷各因子效果存在否，則應做變異數分析表。各平
方和的計算如下

表 6.17 的數據計算平方和，則先將各數據平方，並整理如下表

配方	壓縮時間(因子 B)			
(因子 A)	100 分		150 分	
I	82.81 47.61 56.25	62.41 39.69	88.36 79.21 102.01	114.49 51.84
II	67.24 42.25 24.01	27.04 44.89	14.44 5.29 0.64	2.56 4.41

則表上所有數據加總得

$$\sum_i \sum_j \sum_k Y_{ijk}{}^2 = 82.81 + 47.61 + \cdots + 2.56 + 4.41 = 957.45$$

又由表 6.17, 將各因子水準的加總值 $Y_{ij.}$, $Y_{i..}$, $Y_{.j.}$ 及 $Y_{...}$ 等代入簡捷法公式, 故得

$$SS_T = \sum_i \sum_j \sum_k Y_{ijk}^2 - \frac{Y_{...}^2}{abn} = 957.45 - \frac{(126.1)^2}{20}$$
$$= 957.45 - 795.06 = 162.39$$

$$SS_A = \sum_i \frac{Y_{i..}^2}{bn} - \frac{Y_{...}^2}{abn} = \frac{(84.0)^2 + (42.1)^2}{10} - \frac{(126.1)^2}{20}$$
$$= 882.84 - 795.06 = 87.78$$

$$SS_B = \sum_j \frac{Y_{.j.}^2}{an} - \frac{Y_{...}^2}{abn} = \frac{(69.2)^2 + (56.9)^2}{10} - \frac{(126.1)^2}{20}$$
$$= 802.63 - 795.06 = 7.57$$

$$SS_{A \cdot B} = \sum_i \sum_j \frac{Y_{ij.}^2}{n} - \frac{Y_{...}^2}{abn}$$
$$= \frac{(37.7)^2 + (46.3)^2 + (31.5)^2 + (10.6)^2}{5} - \frac{(126.1)^2}{20}$$
$$= 933.92 - 795.06 = 138.86$$

$$SS_{A \times B} = SS_{A \cdot B} - SS_A - SS_B = 138.86 - 87.78 - 7.57 = 43.51$$

而

$$SS_E = SS_T - SS_{A \cdot B} = SS_T - SS_A - SS_B - SS_{A \times B}$$
$$= 162.39 - 138.86 = 23.53$$

變異數分析表上均方的計算, 則因 $a=2$, $b=2$, $n=5$, 故

$$MS_A = SS_A / (2-1) = 87.78$$
$$MS_B = SS_B / (2-1) = 7.57$$
$$MS_{A \times B} = SS_{A \times B} / (1 \times 1) = 43.51$$

而

$$MS_E = SS_E / (2 \times 2 \times (5-1)) = 23.53/16 = 1.47$$

則各 F 值計算得

$MS_A/MS_E = 87.78/1.47 = 59.68$

$MS_B/MS_E = 7.57/1.47 = 5.14$

$MS_{A×B}/MS_E = 43.51/1.47 = 29.59$

整理成變異數分析表

表 6.18　　金屬耐壓力的變異數分析表

變異來源	平方和	自由度	均方	F 值
配方(因子 A)	87.78	1	87.78	59.68
壓縮時間(B)	7.57	1	7.57	5.14
交互作用	43.51	1	43.51	29.59
誤差	23.53	16	1.47	
總和	162.39	19		

取顯著水準 $\alpha = 0.01$，以檢定配方對耐壓力的效果，虛無假設 H_0：$\tau_i \equiv 0$ 否，因 F = 59.68 > $F_{0.01,1,16}$ = 8.53，故配方不同則金屬耐壓力差異非常顯著。而對壓縮時間(因子 B)的效果檢定 H_0：$\beta_j \equiv 0$ 時，取顯著水準 $\alpha = 0.05$，則 F = 5.14 > $F_{0.05,1,16}$ = 4.49，故壓縮時間不同，對應的金屬耐壓力亦差異顯著。對 A，B 因子的交互作用檢定 H_0：$(\tau\beta)_{ij} \equiv 0$ 時，因 F 值為 29.59 > $F_{0.01,1,16}$ = 8.53，故 A，B 兩因子的交互作用亦非常顯著。因此，在選擇最佳製程條件時，A，B 兩因子不能分開個別考量，而應參考其互動關係，同時選擇 A，B 因子的最佳水準。今由上述處理均值表或由回應圖 6.4 易知耐壓力最高的最佳製程條件應選配方 I，並用 150 分鐘的壓縮時間生產產品。若忽略了交互作用的影響效果，而分別選擇各因子的最佳水準，以配方而言，$\overline{Y}_{1..} = 8.4 > 4.21 = \overline{Y}_{2..}$，故應取配方 I。對壓縮時間對應的平均耐壓力，則 $\overline{Y}_{.1.} = 6.92 > 5.69 = \overline{Y}_{.2.}$，故取壓縮時間為水準 I 的 100 分鐘。但實際上耐壓力最大的處理組合應是配方 I 用 150 分鐘壓縮，而非配方 I 的 100 分鐘壓縮組合。

6-4　多重比較

　　當二因子變異數分析的結果顯示因子效果顯著時，和單因子變異數分析類似地，我們要對各因子水準均值做大小的比較。而因子水準均值大小的比較,在二因子交互作用存在和不存在二種情形有不同的分析法，今分述如下：

6-4-1　交互作用不顯著

　　當模式(6.1)變異數分析的結果顯示交互作用$(\tau\beta)_{ij}$不顯著，或二因子沒有交互作用時。因子水準均值的比較主要是對主因子的水準均值$\mu_{i\cdot}$及$\mu_{\cdot j}$而言。此時，第四章有關單因子水準均值的多重比較等理論與方法，幾乎都可以應用至本節類似的討論。

　　對因子 A 而言，第 i 水準均值$\mu_{i\cdot}$的不偏估計式為

$$\hat{\mu}_{i\cdot} = \overline{Y}_{i\cdot\cdot} = \sum_j\sum_k Y_{ijk}/(bn)$$

而$\overline{Y}_{i\cdot\cdot}$包含 bn 個獨立的觀察值，故

$$Var(\overline{Y}_{i\cdot\cdot}) = \frac{\sigma^2}{bn}$$

而σ^2未知，可用不偏估計式 MS_E 代換。在觀察值為常態分配的假設下，故$\mu_{i\cdot}$的$1-\alpha$信賴區間為

$$\overline{Y}_{i\cdot\cdot} \pm t_{\alpha/2, ab(n-1)}\sqrt{MS_E/bn} \qquad\qquad (6.17\ a)$$

同理，因子 B 的第 j 水準均值$\mu_{\cdot j}$的不偏估計式為$\overline{Y}_{\cdot j\cdot}$，且$Var(\overline{Y}_{\cdot j\cdot}) = \sigma^2/an$，故$\mu_{\cdot j}$的$1-\alpha$信賴區間為

$$\overline{Y}_{\cdot j\cdot} \pm t_{\alpha/2, ab(n-1)}\sqrt{MS_E/an} \qquad\qquad (6.17\ b)$$

注意上述 t 分配的自由度$ab(n-1)$實與MS_E的自由度相同。

　　對因子 A 的水準均值$\mu_{i\cdot}$的對比

$$L = \sum_{i=1}^{a} C_i \mu_i. \quad \text{其中} \sum_{i=1}^{a} C_i = 0$$

做估計, 則 L 的不偏估計式為 $\hat{L} = \sum C_i \overline{Y}_i..$, 而其對應的變異數為

$$\text{Var}(\hat{L}) = \sum_{i=1}^{a} C_i^2 \text{Var}(\overline{Y}_i..) = \frac{\sigma^2}{bn} \sum C_i^2$$

σ^2 用 MS_E 代換後, 對比 L 的 $1 - \alpha$ 信賴區間為

$$\hat{L} \pm t_{\alpha/2, ab(n-1)} \sqrt{\frac{MS_E}{bn} \sum_{i=1}^{a} C_i^2} \qquad (6.18\ a)$$

同理, 對因子 B 的水準均值 $\mu._j$ 而言, 對比

$$L = \sum_{j=1}^{b} C_j \mu._j \quad \text{其中} \sum_{j=1}^{b} C_j = 0$$

的不偏估計式為 $\hat{L} = \sum_{j=1}^{b} C_j \overline{Y}._j.$, 而其 $1 - \alpha$ 信賴區間為

$$\hat{L} \pm t_{\alpha/2, ab(n-1)} \sqrt{\frac{MS_E}{an} \sum_{j=1}^{b} C_j^2} \qquad (6.18\ b)$$

例 6.10　果汁口味與包裝

　　例 6.6 將果汁口味 (因子 A)與包裝法 (因子 B)二因子做變異數分析, 已導出果汁口味與包裝法兩者交互作用不顯著。今若要估計三種果汁的平均銷售量及三種不同包裝的果汁銷售量。由公式(6.17 a), (6.17 b), 因 a＝b＝3, n＝4, an＝bn＝12, 設 α＝0.05 則由表 6.13 已知 MS_E＝1.33 且自由度為 27, 故對應的 t 分配臨界值為 $t_{0.025,27}$＝2.052。各因子水準均值的點估計, 已列示於例 6.4 表 6.8, 例如柳橙平均銷售量為 $\overline{Y}_1..$＝37.833, 檸檬平均銷售量為 $\overline{Y}_3..$＝30.667, 罐裝果汁平均銷售量為 $\overline{Y}._1.$＝31.75, 鋁包果汁平均銷售量為 $\overline{Y}._3.$＝37.0。而各因子水準均值的 $1 - \alpha$＝95%的信賴區間, 分別為

柳橙

$$\overline{Y}_{1..} \pm t_{\alpha/2,27}\sqrt{\frac{MS_E}{bn}} = 37.833 \pm 2.052\sqrt{\frac{1.33}{12}} = 37.833 \pm 0.683$$

即 $37.15 \le \mu_{1.} \le 38.516$

蘋果

$$\overline{Y}_{2..} \pm t_{\alpha/2,27}\sqrt{\frac{MS_E}{bn}} = 27.167 \pm 2.052\sqrt{\frac{1.33}{12}} = 27.167 \pm 0.683$$

即 $26.484 \le \mu_{2.} \le 27.85$

檸檬

$$\overline{Y}_{3..} \pm t_{\alpha/2,27}\sqrt{\frac{MS_E}{bn}} = 30.667 \pm 2.052\sqrt{\frac{1.33}{12}} = 30.667 \pm 0.683$$

即 $29.984 \le \mu_{3.} \le 31.35$

罐裝

$$\overline{Y}_{.1.} \pm t_{\alpha/2,27}\sqrt{\frac{MS_E}{an}} = 31.75 \pm 2.052\sqrt{\frac{1.33}{12}} = 31.75 \pm 0.683$$

即 $31.067 \le \mu_{.1} \le 32.433$

瓶裝

$$\overline{Y}_{.2.} \pm t_{\alpha/2,27}\sqrt{\frac{MS_E}{an}} = 26.917 \pm 2.052\sqrt{\frac{1.33}{12}} = 26.917 \pm 0.683$$

即 $26.234 \le \mu_{.2} \le 27.60$

鋁包

$$\overline{Y}_{.30} \pm t_{\alpha/2,27}\sqrt{\frac{MS_E}{an}} = 37.0 \pm 2.052\sqrt{\frac{1.33}{12}} = 37.0 \pm 0.683$$

即 $36.317 \le \mu_{.3} \le 37.683$

柳橙與蘋果和檸檬平均銷售量的對比 $L_1 = \mu_{1.} - \dfrac{\mu_{2.} + \mu_{3.}}{2}$

罐裝和瓶裝與鋁包平均銷售量的對比 $L_2 = \dfrac{\mu_{.1} + \mu_{.2}}{2} - \mu_{.3}$

其點估計式分別為

$$\hat{L}_1 = \overline{Y}_1.. - \frac{\overline{Y}_2.. + \overline{Y}_3..}{2} = 37.833 - \frac{27.167 + 30.667}{2}$$

$$= 37.833 - 28.917 = 8.916$$

$$\hat{L}_2 = \frac{\overline{Y}_{.1.} + \overline{Y}_{.2.}}{2} - Y_{.3.} = \frac{31.75 + 26.917}{2} - 37.0$$

$$= 29.333 - 37.0 = -7.667$$

而 L_1，L_2 的 95% 信賴區間，由公式 (6.18 a)，(6.18 b) 及上述數據得 L_1 的信賴區間為

$$\hat{L}_1 + t_{\alpha/2,27} \sqrt{\frac{MS_E}{bn} \sum C_i^2} = 8.916 \pm 2.052 \sqrt{\frac{1.33}{12} (1 + \frac{1}{4} + \frac{1}{4})}$$

$$= 8.916 \pm 0.837$$

即

$$7.921 \le L_1 \le 9.753$$

而 L_2 的信賴區間為

$$\hat{L}_2 \pm t_{\alpha/2,27} \sqrt{\frac{MS_E}{an} \sum C_j^2} = -7.667 \pm 2.052 \sqrt{\frac{1.33}{12} (\frac{1}{4} + \frac{1}{4} + 1)}$$

$$= -7.667 \pm 0.837$$

即

$$-8.404 \le L_2 \le -6.83$$

故兩個對比 L_1，L_2 都顯著不為零。

例 6.11　生產力與工時工資

　　某工廠管理部門想了解該公司工人生產力與每日工時，工資兩因子的關聯情況，他們隨機選出了 18 個工人，設定每日工時 7，8，9 小時三個水準，每日工資 120，100，800 三個水準，組成九種不同處理，並將18個工人隨機分派至 9 個處理各 2 人，以量測其生產力，設所得數據如下

表 6.19　生產力與工時工資資料

工　時 (因子 A)	工資 (因子 B)						加總
	1200 元		1000 元		800 元		
7 小時	118 114	232	96 98	194	84 85	169	595
8 小時	126 132	258	104 99	203	80 86	166	627
9 小時	102 110	212	90 88	178	72 64	136	526
加總	702		575		471		1748

各因子水準均值與處理均值整理如下表

工　時 (因子 A)	工資 (因子 B)			$\overline{Y}_{i\cdot\cdot}$
	1200 元	1000 元	800 元	
7 小時	116	97	84.5	99.17
8 小時	129	101.5	83	104.5
9 小時	106	89	68	87.67
$\overline{Y}_{\cdot j\cdot}$	117	95.83	78.50	29.22

若做變異數分析表，各數據的平方值如下

工　時 (因子 A)	工資（因子 B）					
	1200 元		1000 元		800 元	
7 小時	13924	12996	9216	9604	7056	7225
8 小時	15876	17424	10816	9801	6400	7396
9 小時	10404	12100	8100	7744	5184	4096

故得 $\sum_i \sum_j \sum_k Y_{ijk}{}^2 = 13924 + 12996 + \cdots + 5184 + 4096 = 175362$

又由表 6.19 的數據，代簡捷法公式得

$$SS_T = \sum_i \sum_j \sum_k Y_{ijk}{}^2 - \frac{Y_{\cdots}{}^2}{abn} = 175362 - \frac{(1748)^2}{18}$$

$$= 175362 - 169750.22 = 5611.78$$

$$SS_A = \sum_i \frac{Y_{i\cdots}{}^2}{bn} - \frac{Y_{\cdots}{}^2}{abn} = \frac{(595)^2 + (627)^2 + (526)^2}{6} - \frac{(1748)^2}{18}$$

$$= 170638.33 - 169750.22 = 888.11$$

$$SS_B = \sum_j \frac{Y_{\cdot j \cdot}{}^2}{an} - \frac{Y_{\cdots}{}^2}{abn} = \frac{(702)^2 + (575)^2 + (471)^2}{6} - \frac{(1748)^2}{18}$$

$$= 174211.67 - 169750.22 = 4461.45$$

$$SS_{A \cdot B} = \sum_i \sum_j \frac{Y_{ij\cdot}{}^2}{n} - \frac{Y_{\cdots}{}^2}{abn}$$

$$= \frac{232^2 + 194^2 + 169^2 + \cdots + 178^2 + 136^2}{2} - \frac{(1748)^2}{18}$$

$$= 175237 - 169750.22 = 5486.78$$

$$SS_{A \times B} = SS_{A \cdot B} - SS_A - SS_B = 5486.78 - 888.11 - 4461.45$$

$$= 137.22$$

$$SS_E = SS_T - SS_{A \cdot B} = SS_T - SS_A - SS_B - SS_{A \times B}$$

$$=5611.78-5486.78=125.0$$

又因 a＝3, b＝3, n＝2, 故均方的計算爲

$$MS_A=SS_A/(3-1)=888.11/2=444.06$$

$$MS_B=SS_B/(3-1)=4461.44/2=2230.72$$

$$MS_{A \times B}=SS_{A \times B}/(2 \times 2)=137.22/4=34.31$$

$$MS_E=SS_E/(3 \times 3 \times 1)=125/9=13.89$$

而 F 值分別爲

$$MS_A/MS_E=444.06/13.89=160.61$$

$$MS_B/MS_E=2230.72/13.89=31.97$$

$$MS_{A \times B}/MS_E=34.31/13.89=2.47$$

F 分配的臨界值 $F_{0.01,2,9}=8.02<31.97<160.61$, $F_{0.05,4,9}=3.63>2.47$。故工時 (因子 A), 工資 (因子 B) 對生產力的影響效果都非常顯著, 而 A, B 兩個主因子的交互作用效果不顯著。變異數分析表整理如下

表 6.20　生產力變異數分析表

變異來源	平方和	自由度	均方	F 值
工時(A)	888.11	2	444.06	31.97
工資(B)	4461.45	2	2230.72	160.61
交互作用	137.22	4	34.31	2.47
誤差	125.0	9	13.89	
總和	5611.78	17		

各因子水準均值的 95% 信賴區間, 因 a＝b＝3, n＝2, an＝bn＝6, 又 $MS_E=13.89$, 其自由度爲 9, 故 t 分配的臨界值爲 $t_{0.025,9}=2.262$, 則由公式(6.17 a), (6.17 b), 對工時 (因子 A) 的三水準而言, 平均生產力的

信賴區間分別為

$$\overline{Y}_{1\cdot\cdot} \pm t_{\alpha/2,9}\sqrt{\frac{MS_E}{bn}} = 99.17 \pm 2.262\sqrt{\frac{13.89}{6}} = 99.17 \pm 3.44$$

$$\overline{Y}_{2\cdot\cdot} \pm t_{\alpha/2,9}\sqrt{\frac{MS_E}{bn}} = 104.5 \pm 2.262\sqrt{\frac{13.89}{6}} = 104.5 \pm 3.44$$

$$\overline{Y}_{3\cdot\cdot} \pm t_{\alpha/2,9}\sqrt{\frac{MS_E}{bn}} = 87.67 \pm 2.262\sqrt{\frac{13.89}{6}} = 87.67 \pm 3.44$$

即

$$93.73 \le \mu_{1\cdot} \le 102.61$$

$$101.06 \le \mu_{2\cdot} \le 107.94$$

$$84.23 \le \mu_{3\cdot} \le 91.11$$

對工資（因子 B）的三水準而言，平均生產力的 95% 信賴區間分別為

$$\overline{Y}_{\cdot 1\cdot} \pm t_{\alpha/2,9}\sqrt{\frac{MS_E}{an}} = 117 \pm 2.262\sqrt{\frac{13.89}{6}} = 117 \pm 3.44$$

$$\overline{Y}_{\cdot 2\cdot} \pm t_{\alpha/2,9}\sqrt{\frac{MS_E}{an}} = 95.83 \pm 2.262\sqrt{\frac{13.89}{6}} = 95.83 \pm 3.44$$

$$\overline{Y}_{\cdot 3\cdot} \pm t_{\alpha/2,9}\sqrt{\frac{MS_E}{an}} = 78.50 \pm 2.262\sqrt{\frac{13.89}{6}} = 78.50 \pm 3.44$$

即

$$113.56 \le \mu_{\cdot 1} \le 120.34$$

$$92.39 \le \mu_{\cdot 2} \le 99.27$$

$$75.06 \le \mu_{\cdot 3} \le 81.94$$

若考慮中等工時與高低工時的對比 $L_1 = \mu_{2\cdot} - \dfrac{\mu_{1\cdot} + \mu_{3\cdot}}{2}$，及最高工資與

較低工資的對比 $L_2 = \mu_{1\cdot} - \dfrac{\mu_{2\cdot} + \mu_{3\cdot}}{2}$ 的估計，則 L_1 與 L_2 的點估計值分

別為

$$\hat{L}_1 = \overline{Y}_{2\cdot\cdot} - \frac{\overline{Y}_{1\cdot\cdot} + \overline{Y}_{3\cdot\cdot}}{2} = 104.5 - \frac{99.17 + 87.67}{2}$$

$$=104.5-93.42=11.08$$

$$\hat{L}_2=\overline{Y}_{\cdot1\cdot}-\frac{\overline{Y}_{\cdot2\cdot}+\overline{Y}_{\cdot3\cdot}}{2}=117-\frac{95.83+78.50}{2}$$

$$=117-87.17=29.83$$

L_1 與 L_2 的 95% 信賴區間，則分別為

$$\hat{L}_1\pm t_{\alpha/2,9}\sqrt{\frac{MS_E}{bn}(1+\frac{1}{4}+\frac{1}{4})}=11.08\pm2.262\sqrt{\frac{13.89}{6}\times1.5}$$

$$=11.08\pm4.21$$

$$\hat{L}_2\pm t_{\alpha/2,9}\sqrt{\frac{MS_E}{an}(1+\frac{1}{4}+\frac{1}{4})}=29.83\pm2.262\sqrt{\frac{13.89}{6}\times1.5}$$

$$=29.83\pm4.21$$

即

$$6.87\leq L_1\leq15.29$$

$$25.62\leq L_2\leq34.04$$

故兩個對比 L_1，L_2 均顯著大於零。

若對因子 A 的所有配對水準均值做多重比較，則可利用第四章的 Duncan 法或 Tukey 法對主因子水準均值做檢定或求聯合信賴區間。

對因子 A 而言，Duncan 方法步驟如下

⑴將 A 因子的 a 個水準均值估計值 $\overline{Y}_{i\cdot\cdot}$，由小至大依序排列。

⑵計算 $\overline{Y}_{i\cdot\cdot}$ 的標準差 $S_{\overline{Y}_{i\cdot}}=\sqrt{\frac{MS_E}{bn}}$ (6.19)

⑶查 Duncan 顯著全距表（見附錄表Ⅶ），得 $r_\alpha(p,f)$，其中 α 為顯著水準，p＝2, 3, 4, …, a，f＝ab(n−1) 為 MS_E 的自由度。

⑷計算 a−1 個最小顯著全距 R_p，

$$R_p=r_\alpha(p,f)S_{\overline{Y}_{i\cdot}} \quad p=2, 3, \cdots, a$$

⑸排大小次序後的 $\overline{Y}_{i\cdot\cdot}$，配對求其差異值，並與 R_p 比較大小，方法

和第四章 Duncan 法相同。

(6)配對均值差異大於 R_p 者, 表示該配對差異顯著, 而應拒絕該配對的虛無假設 H_{0u}: $\mu_{i\cdot}=\mu_{i'\cdot}$, $i\neq i'$。

對因子 B 而言, Duncan 多重比較法的步驟與上述步驟相似, 只是將因子 B 的 b 個水準均值估計值 $\overline{Y}_{\cdot j\cdot}$ 代換 $\overline{Y}_{i\cdot\cdot}$, 並將 $S_{\overline{Y}_{\cdot j\cdot}}=\sqrt{\dfrac{MS_E}{an}}$ 代換 $S_{\overline{Y}_{i\cdot\cdot}}$, 而計算 $b-1$ 個最小顯著全距 R_p, $R_p=r_\alpha(p, f)S_{\overline{Y}_{\cdot j\cdot}}$ 且 $p=2, 3, \cdots, b$。

例 6.12　果汁口味與包裝

果汁不同口味與不同包裝法的平均銷售量以 Duncan 法做多重比較如下: 對因子 A (果汁口味) 而言

(1)將 $\overline{Y}_{i\cdot\cdot}$ 依序排列, 得 $\overline{Y}_{2\cdot\cdot}=27.167$, $\overline{Y}_{3\cdot\cdot}=30.667$, $\overline{Y}_{1\cdot\cdot}=37.833$

(2) $\overline{Y}_{i\cdot\cdot}$ 的標準差, 因 $MS_E=1.33$, $bn=3\times4=12$, 故

$$S_{\overline{Y}_{i\cdot\cdot}}=\sqrt{\frac{1.33}{12}}=0.333$$

(3)查附錄表Ⅶ, 取 $\alpha=0.05$, 因 $a=3$, $f=ab(n-1)=3\times3\times3=27$,
得　　　　　$r_{0.05}(2, 27)=2.908$, $r_{0.05}(3, 27)=3.058$

(4)求 $a-1=3-1=2$ 個最小顯著全距 R_p

$$R_2=r_{0.05}(2, 27)\times0.333=2.908\times0.333=0.968$$
$$R_3=r_{0.05}(3, 27)\times0.333=3.058\times0.333=1.018$$

(5)配對比較

1 對 2: $\overline{Y}_{1\cdot\cdot}-\overline{Y}_{2\cdot\cdot}=37.833-27.167=10.666>1.018(R_3)$

1 對 3: $\overline{Y}_{1\cdot\cdot}-\overline{Y}_{3\cdot\cdot}=37.833-30.667=7.166>0.968(R_2)$

2 對 3: $\overline{Y}_{2\cdot\cdot}-\overline{Y}_{3\cdot\cdot}=30.667-27.167=3.5>0.968(R_2)$

(6) A 因子三個水準均值的多重比較結果, 由(5)可圖示如下

$$\overline{Y}_2.. \quad \overline{Y}_3.. \quad \overline{Y}_1..$$

此即表示三種果汁口味中，任二種的平均銷售量都差異顯著。

對因子 B（包裝法）而言

(1)′將 $\overline{Y}._j.$ 依序排列，得 $\overline{Y}._2.=26.917$，$\overline{Y}._1.=31.75$，$\overline{Y}._3.=37.0$

(2)′求 $\overline{Y}._j.$ 的標準差，$S_{\overline{Y}._j.}=\sqrt{\dfrac{MS_E}{an}}=\sqrt{\dfrac{1.33}{12}}=0.333$

(3)′因 $\alpha=0.05$，$a=b=3$，$f=27$ 與 A 因子相同，故查附錄表Ⅶ
　　亦得 $r_{0.05}(2,\ 27)=2.908$，$r_{0.05}(3,\ 27)=3.058$

(4)′求 $b-1=3-1=2$ 個 R_P，亦得 $R_2=0.968$，$R_3=1.018$ 如前

(5)′配對比較

　　　　3 對 2：$\overline{Y}._3.-\overline{Y}._2.=37.0-26.917=10.083>1.018(R_3)$

　　　　3 對 1：$\overline{Y}._3.-\overline{Y}._1.=37.0-31.75=5.25>0.968(R_2)$

　　　　1 對 2：$\overline{Y}._1.-\overline{Y}._2.=31.75-26.917=5.823>0.968(R_2)$

(6)′因子 B 的三個水準均值的多重比較結果，由(5)′可圖示如下

$$\overline{Y}._2. \quad \overline{Y}._1. \quad \overline{Y}._3.$$

此即表示三種不同包裝法中，任二種包裝法的果汁平均銷售量都是差異顯著。

例 6.13　生產力與工時工資

　　例 6.11 的變異數分析可知不同工時和不同工資對平均生產力的影響效果都非常顯著，今用 Duncan 法對各種工時與工資水準做多重比較，設取 $\alpha=0.01$。則對不同工時（因子 A）而言

(1)將 $\overline{Y}_i..$ 依序排列，得 $\overline{Y}_3..=87.67$，$\overline{Y}_1..=99.17$，$\overline{Y}_2..=104.5$

(2)計算 $\overline{Y}_i..$ 的標準差，因 $MS_E=13.89$，$bn=3\times2=6$，故

$$S_{\overline{Y}_{i..}} = \sqrt{\frac{13.89}{6}} = 1.52$$

(3)查附錄表Ⅶ，取 $\alpha = 0.01$，因 $a = 3$，$f = ab(n-1) = 3 \times 3 \times 1 = 9$，得

$$r_{0.01}(2, \ 9) = 4.60, \ r_{0.01}(3, \ 9) = 4.86$$

(4)求 $a - 1 = 3 - 1 = 2$ 個最小顯著全距 R_p

$$R_2 = r_{0.01}(2, \ 9) \times 1.52 = 4.60 \times 1.52 = 6.99$$

$$R_3 = r_{0.01}(3, \ 9) \times 1.52 = 4.86 \times 1.52 = 7.39$$

(5)配對比較

$$2 \text{ 對 } 3: \ \overline{Y}_{2..} - \overline{Y}_{3..} = 104.5 - 87.67 = 16.83 > 7.39(R_3)$$

$$2 \text{ 對 } 1: \ \overline{Y}_{2..} - \overline{Y}_{1..} = 104.5 - 99.17 = 5.33 < 6.99(R_2)$$

$$1 \text{ 對 } 2: \ \overline{Y}_{1..} - \overline{Y}_{3..} = 99.17 - 87.67 = 11.50 > 6.99(R_2)$$

(6)因子 A 的三個水準均值的多重比較結果，由(5)可圖示爲

$$\overline{Y}_{3..} \quad \underline{\overline{Y}_{1..} \qquad \overline{Y}_{2..}}$$

此即表示七小時與八小時的工時所對應的平均生產力差異不大，其餘任二水準的平均生產力則差異非常顯著。

對工資（因子 B）的 Duncan 多重比較，則有

(1)'將 $\overline{Y}_{.j.}$ 依序排列，得 $\overline{Y}_{.3.} = 78.5$，$\overline{Y}_{.2.} = 95.83$，$\overline{Y}_{.1.} = 117$

(2)'求 $\overline{Y}_{.j.}$ 的標準差，因 $a = b = 3$，故 $S_{\overline{Y}_{.j.}} = \sqrt{\frac{MS_E}{an}} = \sqrt{\frac{13.89}{6}} = 1.52$

(3)'取 $\alpha = 0.05$，因 $a = b = 3$，$f = 9$，故亦得

$$r_{0.01}(2, \ 9) = 4.60 \quad r_{0.01}(3, \ 9) = 4.86$$

(4)'$b - 1 = 2$ 個 R_p，亦如因子 A，得 $R_2 = 6.99$，$R_3 = 7.39$

(5)'配對比較

$$1 \text{ 對 } 3: \ \overline{Y}_{.1.} - \overline{Y}_{.3.} = 117 - 78.5 = 38.5 > 7.39(R_3)$$

$$1 \text{ 對 } 2: \ \overline{Y}_{.1.} - \overline{Y}_{.2.} = 117 - 95.83 = 21.17 > 6.99(R_2)$$

2 對 3：$\overline{Y}_{\cdot2\cdot}-\overline{Y}_{\cdot3\cdot}=95.83-78.5=17.33>6.99(R_2)$

(6)′因子 B 的三個水準均值多重比較的結果，由(5)′可圖示為

$$\overline{Y}_{\cdot3\cdot} \quad \overline{Y}_{\cdot2\cdot} \quad \overline{Y}_{\cdot1\cdot}$$

此即表示工資的任二個不同工資水準所對應的平均生產力都是差異非常顯著。

若用 Tukey 法做所有配對水準均值的多重比較，則其檢定步驟對因子 A 而言為

(1)計算 $\overline{Y}_{i\cdot\cdot}$ 的標準差 $S_{\overline{Y}_{i\cdot\cdot}}$，如公式(6.19)，$S_{\overline{Y}_{i\cdot\cdot}}=\sqrt{\dfrac{MS_E}{bn}}$

(2)查附錄Ⅷ，求學生化全距分配的百分位數 $q_\alpha(a,\ f)$，其中 $f=ab$ $(n-1)$ 是 MS_E 的自由度，α 為顯著水準，a 是因子 A 的水準數。

(3)求臨界值

$$T_\alpha=q_\alpha(a,\ f)S_{\overline{Y}_{i\cdot\cdot}} \tag{6.20}$$

(4)計算所有成對的均值差 $\hat{D}=\overline{Y}_{i\cdot\cdot}-\overline{Y}'_{i\cdot\cdot}$，並與 T_α 比較大小，$|\hat{D}|>T_\alpha$ 則表示該對均值差異顯著。

對因子 B 而言，亦依上步驟作 Tukey 多重比較。但以 $\overline{Y}_{\cdot j\cdot}$ 代換 $\overline{Y}_{i\cdot\cdot}$，而以 $\overline{Y}_{\cdot j\cdot}$ 的標準差 $S_{\overline{Y}_{\cdot j\cdot}}=\sqrt{\dfrac{MS_E}{an}}$ 代換 $S_{\overline{Y}_{i\cdot\cdot}}$，而臨界值代換以 $T'_\alpha=q_\alpha(b,\ f)S_{\overline{Y}_{\cdot j\cdot}}$，再以 B 因子水準的成對均值差 $\hat{D}'=\overline{Y}_{\cdot j\cdot}-\overline{Y}'_{\cdot j\cdot}$ 相比較，以判斷該對均值差是否夠大，$|\hat{D}'|>T'_\alpha$ 時，應拒絕 H_u：$\mu_{\cdot j}=\mu_{\cdot j}$，$j\neq j$。

若配對做多重比較的配對對數不多，則常用 Bonferroni 法。Bonferroni 法與 Tukey 法類似，只要將上述步驟的臨界值 T_α 換成 Bonferroni 法的臨界值。

$$B=\sqrt{2}t_{\alpha/2g,ab(n-1)}\times S_{\overline{Y}_{i\cdot\cdot}} \tag{6.21}$$

其中 g 是做多重比較的配對對數。

例 6.14　果汁口味與包裝

果汁口味 (因子 A) 與包裝法 (因子 B) 用 Tukey 法及 Bonferroni 法做多重比較如下: 對因子 A 而言，Tukey 多重比較為

⑴計算 $\overline{Y}_{1..}$ 的標準差，因 b=3，n=4，an=12，故

$$S_{\overline{Y}_{1..}}=\sqrt{1.33/12}=0.333$$

⑵查附錄表Ⅷ，取 $\alpha=0.05$，因 a=b=3，f=ab(n-1)=3×3×3=27，得 $q_{0.05}(3,\ 27)=3.51$

⑶臨界值 $T_\alpha=q_{0.05}(3,\ 27)\times S_{\overline{Y}_{1..}}=3.51\times0.333=1.169$

⑷配對比較

$$1\ 對\ 2:\ \overline{Y}_{1..}-\overline{Y}_{2..}=37.833-27.167=10.666>1.169$$
$$1\ 對\ 3:\ \overline{Y}_{1..}-\overline{Y}_{3..}=37.833-30.667=7.166>1.169$$
$$2\ 對\ 3:\ \overline{Y}_{2..}-\overline{Y}_{3..}=30.667-27.167=3.5>1.169$$

由以上比較，三種不同果汁口味的平均銷售量的大小關係可圖示如下

$$\overline{Y}_{2..}\qquad\overline{Y}_{3..}\qquad\overline{Y}_{1..}$$

此即表示任二種不同口味的果汁其平均銷售量都差異顯著。

對因子 B 而言，Tukey 多重比較得

⑴′$\overline{Y}_{.j.}$ 的標準差 $S_{\overline{Y}_{.j.}}=\sqrt{1.33/12}=0.333$

⑵′b=a=3，故百分位數 $q_{0.05}(3,\ 27)=3.51$

⑶′臨界值 $T_\alpha=q_{0.05}(3,\ 27)\times S_{\overline{Y}_{.j.}}=3.51\times0.333=1.169$

⑷′配對比較

$$3\ 對\ 2:\ \overline{Y}_{.3.}-\overline{Y}_{.2.}=37.0-26.917=10.083>1.169$$
$$3\ 對\ 1:\ \overline{Y}_{.3.}-\overline{Y}_{.1.}=37.0-31.75=5.25>1.169$$
$$1\ 對\ 2:\ \overline{Y}_{.1.}-\overline{Y}_{.2.}=31.75-26.917=5.823>1.169$$

由以上比較，三種不同包裝法的平均銷售量的大小關係可圖示如下

$$\overline{Y}_{.2.}\qquad\overline{Y}_{.1.}\qquad\overline{Y}_{.3.}$$

此即表示任二種不同包裝法的果汁平均銷售量都差異顯著。

若用 Bonferroni 法，則因 $g = \binom{3}{2} = 3$，在 $\alpha = 0.05$ 下，檢定的臨界值為

$$B = \sqrt{2}t_{0.05/3 \times 2,27} \times S_{\overline{Y}_{i..}} = \sqrt{2}t_{0.0083,27} \times 0.333$$
$$= \sqrt{2} \times 2.597 \times 0.333 = 1.222$$

對因子 A 或因子 B 而言，因 $a = b = 3$，故檢定的臨界值 $B = 1.222$ 相同，則由上述 Tukey 多重比較的步驟(4)或(4)′，將配對均值差與 $B = 1.222$ 比較，每一對均值差 $\overline{Y}_{i..} - \overline{Y}'_{i..}$ 或 $\overline{Y}_{.j} - \overline{Y}'_{.j}$ 都大於 $B = 1.222$，因此，任意二對不同果汁口味或任意二對不同包裝法，在 $\alpha = 0.05$ 的 Bonferroni 比較下，平均銷售量的差異都很顯著。

例 6.15 生產力與工時工資

用 Tukey 多重比較及 Bonferroni 法來比較不同工時或不同工資下，平均生產力的大小關係。設顯著水準 $\alpha = 0.01$，則對不同工時(因子 A) 而言，Tukey 多重比較法為

(1)計算 $\overline{Y}_{i..}$ 的標準差$S_{\overline{Y}_{i..}}\sqrt{13.89/3 \times 2} = 1.52$

(2)因 $a = 3$；$f = 3 \times 3 \times 1 = 9$，則查附錄表Ⅷ，得 $q_{0.01}(3, 9) = 5.43$

(3)臨界值 $T_\alpha = q_{0.01}(3, 9) \times S_{\overline{Y}_{i..}} = 5.43 \times 1.52 = 8.25$

(4)配對比較

2 對 3：$\overline{Y}_{2..} - \overline{Y}_{3..} = 104.5 - 87.67 = 16.83 > 8.25$

2 對 1：$\overline{Y}_{2..} - \overline{Y}_{1..} = 104.5 - 99.17 = 5.33 < 8.25$

1 對 3：$\overline{Y}_{1..} - \overline{Y}_{3..} = 99.17 - 87.67 = 11.50 > 8.25$

由以上比較，三種不同工時的平均生產力的大小關係可圖示為

$$\overline{Y}_{3..} \quad \underline{\overline{Y}_{1..} \qquad \overline{Y}_{2..}}$$

此表示七小時與八小時工時的平均生產力差異不大，而其餘不同工時間的平均生產力差異非常顯著。

對因子 B（工資）而言，Tukey 多重比較得

(1)′ $\overline{Y}_{\cdot j \cdot}$ 的標準差，因 a＝b＝3，$S_{\overline{Y}_{\cdot \cdot \cdot}}=\sqrt{13.89/6}=1.52$

(2)′ b＝a＝3，故百分位數 $q_{0.01}(b, f)=q_{0.01}(3, 9)=5.43$

(3)′ 臨界值 $T_\alpha = q_{0.01}(b, f) \times S_{\overline{Y}_{\cdot j \cdot}} = 5.43 \times 1.52 = 8.25$

(4)′ 配對比較

　　　1 對 3：$\overline{Y}_{\cdot 1 \cdot} - \overline{Y}_{\cdot 3 \cdot} = 117 - 78.5 = 38.5 > 8.25$

　　　1 對 2：$\overline{Y}_{\cdot 1 \cdot} - \overline{Y}_{\cdot 2 \cdot} = 117 - 95.83 = 21.17 > 8.25$

　　　2 對 3：$\overline{Y}_{\cdot 2 \cdot} - \overline{Y}_{\cdot 3 \cdot} = 95.83 - 78.5 = 17.33 > 8.25$

因此，工資的任二不同工資水準所對應的平均生產力都是差異非常顯著。

若改用 Bonferroni 公式做多重比較，則因 $g = \binom{3}{2} = 3$，在 $\alpha = 0.01$ 的顯著水準下，檢定的臨界值爲（因 a＝b＝3）

$$B = \sqrt{2} \times t_{0.01/2 \times 3, 9} \times S_{\overline{Y}_{\cdot j \cdot}} = \sqrt{2} \times t_{0.01/6, 9} \times S_{\overline{Y}_{\cdot j \cdot}}$$

$$= \sqrt{2} \times 4.24 \times 1.52 = 9.11$$

將以上 Tukey 多重比較步驟(4)及(4)′的配對均值差與臨界值 B＝9.11 比較，易知，只有 $\overline{Y}_{2 \cdot \cdot} - \overline{Y}_{1 \cdot \cdot} = 5.33 < 9.11$，故七小時與八小時工時的平均生產力差異不大，而其他不同工時的平均生產力差異非常顯著，而對工資的三水準而言，任二水準的生產力平均值都差異非常顯著。

若因子水準均值 $\mu_{i \cdot}$ 或 $\mu_{\cdot j}$ 做各種對比，而對比的個數很多時，其多重比較則用 Scheffé 法。對因子 A 而言，所有對比 $L = \sum_{i=1}^{a} C_i \mu_{i \cdot}$，$\sum C_i = 0$ 的不偏估計式是 $\hat{L} = \sum_{i=1}^{a} C_i \overline{Y}_{i \cdot \cdot}$，而其變異數的不偏估計式爲

$$\widehat{\mathrm{Var}}(\hat{\mathrm{L}}) = \frac{\mathrm{MS_E}}{\mathrm{bn}} \sum_{i=1}^{a} C_i^2$$

則 Scheffé 多重比較的臨界值為

$$S = \sqrt{(a-1)F_{\alpha,a-1,ab(n-1)}}\sqrt{\widehat{\mathrm{Var}}(\hat{\mathrm{L}})}$$

$$= \sqrt{(a-1)F_{\alpha,a-1,ab(n-1)}\frac{\mathrm{MS_E}}{\mathrm{bn}}\sum_{i=1}^{a}C_i^2} \qquad (6.22\ \mathrm{a})$$

當 $\hat{\mathrm{L}} > S$ 則拒絕虛無假設 H_0：$\sum_{i=1}^{a}C_i\mu_{i.} = 0$，對所有 C_i，其中 $\sum_{i=1}^{a}C_i = 0$

對因子 B 而言，所有對比 $L' = \sum_{j=1}^{b}C_j\mu_{.j}$，$\sum_{j=1}^{b}C_j = 0$ 的不偏估計式是

$\hat{\mathrm{L}}' = \sum_{j=1}^{b}C_j\overline{Y}_{.j.}$，同上理，其臨界點為

$$S' = \sqrt{(b-1)F_{\alpha,b-1,ab(n-1)}\frac{\mathrm{MS_E}}{\mathrm{an}}\sum_{j=1}^{b}C_j^2} \qquad (6.22\ \mathrm{b})$$

當 $|\hat{\mathrm{L}}'| > S'$ 時，拒絕虛無假設 H_0'：$\sum_{j=1}^{b}C_j\mu_{.j} = 0$，對所有 C_j，其中 $\sum_{j=1}^{b}C_j = 0$

當做多重比較的對比個數不多時，可用 Bonferroni 法。設有 g 個對比做多重比較，則臨界值對因子 A 改為

$$B = t_{\alpha/2g,ab(n-1)} \times \sqrt{\widehat{\mathrm{Var}}(\hat{\mathrm{L}})} = t_{\alpha/2g,ab(n-1)}\sqrt{\frac{\mathrm{MS_E}}{\mathrm{bn}}\sum_{i=1}^{b}C_i^2} \quad (6.23\ \mathrm{a})$$

對因子 B，臨界值改為

$$B' = t_{\alpha/2g,ab(n-1)}\sqrt{\frac{\mathrm{MS_E}}{\mathrm{an}}\sum_{j=1}^{b}C_j^2} \qquad (6.23\ \mathrm{b})$$

例 6.16 果汁口味與包裝

設對果汁口味的水準均值考慮二對比的多重比較

$$H_{01}: \ L_1 = \mu_{1.} - \frac{\mu_{2.} + \mu_{3.}}{2} = 0 \qquad 對立\ H_{11}:\ L_1 \neq 0$$

與 $\qquad H_{02}:\ L_2 = \mu_{2.} - \mu_{3.} = 0 \qquad 對立\ H_{12}:\ L_2 \neq 0$

取 $\alpha=0.05$，用 Scheffé 法，則

$$\hat{L}_1=\overline{Y}_1..-\frac{\overline{Y}_2..+\overline{Y}_3..}{2}=37.833-\frac{27.167+30.667}{2}=8.916$$

$$\hat{L}_2=\overline{Y}_2..-\overline{Y}_3..=30.667-27.167=3.5$$

而由前例 $MS_E=1.33$，$a=b=3$，$n=4$，故

$$\sqrt{\widehat{Var}(\hat{L}_1)}=\sqrt{\frac{1.33}{12}\times(1+\frac{1}{4}+\frac{1}{4})}=0.408$$

$$\sqrt{\widehat{Var}(\hat{L}_2)}=\sqrt{\frac{1.33}{12}\times(1+1)}=0.471$$

而 F 分配的百分位數 $F_{0.05,a-1,ab(n-1)}=F_{0.05,2,27}=3.35$
故臨界值

$$S_1=\sqrt{(a-1)F_{\alpha,a-1,ab(n-1)}\widehat{Var}(\hat{L}_1)}=\sqrt{2\times3.35}\times0.408=1.056$$

$$S_2=\sqrt{(a-1)F_{\alpha,a-1,ab(n-1)}\widehat{Var}(\hat{L}_2)}=\sqrt{2\times3.35}\times0.471=1.219$$

今 $\hat{L}_1=8.916>S_1=1.056$，$\hat{L}_2=3.5>S_2=1.219$，故在 $\alpha=0.05$ 的顯著水準下，二個對比 L_1，L_2 都顯著不為零。

　　用 Bonferroni 的方法，則 t 分配的百分位數因 $g=2$，為 $t_{0.05/2\times2,27}=t_{0.0125,27}=2.403$，故臨界點

$$B_1=t_{\alpha/2g,27}\times\sqrt{\widehat{Var}(\hat{L}_1)}=2.403\times0.408=0.98$$

$$B_2=t_{\alpha/2g,27}\times\sqrt{\widehat{Var}(\hat{L}_2)}=2.403\times0.471=1.132$$

今 $\hat{L}_1=8.916>B_1=0.98$，且 $\hat{L}_2=3.5>B_2=1.132$，故在 $\alpha=0.05$ 的顯著水準下，結論亦為二個對比 L_1，L_2 都顯著不為零

　　對包裝法的不同，同時考慮以下二對比的多重比較

$$H_{01}:\ L_1'=\frac{\mu_{\cdot1}+\mu_{\cdot2}}{2}-\mu_{\cdot3}\quad 對立\ H_{11}:\ L_1'\neq0$$

與　　　　H_{02}：$L_2' = \mu_{\cdot 1} - \mu_{\cdot 2}$　　　　對立 H_{12}：$L_2' \neq 0$

取 $\alpha = 0.05$，用 Scheffé 法，則

$$\hat{L_1'} = \overline{y}_{\cdot 1 \cdot} + \frac{\overline{y}_{\cdot 2 \cdot}}{2} - \overline{y}_{\cdot 3 \cdot} = \frac{31.75 + 26.917}{2} - 37.0 = -7.667$$

$$\hat{L_2'} = \overline{Y}_{\cdot 1 \cdot} - \overline{Y}_{\cdot 2 \cdot} = 31.75 - 26.917 = 4.833$$

而由例 6.11，知 $MS_E = 1.33$，$a = b = 3$，$n = 4$，則

$$\sqrt{\widehat{Var}(\hat{L_1'})} = \sqrt{\frac{1.33}{12}(\frac{1}{4} + \frac{1}{4} + 1)} = 0.408$$

$$\sqrt{\widehat{Var}(\hat{L_2'})} = \sqrt{\frac{1.33}{12}(1 + 1)} = 0.471$$

而 F 分配的百分位數 $F_{0.05, a-1, ab(n-1)} = F_{0.05, 2, 27} = 3.35$，故臨界值

$$S_1' = \sqrt{(b-1)F_{\alpha, b-1, ab(n-1)}} \sqrt{\widehat{Var}(\hat{L_1'})} = \sqrt{2 \times 3.35} \times 0.408 = 1.056$$

$$S_2' = \sqrt{(b-1)F_{\alpha, b-1, ab(n-1)}} \sqrt{\widehat{Var}(\hat{L_2'})} = \sqrt{2 \times 3.35} \times 0.471 = 1.219$$

今 $|\hat{L_1'}| = 7.667 > S_1' = 1.056$，又 $\hat{L_2'} = 4.833 > S_2' = 1.219$，故在 $\alpha = 0.01$ 的顯著水準下對比 $L_1' \neq 0$ 非常顯著，而對比 $L_2 = 0$ 的虛無假設，亦應拒絕，表示罐裝與瓶裝果汁平均銷售量在此差異很大。

例 6.17　生產力與工時工資

對生產力與工時工資的關係，考慮以下二個工時水準均值的對比

$$H_0: L_1 = \mu_1. - \frac{\mu_2. + \mu_3.}{2} = 0 \quad 對立\ H_1: L_1 \neq 0$$

與　　　　$H_0: L_2 = \mu_2. - \mu_3. = 0 \quad 對立\ H_1: L_2 \neq 0$

用 Scheffé 多重比較法，取 $\alpha = 0.01$，則

$$\hat{L_1} = \overline{Y}.. - \frac{\overline{Y}.. + \overline{Y}_{3..}}{2} = 104.5 - \frac{99.17 + 87.67}{2} = 11.08$$

$$\hat{L_2} = \overline{Y}_{2.} - \overline{Y}_{3..} = 99.17 - 87.67 = 11.5$$

由例 6.11 $MS_E = 13.89$，$a = b = 3$，$n = 2$，則

$$\sqrt{\widehat{Var}(\hat{L}_1)} = \sqrt{\frac{13.89}{6}\left(1 + \frac{1}{4} + \frac{1}{4}\right)} = 1.863$$

$$\sqrt{\widehat{Var}(\hat{L}_2)} = \sqrt{\frac{13.89}{6}(1+1)} = 2.152$$

而 F 分配的百分位數 $F_{0.01,a-1,ab(n-1)} = F_{0.01,2,9} = 8.02$，故臨界值

$$S_1 = \sqrt{(a-1)F_{\alpha,a-1,ab(n-1)}}\sqrt{\widehat{Var}(\hat{L}_1)} = \sqrt{2 \times 8.02} \times 1.863 = 7.46$$

$$S_2 = \sqrt{(a-1)F_{\alpha,a-1,ab(n-1)}}\sqrt{\widehat{Var}(\hat{L}_2)} = \sqrt{2 \times 8.02} \times 2.152 = 8.62$$

今 $\hat{L}_1 = 11.08 > S_1 = 7.46$，而 $\hat{L}_2 = 11.5 > S_2 = 8.62$，故在 $\alpha = 0.01$ 的顯著水準下，二個對比 L_1，L_2 都顯著不為零。

若用 Bonferroni 法做多重比較，則 t 分配的百分位數，因 $g = 2$，為 $t_{0.01/2 \times 2,9} = t_{0.0025,9} = 3.69$，故臨界值

$$B_1 = t_{\alpha/2g,9}\sqrt{\widehat{Var}(\hat{L}_1)} = 3.69 \times 1.863 = 6.87$$

$$B_2 = t_{\alpha/2g,9}\sqrt{\widehat{Var}(\hat{L}_2)} = 3.69 \times 2.152 = 7.94$$

今 $\hat{L}_1 = 11.08 > B_1 = 6.89$ 且 $\hat{L}_2 = 11.5 > B_2 = 7.94$，故在 $\alpha = 0.01$ 的顯著水準下，二個對比 L_1，L_2 都顯著不為零，結論和 Scheffé 法相同。

對工資的水準而言，考慮以下二個工資水準均值的對比

$$H_0: \ L_1' = \mu_{\cdot 1} - \frac{\mu_{\cdot 2} + \mu_{\cdot 3}}{2} = 0 \quad 對立 \ H_1: \ L_1' \neq 0$$

$$H_0: \ L_2' = \mu_{\cdot 2} - \mu_{\cdot 3} = 0 \quad 對立 \ H_1: \ L_2' \neq 0$$

用 Scheffé 多重比較法，取 $\alpha = 0.01$，則

$$\hat{L}_1' = \overline{Y}_{\cdot 1 \cdot} - \frac{\overline{Y}_{\cdot 2 \cdot} - \overline{Y}_{\cdot 3 \cdot}}{2} = 117 - \frac{95.83 + 78.50}{2} = 29.83$$

$$\hat{L}_2' = \overline{Y}_{\cdot 2 \cdot} - \overline{Y}_{\cdot 3 \cdot} = 95.83 - 78.50 = 17.33$$

則因 b＝a＝3， n＝2， $\sqrt{\widehat{\text{Var}}(\hat{L}_1')}=1.863$　　$\sqrt{\widehat{\text{Var}}(\hat{L}_2')}=2.152$

故臨界值

$$S_1'=\sqrt{(b-1)F_{\alpha,b-1,ab(n-1)}}\sqrt{\widehat{\text{Var}}(\hat{L}_1')}=\sqrt{2\times8.02}\times1.863$$
$$=7.46$$

$$S_2'=\sqrt{(b-1)F_{\alpha,b-1,ab(n-1)}}\sqrt{\widehat{\text{Var}}(\hat{L}_2')}=\sqrt{2\times8.02}\times2.152$$
$$=8.62$$

而 $\hat{L}_1'=29.83>S_1'=7.46$ 且 $\hat{L}_2'=17.33>S_2'=8.62$，故在 $\alpha=0.01$ 的顯著水準下，二個對比 L_1， L_2 都不為零。

用 Bonferroni 法，則因 g＝2， 且 $t_{0.01/2\times2,9}=3.69$， 如上述討論，

$$B_1=t_{0.025,9}\sqrt{\widehat{\text{Var}}(\hat{L}_1')}=3.69\times1.863=6.87$$

$$B_2=t_{0.025,9}\sqrt{\widehat{\text{Var}}(\hat{L}_2')}=3.69\times2.152=7.94$$

故 $\hat{L}_1'=29.83>B_1=6.87$ 且 $\hat{L}_2'=17.33>B_2=7.94$。在 $\alpha=0.01$ 的顯著水準下， 結論亦和 Scheffé 法相同， L_1， L_2 兩個對比都顯著不為零。

6-4-2　交互作用顯著

當二因子的交互作用 $(\tau p)_{ij}$ 顯著時， 因子效果的分析必需同時考慮二個因子的水準組合，也就是說我們關心的應是處理均值 μ_{ij} 的比較。通常這些 μ_{ij} 的多重比較， 和單因子變異數分析的處理均值比較完全相似。

當二因子交互作用顯著時， 若要比較主因子的水準均值差異， 則只能在另一因子水準固定下， 來討論主因子的均值差。比如， B 因子固定在第 j 水準， 來比較 A 因子的水準均值 μ_{1j}， μ_{2j}， μ_{3j}， …， μ_{aj} 的大小。因 B 因子固定在某水準 j， 因此 μ_{1j}， μ_{2j}， …， μ_{aj} 的比較， 完全是單因子

A 的均值比較，這和單因子變異數分析的多重比較亦完全類似。

　　當配對的處理均值 μ_{ij} 做多重比較時，其分析法實與單因子變異數分析相同，只是處理的總個數由 a 變成 ab，而 MS_E 的自由度 N－a 變成 abn－ab＝ab(n－1)，又 n 個反覆的觀察值均值 $\overline{Y}_{ij}$. 用以估計處理均值 μ_{ij}，其餘原理都相同。

　　比如 Tukey 法做多重比較，以檢定，H_0：$D＝\mu_{ij}－\mu_{i'j'}＝0$　　對立 H_1：$D\neq0$　　其中 i，$j\neq i'$，j'則配對均值差 D 的不偏估計式為

$$\hat{D}＝\overline{Y}_{ij}.－\overline{Y}_{i'j'}.　　i，j\neq i'j'$$

檢定步驟為

　　(1)計算 $\overline{Y}_{ij}$. 的標準差　　　　$S_{\overline{Y}_{ij}}＝\sqrt{MS_E/n}$

　　(2)查附錄Ⅷ，求學生化全距分配的百分位數$q_\alpha(ab，f)$其中f是MS_E的自由度，f＝ab(n－1)，α 最顯著水準，ab 是所有處理的個數

　　(3)求臨界值

$$T_\alpha＝q_\alpha(ab，f)\times S_{\overline{Y}_{ij}}. \tag{6.24}$$

　　(4)將配對均值差的估計式 $\hat{D}$ 與 T_α 比較大小，$|\hat{D}|>T_\alpha$ 則拒絕虛無假設 H_0

　　若用 Bonferroni 法，則檢定計算亦如前，但將臨界值改為

$$B＝\sqrt{2}\times t_{\alpha/2g,ab(n-1)}\times S_{\overline{Y}_{ij}}. \tag{6.25}$$

其中 g 為做多重比較的配對對數，將配對均值差的估計式 $\hat{D}$ 與臨界值 B 比較大小，$|\hat{D}|>B$，則拒絕虛無假設 H_0：$\mu_{ij}＝\mu_{i'j'}$，$ij\neq i'$，j'。

　　對處理均值 μ_{ij} 的所有對比做多重比較，也像單因子變異數分析一樣，將對比記作

$$L＝\sum_i\sum_j C_{ij}\mu_{ij}，其中 \sum_i\sum_j C_{ij}＝0$$

則對比 L 的點估計式為

$$\hat{L}＝\sum_i\sum_j C_{ij}\overline{Y}_{ij}.$$

其對應的變異數估計式，若用 MS_E 以估計 σ^2 時，得

$$\widehat{Var}(\hat{L}) = \frac{MS_E}{n} \sum_i \sum_j C_{ij}^2$$

故用 Scheffé 法做多重比較時，臨界值為

$$S = \sqrt{(ab-1)F_{\alpha,ab-1,ab(n-1)}} \sqrt{\widehat{Var}(\hat{L})}$$

$$= \sqrt{(ab-1)F_{\alpha,ab-1,ab(n-1)}} \sqrt{\frac{MS_E}{n} \sum_i \sum_j C_{ij}^2} \tag{6.26}$$

將 $\hat{L}$ 與 S 比較大小，$|\hat{L}| > S$ 則拒絕虛無假設 H_0： $L = 0$。

當做多重比較的對比個數不太多時，亦可用 Bonferroni 法做 g 個對比的多重比較，此時臨界值為

$$B = t_{\alpha/2g,ab(n-1)} \sqrt{\widehat{Var}(\hat{L})} \tag{6.27}$$

若 $|\hat{L}| > B$ 則拒絕虛無假設 H_0： $L = 0$

Duncan 法的多重比較，亦可用類似單因子變異數分析的公式和步驟做多重比較。

例 6.18　金屬耐壓力

例 6.9 研究金屬耐壓力與製造配方（因子 A）和壓縮時間（因子 B）的二因子變異數分析中，已證實 A，B 兩因子交互作用非常顯著。因此因子效果的比較，應該二個因子同時考慮，今對四個處理均值 μ_{11}，μ_{12}，μ_{21}，μ_{22} 做多重比較。

若用 Duncan 法，由第四章單因子變異數分析 Duncan 多重比較的步驟

⑴將 μ_{11}，μ_{12}，μ_{21}，μ_{22} 的估計式，由小至大依序排列，得

$$\overline{Y}_{22.} = 2.12, \ \overline{Y}_{21.} = 6.30, \ \overline{Y}_{11.} = 7.54, \ \overline{Y}_{12.} = 9.26$$

⑵計算 $\overline{Y}_{ij.}$ 的標準差 $S_{\overline{Y}_{ij.}}$，因由例 6.9，表 6.18 知 $MS_E = 1.47$；n＝

5, 故

$$S_{\overline{Y}_{ij.}} = \sqrt{MS_E/n} = \sqrt{1.47/5} = 0.542$$

(3)查附錄表Ⅶ, 得 $r_\alpha(p, f)$, 其中 $p=2, 3, 4, \cdots, ab, f=ab(n-1)$爲 MS_E 的自由度, 若取顯著水準爲 $\alpha=0.05$, 則 $f=2\times2\times(5-1)=16$

$$r_{0.05}, (2,16)=3.00, \quad r_{0.05}(3,16)=3.15, \quad r_{0.05}(4,16)=3.23$$

(4)計算 $ab-1$ 個最小顯著全距 $R_p=r_\alpha(p, f)\times S_{\overline{Y}_{ij.}}$, $p=2, 3, \cdots$, ab, 得

$$R_2 = r_{0.05}(2, 16)\times S_{\overline{Y}_{ij.}} = 3.00\times0.542 = 1.626$$

$$R_3 = r_{0.05}(3, 16)\times S_{\overline{Y}_{ij.}} = 3.15\times0.542 = 1.707$$

$$R_4 = r_{0.05}(4, 16)\times S_{\overline{Y}_{ij.}} = 3.23\times0.542 = 1.751$$

(5)配對比較: 由例 6.9 處理均值表知

12 對 22: $\overline{Y}_{12.} - \overline{Y}_{22.} = 9.26 - 2.12 = 7.14 > 1.751 (R_4)$

12 對 21: $\overline{Y}_{12.} - \overline{Y}_{21.} = 9.26 - 6.30 = 2.96 > 1.707 (R_3)$

12 對 11: $\overline{Y}_{12.} - \overline{Y}_{11.} = 9.26 - 7.54 = 1.72 > 1.626 (R_2)$

11 對 22: $\overline{Y}_{11.} - \overline{Y}_{22.} = 7.54 - 2.12 = 5.42 > 1.707 (R_3)$

11 對 21: $\overline{Y}_{11.} - \overline{Y}_{21.} = 7.54 - 6.30 = 1.24 < 1.626 (R_2)$

21 對 22: $\overline{Y}_{21.} - \overline{Y}_{22.} = 6.30 - 2.12 = 4.18 > 1.626 (R_2)$

(6)處理均值的大小比較結果, 由(5), 可圖示如下

$$Y_{22.} \quad \underline{\quad Y_{21.} \quad Y_{11.} \quad} \quad Y_{12.}$$

此即表示只有 μ_{21}, μ_{11} 兩者差異不同, 其餘任二處理均值都差異顯著。

若用 Tukey 法作配對處理均值的多重比較, 則

(1)計算 $\overline{Y}_{ij.}$ 的標準差, 如上 $S_{\overline{Y}_{ij.}} = \sqrt{1.47/5} = 0.542$

(2)因 $a=b=2$, $ab=4$, $f=2\times2\times(5-1)=16$, 查附錄Ⅷ得

$$q_{0.05}(ab, f) = q_{0.05}(4,16) = 4.05$$

(3)臨界值 $T_\alpha = q_{0.05}(4, 16)\times S_{\overline{Y}_{ij.}} = 4.05\times0.542 = 2.195$

(4)配對比較

12 對 22: $\overline{Y}_{12\cdot} - \overline{Y}_{22\cdot} = 9.26 - 2.12 = 7.14 > 2.195$

12 對 21: $\overline{Y}_{12\cdot} - \overline{Y}_{21\cdot} = 9.26 - 6.30 = 2.96 > 2.195$

12 對 11: $\overline{Y}_{12\cdot} - \overline{Y}_{11\cdot} = 9.26 - 7.54 = 1.72 < 2.195$

11 對 22: $\overline{Y}_{11\cdot} - \overline{Y}_{22\cdot} = 7.54 - 2.12 = 5.42 > 2.195$

11 對 21: $\overline{Y}_{11\cdot} - \overline{Y}_{21\cdot} = 7.54 - 6.30 = 1.24 < 2.195$

21 對 22: $\overline{Y}_{21\cdot} - \overline{Y}_{22\cdot} = 6.30 - 2.12 = 4.18 > 2.195$

故處理均值的比較結果可圖示如下

$$\underline{Y_{22\cdot} \quad \underline{Y_{21\cdot} \quad Y_{11\cdot} \quad Y_{12\cdot}}}$$

此即表示 μ_{21} 與 μ_{11} 差異不大，μ_{11} 與 μ_{12} 差異亦不大，但 μ_{21} 與 μ_{12}，及其他二處理均值則差異顯著

若用 Scheffé 法對以下三個對比做多重比較

$$H_{01}: \; L_1 = \frac{\mu_{11} + \mu_{12}}{2} - \frac{\mu_{21} + \mu_{22}}{2} = 0 \quad 對立 \quad H_{11}: \; L_1 \neq 0$$

$$H_{02}: \; L_2 = \frac{\mu_{11} + \mu_{21}}{2} - \frac{\mu_{12} + \mu_{22}}{2} = 0 \quad 對立 \quad H_{12}: \; L_2 \neq 0$$

$$H_{03}: \; L_3 = \frac{\mu_{11} + \mu_{22}}{2} - \frac{\mu_{12} + \mu_{21}}{2} = 0 \quad 對立 \quad H_{13}: \; L_3 \neq 0$$

則因

$$\hat{L}_1 = \frac{\overline{Y}_{11\cdot} + \overline{Y}_{12\cdot}}{2} - \frac{\overline{Y}_{21\cdot} + \overline{Y}_{22\cdot}}{2} = \frac{7.54 + 9.26}{2} - \frac{6.30 + 2.12}{2}$$

$$= 4.19$$

$$\hat{L}_2 = \frac{\overline{Y}_{11\cdot} + \overline{Y}_{21\cdot}}{2} - \frac{\overline{Y}_{12\cdot} + \overline{Y}_{22\cdot}}{2} = \frac{7.54 + 6.30}{2} - \frac{9.26 + 2.12}{2}$$

$$= 1.23$$

$$\hat{L}_3 = \frac{\overline{Y}_{11\cdot} + \overline{Y}_{22\cdot}}{2} - \frac{\overline{Y}_{12\cdot} + \overline{Y}_{21\cdot}}{2} = \frac{7.54 + 2.12}{2} - \frac{9.26 + 6.30}{2}$$

$$= -2.95$$

而對比 $\hat{L}_i$，$i=1$，2，3 的變異數均爲

$$\widehat{Var}(\hat{L}_i) = \frac{MS_E}{n}\sum_i\sum_j C_{ij}^2 = \frac{1.47}{5} \times (\frac{1}{4}+\frac{1}{4}+\frac{1}{4}+\frac{1}{4}) = 0.294$$

則檢定的臨界值爲

$$S = \sqrt{(ab-1)F_{\alpha,ab-1,ab(n-1)}}\sqrt{\widehat{Var}(\hat{L}_i)}$$

$$= \sqrt{3 \times F_{0.05,3,16} \times 0.294} = \sqrt{3 \times 3.24 \times 0.294} = 1.69$$

因 $\hat{L}_1=4.19>S=1.69$，$|\hat{L}_2|=1.23<S=1.69$，又 $|\hat{L}_3|=2.95>1.69$ 故三個對比 L_1，L_2，L_3 中，只有 $L_2=0$，而 L_1 與 L_3 都與零差異顯著。

若改用 Bonferroni 法，對以上三個對比做多重比較，則臨界值改爲，因 $g=3$，對 $i=1$，2，3，

$$B = \sqrt{2} \times t_{0.05/2 \times 3,9}\sqrt{\widehat{Var}(\hat{L}_i)} = \sqrt{2} \times t_{0.083,9}\sqrt{0.294}$$

$$= \sqrt{2} \times 2.966 \times \sqrt{0.294} = 2.274$$

今 $\hat{L}_1=4.19>B=2.274$，$\hat{L}_2=1.23<B=2.274$，又 $|\hat{L}_3|=2.95>B=2.274$ 故三個對比 L_1，L_2，L_3 中亦得 L_1 與 L_3 和零都是差異顯著，而 L_2 可能爲零。

例 6.19　反應條件與雜質

例 6.7 有關爐溫（因子 A）與冷却時間（因子 B）對鋼鐵所含雜質率的變異數分析，已知 A，B 二因子的交互作用非常顯著。因此因子效果的比較，應該二因子的水準同時考量。今對六個處理均值 μ_{11}，μ_{12}，μ_{13}，μ_{21}，μ_{22}，μ_{23} 做多重比較。

若用 Duncan 法，則依第四章的檢定步驟

⑴將 μ_{ij} 的估計式，依其值大小，由小至大依序排列，得

$$\overline{Y}_{12.}=1.44 \qquad \overline{Y}_{23.}=1.48 \qquad \overline{Y}_{22.}=1.85$$

$$\overline{Y}_{21.}=1.91 \qquad \overline{Y}_{13.}=1.96 \qquad \overline{Y}_{11.}=2.34$$

(2)計算 $\overline{Y}_{ij.}$ 的標準差 $S_{\overline{Y}_{ij.}}$，由例 6.7 的變異數分析表 6.14 易得 $MS_E=0.004$，又 $n=3$，故

$$S_{\overline{Y}_{ij.}}=\sqrt{MS_E/n}=\sqrt{0.004/3}=0.0365$$

(3)查附錄表Ⅷ，得 $r_\alpha(p, f)$ 值，其中 $p=2, 3, 4, \cdots, ab, f=ab(n-1)$ 今若取 $\alpha=0.01$，則因 $a=2, b=3, n=3, f=2\times3\times(3-1)=12, ab=6$，故

$$r_{0.01}(2,12)=4.32, \quad r_{0.01}(3,12)=4.55, \quad r_{0.01}(4,12)=4.68$$

$$r_{0.01}(5,12)=4.76, \quad r_{0.01}(6,12)=4.84$$

(4)計算 $ab-1$ 個 R_p 值，$R_p=r_\alpha(p, f)S_{\overline{Y}_{ij.}}$，$p=2, 3, \cdots, ab$，得

$$R_2=r_{0.01}(2, 12)S_{\overline{Y}_{ij.}}=4.32\times0.0365=0.158$$

$$R_3=r_{0.01}(3, 12)S_{\overline{Y}_{ij.}}=4.55\times0.0365=0.166$$

$$R_4=r_{0.01}(4, 12)S_{\overline{Y}_{ij.}}=4.68\times0.0365=0.171$$

$$R_5=r_{0.01}(5, 12)S_{\overline{Y}_{ij.}}=4.76\times0.0365=0.174$$

$$R_6=r_{0.01}(6, 12)S_{\overline{Y}_{ij.}}=4.84\times0.0365=0.177$$

(5)配對比較

11 對 12：$\overline{Y}_{11.}-\overline{Y}_{12.}=2.34-1.44=0.9>0.177(R_6)$

11 對 23：$\overline{Y}_{11.}-\overline{Y}_{23.}=2.34-1.48=0.86>0.174(R_5)$

11 對 22：$\overline{Y}_{11.}-\overline{Y}_{22.}=2.34-1.85=0.49>0.171(R_4)$

11 對 21：$\overline{Y}_{11.}-\overline{Y}_{21.}=2.34-1.91=0.43>0.166(R_3)$

11 對 13：$\overline{Y}_{11.}-\overline{Y}_{13.}=2.34-1.96=0.38>0.158(R_2)$

13 對 12：$\overline{Y}_{13.}-\overline{Y}_{12.}=1.96-1.44=0.52>0.174(R_5)$

13 對 23：$\overline{Y}_{13.}-\overline{Y}_{23.}=1.96-1.48=0.48>0.171(R_4)$

13 對 22：$\overline{Y}_{13.}-\overline{Y}_{22.}=1.96-1.85=0.11<0.166(R_3)$

13 對 21: $\overline{Y}_{13.}-\overline{Y}_{21.}=1.96-1.91=0.05<0.158\,(R_2)$

21 對 12: $\overline{Y}_{21.}-\overline{Y}_{12.}=1.91-1.44=0.47>0.171\,(R_4)$

21 對 23: $\overline{Y}_{21.}-\overline{Y}_{23.}=1.91-1.48=0.43>0.166\,(R_3)$

21 對 22: $\overline{Y}_{21.}-\overline{Y}_{22.}=1.91-1.85=0.06<0.158\,(R_2)$

22 對 12: $\overline{Y}_{22.}-\overline{Y}_{12.}=1.85-1.44=0.41>0.166\,(R_3)$

22 對 23: $\overline{Y}_{22.}-\overline{Y}_{23.}=1.85-1.48=0.37>0.158\,(R_2)$

23 對 12: $\overline{Y}_{23.}-\overline{Y}_{12.}=1.48-1.44=0.04<0.158\,(R_2)$

(6)處理均值的大小比較結果, 由(5), 可圖示如下

$$\underline{Y_{12.}\quad Y_{23.}}\quad\underline{Y_{22.}\quad Y_{21.}\quad Y_{13.}}\quad Y_{11.}$$

此即表示 μ_{12} 與 μ_{23}, μ_{22}, μ_{21} 與 μ_{13} 之間差異不顯著, 其餘配對處理均值的差異都非常顯著。

若用 Tukey 多重比較法, 則

(1)計算 $\overline{Y}_{ij.}$ 的標準差, 如上 $S_{\overline{Y}_{ij.}}=\sqrt{MS_E/n}=0.0365$

(2)因 ab$=2\times3=6$, f$=$ab$(n-1)=2\times3\times(3-1)=12$, 查附錄表Ⅷ 得

$$q_{0.01}(ab,\ f)=q_{0.01}(6,12)=6.10$$

(3)臨界值

$$T_\alpha=q_{0.01}(6,12)\times S_{\overline{Y}_{ij.}}=6.10\times0.0365=0.223$$

(4)配對比較

Duncan 步驟(5)所計算的配對均值差異的估計式當中

13 對 22: $\overline{Y}_{13.}-\overline{Y}_{22.}=1.96-1.85=0.11<0.223=T_\alpha$

13 對 21: $\overline{Y}_{13.}-\overline{Y}_{21.}=1.96-1.91=0.05<0.223=T_\alpha$

21 對 22: $\overline{Y}_{21.}-\overline{Y}_{22.}=1.91-1.85=0.06<0.223=T_\alpha$

23 對 12: $\overline{Y}_{23.}-\overline{Y}_{12.}=1.48-1.44=0.04<0.223=T_\alpha$

其餘配對均值差 $\overline{Y}_{ij.}-\overline{Y}_{i'j'.}>T_\alpha=0.223$。 故比較結果圖示如下

$$\underline{Y_{12\cdot}\quad Y_{23\cdot}}\quad \underline{Y_{22\cdot}\quad Y_{21\cdot}\quad Y_{13\cdot}}\quad Y_{11\cdot}$$

此結論與 Duncan 法相同，都表示 μ_{12} 與 μ_{23}，μ_{22}，μ_{21} 與 μ_{13} 差異不顯著，其餘配對處理均值的差異都非常顯著

用 Scheffé 法對以下四個對比做多重比較

$$H_{01}: \ L_1 = \frac{\mu_{11}+\mu_{12}+\mu_{13}}{3} - \frac{\mu_{21}+\mu_{22}+\mu_{23}}{3} \quad \text{對立} \quad H_{11}: \ L_1 \neq 0$$

$$H_{02}: \ L_2 = \frac{\mu_{11}+\mu_{21}}{2} - \frac{\mu_{12}+\mu_{22}}{2} \quad \text{對立} \quad H_{12}: \ L_2 \neq 0$$

$$H_{03}: \ L_3 = \frac{\mu_{12}+\mu_{22}}{2} - \frac{\mu_{13}+\mu_{23}}{2} \quad \text{對立} \quad H_{13}: \ L_3 \neq 0$$

$$H_{04}: \ L_4 = \frac{\mu_{11}+\mu_{21}}{2} - \frac{\mu_{13}+\mu_{23}}{2} \quad \text{對立} \quad H_{14}: \ L_4 \neq 0$$

則因

$$\hat{L}_1 = \frac{\overline{Y}_{11\cdot}+\overline{Y}_{12\cdot}+\overline{Y}_{13\cdot}}{3} - \frac{\overline{Y}_{21\cdot}+\overline{Y}_{22\cdot}+\overline{Y}_{23\cdot}}{3}$$

$$= \frac{2.34+1.44+1.96}{3} - \frac{1.91+1.85+1.48}{3} = 0.167$$

$$\hat{L}_2 = \frac{\overline{Y}_{11\cdot}+\overline{Y}_{21\cdot}}{2} - \frac{\overline{Y}_{12\cdot}+\overline{Y}_{22\cdot}}{2} = \frac{2.34+1.91}{2} - \frac{1.44+1.85}{2}$$

$$= 0.48$$

$$\hat{L}_3 = \frac{\overline{Y}_{12\cdot}+\overline{Y}_{22\cdot}}{2} - \frac{\overline{Y}_{13\cdot}+\overline{Y}_{23\cdot}}{2} = \frac{1.44+1.85}{2} - \frac{1.96+1.48}{2}$$

$$= -0.075$$

$$\hat{L}_4 = \frac{\overline{Y}_{11\cdot}+\overline{Y}_{21\cdot}}{2} - \frac{\overline{Y}_{13\cdot}+\overline{Y}_{23\cdot}}{2} = \frac{2.34+1.91}{2} - \frac{1.96+1.48}{2}$$

$$= 0.405$$

而對比的變異數，因 $MS_E = 0.004$，$n = 3$，得

$$\widehat{Var}(\hat{L}_1) = \frac{MS_E}{n} \sum_i \sum_j C_{ij}^2 = \frac{0.004}{3}\left(\frac{1}{9}+\frac{1}{9}+\frac{1}{9}+\frac{1}{9}+\frac{1}{9}+\frac{1}{9}\right)$$

$$=0.000889$$

$$\widehat{\mathrm{Var}}(\hat{L}_i) = \frac{MS_E}{n}\sum_i\sum_j C_{ij}^2 = \frac{0.004}{3}\left(\frac{1}{4}+\frac{1}{4}+\frac{1}{4}+\frac{1}{4}\right)$$

$$=0.00133$$

i＝2，3，4。則檢定的臨界值

$$S_1 = \sqrt{(ab-1)F_{\alpha,ab-1,ab(n-1)}}\sqrt{\widehat{\mathrm{Var}}(\hat{L}_1)}$$

$$= \sqrt{5 \times F_{0.01,5,12} \times 0.000889} = \sqrt{5 \times 5.06 \times 0.000889} = 0.15$$

$$S_i = \sqrt{(ab-1)F_{\alpha,ab-1,ab(n-1)}}\sqrt{\widehat{\mathrm{Var}}(\hat{L}_i)}$$

$$= \sqrt{5 \times F_{0.01,5,12} \times 0.00133} = \sqrt{5 \times 5.06 \times 0.00133} = 0.183$$

i＝2, 3, 4。因 $\hat{L}_1=0.167>S_1=0.15$，$\hat{L}_2=0.48>S_2=0.183$，$|\hat{L}_3|=0.075<S_3=0.183$，$\hat{L}_4=0.405>S_4=0.183$。故以上四個對比的多重比較，在 $\alpha=0.01$ 下，只有 H_{03}：$L_3=0$ 的虛無假設不能拒絕，其餘對比 L_1，L_2，L_4 均顯著不爲零。

　　若改用 Bonferroni 法，對以上三個對比做多重比較，則檢定的臨界值改爲，因 g＝4

$$B_1 = \sqrt{2} \times t_{0.01/2 \times 4,12}\sqrt{\widehat{\mathrm{Var}}(\hat{L}_1)} = \sqrt{2} \times t_{0.00125,12}\sqrt{\widehat{\mathrm{Var}}(\hat{L}_1)}$$

$$= \sqrt{2} \times 3.846 \times \sqrt{0.000889} = 0.162$$

$$B_i = \sqrt{2} \times t_{0.01/2 \times 4,12}\sqrt{\widehat{\mathrm{Var}}(\hat{L}_i)} = \sqrt{2} \times 3.846 \times \sqrt{0.00133} = 0.198$$

i＝2，3，4。今 $\hat{L}_1=0.167>B_1=0.162$，$\hat{L}_2=0.48>B_2=0.198$，$|\hat{L}_3|=0.075<B_3=0.198$，$\hat{L}_4=0.405>B_4=0.198$。故以上四個對比的多重比較結果，在 $\alpha=0.01$ 的顯著水準下，只有 L_3 的效果約爲 0，其餘對比 L_1，L_2，L_4 均顯著不爲零。

例 6.20　反應條件與產量

某化學反應的溫度 (因子 A) 與溶液 ph 值 (因子 B) 對產品產量的影響，在例 6.8 的變異數分析中已證實 A，B 兩因子交互作用非常顯著。今在 A 因子反應溫度取定在 $25°C$ (水準 3) 的最優水準下，來探討 B 因子水準均值 μ_{31}，μ_{32}，μ_{33} 的大小比較。

利用 Duncan 多重比較法的步驟

(1)將 μ_{31}，μ_{32}，μ_{33} 依由小至大，將估計式依序排列

$$\overline{Y}_{31.}=5,\ \overline{Y}_{33.}=10.5,\ \overline{Y}_{32.}=14.0$$

(2)計算 $\overline{Y}_{3j.}$ 的標準差 $S_{\overline{Y}_{3j.}}$，由例 6.8 表 6.16，已知 $MS_E=4.93$，又 n＝4，故

$$S_{\overline{Y}_{3j.}}=\sqrt{\frac{MS_E}{n}}=\sqrt{\frac{4.93}{4}}=1.11$$

(3)查附錄表Ⅷ，求 $r_\alpha(p,\ f)$ 值，其中 p＝2，3，$\cdots$，b，a＝b＝3，f＝ab(n-1)＝$3\times3\times(4-1)$＝27，若取 $\alpha=0.01$，則

$$r_{0.01}(2,27)=3.93 \qquad r_{0.01}(3,27)=4.11$$

(4)計算最小顯著全距 R_p，p＝2.3

$$R_2=r_{0.01}(2,27)\times S_{\overline{Y}_{3j.}}=3.93\times1.11=4.36$$

$$R_3=r_{0.01}(3,\ 27)\times S_{\overline{Y}_{3j.}}=4.11\times1.11=4.56$$

(5)配對比較

32 對 31：$\overline{Y}_{32.}-\overline{Y}_{31.}=14.0-5.0=9.0>4.56(R_3)$

32 對 33：$\overline{Y}_{32.}-\overline{Y}_{33.}=14.0-10.5=3.5<4.36(R_2)$

33 對 31：$\overline{Y}_{33.}-\overline{Y}_{31.}=10.5-5.0=5.5>4.36(R_2)$

(6)處理均值的大小比較結果，由(5)，可圖示為

$$Y_{31.} \quad \underline{Y_{33.} \quad Y_{32.}}$$

表示在溫度 $25°C$的水準下，ph 值 7 和 ph 值 8 兩水準平均產量差異不大，但其他 ph 值不同，則平均生產力差異非常顯著。

若改用 Tukey 法，則

(1) $\overline{Y}_{3j}$. 的標準差 $S_{\overline{Y}_{3j}}$. 計算如上，$S_{\overline{Y}_{3j}}. = \sqrt{4.93/4} = 1.11$

(2) 因 $a = 3$，$f = 27$，查附錄表Ⅷ得

$\quad q_{0.01}(3，27) = 4.50$

(3) 臨界值 $T_\alpha = q_{0.01}(3，27) \times S_{\overline{Y}_{3j}}. = 4.50 \times 1.11 = 4.99$

(4) 配對比較

$\quad$ 32 對 31：$\overline{Y}_{32}. - \overline{Y}_{31}. = 14.0 - 5.0 = 9.0 > 4.99$

$\quad$ 32 對 33：$\overline{Y}_{32}. - \overline{Y}_{33}. = 14.0 - 10.5 = 3.5 < 4.99$

$\quad$ 33 對 31：$\overline{Y}_{33}. - \overline{Y}_{31}. = 10.5 - 5.0 = 5.5 > 4.99$

故在溫度 25°C 的水準固定下，ph 值 7 與 ph 值 8 兩水準的平均產量差異不大，其他 ph 值不同，則平均生產力差異非常顯著。

用 Bonferroni 法，則因 $g = 3$，t 分配的百分位數為 $t_{\alpha/2g, ab(n-1)} = t_{0.01/6, 27} = 3.258$，故臨界值改為

$$B = \sqrt{2} \times t_{0.01/6, 27} \times S_{\overline{Y}_{3j}}. = \sqrt{2} \times 3.258 \times 1.11 = 5.11$$

在溫度 25°C 的水準固定下，ph 值（因子 B）的配對水準均值差只有 $\overline{Y}_{32}. - \overline{Y}_{33}. = 3.5 < 5.11$，其餘均大於 $B = 5.11$，故只有 ph 值 7 與 ph 值 8 的兩水準平均產量差異不大，其他 ph 值不同時，平均產量都差異非常顯著。

6-5　模式診斷

和單因子變異數分析一樣，二因子變異數分析模式(6.1)中，假設的誤差項 ε_{ijk} 需互為獨立，且呈常態分配，平均值為 0，變異數為固定值 σ^2。這個假設是否成立，可以用第五章所述殘差分析的方法來診斷模式(6.1)的合適性。

二因子變異數分析模式的殘差 e_{ijk} 定義爲

$$e_{ijk} = Y_{ijk} - \hat{Y}_{ijk}$$

因 Y_{ijk} 在模式(6.1)的估計值爲 $\hat{Y}_{ijk} = \overline{Y}_{ij\cdot}$，故殘差爲

$$e_{ijk} = Y_{ijk} - \overline{Y}_{ij\cdot} \tag{6.28}$$

殘差 e_{ijk} 做常態機率圖以檢查誤差項 ε_{ijk} 是否爲常態分配，殘差對實驗次序 t 作圖以檢查是否隨機而互相獨立，殘差對估計值做殘差圖以檢查殘差變異數是否穩定在一固定數，而不隨 $\hat{Y}_{ijk}$ 值而有大的變化，這些方法與原理都和第五章第一節單因子變異數分析的模式診斷法類似，今且舉例說明。

例 6.21　果汁口味與包裝

果汁口味不同, 包裝法不同可得不同銷售量。今將例 6.4 的果汁銷售量資料 Y_{ijk}，及不同處理下估計值 $\overline{Y}_{ij\cdot}$，及其對應的殘差 e_{ijk}，實驗的隨機次序 t 等整理成下表

表 6.21　果汁口味與包裝的殘差資料

因子 A 水準 i	因子 B 水準 j	觀察值 Y_{ijk}	估計值 $\hat{Y}_{ijk}$	殘差 e_{ijk}	實驗次序 t
1	1	39	37.75	1.25	23
1	1	37	37.75	-0.75	26
1	1	38	37.75	0.25	34
1	1	37	37.75	-0.75	16
1	2	31	32.00	-1.00	7
1	2	32	32.00	0.00	32
1	2	33	32.00	1.00	35
1	2	32	32.00	0.00	31

1	3	45	43.75	1.25	12
1	3	44	43.75	0.25	24
1	3	42	43.75	−1.75	19
1	3	44	43.75	0.25	14
2	1	26	26.50	−0.50	3
2	1	25	26.50	−1.50	36
2	1	27	26.50	0.50	10
2	1	28	26.50	1.50	21
2	2	22	23.00	−1.00	17
2	2	25	23.00	2.00	30
2	2	22	23.00	−1.00	1
2	2	23	23.00	0.00	8
2	3	32	32.00	0.00	11
2	3	33	32.00	1.00	29
2	3	31	32.00	−1.00	18
2	3	32	32.00	0.00	6
3	1	30	31.00	−1.00	4
3	1	31	31.00	0.00	13
3	1	32	31.00	1.00	5
3	1	31	31.00	0.00	15
3	2	24	25.75	−1.75	33
3	2	25	25.75	−0.75	22
3	2	28	25.75	2.25	2
3	2	26	25.75	0.25	28
3	3	35	35.25	−0.25	9
3	3	36	35.25	0.75	27
3	3	36	35.25	0.75	20
3	3	34	35.25	−1.25	25

其中因子 A 的三個水準 1，2，3 分別表示柳橙，蘋果，檸檬三種口味，因子 B 的三個水準 1，2，3 分別表示罐裝，瓶裝和鋁包等三種包裝法。

將上表殘差 e_{ijk}，由小至大重新排列，並將 $p_k = (k-0.5)/36$，$k=1$，2，…，36 及其對應的標準常態百分位數 p_k 整理如下表

表 6.22　有序化殘差及其對應的百分位數

次序 i	殘差 e_{ijk}	$p_k = (k-0.5)/36$	百分位數	次序 i	殘差 e_{ijk}	$p_k = (k-0.5)/36$	百分位數
1	-1.75	0.014	-2.200	19	0.00	0.514	0.035
2	-1.75	0.042	-1.732	20	0.00	0.542	0.105
3	-1.50	0.069	-1.480	21	0.00	0.569	0.175
4	-1.25	0.097	-1.298	22	0.25	0.597	0.246
5	-1.00	0.125	-1.150	23	0.25	0.625	0.319
6	-1.00	0.153	-1.025	24	0.25	0.653	0.393
7	-1.00	0.180	-0.913	25	0.25	0.681	0.469
8	-1.00	0.208	-0.812	26	0.50	0.708	0.549
9	-1.00	0.236	-0.719	27	0.75	0.736	0.631
10	-0.75	0.264	-0.631	28	0.75	0.764	0.719
11	-0.75	0.292	-0.549	29	1.00	0.792	0.812
12	-0.75	0.319	-0.469	30	1.00	0.819	0.913
13	-0.50	0.347	-0.393	31	1.00	0.847	1.025
14	-0.25	0.375	-0.319	32	1.25	0.875	1.150
15	0.00	0.403	-0.246	33	1.25	0.903	1.298
16	0.00	0.430	-0.175	34	1.50	0.931	1.480
17	0.00	0.458	-0.105	35	2.00	0.958	1.732
18	0.00	0.486	-0.035	36	2.25	0.986	2.200

以表 6.22 的殘差 e_{ijk} 爲水平軸，百分位數爲垂直軸做常態機率圖如下

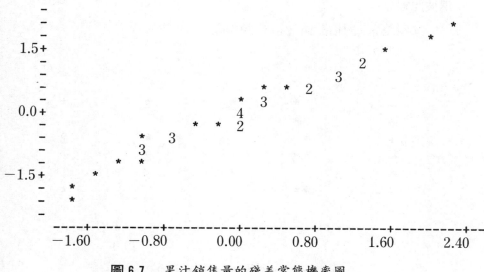

圖 6.7　果汁銷售量的殘差常態機率圖

圖上點的散佈略成直線，誤差項的機率分配假設爲常態並無違背的現象。

　　殘差 e_{ijk} 對實驗次序 t 作殘差圖得

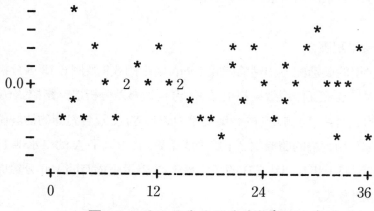

圖 6.8　果汁銷售量的殘差對實驗次序圖

圖上點的散佈略以 0 為中心呈一長條狀，此表示觀察資料或誤差項可視為彼此獨立。

又殘差 e_{ijk} 對估計值 $\overline{Y}_{ij.}$ 作殘差圖

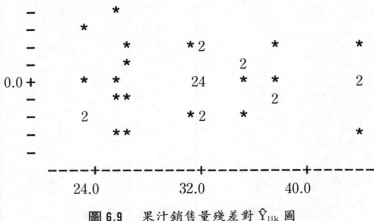

圖 6.9 果汁銷售量殘差對 $\hat{Y}_{ijk}$ 圖

資料散佈亦略成以 0 為中心的長條狀，而以特別型態出現，因此可以說誤差項的變異數為一常數 σ^2。以上殘差分析可知，用模式(6.1)來分析果汁口味與包裝對果汁銷售量的影響是合理的。

例 6.22 金屬耐壓力

耐壓金屬的製造配方和壓縮時間不同，則由例 6.9 及例 6.18 等分析已知二主因子及交互作用效果都很顯著。今再做殘差分析以診斷模式(6.1)對本例的適合性。將例 6.9 的金屬耐壓力資料 Y_{ijk}，及各對應的估計值 $\hat{Y}_{ijk}$，殘差 e_{ijk} 和實驗的隨機次序 t 整理成下表。其中因子 A 的二水準 1, 2 表示製造配方 I 和 II，因子 B 的二水準 1, 2 表示壓縮時間 100 分鐘與 150 分鐘兩種方式。

表 6.23　金屬耐壓力的殘差資料

因子 A 水準 i	因子 B 水準 j	觀察值 Y_{ijk}	估計值 $\hat{Y}_{ijk}$	殘差 e_{ijk}	實驗次序 t
1	1	9.1	7.54	1.56	14
1	1	6.9	7.54	−0.64	8
1	1	7.5	7.54	−0.04	4
1	1	7.9	7.54	0.36	19
1	1	6.3	7.54	−1.24	6
1	2	9.4	9.26	0.14	11
1	2	8.9	9.26	−0.36	2
1	2	10.1	9.26	0.84	20
1	2	10.7	9.26	1.44	13
1	2	7.2	9.26	−2.06	1
2	1	8.2	6.30	1.90	3
2	1	6.5	6.30	0.20	5
2	1	4.9	6.30	−1.40	15
2	1	5.2	6.30	−1.10	17
2	1	6.7	6.30	0.40	16
2	2	3.8	2.12	1.68	10
2	2	2.3	2.12	0.18	18
2	2	0.8	2.12	−1.32	7
2	2	1.6	2.12	−0.52	12
2	2	2.1	2.12	−0.02	9

　　將上表殘差 e_{ijk}，由小至大依序排列，並將 $p_k(k-0.5)/20$，$k=12$，…，20 及其對應的標準常態分配百分位數 p_k 整理成下表

表 6.24 有序化殘差及其對應的百分位數

次序 i	殘差 e_{ijk}	$p_k=$ $(k-0.5)/20$	百分 位數	次序 i	殘差 e_{ijk}	$p_k=$ $(k-0.5)/20$	百分 位數
1	-2.06	0.025	-1.960	11	0.14	0.525	0.063
2	-1.40	0.075	-1.440	12	0.18	0.575	0.189
3	-1.32	0.125	-1.150	13	0.20	0.625	0.319
4	-1.24	0.175	-0.935	14	0.36	0.675	0.454
5	-1.10	0.225	-0.755	15	0.40	0.725	0.598
6	-0.64	0.275	-0.598	16	0.84	0.775	0.755
7	-0.52	0.325	-0.454	17	1.44	0.825	0.935
8	-0.36	0.375	-0.319	18	1.56	0.875	1.150
9	-0.04	0.425	-0.189	19	1.68	0.925	1.440
10	-0.02	0.475	-0.063	20	1.90	0.975	1.960

將上表 6.24 的百分位數對殘差 e_{ijk} 作散佈圖，得常態機率圖為

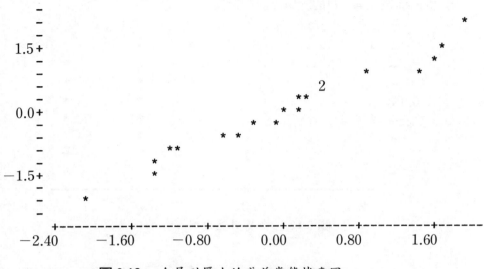

圖 6.10　金屬耐壓力的殘差常態機率圖

圖上點的散佈看來略成一直線，因此誤差項 ε_{ijk} 呈常態分配的假設似乎沒有違背。

若將表 6.23 的殘差 e_{ijk} 對實驗次序 t 作殘差圖得

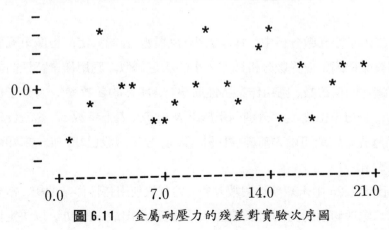

圖 6.11　金屬耐壓力的殘差對實驗次序圖

圖上點的散佈略以 0 為中心呈一長條狀, 此表示觀察值 Y_{ijk} 之間互為獨立。而殘差 e_{ijk} 對估計值 $\hat{Y}_{ijk}$ 作圖得

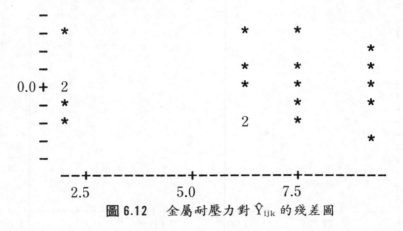

圖 6.12 金屬耐壓力對 $\hat{Y}_{ijk}$ 的殘差圖

圖上資料點散佈亦略以 0 為中心, 在每 $\hat{Y}_{ijk} = \overline{Y}_{ij.}$ 的垂直軸, 資料離散情況相近, 可以說誤差項的變異數是一常數 σ^2。以上殘差分析可知, 用模式(6.1)來分析金屬耐壓力與製程配方, 壓縮時間的關係是合理的。

6-6 樣本大小的決定

　　二因子變異數分析中, 樣本大小(反覆數) n 的決定, 也像第五章第二節有關單因子變異數分析樣本大小的決定類似, 應用作業特性曲線以決定適當的反覆數。應用作業特性曲線時, 所需的參數 Φ^2, 及分子自由度 ν_1, 分母自由度 ν_2, 分別列示於下表 6.25。表上參數 τ_i, β_j, $(\tau\beta)_{ij}$, σ^2 值應先給定或可由先前經驗估計, 又 a, b 值假設已知, 唯一未知數是反覆數 n。

　　因表 6.25 中未知參數個數太多, 為有效利用特性作業曲線, 常要求任意二處理均值的差已大於某數時, 可對應求出最小的 Φ^2, 以決定樣本

大小。例如，對主因子 A 而言，

表 6.25　二因子變異數分析，在固定效果模式下特性作業曲線的參數表

因子	Φ^2	分子自由度 ν_1	分母自由度 ν_2
A	$\dfrac{bn\sum\limits_{i=1}^{a}\tau_i^2}{a\sigma^2}$	$a-1$	$ab(n-1)$
B	$\dfrac{an\sum\limits_{j=1}^{b}\beta_j^2}{b\sigma^2}$	$b-1$	$ab(n-1)$
A×B	$\dfrac{n\sum\limits_{i=1}^{a}\sum\limits_{j=1}^{b}(\tau\beta)_{ij}^2}{\sigma^2[(a-1)(b-1)+1]}$	$(a-1)(b-1)$	$ab(n-1)$

若 A 因子的任二水準均值差大於 D，則 Φ^2 的最小值為

$$\Phi^2=\frac{nbD^2}{2\,a\sigma^2} \tag{6.29}$$

對因子 B 而言，若 B 因子的任二水準均值差大於 D，則 Φ^2 的最小值為

$$\Phi^2=\frac{naD^2}{2\,b\sigma^2} \tag{6.30}$$

對 A，B 二因子的交互作用，若任二交互作用效果 $(\tau\beta)_{ij}$ 的差異大於 D 時，則 Φ^2 的最小值為

$$\Phi^2=\frac{nD^2}{2\sigma^2[(a-1)(b-1)+1]} \tag{6.31}$$

例 6.23　果汁口味與包裝

　　例 6.4 三種不同果汁口味，三種不同包裝的二因子，考慮其因子水準的組合對銷售量的影響時，若研究者要求，當任二不同果汁口味的平均銷售量差異大於 4 時，則虛無假設 $H_0: \tau_i\equiv0$ 應以較高的機率予以拒絕。

故 D＝4，若設果汁銷售量的標準差 σ＝2.5，則由公式(6.29)，知

$$\Phi^2 = \frac{naD^2}{2b\sigma^2} = \frac{n \times 3 \times 4^2}{3 \times 3(2.5)^2} = 1.28\,n$$

爲 Φ^2 的最小值。設 α＝0.05，則由附錄表 V。若試 n＝2，則 Φ^2＝1.28×2＝2.56，$\Phi = \sqrt{2.56} = 1.60$，今 $\nu_2 = 3 \times 3 \times (2-1) = 9$，$\nu_1 = 3-1 = 2$，查特性作業曲線得值 β＝0.45，檢定力 $1-\beta$＝0.55 太小。再試 n＝3，及 n＝4 如下表

n	Φ^2	Φ	分子自由度 ν_1	分母自由度 ν_2	β
2	2.56	1.60	2	9	0.45
3	3.84	1.96	2	18	0.18
4	5.12	2.26	2	27	0.06

當 n＝4 時，β＝0.06，則檢定力 $1-\beta$＝0.94 已夠大。因此每一處理的觀察值樣本個數（反覆數）應取 n＝4，才能滿足研究者要求的精密度。

又設三種包裝法的平均銷售量爲 $\mu_{.1}$＝33，$\mu_{.2}$＝27，$\mu_{.3}$＝30 時，在 α＝0.05 下，虛無假設 H_0： $\beta_j \equiv 0$，應以較高的機率（檢定力至少 0.9）予以拒絕，則樣本大小應取多少？

因 $\mu = (\mu_{.1} + \mu_{.2} + \mu_{.3})/3 = (33+27+30)/3 = 30$，則$\mu_{.1}$＝33，$\mu_{.2}$＝27，$\mu_{.3}$＝30，即對應 $\beta_1 = \mu_{.1} - \mu = 33-30 = 3$，$\beta_2 = \mu_{.2} - \mu = 27-30 = -3$，$\beta_3 = \mu_{.3} - \mu = 30-30 = 0$。設 σ＝2.5，a＝3，b＝3，故由表 6.25

$$\Phi^2 = \frac{an\sum\beta_j^2}{b\sigma^2} = \frac{n \times 3[(3)^2 + (3)^2 + (0)^2]}{3 \times (2.5)^2} = 2.88\,n$$

若試 n＝2，則 Φ^2＝2.88×2＝5.76，故 Φ＝2.4，今 $\nu_1 = 3-1 = 2$，$\nu_2 = 3 \times 3 \times (2-1) = 9$，查附錄表 V 的特性作業曲線圖，得 β＝0.12，故檢定力 $1-\beta$＝0.88。再試 n＝3，則 Φ^2＝2.88×3＝8.64，故 Φ＝2.94，而 ν_1＝

2，$\nu_2=3\times3\times(3-1)=18$，查附錄表 V，得 $\beta=0.01$，故檢定力 $1-\beta=$ 0.99 相當大。此時應取 n=3 即可。

若 A，B 兩因子在檢定時要求的精密度如上二種，分別對 A，B 因子討論後，知對 A 因子取 n=4，對因子 B 取 n=3。但綜合而言，本研究應取 n=4，才能同時滿足對 A，B 因子檢定精密度的要求。

例 6.24　反應條件與雜質

用爐溫二個水準，冷却時間三個水準的二因子水準組合做二因子實驗，以研究該二因子對鋼鐵雜質所含比率的影響效果。若研究者相信爐溫與冷却時間交互作用存在，而要求在二因子的交互作用效果 $(\tau\beta)_{ij}$ 差大於 0.25 時，虛無假設 H_0：$(\tau\beta)_{ij}=0$ 可以至少 0.9 的機率予以拒絕。若標準差 $\sigma=0.07$ 則樣本大小應取多大？

由公式 (6.31)，因 D=0.25，$\sigma=0.07$，a=2，b=3，故

$$\Phi^2=\frac{n\times(0.25)^2}{2\times(0.07)^2\times[(2-1)(3-1)+1]}=2.13\,n$$

設 $\alpha=0.01$，又 $\nu_1=(2-1)(3-1)=2$，若試 n=3，則 $\nu_2=ab(n-1)=$ $2\times3\times(3-1)=12$，$\Phi^2=2.13\times3=6.39$ 故 $\Phi=2.53$，查附錄 V 的特性作業曲線圖，得 $\beta=0.28$，檢定力 $1-\beta=0.72$。再試 n=4，則 $\nu_2=2\times3\times$ $(4-1)=18$，而 $\Phi^2=2.13\times4=8.52$，故 $\Phi=2.92$，查附錄 V，得 $\beta=0.06$，故檢定力 $1-\beta=0.94$，故反覆數取 n=4，則可以至少 0.9 的機率精確的拒絕虛無假設。

習　題

6-1　消基會想要比較國產的不同廠牌，不同汽缸大小的汽車是否汽油耗油量相同。於是從國產的四種廠牌汽車中以 1300 cc、1600 cc、2000 cc 三水準各隨機挑出 3 輛做汽車耗油量測試，得資料如下：

汽車耗油量（公里/公升）

廠牌	汽缸大小		
	1300 cc	1600 cc	2000 cc
甲牌	20.0	16.7	13.0
	19.7	17.5	12.8
	19.2	17.8	13.2
乙牌	19.8	17.5	12.5
	19.4	17.1	11.6
	19.2	16.8	11.8
丙牌	18.4	16.8	11.2
	18.9	16.6	12.1
	18.7	16.1	11.5

(a)作變異數分析表，以 $\alpha=0.05$ 檢定各因子效果顯著否？

(b)試比較汽缸大小的水準均值，以 $\alpha=0.05$ 作 Duncan 法及 Bonferroni 法的多重比較。

6-2　水果酒的保存期限，可能與保存方法和酒的原料有關，研究者做因子實驗得以下資料：

酒保存期限（年）

保存方法	原 料			
	甲種	乙種	丙種	丁種
法 I	7.5 6.8 6.2	8.2 7.9 7.3	8.4 8.8 9.2	9.9 10.4 9.6
法 II	9.3 8.7 8.9	9.9 10.5 9.0	9.9 10.8 9.5	10.5 11.2 10.3
法 III	9.8 10.1 10.3	10.5 9.9 10.2	10.8 11.2 10.4	11.7 11.4 11.9

(a)作變異數分析表，以檢定各因子效果顯著否？取 $\alpha = 0.05$。

(b)試以 $\alpha = 0.05$，對不同保存法的水準均值做 Duncan 法的多重比較。

(c)試以 $\alpha = 0.05$，對原料不同的水準均值做 Tukey 法及 Bonferroni 法的多重比較。

6-3　公司營業部門想瞭解，不同的定價策略與包裝法對公司產品銷售量的影響，公司選了幾個規模大小相近的銷售點做銷售量調查，得資料如下：

產品銷售量

定價策略	包 裝 法					
	甲		乙		丙	
法 I	109	115	114	111	118	116
	110	113	119	116	112	114
法 II	120	122	126	124	131	128
	125	125	128	126	127	130
法 III	108	104	119	117	125	129
	104	107	115	120	124	128

(a)作變異數分析表，以檢定各因子效果顯著否？取 $\alpha = 0.05$。

(b)試以 $\alpha = 0.05$，對不同定價策略的水準均值做 Tukey 法的多重比較。

(c)試求各因子效果的估計值。

6-4 某零件工廠的品管人員認為該公司生產的零件缺陷率可能與零件種類和裝配線工人有關。於是隨機記錄了幾天產品缺陷率的資料如下表：

產品缺陷率

零件種類	裝　配　線					
	線 I		線 II		線 III	
甲種	16.6	17.0	19.8	18.4	19.6	20.6
	16.0	16.1	19.4	18.6	20.4	20.9
乙種	18.5	17.7	18.4	17.5	18.7	19.6
	17.2	16.9	17.6	18.1	18.8	19.0
丙種	17.5	15.6	17.4	17.6	17.4	18.5
	16.6	16.2	18.1	18.4	17.8	19.0
丁種	19.5	19.2	19.8	19.4	20.3	19.8
	19.6	18.8	19.6	19.0	20.5	20.2

(a)作變異數分析表，以檢定各因子效果顯著否，顯著水準取 $\alpha=0.05$。

(b)以 $\alpha=0.05$，對不同零件種類的水準均值做 Duncan 法及 Bonferroni 法的多重比較。

(c)求不同裝配線水準均值的個別信賴區間，取 $\alpha=0.05$。

6-5　研究油漆乾燥時間與油漆種類和油漆法的關聯時，研究人員做因子實驗，得以下資料：

油漆乾燥時間（小時）

油漆種類	油 漆 法								
	法　I			法　II			法　III		
甲種	23	24	25	31	32	29	27	28	26
乙種	36	35	36	37	39	35	34	36	33
丙種	28	24	27	35	35	34	28	26	24

(a)作變異數分析表，以 $\alpha=0.05$ 檢定各因子效果顯著否？

(b)以 $\alpha=0.05$，對不同種類油漆的水準均值做 Duncan 法的多重比較。

(c)以 $\alpha=0.05$，對不同油漆法的水準均值做 Tukey 法的多重比較。

6-6　稻米生產量的多寡可能和施肥時的肥料種類與施肥量有關，研究者爲證實此假設，取了幾塊面積大小相同，土質等條件相近的栽培田，以同一品種稻米試種，稻米成長期，只有施肥的肥料種類與施肥量變化，其他條件相似，而得產量資料爲：

稻米產量

肥料種類	施肥量　（公兩/m²）							
	0.2		0.4		0.6		0.8	
鉀肥	9.6	9.8	10.1	10.5	11.3	11.0	9.8	9.9
鈉肥	8.4	8.7	9.8	9.6	9.5	9.0	9.0	9.2
氨肥	11.2	11.8	12.4	13.0	15.1	14.9	11.1	11.5

(a)作變異數分析表，以 $\alpha=0.05$ 檢定各因子效果顯著否？

(b)求對比 $L_1=\dfrac{\mu_{1.}-\mu_{2.}}{2}$，$L_2=\dfrac{\mu_{2.}-\mu_{3.}}{2}$，$L_3=\dfrac{\mu_{.1}+\mu_{.2}}{2}-\dfrac{\mu_{.3}-\mu_{.4}}{2}$ 的 95% 的個

別信賴區間。

(c)以 $\alpha=0.05$，對不同種類肥料所對應的水準均值做 Duncan 法的多重比
較。

(d)以 $\alpha=0.05$，對不同施肥量的所有成對水準均值差做 Scheffé 法的多重比
較。

6-7 電鍍工廠鍍銅厚度可能與電鍍溶液濃度與電鍍片放置位置有關，品管人員做
因子實驗得資料如下：

鍍銅厚度

濃度	位　置					
	左邊		中間		右邊	
40%	1.2	0.9	1.3	1.7	1.6	1.2
45%	1.8	1.2	1.9	2.1	2.4	2.2
50%	2.4	2.5	3.0	2.9	3.1	2.7
55%	2.3	2.2	2.8	2.7	3.3	3.5

(a)作變異數分析，以 $\alpha=0.05$ 檢定各因子效果顯著否？

(b)以 $\alpha=0.05$，對不同濃度的所有成對水準均值差做 Scheffé 法的多重比較。

6-8 某造紙廠工程師認為紙張的強度可能與紙漿濃度及製程乾燥時間有關，工程
師考慮了幾種特定組合，而做因子實驗得資料為：

紙張強度

紙漿濃度	乾燥時間								
	1 小時			2 小時			3 小時		
50%	56	47	52	62	50	55	68	56	59
60%	66	65	64	62	61	61	54	55	56
70%	61	54	57	63	62	61	75	67	70

(a)作變異數分析，以 $\alpha=0.05$ 檢定各因子效果顯著否？

(b)對不同紙漿濃度的水準均值以 $\alpha=0.05$ 作 Tukey 法及 Bonferroni 法的多重比較。

6-9 某食品廠在填裝其食品時，品管部門認為生產線流速及填充壓力可能影響填裝食品的量而使得成罐食品的重量不穩定。工程師想比較三種流速與三種填充壓力對成罐食品重量的影響，做因子實驗而得以下資料：

食品重量

流速	填充壓力											
	30			35			40			45		
10	34	33	38	41	42	39	44	46	49	48	55	52
12	34	36	39	39	40	41	42	42	41	44	46	48
14	31	32	29	38	36	35	34	38	39	42	40	42

(a)作變異數分析表，以 $\alpha=0.05$ 檢定各因子效果顯著否？

(b)試估計各因子效果。

(c)對不同填充壓力，以 $\alpha=0.05$ 對其水準均值做 Duncan 法的多重比較。

6-10 以習題 6-1 的資料與分析：

(a)作殘差的常態機率圖。

(b)作殘差對 $\hat{Y}_{ijk}$ 的殘差圖。

(c)(a)(b)的殘差分析是否都滿足模式(6.1)的假設？

6-11 以習題 6-6 的資料與分析：

(a)作殘差的常態機率圖。

(b)作殘差對 $\hat{Y}_{ijk}$ 的殘差圖。

(c)(a)(b)的殘差分析是否表示模式(6.1)的假設對本問題是合理模式？

6-12 以習題 6-7 的資料與分析：

(a)作殘差的常態機率圖。

(b)作殘差對 $\hat{Y}_{ijk}$ 的殘差圖。

(c)(a)(b)的殘差分析是否表示模式(6.1)是合理模式？

6-13 以習題 6-2 的資料爲參考，若任二種保存方法的平均保存年限差異大於 5 時，則虛無假設 H_0： $\tau_i \equiv 0$ 可以大於 0.8 的機率加以否定，取 $\alpha = 0.05$，問樣本大小應爲多少？

6-14 以習題 6-5 的資料爲參考，若三種油漆的平均乾燥時間爲 $\mu_{1.} = 25$，$\mu_{2.} = 45$，$\mu_{3.} = 30$ 時，在 $\alpha = 0.05$ 下，希望能以檢定力至少 0.85 的精確度否定 H_0： $\beta_j \equiv 0$，問樣本大小應取多少？

6-15 以習題 6-8 的資料爲參考，若要求在二因子的交互作用效果 $(\tau\beta)_{ij}$ 差異大於 20 時，可以至少 0.8 的機率予以拒絕 H_0： $(\tau\beta)_{ij} \equiv 0$，則樣本應取多少？

第七章
二因子變異數分析的其他問題

7-1 沒有交互作用的二因子模式

當研究者由專業知識或經驗認定二因子的交互作用不會存在時，變異數分析模式(6.1)可直接改寫成

$$Y_{ijk} = \mu + \tau_i + \beta_j + \varepsilon_{ijk} \qquad \begin{aligned} &i=1,\ 2,\ \cdots,\ a \\ &j=1,\ 2,\ \cdots,\ b \\ &k=1,\ 2,\ \cdots,\ n \end{aligned} \qquad (7.1)$$

模式(7.1)將模式(6.1)的交互作用項去除，一定要非常小心而確定後，才能為之，否則，交互作用項萬一實際存在，整個資料分析可能會被誤導。

模式(7.1)的變異數分析，和第六章類似，先對各參數代換以估計式，再做平方和的分解，即因

$$Y_{ijk} = \underset{\uparrow}{\mu} + \underset{\uparrow}{\tau_i} + \underset{\uparrow}{\beta_j} + \underset{\uparrow}{\varepsilon_{ijk}}$$

$$= \overline{Y}_{\cdots} + (\overline{Y}_{i\cdot\cdot} - \overline{Y}_{\cdots}) + (\overline{Y}_{\cdot j\cdot} - \overline{Y}_{\cdots}) + (Y_{ijk} - \overline{Y}_{i\cdot\cdot} - \overline{Y}_{\cdot j\cdot} + \overline{Y}_{\cdots})$$

得

$$Y_{ijk} - \overline{Y}\ldots = (\overline{Y}_{i\cdot\cdot} - \overline{Y}\ldots) + (\overline{Y}_{\cdot j\cdot} - \overline{Y}\ldots) + (Y_{ijk} - \overline{Y}_{i\cdot\cdot} - \overline{Y}_{\cdot j\cdot} + \overline{Y}\ldots)$$

故

$$\sum_i \sum_j \sum_k (Y_{ijk} - \overline{Y}\ldots)^2 = bn\sum_{i=1}^a (\overline{Y}_{i\cdot\cdot} - \overline{Y}\ldots)^2 + an\sum_{j=1}^b (\overline{Y}_{\cdot j\cdot} - \overline{Y}\ldots)^2$$
$$+ \sum_i \sum_j \sum_k (Y_{ijk} - \overline{Y}_{i\cdot\cdot} - \overline{Y}_{\cdot j\cdot} + \overline{Y}\ldots)^2 \quad (7.2)$$

簡記作

$$SS_T = SS_A + SS_B + SS_E \tag{7.3}$$

其中 $SS_T = \sum_i \sum_j \sum_k (Y_{ijk} - \overline{Y}\ldots)^2$, $SS_A = bn\sum_i (\overline{Y}_{i\cdot\cdot} - \overline{Y}\ldots)^2$, $SS_B = an$ $\sum_i (\overline{Y}_{\cdot j\cdot} - \overline{Y}\ldots)^2$ 與第六章 (6.8),(6.9) 兩式的 SS_T, SS_A, SS_B 完全相同, 只有誤差項的平方和 SS_E 改爲

$$SS_E = \sum_i \sum_j \sum_k (Y_{ijk} - \overline{Y}_{i\cdot\cdot} - \overline{Y}_{\cdot j\cdot} + \overline{Y}\ldots)^2 \tag{7.4}$$

事實上, (7.4) 式的平方和與 (6.9) 式中 $SS_{A\times B} + SS_E$ 相等。因此, 在模式 (7.1) 假設交互作用不存在時, 誤差項的自由度爲 $(abn-1)-(a-1)-$ $(b-1) = abn - a - b + 1$。而觀察值 Y_{ijk} 的估計值 $\hat{Y}_{ijk}$ 爲

$$\hat{Y}_{ijk} = \overline{Y}_{i\cdot\cdot} + \overline{Y}_{\cdot j\cdot} - \overline{Y}\ldots$$

故殘差 e_{ijk} 爲

$$e_{ijk} = Y_{ijk} - \hat{Y}_{ijk} = Y_{ijk} - \overline{Y}_{i\cdot\cdot} - \overline{Y}_{\cdot j\cdot} + \overline{Y}\ldots$$

SS_E 即爲殘差 e_{ijk} 項的平方和。

各因子平方和除以其所對應的自由度, 則得各因子的均方, 由模式 (7.1) 所得誤差均方

$$MS_E = SS_E/(abn - a - b + 1)$$

因假設交互作用項 $(\tau\beta)_{ij} \equiv 0$, 故可證明滿足

$$E[MS_E] = \sigma^2$$

而 A, B 兩主因子的均方 $MS_A = SS_A/(a-1)$, $MS_B = SS_B/(b-1)$, 仍然 有第六章 (6.10),(6.11) 的特性。因此, 在模式 (7.1) 下, 當虛無假設

H_0：$\tau_1 = \tau_2 = \cdots = \tau_a = 0$ 為眞時

$$F = \frac{\dfrac{SS_A}{\sigma^2}/(a-1)}{\dfrac{SS_E}{\sigma^2}/(abn-a-b+1)} = \frac{MS_A}{MS_E} \sim F_{(a-1,abn-a-b+1)}$$

則當

$$F = \frac{MS_A}{MS_E} > F_{\alpha,a-1,abn-a-b+1} \text{ 時，即拒絕虛無假設 } H_0：\tau_i \equiv 0$$

同理，當虛無假設 H_0：$\beta_1 = \beta_2 = \cdots = \beta_b = 0$ 為眞時

$$F = \frac{\dfrac{SS_B}{\sigma^2}/(b-1)}{\dfrac{SS_E}{\sigma^2}/(abn-a-b-1)} = \frac{MS_B}{MS_E} \sim F_{(b-1,abn-a-b+1)}$$

則當

$$F = \frac{MS_B}{MS_E} > F_{\alpha,b-1,abn-a-b+1} \text{ 時，即拒絕虛無假設 } H_0：\beta_j \equiv 0$$

模式(7.1)所對應的變異數分析表可整理爲

表 7.1　沒有交互作用的二因子變異數分析表

變異來源	平方和	自由度	均方	F 值
因子 A	SS_A	$a-1$	$MS_A = \dfrac{SS_A}{a-1}$	MS_A/MS_E
因子 B	SS_B	$b-1$	$MS_B = \dfrac{SS_B}{b-1}$	MS_B/MS_E
誤差	SS_E	$abn-a-b+1$	$MS_E = \dfrac{SS_E}{abn-a-b+1}$	
總和	SS_T	$abn-1$		

其中 SS_T，SS_A，SS_B 的計算仍可採用第六章公式6.1有關 SS_T，SS_A，SS_B

完全相同的公式計算，而 SS_E 則用減法，即

$$SS_E = SS_T - SS_A - SS_B$$

求得。

模式(7.1)假設A，B兩因子沒有交互作用時，Y_{ijk} 的估計值為 $\hat{Y}_{ijk}$ $= \overline{Y}_{i..} + \overline{Y}_{.j.} - \overline{Y}_{...}$，而實際上，假若交互作用其實存在，即模式(6.1)才是正確的，則 $\overline{Y}_{ijk}$ 的估計值應為 $\overline{Y}_{ij.}$。$\overline{Y}_{ij.} - \hat{Y}_{ijk}$ 是兩個模式(6.1)與(7.1)估計值的差異，也可視為是觀察的處理均值與沒有交互作用之下的處理均值，兩者間的差異。將 $\overline{Y}_{ij.} - \hat{Y}_{ijk}$ 對 $\hat{Y}_{ijk}$ 作散佈圖，若散佈圖顯出某種規律型態的圖形，即表示交互作用項與 Y_{ijk} 有規律的關聯，亦即交互作用項存在而不應由模式(6.1)中去除。

例 7.1   反應條件與產量

例 6.8 有關化學反應的反應溫度（因子 A）與溶液 ph 值（因子 B）對產品產量的變異數分析，若假設其交互作用不存在，而改用模式(7.1)作變異數分析，則變異數分析表為

表 7.2   產量沒有交互作用的二因子變異數分析表

變異來源	平方和	自由度	均方	F 值
反應溫度(A)	20.22	2	10.11	1.07
ph 值(B)	68.22	2	34.11	3.60
誤差	293.45	31	9.47	
總和	381.89	35		

其中

$$SS_E = SS_T - SS_A - SS_B = 381.89 - 20.22 - 68.22 = 293.45$$

與表 6.16 有交互作用項的變異數分析表比較，易知表 6.16 的交互作用平方和與誤差平方和的加總變成表 7.2 的 SS_E

$$SS_E = 160.45 + 133.0 = 293.45$$

而對應的自由度亦為表 6.16 對應項自由度的和，即 27＋4＝31。又 SS_E 的自由度亦可由表 7.2 的總和自由度 35－2－2＝31 求得。而誤差項的均方 $MS_E = SS_E/31 = 293.45/31 = 9.47$。

檢定 H_0：$\tau_i \equiv 0$ 時，若 $\alpha = 0.05$，因

$$F = \frac{MS_A}{MS_E} = \frac{10.11}{9.47} = 1.07 < F_{0.05,2,31} = 3.32$$

故不能拒絕 $\tau_i \equiv 0$ 的假設，即反應溫度對產品產量影響不大。而檢定 H_0：$\beta_j \equiv 0$ 時，若取 $\alpha = 0.01$，則

$$F = \frac{MS_B}{MS_E} = \frac{34.11}{9.47} = 3.60 < F_{0.01,2,31} = 5.37$$

則不能拒絕虛無假設 H_0：$\beta_j \equiv 0$。此與例 6.8，在 $\alpha = 0.01$，則拒絕 H_0：$\beta_j \equiv 0$ 的結論不同。但若 α 改為 0.05，則 $F = 3.60 > F_{0.05,2,31} = 3.32$。故 ph 值不同，對應的產品產量差異顯著，而不是非常顯著。

將模式(7.1)下的估計值 $\hat{Y}_{ijk}$，$\hat{Y}_{ij.}$，$\overline{Y}_{ij.} - \hat{Y}_{ijk}$ 等計算整理如下表

i	j	$Y_{ij.}$	$\hat{Y}_{ijk}$	$\overline{Y}_{ij.} - \hat{Y}_{ijk}$
1	1	7.0	6.06	0.94
1	2	6.0	9.06	−3.06
1	3	11.0	8.89	2.11
2	1	9.0	7.06	1.94
2	2	10.0	10.06	−0.06
2	3	8.0	9.89	−1.89
3	1	5.0	7.89	−2.89
3	2	14.0	10.89	3.11
3	3	10.5	10.72	−0.22

將 $\overline{Y}_{ij.} - \hat{Y}_{ijk}$ 對 $\hat{Y}_{ijk}$ 做散佈圖 7.1 如下

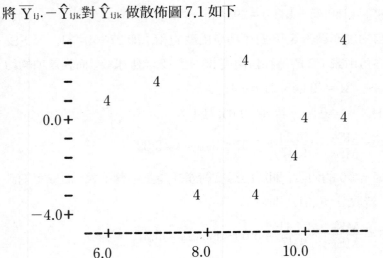

圖 7.1　$\overline{Y}_{ij.} - \hat{Y}_{ijk}$ 對 $\hat{Y}_{ijk}$ 的散佈圖

圖 7.1 點的散佈略成向右上方漸增且開口漸小的長條，規律型態的出現隱含 A, B 兩因子有交互作用存在的可能性。事實上，例 6.8 已由變異數分析表 6.16 證實反應溫度與 ph 值的交互作用非常顯著。

例 7.2　生產力與工時工資

例 6.11 工人每日工時（因子 A）與工資（因子 B）二因子對生產力做變異數分析時，由表 6.20 知二主因子效果非常顯著，但工時與工資二因子的交互作用不顯著。若假設 A, B 二因子交互作用的確不存在，而改用模式(7.1)作變異數分析，則將原變異數分析表 6.20 的交互作用平方和與誤差項平方和合併，對應的自由度亦合併，可得以下模式(7.1)的變異數分析表

表 7.3　生產力沒有交互作用的二因子變異數分析表

變異來源	平方和	自由度	均方	F 值
工時(A)	888.11	2	444.06	22.01
工資(B)	4461.45	2	2230.72	110.59
誤差	262.22	13	20.17	
總和	5611.78	17		

表上誤差平方和

$$SS_E = SS_T - SS_A - SS_B = 5611.78 - 888.11 - 4461.45$$
$$= 262.22 = 137.22 + 125.0$$

誤差項的自由度 $13 = 17 - 2 - 2 = 4 + 9$。故誤差項的均方

$$MS_E = SS_E / (abn - a - b + 1) = 262.22 / 13 = 20.17$$

檢定 A 因子的效果 H_0：$\tau_i \equiv 0$ 時，若取顯著水準 $\alpha = 0.01$，則因

$$F = \frac{MS_A}{MS_E} = \frac{444.06}{20.17} = 22.01 > F_{0.01,2,13} = 6.70$$

故應拒絕 H_0：$\tau_i \equiv 0$，表示工時的不同，平均生產力的差異會非常顯著。
又對因子 B 而言

$$F = \frac{MS_B}{MS_E} = \frac{2230.72}{20.17} = 110.59 > F_{0.01,2,13} = 6.70$$

故亦拒絕虛無假設 H_0：$\beta_j \equiv 0$，表示工資的不同，對應的平均生產力亦差異非常顯著。這個結論與例 6.11，假設模式(6.1)分析的結果相同。

若將各處理均值 $\overline{Y}_{ij\cdot}$，模式(7.1)下的估計值 $\hat{Y}_{ijk}$，差異數 $\overline{Y}_{ij\cdot} - \hat{Y}_{ijk}$ 等計算整理如下表

i	j	$\overline{Y}_{ij\cdot}$	$\hat{Y}_{ijk}$	$\overline{Y}_{ij\cdot} - \hat{Y}_{ijk}$
1	1	116.0	119.056	-3.056
1	2	129.0	124.389	4.611
1	3	106.0	107.556	-1.556
2	1	97.0	97.889	-0.889
2	2	101.5	103.222	-1.722
2	3	89.0	86.389	2.611
3	1	84.5	80.556	3.944
3	2	83.0	85.889	-2.889
3	3	68.0	69.056	-1.056

$\overline{Y}_{ij\cdot} - \hat{Y}_{ijk}$ 對 $\hat{Y}_{ijk}$ 做散佈圖如下

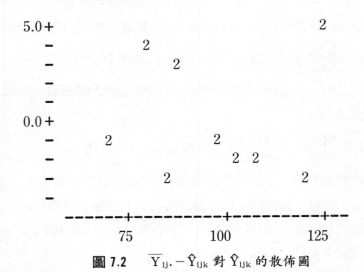

圖 7.2　$\overline{Y}_{ij\cdot} - \hat{Y}_{ijk}$ 對 $\hat{Y}_{ijk}$ 的散佈圖

圖 7.2 上點的散佈，比較像是以 0 為中心，而略成和水平軸平行的長條，這表示資料的散佈較具隨機性，而沒有交互作用對 Y_{ijk} 的影響項存在。與例 6.11 證實的 A，B 交互作用不顯著的結論吻合。

7-2　沒有反覆的二因子模式

二因子實驗如果沒有反覆，即反覆數 n＝1，則每個處理只有一個觀察值。若仍用模式(6.1)做二因子變異數分析，則因 $\overline{Y}_{ij\cdot}=\sum_{k=1}^{1}Y_{ijk}/1=Y_{ijk}$，故變異數分析表6.12的誤差平方和SS$_E=\sum_i\sum_j\sum_k(Y_{ijk}-\overline{Y}_{ij\cdot})^2=0$，因此模式(6.1)無法估計誤差變異數$\sigma^2$。顯然二因子實驗時反覆數 n＝1，則模式(6.1)不適用。因為 Y_{ijk} 的第三個下標 k＝1，2，…，n，而 n＝1 時，表示 k≡1 沒有變化，不妨簡記 $Y_{ij}=Y_{ij1}$，則模式(6.1)可改寫成

$$Y_{ij}=\mu+\tau_i+\beta_j+(\tau\beta)_{ij}+\varepsilon_{ij} \qquad \begin{array}{l} i=1,\ 2,\ \cdots,\ a \\ j=1,\ 2,\ \cdots,\ b \end{array} \qquad (7.5)$$

但是上述 $\overline{Y}_{ij\cdot}=Y_{ij1}$，SS$_E$變成 SS$_E=\sum_i\sum_j(Y_{ij1}-\overline{Y}_{ij\cdot})^2=0$ 的困難仍未解決。

模式(7.5)作變異數分析的難題，最常用的解決方法是利用 7-1 節的手法，假設二因子的交互作用項不存在。若交互作用效果$(\tau\beta)_{ij}$恒為 0，則實驗沒有反覆時的二因子變異數分析模式為

$$Y_{ij}=\mu+\tau_i+\beta_j+\varepsilon_{ij} \qquad \begin{array}{l} i=1,\ 2,\ \cdots,\ a \\ j=1,\ 2,\ \cdots,\ b \end{array} \qquad (7.6)$$

其中(7.5)式的交互作用項$(\tau\beta)_{ij}$已被刪除。誤差ε_{ij}仍假設服從常態 N$(0,\sigma^2)$分配且互相獨立。因為模式(7.6)下觀察值的總個數為 ab 個，其變異數分析法，亦用前述原理，先估計各參數值，即

$$
\begin{array}{ccccc}
Y_{ij}= & \mu & + & \tau_i & + & \beta_i & + \\
& \uparrow & & \uparrow & & \uparrow & \\
= & \overline{Y}_{\cdot\cdot} & + & (\overline{Y}_{i\cdot}-\overline{Y}_{\cdot\cdot}) & + & (\overline{Y}_{\cdot j}-\overline{Y}_{\cdot\cdot}) & +
\end{array}
$$

$$\varepsilon_{ij}$$
$$\uparrow$$

$$(Y_{ij} - \overline{Y}_{i\cdot} - \overline{Y}_{\cdot j} + \overline{Y}_{\cdot\cdot}) \tag{7.7}$$

其中

$$Y_{i\cdot} = \sum_{j=1}^{b} Y_{ij} \qquad Y_{\cdot j} = \sum_{i=1}^{a} Y_{ij} \qquad Y_{\cdot\cdot} = \sum_{i=1}^{a}\sum_{j=1}^{b} Y_{ij}$$

$$\overline{Y}_{i\cdot} = Y_{i\cdot}/b = \sum_{j=1}^{b} Y_{ij}/b \qquad \overline{Y}_{\cdot j} = \overline{Y}_{\cdot j}/a = \sum_{i=1}^{a} Y_{ij}/a$$

$$\overline{Y}_{\cdot\cdot} = Y_{\cdot\cdot}/ab = \sum_{i=1}^{a}\sum_{j=1}^{b} Y_{ij}/ab = \sum_{i=1}^{a} Y_{i\cdot}/ab = \sum_{j=1}^{b} Y_{\cdot j}/ab$$

觀察值的總平均 $\overline{Y}_{\cdot\cdot}$ 用以估計 μ，因子 A 的第 i 水準樣本均值 $\overline{Y}_{i\cdot}$ 減去 $\overline{Y}_{\cdot\cdot}$ 用以估計 τ_i，因子 B 的第 j 水準樣本均值 $\overline{Y}_{\cdot j}$ 減去 $\overline{Y}_{\cdot\cdot}$ 用以估計 β_j。 (7.7)式的左右兩邊要相等，因此最後的餘式項 $Y_{ij} - \overline{Y}_{i\cdot} - \overline{Y}_{\cdot j} + \overline{Y}_{\cdot\cdot}$ 自然用來估計誤差項 ε_{ij}。 (7.7)式的右邊 $\overline{Y}_{\cdot\cdot}$ 移項至左邊，再兩邊平方求和，

$$Y_{ij} - \overline{Y}_{\cdot\cdot} = (\overline{Y}_{i\cdot} - \overline{Y}_{\cdot\cdot}) + (\overline{Y}_{\cdot j} - \overline{Y}_{\cdot\cdot}) + (Y_{ij} - \overline{Y}_{i\cdot} - \overline{Y}_{\cdot j} + \overline{Y}_{\cdot\cdot})$$

得

$$\sum_{i=1}^{a}\sum_{j=1}^{b}(Y_{ij} - \overline{Y}_{\cdot\cdot})^2 = b\sum_{i=1}^{a}(\overline{Y}_{i\cdot} - \overline{Y}_{\cdot\cdot})^2 + a\sum_{j=1}^{b}(\overline{Y}_{\cdot j} - \overline{Y}_{\cdot\cdot})^2$$
$$+ \sum_{i=1}^{a}\sum_{j=1}^{b}(Y_{ij} - \overline{Y}_{i\cdot} - \overline{Y}_{\cdot j} + \overline{Y}_{\cdot\cdot})^2 \tag{7.8}$$

簡記作

$$SS_T = SS_A + SS_B + SS_{Res} \tag{7.9}$$

其中

$$SS_T = \sum_{i=1}^{a}\sum_{j=1}^{b}(Y_{ij} - \overline{Y}_{\cdot\cdot})^2$$

$$SS_A = b\sum_{i=1}^{a}(\overline{Y}_{i\cdot} - \overline{Y}_{\cdot\cdot})^2$$

$$SS_B = a\sum_{j=1}^{b}(\overline{Y}._j - \overline{Y}..)^2$$

$$SS_{Res} = \sum_{j=1}^{a}\sum_{j=1}^{b}(Y_{ij} - \overline{Y}_i. - \overline{Y}._j + \overline{Y}..)^2 = SS_T - SS_A - SS_B$$

與第六章(6.8),(6.9)式比較,在 n=1 時,(6.9)式的 $SS_{A \times B} = SS_{Res}$,因此 SS_{Res} 的自由度和 $SS_{A \times B}$ 一樣爲 $(a-1)(b-1)$。平方和除以自由度所得均方的期望值亦應和第六章有相同結果。今將各平方和計算的簡捷式等性質整理成下列變異數分析表

表 7.4　反覆數 n=1 的二因子變異數分析表

變異來源	平方和	自由度	均方	E[MS]
因子 A	$SS_A = \sum_{i=1}^{a}\dfrac{Y_i.^2}{b} - \dfrac{Y..^2}{ab}$	$a-1$	MS_A	$\sigma^2 + \dfrac{b\sum\tau_i^2}{a-1}$
因子 B	$SS_B = \sum_{j=1}^{b}\dfrac{Y._j^2}{b} - \dfrac{Y..^2}{ab}$	$b-1$	MS_B	$\sigma^2 + \dfrac{a\sum\beta_j^2}{b-1}$
殘差或 A×B	$SS_{Res} = SS_T - SS_A$ $- SS_B$	$(a-1)(b-1)$	MS_{Res}	$\sigma^2 + \dfrac{\sum\sum(\tau\beta)_{ij}^2}{(a-1)(b-1)}$
總和	$SS_T = \sum_{i=1}^{a}\sum_{j=1}^{b}Y_{ij}^2 - \dfrac{Y..^2}{ab}$	$ab-1$		

其中 SS_{Res} 的殘差平方和包含了二因子的交互作用 $(\tau\beta)_{ij}$ 的效果及實驗的誤差項,但因反覆數 n=1,實驗次數 ab,次數太少而沒有多餘的自由度估計誤差項的平方和。今若假設模式(7.6)成立,即 $(\tau\beta)_{ij}=0$,則由上表 7.4,顯然

$$E[MS_{Res}] = \sigma^2$$

則因子 A,B 的效果存在與否的檢定,可用以下 F 檢定公式。對因子 A 而言,在顯著水準 α 下

$$F = \frac{MS_A}{MS_{Res}} > F_{\alpha,a-1,(a-1)(b-1)} \text{ 則拒絕虛無假設 } H_0: \tau_i \equiv 0$$

對因子 B 而言

$$F = \frac{MS_B}{MS_{Res}} > F_{\alpha,b-1,(a-1)(b-1)} \text{ 則拒絕虛無假設 } H_0: \beta_j \equiv 0$$

例 7.3　果汁口味與包裝

例 6.4 果汁銷售量調查時, 假設因經費不足, 只能找到 9 家超商測量不同處理下的果汁銷售量, 而調查所得資料如下

表 7.5　*沒有反覆的果汁銷售量資料*

口味	包　裝　法			加總
	罐裝	瓶裝	鋁包	
柳橙	39	33	45	117
蘋果	26	25	32	83
檸檬	30	24	35	89
加總	95	82	112	289

利用表 7.4 的公式計算

$$SS_T = \sum_i \sum_j Y_{ij}^2 - \frac{Y_{..}^2}{ab} = 39^2 + 33^2 + 45^2 + \cdots + 24^2 + 35^2 - \frac{(289)^2}{9}$$

$$= 9661 - 9280.11 = 380.89$$

$$SS_A = \sum_{i=1}^a \frac{Y_{i.}^2}{b} - \frac{Y_{..}^2}{ab} = \frac{117^2 + 83^2 + 89^2}{3} - \frac{(289)^2}{9}$$

$$= 9499.67 - 9280.11 = 219.56$$

$$SS_B = \sum_{j=1}^b \frac{Y_{.j}^2}{a} - \frac{Y_{..}^2}{ab} = \frac{95^2 + 82^2 + 112^2}{3} - \frac{(289)^2}{9}$$

$$= 9431 - 9280.11 = 150.89$$

$$SS_{Res} = SS_T - SS_A - SS_B = 380.89 - 219.56 - 150.89 = 10.44$$

若果汁口味與包裝法的交互作用不存在，則變異數分析表爲

表 7.6　沒有反覆的果汁銷售量二因子變異數分析表

變異來源	平方和	自由度	均方	F 值
口味	219.56	2	109.78	42.04
包裝	150.89	2	75.44	28.89
殘差	10.44	4	2.61	
總和	380.89	8		

取顯著水準 $\alpha = 0.01$，以檢定主因子效果，因

$$F = \frac{MS_A}{MS_{Res}} = \frac{219.56/2}{10.44/4} = \frac{109.78}{2.61} = 42.04 > F_{0.01,2,4} = 18.00$$

故拒絕虛無假設 H_0：$\tau_i \equiv 0$，表示果汁口味不同，平均果汁銷售量差異非常顯著，同理因

$$F = \frac{MS_B}{MS_{Res}} = \frac{150.89/2}{10.44/4} = \frac{75.44}{2.61} = 28.89 > F_{0.01,2,4} = 18.00$$

故亦拒絕虛無假設 H_0：$\beta_j \equiv 0$，表示包裝法不同，其對應的果汁平均銷售量差異非常顯著。

　　模式(7.6)，在變異數分解中已得出殘差 e_{ij}

$$e_{ij} = Y_{ij} - \overline{Y}_{i.} - \overline{Y}_{.j} + \overline{Y}_{..} = Y_{ij} - \hat{Y}_{ij}$$

因此 A 因子的第 i 水準與 B 因子的第 j 水準所組成的第 ij 處理均值 μ_{ij} 的估計值爲

$$\hat{\mu}_{ij} = \hat{Y}_{iIj} = \overline{Y}_{i.} + \overline{Y}_{.j} - \overline{Y}_{..}$$

以例 7.3 的數據來說明，由表 7.4，易得 $\overline{Y}_{i.}$，$\overline{Y}_{.j}$，$\overline{Y}_{..}$ 的值，各處理所

對應的 μ_{ij} 估計值及殘差 e_{ij} 列示如下

水準 i	水準 j	$\hat{Y}_{ij}$	e_{ij}
1	1	38.56	0.44
1	2	34.22	−1.22
1	3	44.22	0.78
2	1	27.22	−1.22
2	2	22.89	2.11
2	3	32.89	−0.89
3	1	29.22	0.78
3	2	24.89	−0.89
3	3	34.89	0.11

將殘差 e_{ij} 對估計值 $\hat{Y}_{ij}$ 作殘差圖如下

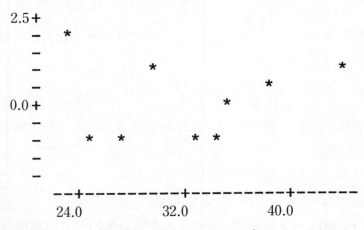

圖 7.3 沒有反覆的 e_{ij} 對 $\hat{Y}_{ij}$ 的殘差圖

圖上點的散佈似乎沒有嚴重違反模式(7.6)的假設

例 7.4　電扇銷售量

　　某大百貨公司營業部門在促銷電扇活動時，想研究是否電扇販賣擺置樓層不同，販賣日期不同，對銷售量而言是否有所差異。於是將電扇於不同日期擺置於不同樓層，而記錄其銷售量。資料如下

表 7.7　電扇銷售量資料表

日期	樓　　層				加總
	三樓	四樓	五樓	六樓	
周六	25	29	24	28	106
周日	26	33	25	30	114
周二	22	27	22	24	95
周四	20	25	21	23	89
加總	93	114	92	105	404

利用表 7.4 的公式可計算

$$SS_T = \sum_i \sum_j Y_{ij}^2 - \frac{Y_{..}^2}{ab} = 25^2 + 29^2 + \cdots + 21^2 + 23^2 - \frac{(404)^2}{16}$$

$$= 10384 - 10201 = 183$$

$$SS_A = \sum_i \frac{Y_{i.}^2}{b} - \frac{Y_{..}^2}{ab} = \frac{106^2 + 114^2 + 95^2 + 89^2}{4} - \frac{(404)^2}{16}$$

$$= 10294.5 - 10201 = 93.5$$

$$SS_B = \sum_j \frac{Y_{.j}^2}{a} - \frac{Y_{..}^2}{ab} = \frac{93^2 + 114^2 + 92^2 + 105^2}{4} - \frac{(404)^2}{16}$$

$$= 10283.5 - 10201 = 82.5$$

$$SS_{Res} = SS_T - SS_A - SS_B = 183 - 93.5 - 82.5 = 7$$

將各平方和除以對應的自由度得變異數分析表為

表 7.8　電扇銷售量的變異數分析表

變異來源	平方和	自由度	均方	F 值
日期(A)	93.5	3	31.17	40.07
樓層(B)	82.5	3	27.5	35.36
殘差	7.0	9	0.78	
總和	183.0	15		

若假設樓層與日期二因子交互作用不存在，檢定日期不同，電扇銷售量是否差異顯著時，取顯著水準 $\alpha=0.01$，則

$$F=\frac{MS_A}{MS_{Res}}=\frac{31.17}{0.78}=40.07>F_{0.01,3,9}=6.99$$

因此日期不同對電扇銷售量的影響效果極大。又檢定樓層不同的因子效果時

$$F=\frac{MS_B}{MS_{Res}}=\frac{27.5}{0.78}=35.36>F_{0.01,3,9}=6.99$$

故在不同樓層擺置電扇，則其平均銷售量差異非常顯著。由表 7.6 資料顯示，電扇擺在四樓時平均銷售量最大，而周日時亦明顯看出當日平均銷售量較大。

　　表 7.7 的資料用模式 (7.6) 做變異數分析，是否分析合理？若作簡單的殘差分析，將 $\hat{Y}_{ij}=\overline{Y}_{i\cdot}+\overline{Y}_{\cdot j}-\overline{Y}_{\cdot\cdot}$ 及殘差 $e_{ij}=Y_{ij}-\hat{Y}_{ij}$ 整理如下表

水準 i	水準 j	$\hat{Y}_{ij}$	e_{ij}
1	1	24.50	0.50
1	2	29.75	−0.75
1	3	24.25	−0.25
1	4	27.50	0.50
2	1	26.50	−0.50
2	2	31.75	1.25
2	3	26.25	−1.25
2	4	29.50	0.50
3	1	21.75	0.25
3	2	27.00	0.00
3	3	21.50	0.50
3	4	24.75	−0.75
4	1	20.25	−0.25
4	2	25.50	−0.50
4	3	20.00	1.00
4	4	23.25	−0.25

則殘差 e_{ij} 對估計值 $\hat{Y}_{ij}$ 的殘差圖為

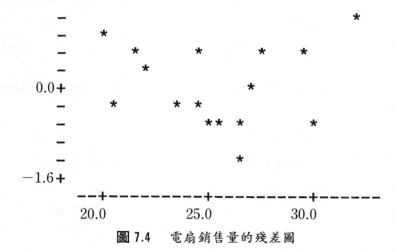

圖 7.4　電扇銷售量的殘差圖

圖上資料點的散佈亦無明顯不正常型態出現, 表示模式(7.6)的假設應該是合理的。因此變異數分析表 7.8 有關的檢定結論也應該是可信的。

當二因子實驗的反覆數 $n=1$, 而變異數分析模式(7.5)的交互作用項又無法確定它不存在時, Tukey 導出一種特別的檢定法, 以檢定交互作用項存在否。Tukey 檢定法假設二因子的交互作用項是一特別簡單的型態, 即

$$(\tau\beta)_{ij} = \gamma\tau_i\beta_j \tag{7.10}$$

其中 γ 是一未知的常數 (參數), 則模式(7.5)可改寫為

$$Y_{ij} = \mu + \tau_i + \beta_j + \gamma\tau_i\beta_j + \varepsilon_{ij} \quad \begin{matrix} i=1, \ 2, \ \cdots, \ a \\ j=1, \ 2, \ \cdots, \ b \end{matrix} \tag{7.11}$$

可以證明參數 γ 的最小平方估計式為

$$\hat{\gamma} = \frac{\sum_i\sum_j \hat{\tau}_i\hat{\beta}_j Y_{ij}}{\left[\sum_i \hat{\tau}_i^2\right]\left[\sum_j \hat{\beta}_j^2\right]}$$

而 τ_i, β_j 的最小平方估計式分別為

$$\hat{\tau}_i = \overline{Y}_{i.} - \overline{Y}.., \quad \hat{\beta}_j = \overline{Y}._j - \overline{Y}..$$

故

$$\hat{\gamma} = \frac{\sum_i\sum_j (\overline{Y}_{i.} - \overline{Y}..)(\overline{Y}._j - \overline{Y}..)Y_{ij}}{\left[\sum_i (\overline{Y}_{i.} - \overline{Y}..)^2\right]\left[\sum_j (\overline{Y}._j - \overline{Y}..)^2\right]} \tag{7.12}$$

用以估計 γ。而檢定交互作用效果 H_0: $(\tau\beta)_{ij} \equiv 0$ 否, 由(7.10)式易知, 即相當於檢定

$$H_0: \ \gamma = 0 \qquad 對立 \qquad H_1: \ \gamma \neq 0$$

而交互作用項 $\gamma\alpha_i\beta_j$ 對應的平方和 $\sum_i\sum_j \gamma^2\alpha_i^2\beta_j^2$ 的樣本估計式為

$$SS_N = \sum_i\sum_j \hat{\gamma}^2(\overline{Y}._j - \overline{Y}..)^2$$

$$= \frac{\left[\sum_i \sum_j (\overline{Y}_{i \cdot} - \overline{Y}_{\cdot \cdot})(\overline{Y}_{\cdot j} - \overline{Y}_{\cdot \cdot}) Y_{ij} \right]^2}{\left[\sum_i (\overline{Y}_{i \cdot} - \overline{Y}_{\cdot \cdot})^2 \right] \left[\sum_j (\overline{Y}_{\cdot j} - \overline{Y}_{\cdot \cdot})^2 \right]}$$

SS_N 稱爲**非可加性**(Nonadditivity)（即交互作用）的平方和，對應一個參數 γ，故其自由度爲一。計算時 SS_N 常用以下簡捷式

$$SS_N = \frac{\left[\sum_{i=1}^{a} \sum_{j=1}^{b} Y_{ij} Y_{i \cdot} Y_{\cdot j} - Y_{\cdot \cdot} (SS_A + SS_B + \frac{Y_{\cdot \cdot}^2}{ab}) \right]^2}{ab \, SS_A \, SS_B} \qquad (7.13)$$

原模式(7.5)的變異數分析表 7.4 上的 SS_{Res} 原表示交互作用項與誤差項兩種的平方和，今若減去模式(7.11)交互作用項的平方和 SS_N，則所得餘數

$$SS_{ER} = SS_{Res} - SS_N \qquad (7.14)$$

表示剩餘的誤差平方和，其對應的自由度爲 $(a-1)(b-1)-1$，將平方和除以自由度，當 H_0: $\gamma = 0$ 時，Tukey 證明統計量

$$F_0 = \frac{SS_N}{SS_{ER}/[(a-1)(b-1)-1]} \qquad (7.15)$$

服從自由度 1, $(a-1)(b-1)-1$ 的 F 分配。因此，$F_0 > F_{\alpha, 1, (a-1)(b-1)-1}$ 時交互作用項爲 0 的虛無假設 H_0: $\gamma = 0$ 應被否定。

例 7.5　電鍍品質

　　某電鍍工廠電鍍金屬表面常有產生小氣泡而使表面不均勻的缺陷。品管部門想研究氣泡產生和電鍍溶液溫度與溶液濃度的關聯。由於經費與時間所限，二因子實驗的各種處理只能各進行一次實驗，量度每單位面積上電鍍表面小氣泡個數，得資料如下

表 7.9　電鍍表面缺點數資料

溫度(A)	濃度(B)				加總
	35%	30%	25%	20%	
25°C	29	26	27	38	120
30°C	23	24	25	33	105
35°C	20	18	22	25	85
40°C	15	12	16	18	61
45°C	25	23	24	31	103
加總	112	103	114	145	474

上述資料的變異數分析，仍用表 7.4 的公式計算

$$SS_T = \sum_i \sum_j Y_{ij}^2 - \frac{Y_{..}^2}{ab} = 29^2 + 26^2 + \cdots + 24^2 + 31^2 - \frac{(474)^2}{20}$$

$$= 11982 - 11233.8 = 748.2$$

$$SS_A = \sum_i \frac{Y_{i.}^2}{b} - \frac{Y_{..}^2}{ab} = \frac{120^2 + 105^2 + 85^2 + 61^2 + 103^2}{5} - \frac{(474)^2}{20}$$

$$= 11745 - 11233.8 = 511.20$$

$$SS_B = \sum \frac{Y_{.j}^2}{a} - \frac{Y_{..}^2}{ab} = \frac{112^2 + 103^2 + 114^2 + 145^2}{4} - \frac{(474)^2}{20}$$

$$= 11434.8 - 11233.8 = 201.0$$

$$SS_{Res} = SS_T - SS_A - SS_B = 748.2 - 511.2 - 201 = 36.0$$

今若假設溶液溫度（因子 A）與溶液濃度（因子 B）可能有交互作用存在。利用 Tukey 檢定法，假設交互作用 $(\tau\beta)_{ij} = \gamma\tau_i\beta_j$，爲檢定 $\gamma = 0$ 否，利用公式(7.13)，因 Y_{ij}，$Y_{i.}$，$Y_{.j}$，$Y_{..}$ 的值都在表 7.9 上，而 SS_A、SS_B 值已計算如上，全部代入公式(7.13)可得

$$SS_N = \frac{(5668240 - 474 \times (511.2 + 201 + 11233.8))^2}{4 \times 5 \times 511.2 \times 201.0}$$

$$= \frac{5836^2}{2055024} = 16.57$$

故

$$SS_{ER} = SS_{Res} - SS_N = 36 - 16.57 = 19.43$$

將各平方和除以其對應的自由度，所得均方整理成下列變異數分析表

表 7.10　電鍍表面缺點數的變異數分析表

變異來源	平方和	自由度	均方	F 值
溫度(A)	511.20	4	127.8	72.20
濃度(B)	201.0	3	67.0	37.85
不可加性(A×B)	16.57	1	16.57	9.36
剩餘誤差	19.43	11	1.77	
總和	748.20	19		

檢定溫度效果時，若取 $\alpha = 0.01$，檢定統計量

$$F = \frac{MS_A}{MS_{ER}} = \frac{511.2/4}{19.43/11} = \frac{127.8}{1.77} = 72.20 > F_{0.01, 4, 11} = 5.67$$

故溶液溫度對電鍍表面缺陷數的影響非常顯著。對因子 B（溶液濃度）而言，檢定因子效果 $H_0: \beta_j = 0$ 否，檢定統計量

$$F = \frac{MS_B}{MS_{ER}} = \frac{201/3}{19.43/11} = \frac{67.0}{1.77} = 37.85 > F_{0.01, 3, 11} = 6.22$$

故溶液濃度不同，電鍍表面缺陷數的差異會非常顯著。對檢定交互作用 $H_0: \gamma = 0$ 而言，檢定統計量

$$F_0 = \frac{MS_N}{MS_{ER}} = \frac{16.57}{19.43/11} = \frac{16.57}{1.77} = 9.36 > F_{0.05,1,11} = 4.84$$

故在顯著水準 $\alpha = 0.05$ 下，溶液濃度與溫度兩者交互作用顯著。因此在選擇最佳製程條件（因子水準）時應濃度與溫度兩因子同時考量，由表7.8 的資料溫度取 $40°C$，濃度取 30%應該是最佳的選擇。

例 7.6   汽車銷售量

某汽車雜誌想研究國產小汽車在某城市各地區每週銷售量是否與汽車廠牌和區域不同有關聯。調查所得資料如下

表 7.11   汽車銷售量資料

廠　牌 (因子 A)	地區 （因子 B）				加總
	東區	西區	南區	北區	
甲	27	28	30	23	108
乙	31	30	27	20	108
丙	35	38	34	30	137
丁	20	22	20	18	80
加總	113	118	111	91	433

利用表 7.4 的公式再計算

$$SS_T = \sum_i \sum_j Y_{ij}^2 - \frac{Y_{..}^2}{ab} = 27^2 + 28^2 + \cdots + 20^2 + 18^2 - \frac{(433)^2}{16}$$

$$= 12265 - 11718.06 = 546.94$$

$$SS_A = \sum_i \frac{Y_{i.}^2}{b} - \frac{Y_{..}^2}{ab} = \frac{108^2 + 108^2 + 137^2 + 80^2}{4} - \frac{(433)^2}{16}$$

$$=12124.25-11718.06=406.19$$

$$SS_B=\frac{\sum Y_{\cdot j}^{2}}{a}-\frac{Y_{\cdot\cdot}^{2}}{ab}=\frac{113^{2}+118^{2}+111^{2}+91^{2}}{4}-\frac{(433)^{2}}{16}$$

$$=11823.75-11718.06=105.69$$

$$SS_{Res}=SS_T-SS_A-SS_B=546.94-406.19-105.69=35.06$$

研究者懷疑汽車廠牌（因子 A）可能受地域性（因子 B）偏好的影響而有交互作用存在。為確認這個想法，利用 Tukey 方法，假設交互作用 $(\tau\beta)_{ij}=\gamma\tau_i\beta_j$，以檢定 H_0：$\gamma=0$。因為 Y_{ij}，$Y_{i\cdot}$，$Y_{\cdot j}$，$Y_{\cdot\cdot}$ 都在表 7.11 上，SS_A、SS_B 計算於上，將數據代入公式(7.13)得

$$SS_N=\frac{[5297215-433\times(406.19+105.69+11718.06)]^{2}}{4\times4\times406.19\times105.69}$$

$$=\frac{(1650.98)^{2}}{686883.53}=3.96$$

故剩餘誤差項平方和為

$$SS_{ER}=SS_{Res}-SS_N=35.06-3.96=31.1$$

將各平方和除以其對應的自由度可得均方，整理成下列變異數分析表 7.12。

表 7.12　汽車銷售量的變異數分析表

變異來源	平方和	自由度	均方	F 值
廠牌(A)	406.19	3	135.40	34.81
地區(B)	105.69	3	35.23	9.06
不可加性(A×B)	3.96	1	3.96	1.02
剩餘誤差	31.10	8	3.89	
總和	546.94	15		

檢定汽車廠牌的因子效果 H_0：$\tau_i\equiv0$ 否，取 $\alpha=0.01$，檢定統計量

$$F = \frac{MS_A}{MS_{ER}} = \frac{406.19/3}{31.10/8} = \frac{135.4}{3.89} = 34.81 > F_{0.01,3,8} = 7.59$$

故廠牌不同，其汽車銷售量差異非常顯著，對不同地區而言，因子效果 $H_0: \beta_j \equiv 0$ 的檢定，用

$$F = \frac{MS_B}{MS_{ER}} = \frac{105.69/3}{31.10/8} = \frac{35.23}{3.89} = 9.06 > F_{0.01,3,8} = 7.59$$

因此，地區不同其對應的汽車平均銷售量亦差異極大。而檢定交互作用 $H_0: \gamma = 0$ 時，因

$$F_0 = \frac{MS_N}{MS_{ER}} = \frac{3.96}{31.10/8} = \frac{3.96}{3.89} = 1.02 < F_{0.05,1,8} = 5.32$$

故汽車廠牌與銷售地區兩因子的交互作用不存在。

7-3　隨機效果模式

　　上述二因子的變異數分析模式(6.1)，(7.1)，(7.5)，(7.6)，(7.11)對因子 A，B 兩者都設定為固定效果，因此，A 因子的 a 個水準及 B 因子的 b 個水準是由實驗者特別取定的。而統計分析的結論也只能應用到此 ab 個因子水準的組合。若像單因子變異數分析一樣，假設 A，B 兩因子的水準都是由水準的母體隨機選出的，因此統計分析的對象不只在此 ab 個水準組合，而是在水準所屬的整個母體，稱此二因子變異數分析為隨機效果模式。

　　例如電鍍表面缺點數可能受電鍍溶液溫度與濃度的影響，濃度的可能水準可以由 0% 至 100%，共無窮多種可能，今選出的四個水準 25%，30%，35%，40% 視為水準的隨機樣本。而溫度設由 10°C 至 100°C 任選 4 個水準得 20°C，25°C，30°C，35°C，亦視為溫度母體的隨機樣本，則溫度與濃度二因子都為隨機效果模式。二因子變異數分析的統計推論與結果是對所有可能濃度和所有可能溫度而言的，不是只對上述 $4 \times 4 = 16$ 種

水準組合做討論而已。

　　設由 A 因子的水準母體隨機選出 a 個水準, B 因子的水準母體隨機
選出 b 個水準, 在 ab 個水準組合的處理上, 若各有反覆 n 次的觀察值,
則二因子隨機效果模式的統計模式爲

$$Y_{ijk} = \mu + \tau_i + \beta_j + (\tau\beta)_{ij} + \varepsilon_{ijk} \qquad \begin{array}{l} i=1,\ 2,\ \cdots,\ a \\ j=1,\ 2,\ \cdots,\ b \\ k=1,\ 2,\ \cdots,\ n \end{array} \qquad (7.16)$$

其中 μ 爲總平均值, 是一常數, τ_i, β_j, $(\tau\beta)_{ij}$, 及 ε_{ijk} 則都是隨機變數。
假設 τ_i 是獨立的常態 $N(0,\ \sigma_\tau^2)$ 隨機變數, β_j 是獨立的常態 $N(0,\ \sigma_\beta^2)$ 隨
機變數, $(\tau\beta)_{ij}$ 是獨立的常態 $N(0,\ \sigma_{\tau\beta}^2)$ 隨機變數, 而誤差項亦是獨立的
常態 $N(0,\ \sigma^2)$ 隨機變數, 又設 α_i, β_j, $(\tau\beta)_{ij}$, ε_{ijk} 互爲獨立, 則由 (7.16)
顯然

$$E(Y_{ijk}) = \mu$$

且　　　$$Var(Y_{ijk}) = \sigma_\tau^2 + \sigma_\beta^2 + \sigma_{\tau\beta}^2 + \sigma^2$$

其中 σ_τ^2, σ_β^2, $\sigma_{\tau\beta}^2$, σ^2 稱爲 $Var(Y_{ijk})$ 的**變異數分量**(Variance compo-
nents), 因此模式 (7.16) 亦稱爲**變異分量模式**(Components of vari-
ance model)。Y_{ijk} 是常數 μ 與一些獨立常態隨機變數的和, 因此 Y_{ijk}
顯然是一常態隨機變數, 而在同一因子水準或同一處理下的 Y_{ijk} 值具有
相同變異數。與單因子隨機效果模式一樣, 研究主因子效果或交互作用
存在否, 則需檢定 H_0: $\sigma_\tau^2 = 0$, H_0: $\sigma_\beta^2 = 0$ 或 H_0: $\sigma_{\tau\beta}^2 = 0$。

　　模式 (7.16) 的變異平方和分解, 基本上和固定效果模式完全相同, 也
就是說將總變異 SS_T 分解爲

$$SS_T = SS_A + SS_B + SS_{A\times B} + SS_E$$

而各平方和 SS_T, SS_A, SS_B, $SS_{A\times B}$ 及 SS_E 的計算也和第六章公式 6.1 的
計算完全一樣。只是各因子的均方期望值在隨機效果模式下滿足

$$E(MS_A) = E\left(\frac{SS_A}{a-1}\right) = \sigma^2 + n\sigma_{\tau\beta}^2 + bn\sigma_\tau^2$$

$$E(MS_B) = E\left(\frac{SS_B}{b-1}\right) = \sigma^2 + n\sigma_{\tau\beta}^2 + an\sigma_\beta^2 \tag{7.17}$$

$$E(MS_{A\times B}) = E\left(\frac{SS_{A\times B}}{(a-1)(b-1)}\right) = \sigma^2 + n\sigma_{\tau\beta}^2$$

而 $E(MS_E) = \sigma^2$

　　由均方期望值的公式可知,檢定交互作用效果是否存在的假設 H_0:
$\sigma_{\tau\beta}^2 = 0$ 時,適當的檢定統計量是

$$F_0 = \frac{MS_{A\times B}}{MS_E} \tag{7.18}$$

因爲在虛無假設 H_0 爲眞時,F_0 的分子與分母的均方期望值都是 σ^2,而
H_0 爲假時,$E(MS_{A\times B}) > E(MS_E)$。故 F_0 值太大,則表示 H_0 爲假。又
H_0 爲眞時,F_0 的機率分配恰爲 F 分配自由度 $(a-1)(b-1)$,$ab(n-1)$。
故拒絕 H_0: $\sigma_{\tau\beta}^2 = 0$,若且唯若 $F_0 > F_{\alpha,(a-1)(b-1),ab(n-1)}$。同理,檢定因子
A 的主效果存在否,當虛無假設 H_0: $\sigma_\tau^2 = 0$ 爲眞時,

$$F_0 = \frac{MS_A}{MS_{A\times B}} \tag{7.19}$$

亦可證明服從自由度 $a-1$,$(a-1)(b-1)$ 的 F 分配。而當 H_0: $\sigma_\tau^2 = 0$
爲假時,$E(MS_A) - E(MS_{A\times B}) = bn\sigma_\tau^2 > 0$,因此 $F_0 > F_{\alpha,(a-1),(a-1)(b-1)}$ 時
應拒絕虛無假設 H_0: $\sigma_\tau^2 = 0$。注意 $E(MS_A)$ 與 $E(MS_{A\times B})$ 只差 $bn\sigma_\tau^2$,
而 $E(MS_A)$ 與 $E(MS_E)$ 差 $n\sigma_{\tau\beta}^2 + bn\sigma_\tau^2$,因此 F 檢定時的分母是 $MS_{A\times B}$ 而不是固定效果模式時的 MS_E。又檢定因子 B 的主效果時,當虛無
假設 H_0: $\sigma_\beta^2 = 0$ 爲眞時

$$F_0 = \frac{MS_B}{MS_{A\times B}} \tag{7.20}$$

服從自由度 $b-1$,$(a-1)(b-1)$ 的 F 分配,而當 H_0: $\sigma_\beta^2 = 0$ 爲假時,
$E(MS_B) - E(MS_{A\times B}) = an\sigma_\beta^2 > 0$,故 $F_0 > F_{\alpha,(b-1),(a-1)(b-1)}$ 則應拒絕虛

無假設。以上討論明顯看出，在檢定因子效果時，均方的期望值之間的差異，是決定檢定統計量 F 值的分子、分母公式的重要指標。

例 7.7　環保知識測驗

環保署為了解大學生對環保知識認知的情況，隨機選出三個大學，又隨機選了四個科系的三個學生做測驗，所得測驗成績如下表

表 7.13　環保知識測驗成績表（資料二分數 −40）

學　校 （因子 A）	科　系（因子 B）								加總
	I		II		III		IV		
甲	24 14 10	48	29 28 23	80	32 38 42	112	48 44 46	138	378
乙	42 36 38	116	48 44 38	130	49 38 45	132	48 44 49	141	519
丙	42 48 49	139	45 44 49	138	47 48 49	144	44 41 47	132	553
加總		303		348		388		411	1450

因子 A（學校）的三個水準及因子 B（科系）的四個水準，都是由水準的母體隨機選出。因此變異數分析應以隨機效果模式處理。各平方和的計算法，和第六章相同，即

$$SS_T = \sum_i \sum_j \sum_k Y_{ijk}^2 - \frac{Y_{...}^2}{abn} = 24^2 + 14^2 + \cdots + 41^2 + 47^2 - \frac{(1450)^2}{36}$$

$$= 61884 - 58402.78 = 3481.22$$

$$SS_A = \sum_{i=1}^{a} \frac{Y_{i..}^2}{bn} - \frac{Y_{...}^2}{abn} = \frac{378^2 + 519^2 + 553^2}{12} - \frac{(1450)^2}{36}$$

$$= 59837.84 - 58402.78 = 1435.06$$

$$SS_B = \sum_{j=1}^{b} \frac{Y_{.j.}^2}{an} - \frac{Y_{...}^2}{abn} = \frac{303^2 + 348^2 + 388^2 + 411^2}{9} - \frac{(1450)^2}{36}$$

$$= 59153.11 - 58402.78 = 750.33$$

$$SS_{A \cdot B} = \sum_i \sum_j \frac{Y_{ij.}^2}{n} - \frac{Y_{...}^2}{abn} = \frac{48^2 + 80^2 + \cdots + 144^2 + 132^2}{3}$$

$$- \frac{(1450)^2}{36} = 61492.67 - 58402.78 = 3089.89$$

$$SS_{A \times B} = SS_{A \cdot B} - SS_A - SS_B = 3089.89 - 1435.06 - 750.33$$

$$= 904.5$$

$$SS_E = SS_T - SS_{A \cdot B} = SS_T - SS_A - SS_B - SS_{A \times B}$$

$$= 3481.22 - 3089.89 = 391.33$$

將各平方和除以對應的自由度，所得均方做成變異數分析表如下

表 7.14　環保知識的變異數分析表（隨機效果模式）

變異來源	平方和	自由度	均方	F_0
學校(A)	1435.06	2	717.53	4.76
科系(B)	750.33	3	250.11	1.66
交互作用(A×B)	904.50	6	150.75	9.25
誤差	391.33	24	16.31	
總和	3481.22	35		

檢定學校不同是否測驗成績差異很大時，檢定統計量

$$F_0 = \frac{MS_A}{MS_{A \times B}} = \frac{1435.06/2}{904.50/6} = \frac{717.53}{150.75} = 4.76$$

$F_0 = 4.76 < F_{0.05,2,6} = 5.14$，但 $F_0 = 4.76 > F_{0.1,2,6} = 3.46$，故在顯著水準 $\alpha = 0.05$ 時，不能拒絕虛無假設 $H_0: \sigma_\tau^2 = 0$，但取 $\alpha = 0.1$ 時，才可說學校不同測驗成績不同，因此學校（因子 A）的不同，對測驗成績的差異效果不是很顯著。而檢定科系（因子 B）不同的效果時

$$F_0 = \frac{MS_B}{MS_{A \times B}} = \frac{750.33/3}{904.50/6} = \frac{250.11}{150.75} = 1.66$$

$F_0 = 1.66 < F_{0.1,3,6} = 3.07$，故科系不同對測驗成績沒有影響。至於 A, B 兩因子的交互作用效果，在檢定 $H_0: \sigma_{\tau\beta}^2 \equiv 0$ 時，

$$F_0 = \frac{MS_{A \times B}}{MS_E} = \frac{904.50/6}{391.33/24} = \frac{150.75}{16.31} = 9.25$$

$F_0 = 9.25 > F_{0.01,6,24} = 3.67$，故 A, B 兩因子的交互作用效果非常顯著。因此，在判斷大學生對環保知識了解程度時，不能只考慮學校不同，而應把不同學校及不同科系同時考慮。

例 7.8　生產力與工時工資

例 6.11 研究工人每日工時與工資水準對生產力大小的影響時，若假設每日工時有很多選擇，今隨機選出 7, 8, 9 小時三個水準，每日工資亦有很多種可能，今亦隨機選出 1200, 1000, 800 元等三個水準，在此 $3 \times 3 = 9$ 個水準組合的處理上各有反覆二次的觀察值，資料如例 6.11 的表 6.19。則在此隨機效果模式下，各平方和的計算詳如例 6.11，變異數分析表則如下

表 7.15　隨機效果模式下，生產力的變異數分析表

變異來源	平方和	自由度	均方	F_0值
工時(A)	888.11	2	444.06	12.94
工資(B)	4461.45	2	2230.72	65.02
交互作用(A×B)	137.22	4	34.31	2.47

誤差	125.0	9	13.89
總和	5611.78	17	

與例 6.11 的變異數分析表 6.20 比較，兩者的差別在 F_0 值的計算。因為在隨機效果模式下，檢定 A 因子（工時）的效果時

$$F_0 = \frac{MS_A}{MS_{A \times B}} = \frac{444.06}{34.31} = 12.94$$

而 $F_0 = 12.94 > F_{0.05,2,4} = 10.65$，故工時不同，應拒絕 H_0：$\sigma_\tau^2 = 0$，表示平均生產力差異顯著。而檢定 B 因子（工資）效果時

$$F_0 = \frac{MS_B}{MS_{A \times B}} = \frac{2230.72}{34.31} = 65.02$$

今 $F_0 = 65.02 > F_{0.05,2,4} = 10.65$，故亦應拒絕 H_0：$\sigma_\beta^2 = 0$，表示不論何種工資，只要工資不同則對應的平均生產力差異顯著。至於交互作用效果，檢定 H_0：$\sigma_{\tau\beta}^2 = 0$ 的檢定統計量 $F_0 = \frac{34.31}{13.89} = 2.47$ 與例 6.11 的表 6.19 完全相同，因 $F_0 = 2.47 < F_{0.05,4,9} = 3.63$，故 A，B 兩因子的交互作用不顯著。

　　隨機效果模式的另一重要課題是要估計變異數分量上的各個變異數。由均方期望值的公式(7.17)，易知 σ^2 的不偏估計式應為

$$\hat{\sigma}^2 = MS_E$$

對其他變異數分量 σ_τ^2，σ_β^2，$\sigma_{\tau\beta}^2$ 而言，用動差法，由均方期望值公式(7.17) 視 σ_τ^2，σ_β^2，$\sigma_{\tau\beta}^2$ 為未知數，解聯立方程式得解

$$\hat{\sigma}_{\tau\beta}^2 = \frac{MS_{A \times B} - MS_E}{n}$$

$$\hat{\sigma}_\beta^2 = \frac{MS_B - MS_{A \times B}}{an}$$

$$\hat{\sigma}_\tau^2 = \frac{MS_A - MS_{A \times B}}{bn} \tag{7.21}$$

分別爲 $\sigma_{\tau\beta}^2$, σ_β^2 及 σ_τ^2 的不偏估計式。若欲求變異數分量的信賴區間，則因 $ab(n-1)MS_E/\sigma^2$ 服從自由度 $ab(n-1)$ 的卡方分配 $\chi^2_{ab(n-1)}$，故

$$\frac{ab(n-1)MS_E}{\chi^2_{\alpha/2,ab(n-1),}} \le \sigma^2 \le \frac{ab(n-1)MS_E}{\chi^2_{1-\alpha/2,ab(n-1)}}$$

是 σ^2 的信賴度 $1-\alpha$ 的信賴區間。但對其他分量 σ_τ^2, σ_β^2, $\sigma_{\tau\beta}^2$ 而言，其估計式爲均方的線性函數，只能找到近似的信賴區間公式，故不詳述。

例 7.9　環保知識測驗

　　例 7.9 環保知識測驗的資料，可以估計隨機效果模式下各變異數分量的估計值，由變異數分析表 7.14 可得

$$\hat{\sigma}_\tau^2 = \frac{MS_A - MS_{A \times B}}{bn} = \frac{717.53 - 150.75}{4 \times 3} = 47.23$$

此表示各學校間測驗分數的變異數 σ_τ^2 約爲 47.23 分。又

$$\hat{\sigma}_\beta^2 = \frac{MS_B - MS_{A \times B}}{an} = \frac{250.11 - 150.75}{3 \times 3} = 11.04$$

表示各科系間測驗分數的變異數 σ_β^2 約爲 11.04 分。而

$$\hat{\sigma}_{\tau\beta}^2 = \frac{MS_{A \times B} - MS_E}{n} = \frac{150.75 - 16.31}{3} = 44.81$$

表示交互作用效果 $(\tau\beta)_{ij}$ 的變異數約爲 44.81，而觀察值的隨機誤差項的變異數估計值則爲

$$\hat{\sigma}^2 = MS_E = 16.31$$

例 7.10　生產力與工時工資

　　例 7.8 生產力與工時工資的隨機效果模式分析，若亦想估計各因子效果的變異數分量，則由變異數分析表 7.15 的均方數據可得。工時效果

τ_i 的變異數估計值為

$$\hat{\sigma}_\tau{}^2 = \frac{MS_A - MS_{A \times B}}{bn} = \frac{444.06 - 34.31}{3 \times 2} = 68.29$$

工資效果 β_j 的變異數估計值為

$$\hat{\sigma}_\beta{}^2 = \frac{MS_B - MS_{A \times B}}{an} = \frac{2230.72 - 34.31}{3 \times 2} = 366.07$$

交互作用效果 $(\tau\beta)_{ij}$ 的變異數估計值為

$$\hat{\sigma}_{\tau\beta}{}^2 = \frac{MS_{A \times B} - MS_E}{n} = \frac{34.31 - 13.89}{2} = 10.21$$

又誤差項 ε_{ijk} 的變異數估計值為

$$\hat{\sigma}^2 = MS_E = 13.89$$

7-4　混合效果模式

二因子變異數分析模式中, 若有一因子為固定效果, 另一因子為隨機效果, 則稱該變異數分析模式為**混合效果模式**(Mixed model)。今若設 A 因子為固定效果, B 因子為隨機效果, 則混合效果模式的統計模型為

$$Y_{ijk} = \mu + \tau_i + \beta_j(\tau\beta)_{ij} + \varepsilon_{ijk} \qquad \begin{array}{l} i = 1, \ 2, \ \cdots, \ a \\ j = 1, \ 2, \ \cdots, \ b \\ k = 1, \ 2, \ \cdots, \ n \end{array} \qquad (7.22)$$

其中 μ 為總平均值, 是一常數。τ_i 是固定效果, 為一參數, 而滿足 $\sum_{i=1}^{a}\tau_i = 0$。β_j 是隨機效果, 為一隨機變數, 假設其機率分配為獨立的常態分配 $N(0, \ \sigma_\beta{}^2)$。交互作用效果 $(\tau\beta)_{ij}$ 是一隨機變數, 其機率分配假設亦為常態分配, 平均值為 0, 但變異數為 $[(a-1)/a]\ \sigma_{\tau\beta}{}^2$。並滿足以下條件

對任意 $j = 1, \ 2, \ \cdots, \ b$ \qquad $\sum_{i=1}^{a}(\tau\beta)_{ij} = (\tau\beta)_{.j} = 0$

亦即交互作用效果 $(\tau\beta)_{ij}$ 對固定效果的因子水準加總, 其和爲 0。此條件
亦表示在同一因子 B 的 j 水準下, 不同因子 A (固定效果因子) 的 i, i′
水準的交互作用項彼此不獨立, 事實上可證明 $(\tau\beta)_{ij}$, $(\tau\beta)_{i'j}$ 的協變異數
爲

$$\mathrm{Cov}[(\tau\beta)_{ij},\ (\tau\beta)_{i'j}]=-\frac{1}{a}\sigma_{\tau\beta}{}^2 \quad i\ne i'$$

又在同一因子 A 的 i 水準下, 不同因子 B 的 j, j′ 水準的交互作用假設是
獨立的, 即

$$\mathrm{Cov}[(\tau\beta)_{ij}(\tau\beta)_{ij'}]=0 \quad j\ne j'$$

隨機誤差項 ε_{ijk} 仍爲一隨機變數, 並服從獨立的常態分配 $N(0,\ \sigma^2)$。

　　在混合效果模式 (7.22) 之下, Y_{ijk} 的均值與變異數爲

$$E[Y_{ijk}]=\mu+\tau_i$$

$$\mathrm{Var}[Y_{ijk}]=\sigma_\beta{}^2+\frac{a-1}{a}\sigma_{\tau\beta}{}^2+\sigma^2$$

模式 (7.22) 假設 $(\tau\beta)_{ij}$ 的變異數是 $[(a-1)/a]\sigma_{\tau\beta}{}^2$ 而不是 $\sigma_{\tau\beta}{}^2$, 是爲了簡
化均方期望值的表示法。而模式 (7.22) 的變異平方和的分解, 基本上也是
和固定效果模式完全相同, 計算各種平方和的公式仍和第六章公式 6.1
完全相同。但均方的期望值在混合效果模式 (7.22) 之下, 滿足

$$E[MS_A]=E\left[\frac{SS_A}{a-1}\right]=\sigma^2+n\sigma_{\tau\beta}{}^2+\frac{bn\sum_{i=1}^{a}\tau_i^2}{a-1}$$

$$E[MS_B]=E\left[\frac{SS_B}{b-1}\right]=\sigma^2+an\sigma_\beta^2$$

$$E[MS_{A\times B}]=E\left[\frac{SS_{A\times B}}{(a-1)(b-1)}\right]=\sigma^2+n\sigma_{\tau\beta}{}^2 \qquad (7.23)$$

又　　　$E[MS_E]=\sigma^2$

　　由以上均方的期望值公式互相比較。可知, 檢定虛無假設 $H_0: \tau_i\equiv$
0 時, 檢定統計量應爲

$$F_0 = \frac{MS_A}{MS_{A\times B}} \tag{7.24}$$

當 H_0：$\tau_i \equiv 0$ 為真時，F_0 的機率分配為自由度 $(a-1)$，$(a-1)(b-1)$ 的 F 分配。而當 H_0：$\tau_i \equiv 0$ 為假時，$E(MS_A)$ 與 $E(MS_{A\times B})$ 的差應大於 0，剛好顯示兩者差是 $E(MS_A)$ 的最後一項 $\sum_{i=1}^{a}\tau_i^2$ 不為 0 的效果。因此 $F_0 > F_{\alpha, a-1, (a-1)(b-1)}$ 時應拒絕虛無假設 H_0：$\tau_i \equiv 0$。同理，檢定 H_0：$\sigma_\beta^2 = 0$ 時，檢定統計量應為

$$F_0 = \frac{MS_B}{MS_E} \tag{7.25}$$

當 H_0：$\sigma_\beta^2 = 0$ 為真時，(7.25) 的 F_0 服從自由度 $b-1$, $ab(n-1)$ 的 F 分配，故當 $F_0 > F_{\alpha, b-1, ab(n-1)}$ 時，則拒絕虛無假設 H_0：$\sigma_\beta^2 = 0$，又檢定交互作用效果，H_0：$\sigma_{\tau\beta}^2 = 0$ 時，應用

$$F_0 = \frac{MS_{A\times B}}{MS_E} \tag{7.26}$$

當 H_0：$\sigma_{\tau\beta}^2 = 0$ 時，(7.26) 的 F_0 服從自由度 $(a-1)(b-1)$, $ab(n-1)$ 的 F 分配，故當 $F_0 > F_{\alpha, (a-1)(b-1), ab(n-1)}$ 時，則拒絕虛無假設 H_0：$\sigma_{\tau\beta}^2 = 0$。以上分析可整理成混合模式的變異數分析表。

表 7.16　二因子混合模式的變異數分析

變異來源	平方和	自由度	均方	均方期望值	F_0值
因子 A	SS_A	$a-1$	MS_A	$\sigma^2 + n\sigma_{\tau\beta}^2 + bn\sum\tau_i^2/(a-1)$	$MS_A/MS_{A\times B}$
因子 B	SS_B	$b-1$	MS_B	$\sigma^2 + an\sigma_\beta^2$	MS_B/MS_E
交互作用	SS_{AB}	$(a-1)(b-1)$	$MS_{A\times B}$	$\sigma^2 + n\sigma_{\tau\beta}^2$	$MS_{A\times B}/MS_E$
誤差	SS_E	$ab(n-1)$	MS_E	σ^2	
總和	SS_T	$abn-1$			

注意表上 F_0 值的分母有時是 $MS_{A\times B}$，有時是 MS_E，完全視均方期望值的比較（差別）而定。

混合效果模式下，可以估計固定效果因子的各個參數，如

$$\hat{\mu} = \overline{Y}...$$

$$\hat{\tau_i} = \overline{Y}_{i..} - \overline{Y}... \quad i=1, \ 2, \ \cdots, \ a$$

對變異數分量 $\sigma_\beta{}^2$，$\sigma_{\tau\beta}{}^2$ 及 σ^2 的估計，可用動差法，解(7.23)均方期望值的聯立方程式，而得

$$\hat{\sigma_\beta}{}^2 = \frac{MS_B - MS_E}{an}$$

$$\hat{\sigma_{\tau\beta}}{}^2 = \frac{MS_{A\times B} - MS_E}{n} \tag{7.27}$$

又　　　　$\hat{\sigma}^2 = MS_E$

分別為 $\sigma_\beta{}^2$，$\sigma_{\tau\beta}{}^2$ 及 σ^2 的不偏估計式。

固定效果 τ_i 若顯著不為 0 時，則應比較固定效果因子的各水準均值。前述固定效果下的 Duncan 法，Tukey 法等多重比較的公式都仍可用，只是估計水準均值 μ_i 的估計式 $\overline{Y}_{i..}$ 的標準差時，MS_E 應改為 $MS_{A\times B}$，即估計的標準差

$$SS_{\overline{Y}_{i..}} = \sqrt{\frac{MS_{A\times B}}{bn}}$$

且其對應的自由度 $f = (a-1)(b-1)$，而不是 $ab(n-1)$。

例 7.11　纖維張力強度

某大紡織廠品管部門為測量其紡織纖維品質是否穩定。在其工廠中任選取四部機器，在其上各隨機選取六段纖維，各隨機放在三種測量儀器上量度纖維張力強度。所得資料如下表 7.17

表 7.17 纖維張力強度資料

儀器 (因子 A)	機器（因子 B）				加總
	I	II	III	IV	
甲	9 12 21	10 15 25	8 9 17	10 12 22	85
乙	11 15 26	11 10 21	9 11 20	12 14 26	93
丙	16 13 29	12 15 27	14 19 33	20 17 37	126
加總	76	73	70	85	304

因為三種儀器（因子 A）是固定的，四個機器（因子 B）是隨機選取的，故為二因子的混合效果模式。資料的平方和分解，與第六章完全相同，故

$$SS_T = \sum_i \sum_j \sum_k Y_{ijk}^2 - \frac{Y...^2}{abn} = 9^2 + 12^2 + \cdots + 20^2 + 17^2 - \frac{(304)^2}{24}$$

$$= 4088 - 3850.67 = 237.33$$

$$SS_A = \sum_i \frac{Y_{i..}^2}{bn} - \frac{Y...^2}{abn} = \frac{85^2 + 93^2 + 126^2}{8} - \frac{(304)^2}{24}$$

$$= 3968.75 - 3850.67 = 118.08$$

$$SS_B = \sum_j \frac{Y_{\cdot j \cdot}^2}{an} - \frac{Y...^2}{abn} = \frac{76^2 + 73^2 + 70^2 + 85^2}{6} - \frac{(304)^2}{24}$$

$$= 3871.67 - 3850.67 = 21.0$$

$$SS_{A \cdot B} = \sum_i \sum_j \frac{Y_{ij \cdot}^2}{n} - \frac{Y...^2}{abn} = \frac{21^2 + 25^2 + \cdots + 33^2 + 37^2}{2} - \frac{(304)^2}{24}$$

$$= 4030 - 3850.67 = 179.33$$

$$SS_{A \times B} = SS_{A \cdot B} - SS_A - SS_B = 179.33 - 118.08 - 21.0 = 40.25$$

又 $$SS_E = SS_T - SS_{A \cdot B} = SS_T - SS_A - SS_B - SS_{A \times B}$$

$=237.33-179.33=58$

代入表 7.16 的變異數分析表，則得

表 7.18　　纖維強度混合模式下的變異數分析表

變異來源	平方和	自由度	均方	F_0值
儀器(A)	118.08	2	59.04	8.80
機器(B)	21.0	3	7.0	1.45
交互作用(A×B)	40.25	6	6.71	1.39
誤差	58.0	12	4.83	
總和	237.33	23		

檢定儀器不同的效果時，H_0： $\tau_i\equiv0$ 的檢定統計量爲

$$F_0=\frac{MS_A}{MS_{A\times B}}=\frac{118.08/2}{40.25/6}=\frac{59.04}{6.71}=8.80$$

而 $F_0=8.80>F_{0.05,2,6}=5.14$，故測量儀器不同所顯示的纖維張力強度差異顯著。而檢定機器不同的效果時，H_0： $\sigma_\beta^2=0$ 的檢定統計量

$$F_0=\frac{MS_B}{MS_E}=\frac{21.0/3}{58.0/12}=\frac{7.0}{4.83}=1.45$$

與臨界值 $F_{0.05,3,12}=3.49$ 比較，$F_0=1.45<3.49$，故不能拒絕虛無假設H_0：$\sigma_\beta^2=0$，此表示不同機器所生產纖維的張力強度差異不大。測量儀器與機器間的交互作用效果檢定時，

$$F_0=\frac{MS_{A\times B}}{MS_E}=\frac{40.25/6}{58.0/12}=\frac{6.71}{4.83}=1.39$$

而 $F_0=1.39<F_{0.05,6,12}=3.00$，故交互作用效果不顯著，不能拒絕虛無假設 H_0： $\sigma_{\tau\beta}^2=0$。

　若要估計模式(7.22)上的各個參數，則由公式(7.27)可知機器(因子B) 效果的變異數估計值是

$$\hat{\sigma}_\beta^2 = \frac{MS_B - MS_E}{an} = \frac{7.0 - 4.83}{3 \times 2} = 0.36$$

又交互作用效果 $(\tau\beta)_{1j}$ 的變異數估計是

$$\hat{\sigma}_{\tau\beta}^2 = \frac{MS_{A \times B} - MS_E}{n} = \frac{6.71 - 4.83}{2} = 0.94$$

而誤差項 ε_{ljk} 的變異數估計值為

$$\hat{\sigma}^2 = MS_E = 4.83$$

儀器的效果顯著，是否因儀器本身的測量誤差，需要檢查加以校正，或是儀器廠牌不同精密度不同所產生測量數據差異大，品管部門應詳加追究。

三種儀器的水準均值在固定效果下分別為

$$\overline{Y}_1.. = \frac{85}{8} = 10.625, \quad \overline{Y}_2.. = \frac{93}{8} = 11.625, \quad \overline{Y}_3.. = \frac{126}{8} = 15.75$$

若用 Tukey 多重比較法，取 $\alpha = 0.05$ 作水準均值的比較，則各水準均值估計式的標準差，可用

$$S_{\overline{Y}_1..} = \sqrt{\frac{MS_{A \times B}}{bn}} = \sqrt{\frac{6.71}{4 \times 2}} = 0.92$$

估計標準差。其對應的自由度為 $MS_{A \times B}$ 的自由度 $f = 6$，故查附錄表Ⅷ的學生化全距統計量的分位數 $q_{0.05}(a-1, f) = q_{0.05}(2, 6) = 3.46$。則 Tukey 多重比較的臨界值為

$$T_\alpha = q_{0.05}(2, 6) \times S_{\overline{Y}_1..} = 3.46 \times 0.92 = 3.18$$

配對比較時

$$3 \text{ 對 } 2: \quad \overline{Y}_3.. - \overline{Y}_2.. = 15.75 - 11.625 = 4.125 > 3.18 = T_\alpha$$

$$3 \text{ 對 } 1: \quad \overline{Y}_3.. - \overline{Y}_1.. = 15.75 - 10.625 = 5.125 > 3.18 = T_\alpha$$

$$2 \text{ 對 } 1: \quad \overline{Y}_2.. - \overline{Y}_1.. = 11.625 - 10.625 = 1.0 < 3.18 = T_\alpha$$

故 Tukey 多重比較的結果表示儀器 1，2 差異不大，儀器 3 和儀器 1，2

差異卻很顯著。也許儀器 3 要特別檢查。

例 7.12　反應條件與雜質

例 6.5 研究爐溫與冷却時間對鋼鐵雜質率的資料分析中，若假設爐溫的二個水準 200°C 與 250°C 是由無窮多種可能爐溫中隨機選出的二個水準。而冷却時間 2，4，6 小時的三水準是固定的。今在此 2×3 個水準組合的 6 個處理上各反覆實驗三次，所得資料恰如例 6.5 的表 6.9。在此混合模式下，各平方和的計算詳見例 6.7。今將各平方和及均方代入表 7.15 的變異數分析公式。容易對照公式。假設固定效果的冷却時間爲因子 A，隨機效果的爐溫取爲因子 B，得

表 7.19　混合效果模式下，鋼鐵雜質率的變異數分析表

變異來源	平方和	自由度	均方	F_0 值
冷却時間(A)	0.792	2	0.396	1.06
爐溫(B)	0.125	1	0.125	29.34
交互作用(A×B)	0.75	2	0.375	87.96
誤差	0.051	12	0.00425	
總和	1.718	17		

檢定固定效果的因子（冷却時間）H_0：$\tau_i \equiv 0$ 時，檢定統計量是

$$F_0 = \frac{MS_A}{MS_{A \times B}} = \frac{0.396}{0.375} = 1.06$$

$F_0 = 1.06 < F_{0.05,2,2} = 19.0$，故冷却時間不同，對應的鋼鐵雜質率差異不顯著。這與例 6.7 二因子都爲固定效果模式的變異數分析結果結論不同。而檢定爐溫效果時

$$F_0 = \frac{MS_B}{MS_E} = \frac{0.125}{0.00425} = 29.34$$

而 $F_0 > F_{0.01,1,12} = 9.33$，故應拒絕虛無假設 H_0：$\sigma_\beta^2 = 0$，此表示不論爐溫
為多少，只要爐溫不同，對應的鋼鐵雜質率必定差異顯著。又對交互作
用的效果，檢定 H_0：$\sigma_{\tau\beta}^2 = 0$ 時，檢定統計量

$$F_0 = \frac{MS_{A \times B}}{MS_E} = \frac{0.375}{0.00425} = 87.96$$

$F_0 = 87.96 > F_{0.01,2,12} = 6.93$，故交互作用的效果亦非常顯著。而混合模式
中各變異數分量的估計式，由公式(7.27)可得

$$\hat{\sigma}_\beta^2 = \frac{MS_B - MS_E}{an} = \frac{0.125 - 0.00425}{3 \times 3} = 0.0134$$

$$\hat{\sigma}_{\tau\beta}^2 = \frac{MS_{A \times B} - MS_E}{n} = \frac{0.375 - 0.00425}{3} = 0.124$$

及

$$\hat{\sigma}^2 = MS_E = 0.00425$$

分別為 σ_β^2，$\sigma_{\tau\beta}^2$ 及 σ^2 的不偏估計值。

7-5　樣本大小的決定

　　二因子隨機效果模式或混合效果模式作變異數分析時，決定樣本大
小(反覆數 n)的方法，也和單因子變異數分析的隨機效果模式類似，都
利用附錄上的作業特性曲線圖及檢定力 $1 - \beta$，反覆數 n 和參數 λ 或 Φ
的關係，求解 n 值。

　　二因子隨機效果模式的作業特性曲線圖見附錄圖 Ⅵ，其對應的參數
λ，分子，分母的自由度 ν_1，ν_2 和反覆數 n 的關係式等，整理如下表

表 7.20　二因子隨機效果模式的作業特性曲線上的參數

因子	λ	分子自由度 ν_1	分母自由度 ν_2
A	$\sqrt{1+\dfrac{bn\sigma_\tau^2}{\sigma^2+n\sigma_{\tau\beta}^2}}$	$a-1$	$(a-1)(b-1)$
B	$\sqrt{1+\dfrac{an\sigma_\beta^2}{\sigma^2+n\sigma_{\tau\beta}^2}}$	$b-1$	$(a-1)(b-1)$
A×B	$\sqrt{1+\dfrac{n\sigma_{\tau\beta}^2}{\sigma^2}}$	$(a-1)(b-1)$	$ab(n-1)$

對混合效果模式而言，附錄 V，VI 的作業特性曲線都需用到，而其對應的參數 λ，Φ，及各種自由度，亦列示於下表

表 7.21　二因子混合效果模式的作業特性曲線上的參數

因子	參數	分子自由度 ν_1	分母自由度 ν_2	附錄
A(固定)	$\Phi^2=\dfrac{bn\sum\limits_{i=1}^{a}\tau_i^2}{a\left[\sigma^2+n\sigma_{\tau\beta}^2\right]}$	$a-1$	$(a-1)(b-1)$	V
B(隨機)	$\lambda=\sqrt{1+\dfrac{an\sigma_\beta^2}{\sigma^2}}$	$b-1$	$ab(n-1)$	VI
A×B	$\lambda=\sqrt{1+\dfrac{n\sigma_{\tau\beta}^2}{\sigma^2}}$	$(a-1)(b-1)$	$ab(n-1)$	VI

例 7.13　環保知識測驗

　　例 7.7 作環保知識測驗時，若已知學校 (因子 A) 要選 $a=3$ 所，科系(因子 B)要選 $b=4$ 系，若已知 $\sigma_\tau^2=60$, $\sigma^2=10$, $\sigma_{\tau\beta}^2=8$, 在 $\alpha=0.05$ 之下，研究者要求在隨機模式下，要以機率至少 0.8 的正確度來拒絕虛無

假設 H_0：$\sigma_\tau{}^2=0$。問樣本應選多大。

因 $\nu_1=a-1=2$，$\nu_2=(a-1)(b-1)=2\times3=6$ 不因樣本大小 n 而變化，由表 7.19 因子 A 所對應的參數 λ 有

$$\lambda=\sqrt{1+\frac{4\times n\times 60}{10+n\times 8}}=\sqrt{1+\frac{240\,n}{10+8\,n}}$$

若試 n=3，則 $\lambda=\sqrt{1+720/34}=4.7$，查附錄Ⅵ對應的$\beta=0.22>0.2$

若試 n=4，則 $\lambda=\sqrt{1+960/42}=4.88$，對應的 $\beta=0.21>0.2$

再試 n=5，則 $\lambda=\sqrt{1+1200/50}=5.0$，對應的 $\beta=0.2$，故取反覆數 n=5，才能達到研究者要求的精確度。

7-6　另一種混合效果模式

以上討論的混合效果模式常稱爲標準混合效果模式(Standard mixed model)，事實上混合效果模式還有許多不同觀點的假設模式，本節只討論另一種較常見的混合效果模式。

設二因子變異數分析模式爲

$$Y_{ijk}=\mu+\alpha_i+\gamma_j+(\alpha\gamma)_{ij}+\varepsilon_{ijk} \qquad \begin{matrix} i=1,\ 2,\ \cdots,\ a \\ j=1,\ 2,\ \cdots,\ b \\ k=1,\ 2,\ \cdots,\ n \end{matrix} \qquad (7.28)$$

其中 μ 爲總平均值，是一常數。$\alpha_i(i=1,\ 2,\ \cdots,\ a)$是固定效果，爲一常數，且滿足 $\sum_{i=1}^{a}\alpha_i=0$。γ_j，$(\alpha\gamma)_{ij}$ 及 ε_{ijk} 則都是隨機變數，且彼此互爲獨立。設 $Var(\gamma_j)=\sigma_\gamma{}^2$，$Var[(\alpha\gamma)_{ij}]=\sigma_{\alpha\gamma}{}^2$，且 $Var(\varepsilon_{ijk})=\sigma^2$，則可假設 γ_j 服從常態 $N(0,\ \sigma_\gamma{}^2)$分配，$(\alpha\gamma)_{ij}$ 服從常態 $N(0,\ \sigma_{\alpha\gamma}{}^2)$分配，而 ε_{ijk} 服從常態 $N(0,\ \sigma^2)$分配。注意模式(7.28)的假設條件與標準混合效果模式(7.22)的最大不同，在假設交互作用效果互爲獨立。在模式(7.28)的假設

下，觀察值 Y_{ijk} 亦服從常態分配，其均值與變異數為

$$E[Y_{ijk}] = \mu + \alpha_i$$

$$\text{Var}(Y_{ijk}) = \sigma_\gamma^2 + \sigma_{\alpha\gamma}^2 + \sigma^2$$

模式(7.28)假設下，各均方期望值為

$$E(MS_A) = \sigma^2 + n\sigma_{\alpha\gamma}^2 + \frac{bn\sum_{i=1}^{a}\alpha_i^2}{a-1}$$

$$E(MS_B) = \sigma^2 + n\sigma_{\alpha\gamma}^2 + an\sigma_\gamma^2$$

$$E(MS_{A \times B}) = \sigma^2 + n\sigma_{\alpha\gamma}^2$$

且

$$E(MS_E) = \sigma^2$$

與標準混合效果模式(7.22)的均方期望值比較，明顯的差別在隨機效果因子的 $E(MS_B)$ 多出一項 $n\sigma_{\alpha\gamma}^2$。因此，檢定隨機效果的變異數分量 $\sigma_\gamma^2 = 0$ 否，應用檢定統計量改為

$$F_0 = \frac{MS_B}{MS_{A \times B}} \tag{7.29}$$

而不是標準模式(7.22)，檢定 H_0: $\sigma_\beta^2 = 0$ 時的 $F_0 = MS_B/MS_E$。而當虛無假設 H_0: $\sigma_\gamma^2 = 0$ 為真時，(7.29)的 F_0 服從自由度為 $b-1$，$(a-1)(b-1)$ 的 F 分配。故當 $F_0 > F_{\alpha, b-1, (a-1)(b-1)}$ 時，則拒絕虛無假設 H_0: $\sigma_\gamma^2 = 0$。其餘因子效果的檢定法，則和標準模式(7.22)相同。

在估計模式的參數值時，各變異數分量的估計式亦和公式(7.27)相同，只是 σ_γ^2 的不偏估計式應改為

$$\hat{\sigma}_\gamma^2 = \frac{MS_B - MS_{A \times B}}{an}$$

事實上，模式(7.28)與標準模式(7.22)之間的參數關係密切，可以證明

$$\beta_j = \gamma_j + \overline{(\alpha\gamma)}_{.j}$$

$$(\tau\beta)_{ij} = (\alpha\gamma)_{ij} + \overline{(\alpha\gamma)}_{.j}$$

$$\sigma_\beta{}^2 = \sigma_\gamma{}^2 + \frac{1}{a}\sigma_{\alpha\gamma}{}^2$$

且 $\qquad \sigma_{\tau\beta}{}^2 = \sigma_{\alpha\gamma}{}^2$

兩種混合效果模式,應用標準模式(7.22)比較合乎實際,因爲交互作用效果彼此獨立的假設,實際上不易滿足。因此大部分的題目應用標準模式來分析。但在 $(\tau\beta)_{ij}$ 效果的相關性不強(近似獨立)時,則可用模式(7.28)作混合效果模式分析。

例 7.14　纖維張力強度

例 7.11 有關纖維張力強度是否受機器不同(因子 B)或測量儀器不同,而產生差異顯著的混合模式變異數分析法。若改用本節(7.28)的混合效果模式,而假設交互作用效果 $(\alpha\gamma)_{ij}$ 彼此獨立,則各平方和的分解與例 7.11 相同,變異數分析表則爲

表 7.22　纖維強度在混合模式(7.27)的變異數分析表

變異來源	平方和	自由度	均方	F_0 值
儀器(A)	118.08	2	59.04	8.80
機器(B)	21.0	3	7.0	1.04
交互作用 (A×B)	40.25	6	6.71	1.39
誤差	58.0	12	4.83	
總和	237.33	23		

與例 7.11 標準混合模式的變異數分析表 7.18 比較,唯一的差別是在檢定機器(因子 B)的隨機效果時,檢定統計量

$$F_0 = \frac{MS_B}{MS_{A\times B}} = \frac{7.00}{6.71} = 1.04$$

而 $F_0 = 1.04 < F_{0.05,3,6} = 4.76$,故不能拒絕虛無假設 $H_0: \sigma_\gamma{}^2 = 0$,此表示不

同機器所生產的纖維，其張力強度差異不大。此結論與例 7.11 相同。而估計變異數分量 σ_γ^2 的不偏估計值爲

$$\hat{\sigma}_\gamma^2 = \frac{MS_B - MS_{A \times B}}{an} = \frac{7.0 - 6.71}{3 \times 2} = 0.05$$

7-7 反應曲面(Response Surfaces)

和單因子變異數分析相同的道理，當因子爲屬量變數而且因子效果顯著時，我們想進一步瞭解反應值 Y_{ijk} 與屬量因子間的關係方程式。若二因子皆爲屬量因子，A 因子的水準值若記作 x_1，B 因子的水準值記作 x_2，對應的反應值記作 y，則二因子 x_1，x_2 與 y 之間的關係式，比較簡單的可能是平面

$$y = \beta_0 + \beta_1 x_1 + \beta_2 x_2 + \varepsilon$$

或二次曲面

$$y = \beta_0 + \beta_1 x_1 + \beta_2 x_2 + \beta_3 x_1^2 + \beta_4 x_2^2 + \beta_5 x_1 x_2 + \varepsilon$$

甚或更高階的 x_1，x_2 的 p 次多項式。以上關係式通稱反應曲面。其中 ε 爲隨機誤差項。x_1，x_2 與 y 之間的反應曲面，則利用各水準值 x_{1i}，x_{2j} 及其對應的處理均值 $\overline{Y}_{ij.}$，做各種多項式迴歸。取較合適的多項式迴歸式做反應曲面。

例 7.15 反應條件與產量

化學反應時的反應溫度（因子 A）與溶液 ph 值（因子 B）對產品產量有顯著的影響，這個關聯已在例 6.8 的二因子變異數分析中確認。若想進一步瞭解反應溫度和 ph 值與產品產量的關係，求其反應曲面。因 A，B 兩因子均爲屬量變數且水準值的差相同，爲計算方便起見，令因子 A 的水準值做成碼數，令

$$C_{11} = \frac{(溫度的第\ i\ 水準-1.5)}{水準值的差} = \frac{(溫度水準-1.5)}{10}$$

則 $5°C$ 對 $C_{11}=-1$，$15°C$ 對 $C_{12}=0$，$25°C$ 對 $C_{13}=+1$，同理，因子 B 的水準值，亦可換成碼數

$$C_{2j} = \frac{(ph\ 的第\ j\ 水準-7)}{水準值的差} = \frac{(ph\ 水準-7)}{2}$$

故 $ph=5$ 對 $C_{21}=-1$，$ph=7$ 對 $C_{22}=0$，$ph=9$ 對 $C_{23}=+1$。則自變數與因變數的資料為

C_{1i}	-1	-1	-1	0	0	0	1	1	1
C_{2j}	-1	0	$+1$	-1	0	$+1$	-1	0	$+1$
$\overline{Y}_{1j.}$	7	6	11	9	10	8	5	14	10.5

因為 A，B 因子各 2 個自由度，多項式至少至 2 次方，$\overline{Y}_{1j.}$ 的 9 個觀察對變數 C_1，C_2 的多項式迴歸

$$y = \beta_0 + \beta_1 C_1 + \beta_2 C_2 + \beta_3 C_1^2 + \beta_4 C_2^2 + \beta_5 C_1 C_2 + \beta_6 C_1 C_2^2 + \beta_7 C_1^2 C_2$$
$$+ \beta_8 C_1^2 C_2^2 + \varepsilon$$

做**逐步迴歸**(Stepwise regression)，可得

$$y = 10.0 + 4\,C_1 - 0.5\,C_2 - 1.58\,C_2^2 + 0.375\,C_1 C_2 - 4.62\,C_1 C_2^2$$
$$+ 2.87\,C_1^2 C_2$$

為適當的反應曲面。即產品產量 y 與反應溫度 x_1，ph 值 x_2 的關係式為

$$y = 10.0 + 4\left(\frac{x_1-15}{10}\right) - 0.5\left(\frac{x_2-7}{2}\right)$$

$$-1.58\left(\frac{x_2-7}{2}\right)^2 + 0.375\left(\frac{x_1-15}{10}\right)\left(\frac{x_2-7}{2}\right)$$

$$-4.62\left(\frac{x_1-15}{10}\right)\left(\frac{x_2-7}{2}\right)^2 + 2.87\left(\frac{x_1-15}{10}\right)^2\left(\frac{x_2-7}{2}\right)$$

只要已知溫度 x_1，ph 值 x_2，代入上式，則可預估產品產量 y。

例 7.16 生產力與工時工資

例 6.11 的二因子變異數分析已證實，工人每日工時（因子 A）與工資（因子 B）不同對生產力的影響非常顯著。因工時與工資二因子均為屬量變數。我們可研究生產力對工時與工資的反應曲面。因為因子 A，B 的三水準差距相同，為計算方便，將水準值化成碼數計算。令 C_{11}＝工時－8，則工時 7 小時對應 $C_{11}＝-1$，工時 8 小時對應 $C_{12}＝0$，工時 9 小時對應 $C_{13}＝+1$，又

$$C_{2j}=\frac{(1000-工資)}{工資水準差距}=\frac{(1000-工資)}{200}$$

則工資 1200 元對應 $C_{21}＝-1$，工資 1000 元對應 $C_{22}＝0$，工資 800 元對應 $C_{23}＝+1$。又取各處理均值的估計值 $\overline{Y}_{1j\cdot}$ 為反應值，則迴歸分析時，自變數與因變數的數據為

C_{1i}	-1	-1	-1	0	0	0	$+1$	$+1$	$+1$
C_{2j}	-1	0	$+1$	-1	0	$+1$	-1	0	$+1$
$\overline{Y}_{1j\cdot}$	116	129	106	97	101.5	89	84.5	83	68

$\overline{Y}_{1j\cdot}$ 的九個觀察值對變數 C_1，C_2 的多項式迴歸至多為

$$y=\beta_0+\beta_1 C_1+\beta_2 C_2+\beta_3 C_1^2+\beta_4 C_2^2+\beta_5 C_1 C_2+\beta_6 C_1 C_2^2+\beta_7 C_1^2 C_2$$
$$+\beta_8 C_1^2 C_2^2+\varepsilon$$

利用逐步迴歸法求得的最適迴歸式為

$$y=104.5-23\,C_1-5.75\,C_2-11.08\,C_2^2+5.62\,C_1 C_2^2$$

即生產力 y 的反應曲面為

$$y=104.5-23(x_1-8)-5.75\left(\frac{1000-x_2}{200}\right)-11.08\left(\frac{1000-x_2}{200}\right)^2$$

$$+5.62(x_1-8)\left(\frac{1000-x_2}{200}\right)^2$$

故當工時為 x_1，工資為 x_2 時，代入上式即可得對應的生產力的估計值。

7-8　樣本大小不等的問題

前述二因子變異數分析都假設各處理的反覆數 n 值相同。但是由於經費或實驗條件的限制，很可能各個處理內的觀察值個數（樣本大小）彼此不等。稱此類實驗為**不均衡因子實驗**(Unbalanced factorial design)。例如，搜集資料時，可能實驗單位不夠，而少了幾個觀察值，或因實驗失敗，而缺了幾個數據，或因某種處理所需實驗費用較高，而只好少實驗幾次，這都會造成樣本大小不等的情況。

樣本大小不等時，資料個數在各水準間產生不均衡，因此平方和分解時，各主因子與交互作用項之間的直交性不再存在，因此，前述平方和分解的公式不再成立，而使得變異數分析的計算變得相當困難。本節主要即在討論樣本大小不等時，如何進行變異數分析。為簡化計，只討論固定效果模式的情況，並假設因子 A 的第 i 水準及因子 B 的第 j 水準所組成的第 ij 處理上有 n_{ij} 個觀察值，令 $n_{i\cdot}=\sum_{j=1}^{b}n_{ij}$ 表示 A 因子的第 i 水準總共的觀察值個數，$n_{\cdot j}=\sum_{i=1}^{a}n_{ij}$ 表示因子 B 的第 j 水準總共的觀察值個數，而 $n_{\cdot\cdot}=\sum_{i=1}^{a}\sum_{j=1}^{b}n_{ij}$ 表示全部的觀察值個數。

7-8-1　比例資料

若第 ij 處理內的樣本個數 n_{ij} 滿足

$$n_{ij}=\frac{n_{i\cdot}\cdot n_{\cdot j}}{n_{\cdot\cdot}} \tag{7.30}$$

則因子A或因子B的任意二水準的觀察值個數呈比例，因此稱滿足
(7.30)的二因子實驗資料為比例資料(Proportional Data)。比例資料
的變異數分析比較容易，其平方和的計算公式和標準公式 6.1 相差不多，
主要是樣本個數有些改變，得

$$SS_T = \sum_{i=1}^{a}\sum_{j=1}^{b}\sum_{k=1}^{n_{ij}} Y_{ijk}^2 - \frac{Y_{\cdots}^2}{n_{\cdot\cdot}}$$

$$SS_A = \sum_{i=1}^{a} \frac{Y_{i\cdot\cdot}^2}{n_{i\cdot}} - \frac{Y_{\cdots}^2}{n_{\cdot\cdot}}$$

$$SS_B = \sum_{j=1}^{b} \frac{Y_{\cdot j\cdot}^2}{n_{\cdot j}} - \frac{Y_{\cdots}^2}{n_{\cdot\cdot}}$$

$$SS_{A\cdot B} = \sum_{i}^{a}\sum_{j}^{b} \frac{Y_{ij\cdot}^2}{n_{ij}} - \frac{Y_{\cdots}^2}{n_{\cdot\cdot}}$$

$$SS_{A\times B} = SS_{A\cdot B} - SS_A - SS_B$$

$$SS_E = SS_T - SS_{A\cdot B} = SS_T - SS_A - SS_B - SS_{A\times B}$$

$$= \sum_{i=1}^{a}\sum_{j=1}^{b}\sum_{k=1}^{n_{ij}} Y_{ijk}^2 - \sum_{i=1}^{a}\sum_{j=1}^{b} \frac{Y_{ij\cdot}^2}{n_{ij}}$$

各平方和對應的自由度，SS_T 為$n_{\cdot\cdot}-1$，SS_A為$a-1$，SS_B 為$b-1$，$SS_{A\times B}$
是$(a-1)(b-1)$，而SS_E 的自由度，由減法得 $n_{\cdot\cdot}-(a-1)(b-1)-a-$
$b+1$。各平方和除以自由度所得均方，做各種 F 檢定，其原理與第六章
相同。

例 7.17　果汁口味與包裝

　　若例 6.4 果汁口味與包裝對銷售量影響的問題上，在搜集資料時，若
各處理的樣本個數不等。將原始資料表 6.7 的數據，取其中一部分而得以
下觀察值

表 7.23　果汁銷售量的比例資料

口味	包　裝　法			加　總
柳橙	$n_{11}=2$ 37　38	$n_{12}=2$ 33　32	$n_{13}=1$ 44	$n_1.=5$ $Y_1..=184$
蘋果	$n_{21}=4$ 26　27 25　28	$n_{22}=4$ 22　22 25　23	$n_{23}=2$ 31　32	$n_2.=10$ $Y_2..=261$
檸檬	$n_{31}=2$ 32　31	$n_{32}=2$ 28　26	$n_{33}=1$ 34	$n_3.=5$ $Y_3..=151$
加總	$n._1=8$ $Y._1.=244$	$n._2=8$ $Y._2.=211$	$n._3=4$ $Y._3.=141$	$n..=20$ $Y...=596$

表 7.23 的資料爲比例資料，每列中處理的觀察值個數呈 2：2：1 的比例，每行中處理的觀察值個數則呈 1：2：1 的比例，事實上每一處理的觀察值個數都滿足 (7.30) 式，例如第 1，1 處理

$$n_{11}=2=\frac{n_1.n._1}{n..}=\frac{5\times8}{20}=2$$

因此表 7.23 的變異數分析，利用上述公式得

$$SS_T=\sum_i\sum_j\sum_k Y_{ijk}{}^2-\frac{Y...^2}{n..}=37^2+38^2+\cdots+26^2+24^2-\frac{(596)^2}{20}$$

$$=18384-17760.8=623.2$$

$$SS_A=\sum_i\frac{Y_i..^2}{n_i.}-\frac{Y...^2}{n..}=\frac{184^2}{5}+\frac{261^2}{10}+\frac{151^2}{5}-\frac{(596)^2}{20}$$

$$=18143.5-17760.8=382.7$$

$$SS_B = \sum_j \frac{Y_{\cdot j \cdot}^2}{n_{\cdot j}} - \frac{Y_{\cdots}^2}{n_{\cdot \cdot}} = \frac{244^2}{8} + \frac{211^2}{8} + \frac{141^2}{4} - \frac{(596)^2}{20}$$

$$= 17977.375 - 17760.8 = 216.575$$

$$SS_{A \cdot B} = \sum_i \sum_j \frac{Y_{ij \cdot}^2}{n_{ij}} - \frac{Y_{\cdots}^2}{n_{\cdot \cdot}} = \frac{(37+38)^2}{2} + \frac{(33+32)^2}{2} + 44^2$$

$$+ \cdots + \frac{(28+26)^2}{2} + 34^2 - \frac{(596)^2}{20}$$

$$= 18369 - 17760.8 = 608.2$$

$$SS_{A \times B} = SS_{A \cdot B} - SS_A - SS_B$$

$$= 608.2 - 382.7 - 216.575 = 8.925$$

$$SS_E = SS_T - SS_{A \cdot B} = SS_T - SS_A - SS_B - SS_{A \times B}$$

$$= 623.2 - 608.2 = 15$$

將各平方和除以對應的自由度，即得各種均方，注意誤差的自由度與標準變異數表類似，可用減法 $19-2-2-4=11$ 求得。

表 7.23　比例資料的變異數分析表

變異來源	平方和	自由度	均方	F 值
口味(A)	382.7	2	191.35	140.70
包裝(B)	216.575	2	108.29	79.63
交互作用(A×B)	8.925	4	2.23	1.64
誤差	15.0	11	1.36	
總和	623.2	19		

和標準固定效果模式的變異數分析類似。檢定A因子效果H_0：$\tau_i \equiv 0$時，檢定統計量$F = MS_A / MS_E = 191.35/1.36 = 140.70 > F_{0.01,2,11} = 7.21$，故口味不同，銷售量差異非常顯著。又檢定B因子效果H_0：$\beta_j \equiv 0$時，檢

定統計量$F = MS_B/MS_E = 108.29/1.36 = 79.63 > F_{0.01,2,11} = 7.21$，故拒絕 $H_0: \beta_j \equiv 0$，表示包裝法不同，對應的銷售量差異非常顯著。這個結論和完整資料的例6.6的分析結果相同。而檢定交互作用效果時，$F = MS_{A \times B}/MS_E = 2.23/1.36 = 1.64 < F_{0.05,4,11} = 3.36$，故不能拒絕 $H_0: (\tau\beta)_{ij} \equiv 0$，表示交互作用效果不顯著。這與例6.6完整資料分析時不同。

例 7.18　環保知識測驗

例7.7環保知識測驗時，若三個大學是特別指定而非隨機挑選，四個科系也是指定的，故設爲固定效果模式來分析。今受測的學生數若各科系人數不相等。如將原始資料表7.13取其中一部份設爲實際觀察值，而得下表7.25，因表7.25每列中處理的觀察值個數呈2：3：2：1的固定比例。每行中處理的觀察值個數則呈1：1：1的比例。故爲比例資料。事實上，若檢查(7.30)的條件，例如第1.1第1.2處理有

$$n_{11} = 2 = \frac{n_{1\cdot} \cdot n_{\cdot 1}}{n_{\cdot\cdot}} = \frac{8 \times 6}{24} = 2$$

$$n_{12} = 3 = \frac{n_{1\cdot} \cdot n_{\cdot 2}}{n_{\cdot\cdot}} = \frac{8 \times 9}{24} = 3$$

其餘各處理的觀察值個數 n_{ij} 亦有相同性質。

表 7.25　環保知識測驗的比例資料

學校 (因子 A)	科系 (因子 B)				加總
	I	II	III	IV	
甲	14 10 ㉔	29 28 23 ㉚	38 42 ㉚	46	$n_{1\cdot} = 8$ $Y_{1\cdot\cdot} = 230$

乙	36 38 ⓐ74	48 44 ⓐ130 38	38 45 ⓐ83	48	n₂.=8 Y₂..=335
丙	42 49 ⓐ91	45 44 ⓐ138 49	47 49 ⓐ96	47	n₃.=8 Y₃..=372
加總	n.₁=6 Y.₁.=189	n.₂=9 Y.₂.=348	n.₃=6 Y.₃.=259	n.₄=3 Y.₄.=141	n..=24 Y...=937

表 7.24 的平方和分解爲

$$SS_T = \sum_i \sum_j \sum_k Y_{ijk}^2 - \frac{Y_{...}^2}{n_{..}} = 14^2 + 10^2 + \cdots + 49^2 + 47^2 - \frac{(937)^2}{24}$$

$$= 39317 - 36582.04 = 2734.96$$

$$SS_A = \sum_i \frac{Y_{i..}^2}{n_{..}} - \frac{Y_{...}^2}{n_{..}} = \frac{230^2}{8} + \frac{335^2}{8} + \frac{372^2}{8} - \frac{(937)^2}{24}$$

$$= 37938.62 - 36582.04 = 1356.58$$

$$SS_B = \sum_j \frac{Y_{.j.}^2}{n_{.j}} - \frac{Y_{...}^2}{n_{..}} = \frac{189^2}{6} + \frac{348^2}{9} + \frac{259^2}{6} + \frac{141^2}{3} - \frac{(937)^2}{24}$$

$$= 37216.67 - 36582.04 = 634.63$$

$$SS_{A \cdot B} = \sum_i \sum_j \frac{Y_{ij.}^2}{n_{ij}} - \frac{Y_{...}^2}{n_{..}} = \frac{24^2}{2} + \frac{80^2}{3} + \frac{80^2}{2} + 46^2 + \cdots$$

$$+ \frac{96^2}{2} + 47^2 - \frac{(937)^2}{24}$$

$$= 39162.67 - 36582.04 = 2580.63$$

$$SS_{A \times B} = SS_{A \cdot B} - SS_A - SS_B$$

$$= 2580.63 - 1356.58 - 634.63 = 589.42$$

$$SS_E = SS_T - SS_{A \cdot B} = SS_T - SS_A - SS_B - SS_{A \times B}$$

$$=2734.96-2580.63=154.33$$

將各平方和除以對應的自由度, 可得

表 7.26　環保比例資料的變異數分析表

變異來源	平方和	自由度	均方	F 值
學校(A)	1356.58	2	678.29	52.74
科系(B)	634.63	3	211.54	16.45
交互作用(A×B)	589.42	6	98.24	7.64
誤差	154.33	12	12.86	
總和	2734.96	23		

其中誤差項 SS_E 的自由度可由減法 $23-2-3-6=12$ 求得。檢定學校不同的效果 H_0: $\tau_i \equiv 0$ 時, 檢定統計量 $F=MS_A/MS_E=678.29/12.86=52.74 > F_{0.01,2,12}=6.93$, 故學校不同, 環保知識的程度差異非常顯著。檢定科系不同的效果 H_0: $\beta_j \equiv 0$ 時, 檢定統計量 $F=MS_B/MS_{A×B}=211.54/12.86=16.45 > F_{0.01,3,12}=5.95$, 故亦表示科系不同學的環保知識差異非常顯著。至於交互作用效果的檢定 H_0: $(\tau\beta)_{ij} \equiv 0$ 時, F 統計量值為 $F=MS_{A×B}/MS_E=98.24/12.86=7.64 > F_{0.01,6,12}=4.82$。故學校與科系二因子的交互作用亦非常顯著。

7-8-2　近似方法

當各處理的樣本大小 n_{ij} 差異不太大時, 可以利用近似方法, 變換成樣本大小相同的問題。當然變換後的變異數分析結果只是近似解, 但因標準變異數分析法比較簡單, 如果近似解與實際解相差不多, 本節的近似法還是很好用。例如, 大部分的樣本個數 n_{ij} 都相同, 只有少數幾個不

同。如下表，大部 $n_{ij}=4$，只有一個 $n_{22}=3$。則可將處理2.2，視為

表 7.27　　n_{ij} 值相近的例題之一

因子 A	因子 B		
	1	2	3
1	4	4	4
2	4	3	4
3	4	4	4

有一缺失值(Missing value)x，用一估計值來代換未知的 x 值，等於在處理2.2 補入一個觀察值。則題目可變換成樣本大小相同的情形，而可以用標準的變異數分析法解題。在交互作用存在的模式(6.1)的假設下，第 ij 處理的缺失值 x 若以處理均值 $\overline{Y}_{ij}.$ 代換，則可使誤差平方和最小。也就是說上例表7.27 的第2.2 處理的3 個觀察值的平均數當作第四個觀察值，再來做變異數分析。注意變異數分析表上，因為估計了一些缺失值，而對應的在誤差項會損失相應的自由度。例如上表7.26 的第2.2 處理補入第四個估計的觀察值後，誤差項的自由度應為26 而不是27＝ab $(n-1)=3\times3\times(4-1)$。

例 7.19　果汁口味與包裝

研究果汁口味與包裝對銷售量影響的原始資料表6.4，若在瓶裝蘋果銷售量的處理欄內缺失了一個觀察值22。使得整個資料表上觀察值的個數型如表7.27。依上述方法瓶裝蘋果的銷售量資料應補入剩餘3 個數據的平均值，即

$$x = \frac{22+25+23}{3} = 23.333$$

當做瓶裝蘋果資料的第四個觀察值, 則原始資料值 22 比較, 易知新的 $Y_{...} = 1149.333$, $Y_{2..} = 327.333$, $Y_{.2.} = 324.333$, $Y_{22.} = 93.333$, 其餘加總數字不變, 代入標準變異數分析公式後, 則變異數分析表變為

表 7.28 n_{ij} 不等的近似法變異數分析表

變異來源	平方和	自由度	均方	F 值
口味(A)	697.06	2	348.53	262.05
包裝(B)	597.23	2	298.61	224.52
交互作用(A×B)	13.96	4	3.49	2.62
誤差	34.67	26	1.33	
總和	1342.91	34		

與原始資料的變異數分析表 6.13 比較, 兩者相差不大。以表 7.27 做因子效果的檢定時, 注意誤差項的自由度是 26 而不是 27。故檢定口味不同或包裝不同的效果時, 臨界值 $F_{0.01,2,26} = 5.53 < F = 262.05$, 且 $5.53 < 224.52$, 故口味不同與包裝不同, 效果非常顯著。而交互作用項 $F = 2.62 > F_{0.1,4,26} = 2.17$, 故結論和例 6.6 的完整資料完全相同。

例 7.20　環保知識測驗

　　和例 7.18 類似, 將環保知識測驗的學校和科系都視為是指定的, 但受測的各組人數 n_{ij} 不相等。設各處理的受測人數如下表:

表 7.29　　環保測驗人數 n_{ij} 表

學　校	科系（因子 B）			
（因子 A）	I	II	III	IV
甲	3	2	3	3
乙	2	3	3	3
丙	3	3	3	3

其觀察值資料，設與原始資料表 7.13 大部份相同，只是甲校的第 II 系觀察值爲 29, 23 兩個，乙校的第 I 系觀察值爲 36, 38 兩個。依上述近似法，將以上二個處理各補上一個估計的觀察值，以使所有處理的觀察值個數都變成 n＝3。用各處理均值估計缺失值，故甲校的第 II 系補入

$$x_1 = \frac{29+23}{2} = 26$$

乙校的第 I 系補入

$$x_2 = \frac{36+38}{2} = 37$$

則原始資料表 7.12 的加總項變成 $Y_{1..}=376$，$Y_{2..}=514$，$Y_{.1.}=298$，$Y_{.2.}=346$，$Y_{12.}=78$，$Y_{21.}=111$，$Y_{...}=1443$，其餘加總項則不變。代入標準的變異數分析公式後，得

表 7.30　　n_{ij} 不等的近似法變異數分析表

變異來源	平方和	自由度	均方	F 值
學校	1441.50	2	720.75	42.62
科系	824.75	3	274.92	16.26
交互作用	902.50	6	150.42	8.90
誤差	372.00	22	16.91	
總和	3540.75	33		

注意誤差項的自由度是 $ab(n-1)-2=3\times4\times(3-1)-2=24-2=22$，因為總共估計了二個缺失值。各因子效果的檢定，如學校不同，則 $F=720.75/16.91=42.62>F_{0.01,2,22}=5.72$，科系不同，則 $F=274.92/16.91=16.26>F_{0.01,3,22}=4.82$，故學校不同或科系不同對應的測驗成績差異非常顯著。而交互作用項 $F=150.42/16.91=8.90>F_{0.01,6,22}=3.76$，故交互作用效果亦非常顯著。以上結論都和完整資料的變異數分析結果相同，表示本近似法是合理的方法。

表 **7.31** n_{ij} 值相近的例題之二

因子 A	因子 B		
	1	2	3
1	4	4	4
2	4	5	4
3	4	4	4

若樣本個數如下表所示。大部分 n_{ij} 值都相同，只有少數幾個 n_{ij} 值略大，如上表處理的觀察值個數大部分 $n_{ij}=4$，只有一個略大 $n_{22}=5$。若依上近似法對四個觀察值的處理都補入一個估計值做第五個觀察值，自然也可求近似的變異數分析結果，只是總共 $5\times3\times3=45$ 個數據中，有 $3\times3-1=8$ 個約 $8/30\doteqdot27\%$ 是估計值，這個近似結果可能誤差會較大。一個更簡便的方式是將上表處理 2.2 的 5 個觀察值，隨機刪除一個，這樣變成反覆數 $n=4$ 的標準變異數分析問題。用 $n=4$ 做的變異數分析的近似結果，應該比補入資料做 $n=5$ 的近似法還要好。因為處理 2.2 的 5 個觀察值是隨機去掉一個，可能運氣不好，去掉的是一個極大或極小值，

而使資料分析產生誤導。因此建議,隨機刪除一個做 $n=4$ 的變異數分析後, 可以將上述步驟重複再做一次, 即將刪除的數據補回, 再由 5 個中另外刪除一個, 變成新的 $n=4$ 的變異數分析。兩次變異數分析的結果如果相近, 則表示本近似法分析合理。

另一種近似方法是 **Yates 法**。Yates 建議, 把處理均值 $\overline{Y}_{ij.}$ 當做觀察值, 利用標準平方和的計算法求 SS_A, SS_B 及 $SS_{A \times B}$, 即

$$SS_A = \sum_{i=1}^{a} \frac{(\sum_{j=1}^{b} \overline{Y}_{ij.})^2}{b} - \frac{(\sum_{i=1}^{a} \sum_{j=1}^{b} \overline{Y}_{ij.})^2}{ab}$$

$$SS_B = \sum_{j=1}^{b} \frac{(\sum_{i=1}^{b} \overline{Y}_{ij.})^2}{a} - \frac{(\sum_{i=1}^{a} \sum_{j=1}^{b} \overline{Y}_{ij.})^2}{ab}$$

$$SS_{A \times B} = \sum_{i=1}^{a} \sum_{j=1}^{b} (\overline{Y}_{ij.})^2 - \frac{(\sum_{i=1}^{a} \sum_{j=1}^{b} \overline{Y}_{ij.})^2}{ab} - SS_A - SS_B$$

而估計個別觀察值 Y_{ijk} 變異數 σ^2 的估計式 MS_E, 則取爲

$$MS_E = \frac{\sum_{i=1}^{a} \sum_{j=1}^{b} \sum_{k=1}^{n_{ij}} (Y_{ijk} - \overline{Y}_{ij.})^2}{n.. - ab} \tag{7.31}$$

但是 Yates 法的 SS_A, SS_B 等平方和是以 $\overline{Y}_{ij.}$ 爲觀察值, 而 $\overline{Y}_{ij.}$ 的變異數應爲 σ^2/n_{ij}, 故實際上做變異數分析以判斷 SS_A, SS_B 等效果是否顯著時, 誤差項的均方應爲 $\overline{Y}_{ij.}$ 的變異數的平均值, 即

$$\overline{Var}(\overline{Y}_{ij.}) = \frac{\sum_{i=1}^{a} \sum_{j=1}^{b} \sigma^2/n_{ij}}{ab} = \frac{\sigma^2}{ab} \sum_{i=1}^{a} \sum_{j=1}^{b} \frac{1}{n_{ij}}$$

今用(7.31)式的 MS_E 估計 σ^2, 則

$$MS_{E'} = \frac{MS_E}{ab} \sum_{i=1}^{a} \sum_{j=1}^{b} \frac{1}{n_{ij}} \tag{7.32}$$

的自由度 $n.. - ab$ 是 Yates 法變異數分析時眞正要用的誤差均方。注意本方法的因子均方 MS_A, MS_B 及 $MS_{A \times B}$ 的機率分配並非卡方分配, 因

此，變異數分析表上的 F 值並非服從 F 分配，故本 Yates 法只是一近似分析法。但是其計算簡易，因此，只要 n_{ij} 不要差別太大，Yates 法是一合理的近似分析法。

例 7.21　果汁口味與包裝

果汁口味與包裝的變異數分析，若銷售量的資料改成下表，其中樣本大小 n_{ij} 不等。

表 7.32　n_{ij} 不等的果汁銷售量資料

口味	包　裝　法		
	罐　裝	瓶　裝	鋁　包
柳橙	39　38 37　37 $n_{11}=4$	32　32 33 $n_{12}=3$	45　44 42 $n_{13}=3$
蘋果	26　28 25 $n_{21}=3$	22　22 25　23 $n_{22}=4$	32　31 33　32 $n_{23}=4$
檸檬	31　31 32 $n_{31}=3$	24　28 25　26 $n_{32}=4$	35　34 36 $n_{33}=3$

若用 Yates 法作變異數分析，則各處理的均值為

水準 i	1	1	1	2	2	2	3	3	3
水準 j	1	2	3	1	2	3	1	2	3
$\overline{Y}_{ij.}$	37.75	32.33	43.67	26.33	23	32	31.33	25.75	35

$$\sum_i \sum_j \overline{Y}_{ij.} = 37.75 + 32.33 + \cdots + 25.75 + 35 = 287.16$$

以 $\overline{Y}_{ij.}$ 爲觀察值，計算 SS_A，SS_B 及 $SS_{A\times B}$ 如下

$$SS_A = \frac{1}{3}\left[(37.75+32.33+43.67)^2 + (26.33+23+32)^2\right.$$

$$\left. + (31.33+25.75+35)^2\right] - \frac{1}{9}(287.16)^2$$

$$= 9344.09 - 9162.32 = 181.77$$

$$SS_B = \frac{1}{3}\left[(37.75+26.33+31.33)^2 + (32.33+23+25.75)^2\right.$$

$$\left. + (43.67+32+35)^2\right] - \frac{1}{9}(287.16)^2$$

$$= 9308.24 - 9162.32 = 145.92$$

$$SS_{A\times B} = 37.75^2 + 32.33^2 + \cdots + 25.75^2 + 35^2 - \frac{(287.16)^2}{9}$$

$$- SS_A - SS_B$$

$$= 9493.16 - 9162.32 - 181.77 - 145.92 = 3.15$$

又由公式(7.31)

$$n_{..} = 4+3+3+3+4+4+3+4+3 = 31$$

而

$$\sum_i \sum_j \sum_k (Y_{ijk} - \overline{Y}_{ij.})^2 = (39-37.75)^2 + (37-37.75)^2 + \cdots$$

$$+ (36-35)^2 + (34-35)^2 = 32.167$$

$$MS_E = \frac{\sum_i \sum_j \sum_k (Y_{ijk} - \overline{Y}_{ij.})^2}{n.. - ab} = \frac{32.167}{31 - 3 \times 3} = 1.46$$

故由(7.32)

$$MS_{E'} = \frac{MS_E}{ab} \sum_{i=1}^{a} \sum_{j=1}^{b} \frac{1}{n_{ij}}$$

$$= \frac{1.46}{3 \times 3} (\frac{1}{4} + \frac{1}{3} + \cdots + \frac{1}{4} + \frac{1}{3})$$

$$= \frac{1.46 \times 2.667}{9} = 0.43$$

其自由度爲 $n.. - ab = 31 - 9 = 22$，則變異數分析表爲

表 7.33 n_{ij} 不等的 Yates 法變異數分析表

變異來源	平方和	自由度	均方	F
口味(A)	181.77	2	90.88	211.35
包裝(B)	145.92	2	72.96	169.67
交互作用(A×B)	3.15	4	0.79	1.83
誤差		22	$MS_{E'} = 0.43$	

檢定口味不同的效果，檢定統計量 $F = MS_A/MS_{E'} = 90.88/0.43 = 211.35 > F_{0.01,2,22} = 5.72$，故口味效果顯著。而檢定包裝不同的效果，檢定統計量 $F = MS_B/MS_{E'} = 72.96/0.43 = 169.67 > F_{0.01,2,22} = 5.72$，故包裝不同的效果亦非常顯著。交互作用項的檢定統計量 $F = MS_{A \times B}/MS_{E'} = 0.79/0.43 = 1.83 < F_{0.1,2,22}$，故交互作用效果不顯著。

例 7.22　環保知識測驗

如例 7.18 將環保知識測驗視做固定效果模式來分析，今假設受測的學生人數，在各校各科系都不等。資料如下

表 7.34　n_{ij} 不等的環保測驗資料

學 校 (因子 A)	科　系 (因子 B)			
	I	II	III	IV
甲	$n_{11}=3$ 14 10　24	$n_{12}=2$ 29 23	$n_{13}=3$ 32 38　42	$n_{14}=2$ 44 46
乙	$n_{21}=2$ 42 36	$n_{22}=3$ 48 44　38	$n_{23}=3$ 49 38　45	$n_{24}=3$ 44 49　48
丙	$n_{31}=2$ 49 42	$n_{32}=3$ 44 49　45	$n_{33}=3$ 48 49　47	$n_{34}=2$ 44 47

若用 Yates 法作變異數分析，則各處理的均值爲

水準 i	1	1	1	1	2	2	2	2	3	3	3	3
水準 j	1	2	3	4	1	2	3	4	1	2	3	4
$\overline{Y}_{ij\cdot}$	16	26	37.33	45	39	43.33	44	47	45.5	46	48	45.5

則

$$\sum_{ij}\sum \overline{Y}_{ij\cdot}=16+26+\cdots+48+45.5=482.66$$

以 $\overline{Y}_{ij\cdot}$ 爲觀察值，計算 SS_A，SS_B 及 $SS_{A\times B}$ 如下

$$SS_A=\frac{1}{4}\left[(16+26+37.33+45)^2+(39+43.33+44+47)^2\right.$$

$$\left.+(45.5+46+48+45.5)^2\right]-\frac{1}{12}(482.66)^2$$

$$=19931.52-19413.39=518.13$$

$$SS_B=\frac{1}{3}\left[(16+39+45.5)^2+(26+43.33+46)^2\right.$$

$$\left.+(37.33+44+48)^2+(45+47+45.5)^2\right]-\frac{1}{12}(482.66)^2$$

$$=19677.93-19413.39=264.54$$

$$SS_{A\times B}=16^2+26^2+\cdots+48^2+45.5^2-\frac{(482.66)^2}{12}-SS_A-SS_B$$

$$=20454.52-19413.39-518.13-264.54=258.46$$

又由公式(7.31)

$$n..=3+2+3+2+2+3+3+3+2+3+3+2=31$$

而

$$\sum_i\sum_j\sum_k(Y_{ijk}-\overline{Y}_{ij.})^2=(14-16)^2+(10-16)^2+(24-16)^2$$

$$+(29-26)^2+\cdots+(47-45.5)^2=364.33$$

故

$$MS_E=\frac{\sum_i\sum_j\sum_k(Y_{ijk}-\overline{Y}_{ij.})^2}{n..-ab}=\frac{364.33}{31-3\times4}=19.18$$

由(7.32)式則

$$MS_{E'}=\frac{MS_E}{ab}\sum_{i=1}^a\sum_{j=1}^b\frac{1}{n_{ij}}$$

$$=\frac{40.48}{3\times4}\times(\frac{1}{3}+\frac{1}{2}+\cdots+\frac{1}{3}+\frac{1}{2})$$

$$=\frac{19.18\times4.83}{12}=7.72$$

其對應的自由度爲 $n..-ab=31-3\times4=19$, 變異數分析整理爲

表 7.35　　n_{ij} 不等的 Yates 法變異數分析表

變異來源	平方和	自由度	均方	F 值
學校(A)	518.13	2	259.07	33.56
科系(B)	264.54	3	88.18	11.42
交互作用(A×B)	258.46	6	43.08	5.58
誤差		19	$MS_{E'}=7.72$	

檢定學校不同的效果時，檢定統計量 $F=MS_A/MS_{E'}=259.07/7.72=33.56>F_{0.01,2,19}=5.93$，故學校不同，測驗成績差異顯著，又檢定科系不同的效果時，檢定統計量 $F=MS_B/MS_{E'}=88.18/7.72=11.42>F_{0.01,3,19}=5.01$，故科系不同的效果亦非常顯著。對交互作用效果而言，檢定統計量 $F=MS_{A\times B}/MS_{E'}=43.08/7.72=5.58>F_{0.01,6,19}=3.94$，故學校與科系的交互作用效果亦非常顯著。

7-8-3　迴歸模式法

當樣本大小 n_{ij} 的值差異很大時，以上近似方法誤差可能變大，則只有用迴歸分析的方法，將主因子的平方和，交互作用的平方和表示成完整(Full)迴歸平方和與化簡(Reduced)迴歸平方和的差，再用迴歸**完整模式**(Full model)與**化簡模式**(Reduced model)的檢定來判斷因子效果存在否。因為一般理論較複雜，今且舉例說明。

例 7.23　獎勵計劃與生產力

某公司管理部門設計了三種獎勵計劃，希望可以提昇員工生產力，為了解獎勵計劃的可能實施效果，在不同計劃下，對男女員工作了一些生產力調查的資料，數據如下表。

表 7.36 獎勵計劃與生產力資料

性 別 (因子 A)	獎勵計劃 (因子 B)		
	甲	乙	丙
男	37 28	46 51 55	35 41
女	59	71 78 77	50 51 49 56

資料顯示各處理的觀察值個數 n_{ij} 差別較大，今改用迴歸模式法做變異數分析。

二因子變異數分析模式，爲

$$Y_{ijk} = \mu + \tau_i + \beta_j + (\tau\beta)_{ij} + \varepsilon_{ijk} \quad i=1, 2; \ j=1, 2, 3 \quad (7.33)$$

把模式(7.33)改寫成迴歸模式，則需利用指示變數(Indicator variables)。對因子 A 而言，A 有 a＝2 個水準，故需 a－1＝1 個指示變數，因子 B 有 b＝3 個水準，則需 b－1＝2 個指示變數。交互作用項則對應 A，B 兩主因子的指示變數的乘積。模式(7.33)對應的完整迴歸模式(Full model)即爲

$$Y_{ijk} = \mu + \tau_1 X_{ijk1} + \beta_1 X_{ijk2} + \beta_2 X_{ijk3}$$
$$+ (\tau\beta)_{11} X_{ijk1} X_{ijk2} + (\tau\beta)_{12} X_{ijk1} X_{ijk3} + \varepsilon_{ijk} \quad (7.34)$$

其中**指示變數**

$$X_{ijk1} = \begin{cases} 1 & \text{若 } Y_{ijk} \text{ 爲因子 A 的第 1 水準的觀察值} \\ -1 & \text{若 } Y_{ijk} \text{ 爲因子 A 的第 2 水準的觀察值} \end{cases}$$

$$X_{ijk2} = \begin{cases} 1 & \text{若 } Y_{ijk} \text{ 爲因子 B 的第 1 水準的觀察值} \\ -1 & \text{若 } Y_{ijk} \text{ 爲因子 B 的第 3 水準的觀察值} \\ 0 & \text{其他} \end{cases}$$

$$X_{ijk3} = \begin{cases} 1 & \text{若 } Y_{ijk} \text{ 爲因子 B 的第 2 水準的觀察值} \\ -1 & \text{若 } Y_{ijk} \text{ 爲因子 B 的第 3 水準的觀察值} \\ 0 & \text{其他} \end{cases}$$

迴歸模式(7.34)的參數項對應各因子水準均值 $\mu_{i.}$, $\mu_{.j}$ 或處理均值 μ_{ij} 的關係式爲

$$\tau_1 = \mu_1. - \mu$$

$$\beta_1 = \mu_{.1} - \mu, \quad \beta_2 = \mu_{.2} - \mu$$

$$(\tau\beta)_{11} = \mu_{11} - \mu_1. - \mu_{.1} + \mu$$

$$(\tau\beta)_{12} = \mu_{12} - \mu_1. - \mu_{.2} + \mu$$

而由 $\sum_{i=1}^{a} \tau_i = 0$, $\sum_{j=1}^{b} \beta_j = 0$, $\sum_{i=1}^{a} (\tau\beta)_{1j} = \sum_{j=1}^{b} (\tau\beta)_{1j} = 0$ 的限制，易得

$$\tau_2 = -\tau_1$$

$$\beta_3 = -\beta_1 - \beta_2 \tag{7.35}$$

$$(\tau\beta)_{13} = -(\tau\beta)_{11} - (\tau\beta)_{12}, \quad (\tau\beta)_{21} = -(\tau\beta)_{11}$$

模式(7.34)寫成矩陣形式得

$$\mathbf{Y} = \mathbf{X}\beta + \varepsilon \tag{7.36}$$

其中

$$
Y = \begin{bmatrix} 37 \\ 28 \\ 46 \\ 51 \\ 55 \\ 35 \\ 41 \\ 59 \\ 71 \\ 77 \\ 78 \\ 50 \\ 49 \\ 51 \\ 56 \end{bmatrix}
\quad
X = \begin{array}{c}
\begin{array}{cccccc} X_1 & X_2 & X_3 & X_1X_2 & X_1X_3 \end{array} \\
\begin{bmatrix}
1 & 1 & 1 & 0 & 1 & 0 \\
1 & 1 & 1 & 0 & 1 & 0 \\
1 & 1 & 0 & 1 & 0 & 1 \\
1 & 1 & 0 & 1 & 0 & 1 \\
1 & 1 & 0 & 1 & 0 & 1 \\
1 & 1 & 0 & 1 & 0 & 1 \\
1 & 1 & -1 & -1 & -1 & -1 \\
1 & 1 & -1 & -1 & -1 & -1 \\
1 & -1 & 1 & 1 & -1 & 0 \\
1 & -1 & 0 & 0 & 0 & -1 \\
1 & -1 & 0 & 0 & 0 & -1 \\
1 & -1 & 0 & 0 & 0 & -1 \\
1 & -1 & -1 & -1 & 1 & 1 \\
1 & -1 & -1 & -1 & 1 & 1 \\
1 & -1 & -1 & -1 & 1 & 1
\end{bmatrix}
\end{array}
\quad
\beta = \begin{bmatrix} \mu \\ \tau_1 \\ \beta_1 \\ \beta_2 \\ (\tau\beta)_{11} \\ (\tau\beta)_{12} \end{bmatrix}
$$

檢定主因子 A 的效果時, H_0: $\tau_i \equiv 0$, $i_1 = 1.2$, 對模式(7.34)而言, 由(7.35)式, 易知, 相當於檢定 H_0: $\tau_1 = 0$, 亦相當於檢定化簡模式(當 $\tau_1 = 0$)

$$Y_{ijk} = \mu + \beta_1 X_{ijk2} + \beta_2 X_{ijk3} + (\tau\beta)_{11} X_{ijk1} X_{ijk2}$$
$$+ (\tau\beta)_{12} X_{ijk1} X_{ijk3} + \varepsilon_{ijk} \tag{7.37}$$

為眞或對立假設 H_1: $\tau_1 \neq 0$ (即完整模式) 為眞。由迴歸分析理論, 此檢定統計量為

$$F^* = \frac{SSE(R_e) - SSE(F_u)}{df_R - df_F} \div \frac{SSE(F_u)}{df_F} \tag{7.38}$$

其中 $SSE(R_e)$ 為化簡模式作迴歸分析後的誤差平方和,

$SSE(F_u)$ 為完整模式作迴歸分析後的誤差平方和。

df_R 是 $SSE(R_e)$ 對應的自由度, df_F 是 $SSE(F_u)$ 對應的自由度, 而當虛無假設為眞時, F^* 是自由度$(df_R - df_F)$ 與 df_F 的 F 分配。故當 $F^* > F_{\alpha, (df_R - df_F), df_F}$ 則拒絕虛無假設。

同理, 檢定 B 因子的主效果時, H_0: $\beta_j \equiv 0$, $j = 1, 2, 3$, 對模式(7.34)而言, 由(7.35)式易知, 相當於檢定 H_0: $\beta_1 = \beta_2 = 0$, 即檢定化簡模

式

$$Y_{ijk} = \mu + \tau_1 X_{ijk1} + (\tau\beta)_{11} X_{ijk1} X_{ijk2} + (\tau\beta)_{12} X_{ijk1} X_{ijk3} + \varepsilon_{ijk}$$

$$(7.39)$$

為眞或對立假設 H_1：$\beta_j \neq 0$（完整模式）為眞。由迴歸方法，檢定統計量 F^* 的公式仍為 (7.38)，但其中 $SSE(R_e)$ 是對模式 (7.39) 而言。又同理，檢定交互作用效果 H_0：$(\tau\beta)_{ij} \equiv 0$，由 (7.35) 式易知，此即相當於檢定 H_0：$(\tau\beta)_{11} = (\tau\beta)_{12} = 0$，即在檢定化簡模式

$$Y_{ijk} = \mu + \tau_1 X_{ijk1} + \beta_1 X_{ijk2} + \beta_2 X_{ijk3} + \varepsilon_{ijk} \qquad (7.40)$$

為眞或對立假設 H_1：$(\tau\beta)_{ij} \neq 0$（完整模式）為眞。迴歸分析的檢定統計量仍型如 (7.38) 式的 F^*，只是其中 $SSE(R_e)$ 是對化簡模式 (7.40) 而言的。

　　以表 7.36 的數據及 (7.36) 的矩陣式資料做以上各種迴歸模式的迴歸分析，結果如下：

(a)完整模式

變異來源	平方和	自由度
迴歸	2840.10	5
$SSE(F_u)$	156.83	9
總和	2996.93	14

估計的迴歸方程式

$$\hat{Y} = 51.2 - 10.8\,X_1 - 5.42\,X_2$$
$$+ 11.8\,X_3 - 2.47\,X_1 X_2$$
$$- 1.56\,X_1 X_3$$

(b)化簡模式 (7.37)

變異來源	平方和	自由度
迴歸	1406.35	4
$SSE(R_e)$	1590.58	10
總和	2996.93	14

估計的迴歸方程式

$$\hat{Y} = 50.2 - 10\,X_2 + 12.8\,X_3$$
$$+ 3.38\,X_1 X_2 - 4.94\,X_1 X_3$$

(c)化簡模式(7.39)

變異來源	平方和	自由度
迴歸	1737.73	3
SSE(R_e)	1259.20	11
總和	2996.93	14

估計的迴歸方程式

$$\hat{Y} = 52.8 - 10.7\,X_1 - 4.92\,X_1X_2 - 1.67\,X_1X_3$$

(d)化簡模式(7.40)

變異來源	平方和	自由度
迴歸	2724.97	3
SSE(R_e)	271.96	11
總和	2996.93	14

估計的迴歸方程式

$$\hat{Y} = 50.4 - 10.4\,X_1 - 5.65\,X_2 + 12.6\,X_3$$

故檢定 H_0: $\tau_i \equiv 0$ 時，由(a)(b)分析

$$F^* = \frac{SSE(R_e) - SSE(F_u)}{df_R - df_F} \div \frac{SSE(F_u)}{df_F}$$

$$= \frac{1590.58 - 156.83}{10 - 9} \div \frac{156.83}{9} = \frac{1433.75/1}{17.43} = 82.28$$

$F^* = 82.28 > F_{0.01,1,9} = 10.56$，故拒絕 H_0: $\tau_i \equiv 0$，表示男女性別不同平均生產力差異非常顯著。又檢定 H_0: $\beta_j \equiv 0$ 時，由(a)(c)分析

$$F^* = \frac{1259.20 - 156.83}{11 - 9} \div \frac{156.83}{9} = \frac{1102.37/2}{17.43} = \frac{551.19}{17.43}$$

$$= 31.63$$

$F^* = 31.63 > F_{0.01,2,9} = 8.02$，故拒絕 H_0: $\beta_j \equiv 0$，表示三種獎勵計劃所得平均生產力差異非常顯著。而檢定交互作用效果 H_0: $(\tau\beta)_{ij} \equiv 0$ 時，由(a)(d)分析

$$F^* = \frac{271.96 - 156.83}{11 - 9} \div \frac{156.83}{9} = \frac{115.13/2}{17.43} = \frac{57.57}{17.43} = 3.30$$

今 $F^* = 3.30 < F_{0.05,2,9} = 4.26$，故表示男女性別與獎勵計劃兩因子的交互作用不顯著。

例 7.24　果汁口味與包裝

　　果汁口味與包裝法不同所對應的銷售量資料，若在資料搜集時，因經費等限制，只取得以下數據

表 7.37　果汁銷售資料

口　味 (因子 A)	包裝法（因子 B）		
	罐　裝	瓶　裝	鋁　包
柳橙	37　38	31　32 32	45　44
蘋果	26　28 25	22	32　31 33　32
檸檬	31 32	24　28 26	35

表上各處理的觀察值個數 n_{ij} 差別較大，今改用迴歸模式做變異數分析。

　　因子 A 有 a=3 個水準，需要 a−1=2 個指示變數 X_1，X_2，因子 B 有 b=3 個水準，亦需 b−1=2 個指示變數 X_3，X_4，A，B 兩因子的交互作用項則可以用指示變數的乘積表示。因此二因子變異數分析模式

$$Y_{ijk} = \mu + \tau_i + \beta_j + (\tau\beta)_{ij} + \varepsilon_{ijk} \quad i=1, 2, 3; j=1, 2, 3 \quad (7.41)$$

可以改寫成一完整迴歸模式

$$Y_{ijk} = \mu + \tau_1 X_{ijk1} + \tau_2 X_{ijk2} + \beta_1 X_{ijk3} + \beta_2 X_{ijk4}$$

$$+ (\tau\beta)_{11}X_{ijk1}X_{ijk3} + (\tau\beta)_{12}X_{ijk1}X_{ijk4}$$
$$+ (\tau\beta)_{21}X_{ijk2}X_{ijk3} + (\tau\beta)_{22}X_{ijk2}X_{ijk4} + \varepsilon_{ijk} \tag{7.42}$$

其中指示變數

$$X_{ijk1} = \begin{cases} 1 & \text{若 } Y_{ijk} \text{ 爲因子 A 的第 1 水準的觀察值} \\ -1 & \text{若 } Y_{ijk} \text{ 爲因子 A 的第 3 水準的觀察值} \\ 0 & \text{其他} \end{cases}$$

$$X_{ijk2} = \begin{cases} 1 & \text{若 } Y_{ijk} \text{ 爲因子 A 的第 2 水準的觀察值} \\ -1 & \text{若 } Y_{ijk} \text{ 爲因子 A 的第 3 水準的觀察值} \\ 0 & \text{其他} \end{cases}$$

$$X_{ijk3} = \begin{cases} 1 & \text{若 } Y_{ijk} \text{ 爲因子 B 的第 1 水準的觀察值} \\ -1 & \text{若 } Y_{ijk} \text{ 爲因子 B 的第 3 水準的觀察值} \\ 0 & \text{其他} \end{cases}$$

$$X_{ijk4} = \begin{cases} 1 & \text{若 } Y_{ijk} \text{ 爲因子 B 的第 2 水準的觀察值} \\ -1 & \text{若 } Y_{ijk} \text{ 爲因子 B 的第 3 水準的觀察值} \\ 0 & \text{其他} \end{cases}$$

而由 $\sum_{i=1}^{a}\tau_i = 0$, $\sum_{j=1}^{b}\beta_j = 0$, 及 $\sum_{i=1}^{a}(\tau\beta)_{ij} = \sum_{j=1}^{b}(\tau\beta)_{ij} = 0$ 的限制, 雖模式(7.42)比模式(7.41)的參數較少, 但由上限制式易得其他參數

$$\tau_3 = -\tau_1 - \tau_2, \quad \beta_3 = -\beta_1 - \beta_2 \tag{7.43}$$
$$(\tau\beta)_{13} = -(\tau\beta)_{11} - (\tau\beta)_{12}, \quad (\tau\beta)_{23} = -(\tau\beta)_{21} - (\tau\beta)_{22}$$

模式(7.42)寫成矩陣式得

$$\mathbf{Y} = \mathbf{X}\beta + \varepsilon \tag{7.44}$$

其中

$$
Y=\begin{bmatrix}37\\38\\31\\32\\32\\45\\44\\26\\25\\28\\22\\32\\33\\31\\32\\31\\32\\24\\28\\26\\35\end{bmatrix}
$$

	X_1	X_2	X_3	X_4	X_1X_3	X_1X_4	X_2X_3	X_2X_4
$X=$	1	1	0	1	0	1	0	0	0
	1	1	0	1	0	1	0	0	0
	1	1	0	0	1	0	1	0	0
	1	1	0	0	1	0	1	0	0
	1	1	0	0	1	0	1	0	0
	1	1	0	-1	-1	-1	-1	0	0
	1	1	0	-1	-1	-1	-1	0	0
	1	0	1	1	0	0	0	1	0
	1	0	1	1	0	0	0	1	0
	1	0	1	1	0	0	0	1	0
	1	0	1	1	0	0	0	1	0
	1	0	1	0	1	0	0	0	1
	1	0	1	-1	-1	0	0	-1	-1
	1	0	1	-1	-1	0	0	-1	-1
	1	0	1	-1	-1	0	0	-1	-1
	1	0	1	-1	-1	0	0	-1	-1
	1	-1	-1	1	0	-1	0	-1	0
	1	-1	-1	1	0	-1	0	-1	0
	1	-1	-1	0	1	0	-1	0	-1
	1	-1	-1	0	1	0	-1	0	-1
	1	-1	-1	0	1	0	-1	0	-1
	1	-1	-1	-1	-1	1	1	1	1

$$
\beta=\begin{bmatrix}\mu\\\tau_1\\\tau_2\\\beta_1\\\beta_2\\(\tau\beta)_{11}\\(\tau\beta)_{12}\\(\tau\beta)_{21}\\(\tau\beta)_{22}\end{bmatrix}
$$

檢定因子 A 的主效果時, H_0: $\tau_1=\tau_2=\tau_3=0$, 由(7.43)式相當於檢定H_0: $\tau_1=\tau_2=0$, 即檢定 H_0: 簡化模式 (令$\tau_1=\tau_2=0$)

$$
\begin{aligned}
Y_{ijk}=&\mu+\beta_1X_{ijk3}+\beta_2X_{ijk4}+(\tau\beta)_{11}X_{ijk1}X_{ijk3}\\
&+(\tau\beta)_{12}X_{ijk1}X_{ijk4}+(\tau\beta)_{21}X_{ijk2}X_{ijk3}\\
&+(\tau\beta)_{22}X_{ijk2}X_{ijk4}+\varepsilon_{ijk}
\end{aligned}
\tag{7.45}
$$

為真或對立假設 H_1：完整模式為眞（$\tau_1 \neq 0$）。而檢定統計量 F^* 仍為公式 (7.38)，只是 SSE(F_u)的完整模式是對(7.42)而言，而 SSE(R_e)是對化簡模式(7.45)而言。

檢定因子 B 的主效果 H_0：$\beta_j \equiv 0$，由(7.43)式相當於檢定 H_0：$\beta_1 = \beta_2 = 0$，即檢定 H_0：簡化模式

$$Y_{ijk} = \mu + \tau_1 X_{ijk1} + \tau_2 X_{ijk2} + (\tau\beta)_{11} X_{ijk1} X_{ijk3} + (\tau\beta)_{12} X_{ijk1} X_{ijk4}$$
$$+ (\tau\beta)_{21} X_{ijk2} X_{ijk3} + (\tau\beta)_{22} X_{ijk2} X_{ijk4} + \varepsilon_{ijk} \qquad (7.46)$$

為眞，對立 H_1：完整模式為眞。檢定統計量是(7.38)的 F^*，其中 SSE (R_e)是對化簡模式(7.46)而言。同理，檢定交互作用效果 H_0：$(\tau\beta)_{ij} \equiv 0$，相當於檢定 H_0：$(\tau\beta)_{11} = (\tau\beta)_{12} = (\tau\beta)_{21} = (\tau\beta)_{22} = 0$，即檢定 H_0：簡化模式

$$Y_{ijk} = \mu + \tau_1 X_{ijk1} + \tau_2 X_{ijk2} + \beta_1 X_{ijk3} + \beta_2 X_{ijk4} + \varepsilon_{ijk} \qquad (7.47)$$

為眞或對立假設 H_1：完整模式為眞。

依(7.44)的矩陣式資料，做以上各種模式的迴歸分析，結果如下：

(a)完整模式

變異來源	平方和	自由度
迴歸	684.12	8
SSE(F_u)	16.83	12
總和	700.95	20

估計的迴歸方程式

$\hat{Y} = 31.8 + 6.06\,X_1 - 5.06\,X_2 - 0.056\,X_3 - 5.28\,X_4$
$\quad - 0.33\,X_1X_3 - 0.94\,X_1X_4$
$\quad - 0.39\,X_2X_3 + 0.5\,X_2X_4$

(b)化簡模式(7.45)

變異來源	平方和	自由度
迴歸	288.42	6
SSE(R_e)	411.53	14
總和	700.95	20

估計的迴歸方程式

$\hat{Y} = 32.3 - 1.05\,X_3 - 3.39\,X_4$
$\quad - 0.05\,X_1X_3 - 1.42\,X_1X_4$
$\quad - 1.41\,X_2X_3 + 3.51\,X_2X_4$

(c)化簡模式(7.46)

變異來源	平方和	自由度
迴歸	387.52	6
SSE(R_e)	313.44	14
總和	700.95	20

估計的迴歸方程式

$$\hat{Y} = 31.7 + 5.62\,X_1 - 2.64\,X_2$$
$$+ 0.10\,X_1X_3 - 2.59\,X_1X_4$$
$$- 2.80\,X_2X_3 + 2.24\,X_2X_4$$

(d)化簡模式(7.47)

變異來源	平方和	自由度
迴歸	675.66	4
SSE(R_e)	25.39	16
總和	700.95	20

估計的迴歸方程式

$$\hat{Y} = 31.8 + 5.95\,X_1 - 5.28\,X_2$$
$$- 0.084\,X_3 - 5.49\,X_4$$

檢定 H_0: $\tau_i \equiv 0$ 時，由(a)(b)的分析

$$F^* = \frac{SSE(R_e) - SSE(F_u)}{df_R - df_F} \div \frac{SSE(F_u)}{df_F}$$

$$= \frac{411.53 - 16.83}{14 - 12} \div \frac{16.83}{12} = \frac{394.70/2}{16.83/12} = \frac{197.35}{1.40} = 140.68$$

故 $F^* = 140.68 > F_{0.01,2,12} = 6.93$，表示果汁口味不同則對應的平均銷售量差異顯著。又檢定 H_0: $\beta_j \equiv 0$ 時，由(a)(c)的分析

$$F^* = \frac{313.44 - 16.83}{14 - 12} \div \frac{16.83}{12} = \frac{296.61/2}{1.40} = \frac{148.30}{1.40} = 105.72$$

而 $F^* = 105.72 > F_{0.01,2,12} = 6.93$，故拒絕 H_0: $\beta_j \equiv 0$，表示包裝法對銷售量的影響亦非常顯著。檢定交互作用項 H_0: $(\tau\beta)_{ij} \equiv 0$ 時，

$$F^* = \frac{25.39 - 16.83}{16 - 12} \div \frac{16.83}{12} = \frac{8.86/4}{1.40} = \frac{2.14}{1.40} = 1.53$$

而 $F^* = 1.53 < F_{0.05,4,12} = 3.26$，故果汁口味與包裝法兩因子的交互作用不顯著。

習　題

7-1　奇奇公司研究公司員工對公司福利制度的滿意情況時, 將員工分別以學歷高
　　低及所屬單位的不同組合分別調查員工滿意度, 得資料如下:

滿意度分數

學歷	所屬部門					
	工廠		管理		營業	
國中	78	77	70	71	72	72
高中	90	88	81	80	82	83
大專	84	83	77	76	80	78

(a)假設二因子的交互作用不存在, 試作變異數分析以 $\alpha = 0.05$, 檢定主因子效
　　果顯著否?

(b)試求各因子水準均值的估計值。

7-2　研究比較三種輪胎壽命時, 將輪胎裝在不同大小的汽車上測試輪胎的磨耗里
　　程, 得資料如下:

輪胎壽命 (單位: 千公里)

廠牌	汽 缸 大 小								
	1300 cc			1600 cc			2000 cc		
甲牌	63	66	67	59	58	59	49	52	48
乙牌	58	62	59	54	55	53	45	42	49
丙牌	72	70	69	65	64	64	53	54	57

(a)試求各因子水準均值的估計值。

(b)假設二因子交互作用不存在，試作變異數分析以$\alpha=0.05$檢定主因子效果

顯著否？

7-3 某校總務處為瞭解學校電話費使用情況，某月做了一項調查，得出各部門及

人員平均每月電話費用的資料如下：

平均電話費

科系	人　員		
	主任	教師	職員
甲科	867	392	546
乙科	904	380	575
丙科	889	386	599
丁科	842	312	570

(a)作變異數分析以檢定因子效果顯著否？

(b)用 Tukey 法檢定交互作用效果 H_0： $\gamma=0$ 成立否，取 $\alpha=0.05$。

7-4 不同廠牌的電視機在不同百貨公司的銷售量資料如下：

電視銷售量

廠牌	百　貨　公　司				
	1	2	3	4	5
甲牌	36	39	35	36	32
乙牌	18	20	22	20	20
丙牌	30	37	33	34	36
丁牌	25	34	33	30	28

(a)作變異數分析以檢定因子效果顯著否？

(b)用 Tukey 法檢定交互作用效果 H_0: $\gamma=0$ 成立否，取 $\alpha=0.05$。

7-5 三個不同單位分別調查 1，2，3，4 月的物價指數得資料如下：

物價指數

單位	月 份			
	1	2	3	4
甲	199.1	198.6	199.6	200.6
乙	197.6	198.1	198.0	199.6
丙	198.1	197.6	197.8	199.8

(a)試求各因子水準的估計值。

(b)作變異數分析以檢定因子效果顯著否？

(c)用 Tukey 法檢定交互作用 H_0: $\gamma=0$ 存在否，取 $\alpha=0.05$。

7-6 某化學工廠工程師認爲其產品產率和反應溫度與反應壓力關係密切，爲證實，他隨意取了幾種溫度與壓力水準組合做因子實驗，得資料如下：

產品產率

溫度	壓 力					
	200		220		240	
30°C	80.4	80.6	86.7	86.5	85.7	85.5
40°C	85.7	85.9	90.8	90.9	89.9	90.1
50°C	86.0	86.2	88.8	89.0	90.0	89.8

(a)作變異數分析表以檢定各因子效果顯著否？取 $\alpha=0.05$。

(b)試求各變異數分量 σ^2, σ_τ^2, σ_β^2, $\sigma_{\tau\beta}^2$ 的估計值。

7-7 電鍍廠電鍍金屬片上常有起泡不均勻的缺陷點，品管工程師認爲這可能與電鍍液時間和電鍍濃度有關，隨機選了幾個水準，做因子實驗的結果如下：

缺陷點數

時間	濃　　　度								
	30%			35%			40%		
1 小時	17	17	19	15	13	12	14	12	11
1.5 小時	16	17	15	14	13	11	10	10	11
2 小時	12	13	14	11	10	11	7	7	9
2.5 小時	10	12	13	10	9	8	6	8	9

　　(a)作變異數分析，以 $\alpha = 0.05$ 檢定各因子效果顯著否？

　　(b)試求各變異分量 σ^2，σ_τ^2，σ_β^2，$\sigma_{\tau\beta}^2$ 的估計值。

7-8　習題 6-8，若紙漿濃度的水準選擇及乾燥時間水準的選擇都是工程師隨意選
　　　定的。依習題 6-8 的數據：

　　(a)作變異數分析，以 $\alpha = 0.05$ 檢定各因子效果顯著否？

　　(b)試求各變異分量 σ^2，σ_τ^2，σ_β^2，$\sigma_{\tau\beta}^2$ 的估計值。

7-9　習題 6-4 中，假設品管部門調查缺陷率時，裝配線因子改成工人，而工人的
　　　三水準（三個工人）是由公司所有工人中隨機選出的，假設缺陷率數據仍和
　　　習題 6-4 相同。

　　(a)依模式(7.21)作變異數分析，以檢定各因子效果存在否？

　　(b)依模式(7.27)作變異數分析，以檢定各因子效果存在否？取 $\alpha = 0.05$。

　　(c)(a)、(b)兩者的結論相同否？

7-10　習題 6-6 的實驗中，若假設施肥量的四個水準值是隨機選出的，其他實驗條
　　　件與實驗結果，假設都與習題 6-6 相同，試

　　(a)依模式(7.21)，以 $\alpha = 0.05$ 作變異數分析，以檢定各因子效果顯著否？

　　(b)依模式(7.27)，以 $\alpha = 0.05$ 作變異數分析，以檢定各因子效果顯著否？

7-11　以習題 7-6 的資料與分析為參考，若研究者要求在已知 $\sigma_\tau^2 = 18$，$\sigma^2 = 2$，
　　　$\sigma_{\tau\beta}^2 = 2$ 時，取 $\alpha = 0.05$，希望能以至少 0.8 的機率拒絕虛無假設 H_0：$\sigma_\tau^2 = 0$，

問樣本應取多大？

7-12 以習題 7-10 的資料與分析為參考，若研究者要求在已知 $\sigma_\beta^2=4$，$\sigma^2=3$ 時，在 $\alpha=0.05$ 的顯著水準下，希望能以至少 0.8 的機率檢定出 $\sigma_\beta^2\neq0$ 的結論，問樣本應取多少？

7-13 以習題 7-7 的資料，試求缺陷點數 Y 與電鍍時間 X_1、電鍍液濃度 X_2 之間的反應曲面。

7-14 以習題 7-8 的資料，試求紙張強度 Y 與紙漿濃度 X_1、乾燥時間 X_2 之間的反應曲面。

7-15 習題 6-1 的資料與實驗中，若因不小心而將乙牌 1600 cc 的耗油量資料中遺失了 16.8 的數據，而假設在乙牌 1600 cc 的耗油量資料只有二筆，試在此樣本大小不等的情況下，再做變異數分析，其結論和習題 6-1 的結論是否不同？

7-16 習題 6-4 的資料中，若調查時，裝配線 II 的丙種零件缺陷率忘了需調查四次，而只有 17.4，17.6，18.1 三筆資料，以此假設資料，再做一次變異數分析則結論是否與習題 6-4 不同？

7-17 習題 6-3 的問題中，若資料搜集時，由於經費所限而只得以下數據：

產品銷售量

定價策略	包	裝	法		
	甲		乙		丙
法 I	109	115	114	111	118
	110	113	119	116	112
法 II	120	122	126	124	131
法 III	108	104	119	117	125

(a)作變異數分析，以檢定各因子效果顯著否？

(b)與習題 6-3 的結論比較，兩者相同否？

7-18 習題 6-9 的資料，在實驗時，若因條件限制，只能觀察一部分數據，而得以下資料：

食品重量

流速	填　充　壓　力			
	30	35	40	45
10	34　33	41　42	44　46　49	48
12	34　36	39　40	42　42　41	44
14	31　32	38　36	34　38　39	42

(a)作變異數分析，以檢定各因子效果顯著否？

(b)與習題 6-9 的結論比較，兩者結論相同否？

7-19 習題 7-1 的問題中，若因工廠各部門人數不同，資料調查時，每組合的觀察人數不同，而有以下結果：

滿意度分數

學歷	所屬部門		
	工　　廠	管　理	營　業
國中	81　82　77 78　77　80	85	72　73
高中	90　88　83　87	84　80	82　83　85
大專	84　83	77　76 80　80	80　78

(a)試以迴歸模式，檢定各因子效果顯著否？

(b)與習題 7-1 的結論比較，兩者結論相同否？

7-20 習題 6-2 的研究中，若因條件限制，只能搜集部分資料，而得：

酒保存期限

保存方法	原		料	
	甲種	乙種	丙種	丁種
法 I	7.5 6.8 6.2	7.9	8.8 9.2	9.9 10.4
法 II	9.3	9.9 10.5	9.9 10.8 9.5	10.5 11.2
法 III	9.8 10.1	10.5 9.9 10.2	10.8	11.7

(a)以迴歸模式，檢定各因子效果顯著否？

(b)與習題 7-1 的結論比較，兩者相同否？

7-21 習題 6-8 的問題，工程師因條件限制，而只搜集得以下資料：

紙張強度

紙漿濃度	乾　燥　時　間		
	1 小時	2 小時	3 小時
50%	56　　52	62　　50　　55	68　　59
60%	66　　65　　64	62	54　　55　　56　　57
70%	61　　57	63　　62　　61	75

(a)以迴歸模式，檢定各因子效果顯著否？

(b)與習題 6-8 的結論比較，兩者結論相同否？

第八章
多因子變異數分析

　　二因子變異數分析的原理和方法可以被擴充到更多因子的情形。一般而言，若因子 A 有 a 個水準，因子 B 有 b 個水準，因子 C 有 c 個水準，餘類推，而因子水準的所有組合（處理）上各有 n 個觀察值，總共 abc…n 個觀察值的實驗，若實驗次序爲隨機，而背景條件相近的 abc…n 個實驗單位亦隨機分派到各個處理以進行實驗，則此實驗稱爲多因子實驗（Multifactor factorial design）。爲能有足夠的自由度估計各種交互作用及誤差項，必須要求實驗的反覆數 n，至少要爲 2(n≥2)。爲說明方便，以下討論只針對三個因子的多因子實驗加以研究。因子個數更多時，可以將下述三個因子的理論和方法類推。

8-1　三因子固定效果模式的分析

　　設 A，B，C 三因子分別各有 a，b，c 個水準。若 Y_{ijkm} 表示因子 A 在第 i 水準(i=1，2，…，a)，因子 B 在第 j 水準(j=1，2，…，b)，因子 C 在第 k 水準(k=1，2，…，c)的第 m 個(m=1，2，…，n)觀察值。而 μ_{ijk} 表示因子 A 的第 i 水準，因子 B 的第 j 水準，因子 C 的第 k 水準所組合成的處理均值，在固定效果模式下，Y_{ijkm} 可視爲由第(i，j，k)母

體抽出的樣本，而可表示成

$$Y_{ijkm} = \mu_{ijk} + \varepsilon_{ijkm} \tag{8.1}$$

其中 μ_{ijk} 爲參數（固定的未知數），ε_{ijkm} 爲獨立常態分配 $N(0, \sigma^2)$ 的隨機變數，用以表示誤差項。i=1, 2, …, a；j=1, 2, …, b；k=1, 2, …, c；m=1, 2, …, n。

若令

$$\mu_{ij.} = \sum_{k=1}^{c} \mu_{ijk}/c$$

表示 A 因子在第 i 水準且 B 因子在第 j 水準時的母體均值，則

$$\mu_{i.k} = \sum_{j=1}^{b} \mu_{ijk}/b \text{ 及 } \mu_{.jk} = \sum_{i=1}^{a} \mu_{ijk}/a$$

分別表示 A 因子在第 i 水準且 C 因子在第 k 水準時的母體均值，及 B 因子在第 j 水準且 C 因子在第 k 水準時的母體均值。因子 A 在第 i 水準的母體均值 $\mu_{i..}$ 則可定義爲

$$\mu_{i..} = \sum_{j=1}^{b}\sum_{k=1}^{c} \mu_{ijk}/(bc)$$

而

$$\mu_{.j.} = \frac{\sum_{i=1}^{a}\sum_{k=1}^{c} \mu_{ijk}}{ac}, \quad \mu_{..k} = \frac{\sum_{i=1}^{a}\sum_{j=1}^{b} \mu_{ijk}}{ab}$$

分別表示因子 B 在第 j 水準的母體均值及因子 C 在第 k 水準的母體均值。而總平均值

$$\mu = \sum_{i=1}^{a}\sum_{j=1}^{b}\sum_{k=1}^{c} \mu_{ijk}/(abc)$$

將 μ_{ijk} 寫成各種因子效果的加總，則**三因子固定效果模式**爲

$$Y_{ijkm} = \mu + \alpha_i + \beta_j + \gamma_k + (\alpha\beta)_{ij} + (\alpha\gamma)_{ik} + (\beta\gamma)_{jk}$$
$$+ (\alpha\beta\gamma)_{ijk} + \varepsilon_{ijkm} \tag{8.2}$$

i=1, 2, …, a；   j=1, 2, …, b；   k=1, 2, …, c

　　　　　　m＝1, 2, …, n。

其中 μ 爲總平均值爲一常數

　　　$\alpha_i＝\mu_{i..}－\mu$ 表示因子 A 在第 i 水準時的主效果，i＝1, 2, …, a;

　　　$\beta_j＝\mu_{.j.}－\mu$ 表示因子 B 在第 j 水準時的主效果，j＝1, 2, …, b;

　　　$\gamma_k＝\mu_{..k}－\mu$ 表示因子 C 在第 k 水準時的主效果，k＝1, 2, …, c;

又　$(\alpha\beta)_{ij}＝\mu_{ij.}－\mu_{i..}－\mu_{.j.}+\mu$ 表示因子 A 在第 i 水準與因子 B 在第 j 水準的交互作用效果

　　　$(\alpha\gamma)＝\mu_{i.k}－\mu_{i..}－\mu_{..k}+\mu$ 表示因子 A 在第 i 水準與因子 B 在第 k 水準的交互作用效果

　　　$(\beta\gamma)_{jk}＝\mu_{.jk}－\mu_{.j.}－\mu_{..k}+\mu$ 表示因子 B 在第 j 水準與因子 C 在第 k 水準的交互作用效果

　　　$(\alpha\beta\gamma)_{ijk}＝\mu_{ijk}－\mu_{ij.}－\mu_{i.k}－\mu_{.jk}+\mu_{i..}+\mu_{.j.}+\mu_{..k}－\mu$ 表示 A 的第 i 水準，B 的第 j 水準，C 的第 k 水準三者的交互作用效果

以上參數 α_i, β_j, γ_k, $(\alpha\beta)_{ij}$, $(\alpha\gamma)_{ik}$, $(\beta\gamma)_{jk}$ 及 $(\alpha\beta\gamma)_{ijk}$ 在固定效果模式下，由定義式可證明必滿足以下限制式：

$$\sum_i \alpha_i＝\sum_j \beta_j＝\sum_k \gamma_k＝0$$

$$\sum_i (\alpha\beta)_{ij}＝\sum_j (\alpha\beta)_{ij}＝\sum_i (\alpha\gamma)_{ik}＝0$$

$$\sum_k (\alpha\gamma)_{ik}＝\sum_j (\beta\gamma)_{jk}＝\sum_k (\beta\gamma)_{jk}＝0$$

$$\sum_i (\alpha\beta\gamma)_{ijk}＝\sum_j (\alpha\beta\gamma)_{ijk}＝\sum_k (\alpha\beta\gamma)_{ijk}＝0$$

又誤差項 ε_{ijkm} 爲獨立的常態 $N(0, \sigma^2)$ 的隨機變數。

　　模式(8.2)可推導得以下幾個重要特性

1. 與(8.1)式比較，易知

　　　$\mu_{ijk}\equiv\mu+\alpha_i+\beta_j+\gamma_k+(\alpha\beta)_{ij}+(\alpha\gamma)_{ik}+(\beta\gamma)_{jk}+(\alpha\beta\gamma)_{ijk}$

而　　　$Y_{ijkm}＝\mu_{ijk}+\varepsilon_{ijkm}$ 故爲一隨機變數

2.因 $E(\varepsilon_{ijkm}) = 0$，故

$\qquad E(Y_{ijkm}) = \mu_{ijk}$

且　　　　$Var(Y_{ijkm}) = Var(\varepsilon_{ijkm}) = \sigma^2$

故不論 A，B，C 三因子的水準爲何，所有觀察値 Y_{ijkm} 都具有相同的變異數 σ^2。

3.因 ε_{ijkm} 服從獨立的常態分配，由2.易知

$\qquad Y_{ijkm}$ 爲獨立的常態 $N(\mu_{ijk}, \ \sigma^2)$ 的隨機變數

$i=1, 2, \cdots, a; \ j=1, 2, \cdots, b; \ k=1, 2, \cdots, c; \ m=1, 2, \cdots, n,$

因此，第 ijk 處理所對應的觀察値 Y_{ijkm}，$m=1, 2, \cdots, n$ 可視爲是常態母體 $N(\mu_{ijk}, \ \sigma^2)$ 所抽出的 n 個隨機樣本。

4.交互作用項的意義，就二因子的交互作用項而言，和第六章二因子交互作用項意義相同，例如 $\mu_{ij.} - \mu_{i..}$ 的平均値爲

$$\sum_{i=1}^{a} (\mu_{ij.} - \mu_{i..})/a = \mu_{.j.} - \mu.$$

故 A 的第 i 水準下，B 的第 j 水準的個別差異數 $\mu_{ij.} - \mu_{i..}$ 和平均値 $\mu_{.j.} - \mu$ 的差異大小表示交互作用效果 $(\alpha\beta)_{ij}$，同理

$$(\alpha\gamma)_{ik} = \mu_{i \cdot k} - \mu_{i..} - \frac{\sum_{i=1}^{a} (\mu_{i \cdot k} - \mu_{i..})}{a}$$

$$(\beta\gamma)_{jk} = \mu_{\cdot jk} - \mu_{\cdot j \cdot} - \frac{\sum_{j=1}^{b} (\mu_{\cdot jk} - \mu_{\cdot j \cdot})}{b}$$

而三因子的交互作用項 $(\alpha\beta\gamma)_{ijk}$，表示 C 的第 k 水準下，A，B 因子的交互作用 $(\alpha\beta)_{ij}$ 的個別値 $\mu_{ijk} - \mu_{i \cdot k} - \mu_{\cdot jk} + \mu_{\cdot \cdot k}$ 和平均値 $\mu_{ij.} - \mu_{i..} - \mu_{.j.} + \mu = \sum_{k=1}^{c} (\mu_{ijk} - \mu_{i \cdot k} - \mu_{\cdot jk} + \mu_{\cdot \cdot k})/c$ 的差異

$$(\mu_{ijk} - \mu_{i \cdot k} - \mu_{\cdot jk} + \mu_{\cdot \cdot k}) - (\mu_{ij.} - \mu_{i..} - \mu_{.j.} + \mu) = (\alpha\beta\gamma)_{ijk}$$

三因子變異數分析對 A，B，C 三主因子有同等的興趣，因此研究的

重點包括三個主因子的效果及各種交互作用效果。檢定的問題即有

1. 檢定因子 A 的主效果

　　H_0：所有 $\alpha_i = 0$　　對立　　H_1：至少有一 $\alpha_i \neq 0$

2. 檢定因子 B 的主效果

　　H_0：所有 $\beta_j = 0$　　對立　　H_1：至少有一 $\beta_j \neq 0$

3. 檢定因子 C 的主效果

　　H_0：所有 $\gamma_k = 0$　　對立　　H_1：至少有一 $\gamma_k \neq 0$

4. 檢定因子 A，B 的交互作用效果

　　H_0：所有 $(\alpha\beta)_{ij} = 0$　　對立　　H_1：至少有一 $(\alpha\beta)_{ij} \neq 0$

5. 檢定因子 A，C 的交互作用效果

　　H_0：所有 $(\alpha\gamma)_{jk} = 0$　　對立　　H_1：至少有一 $(\alpha\gamma)_{ik} \neq 0$

6. 檢定因子 B，C 的交互作用效果

　　H_0：所有 $(\beta\gamma)_{jk} = 0$　　對立　　H_1：至少有一 $(\beta\gamma)_{jk} \neq 0$

7. 檢定因子 A，B，C 的交互作用效果

　　H_0：所有 $(\alpha\beta\gamma)_{ijk} = 0$　　對立　　H_1：至少有一 $(\alpha\beta\gamma)_{ijk} \neq 0$

　　三因子變異數分析時，平方和的分解及各參數的估計二因子變異數分析類似，需計算各因子水準觀察值的和或平均，亦需計算各處理觀察值的和或平均。以下數據與符號的意義與二因子變異數分析類似，只是多了一個下標。

$$Y_{ijk\cdot} = \sum_m Y_{ijkm} \qquad\qquad \overline{Y}_{ijk} = \frac{Y_{ijk\cdot}}{n}$$

$$Y_{ij\cdot\cdot} = \sum_k \sum_m Y_{ijkm} \qquad\qquad \overline{Y}_{ij\cdot\cdot} = \frac{Y_{ij\cdot\cdot}}{cn}$$

$$Y_{i\cdot k\cdot} = \sum_j \sum_m Y_{ijkm} \qquad\qquad \overline{Y}_{i\cdot k\cdot} = \frac{Y_{i\cdot k\cdot}}{bn}$$

$$Y_{\cdot jk\cdot} = \sum_i \sum_m Y_{ijkm} \qquad\qquad \overline{Y}_{\cdot jk\cdot} = \frac{Y_{\cdot jk\cdot}}{an}$$

$$Y_{i\cdots}=\sum_j\sum_k\sum_m Y_{ijkm} \qquad \overline{Y}_{i\cdots}=\frac{Y_{i\cdots}}{bcn}$$

$$Y_{\cdot j\cdots}=\sum_i\sum_k\sum_m Y_{ijkm} \qquad \overline{Y}_{\cdot j\cdots}=\frac{Y_{\cdot j\cdots}}{acn}$$

$$Y_{\cdot\cdot k\cdot}=\sum_i\sum_j\sum_m Y_{ijkm} \qquad \overline{Y}_{\cdot\cdot k\cdot}=\frac{Y_{\cdot\cdot k\cdot}}{abn}$$

$$Y_{\cdots\cdot}=\sum_i\sum_j\sum_k\sum_m Y_{ijkm} \qquad \overline{Y}_{\cdots\cdot}=\frac{Y_{\cdots\cdot}}{abcn}$$

而各參數的估計式整理如下表

參數	估計式
μ	$\hat{\mu}_{\cdots}=\overline{Y}_{\cdots\cdot}$
α_i	$\hat{\alpha}_i=\overline{Y}_{i\cdots}-\overline{Y}_{\cdots\cdot}$
β_j	$\hat{\beta}_j=\overline{Y}_{\cdot j\cdots}-\overline{Y}_{\cdots\cdot}$
γ_k	$\hat{\gamma}_k=\overline{Y}_{\cdot\cdot k\cdot}-\overline{Y}_{\cdots\cdot}$
$(\alpha\beta)_{ij}$	$\widehat{(\alpha\beta)}_{ij}=\overline{Y}_{ij\cdots}-\overline{Y}_{i\cdots}-\overline{Y}_{\cdot j\cdots}+\overline{Y}_{\cdots\cdot}$
$(\alpha\gamma)_{ik}$	$\widehat{(\alpha\gamma)}_{ik}=\overline{Y}_{i\cdot k\cdot}-\overline{Y}_{i\cdots}-\overline{Y}_{\cdot\cdot k\cdot}+\overline{Y}_{\cdots\cdot}$
$(\beta\gamma)_{jk}$	$\widehat{(\beta\gamma)}_{jk}=\overline{Y}_{\cdot jk\cdot}-\overline{Y}_{\cdot j\cdots}-\overline{Y}_{\cdot\cdot k\cdot}+\overline{Y}_{\cdots\cdot}$
$(\alpha\beta\gamma)_{ijk}$	$\widehat{(\alpha\beta\gamma)}_{ijk}=\overline{Y}_{ijk\cdot}-\overline{Y}_{ij\cdots}-\overline{Y}_{i\cdot k\cdot}-\overline{Y}_{\cdot jk\cdot}+\overline{Y}_{i\cdots}+\overline{Y}_{\cdot j\cdots}+\overline{Y}_{\cdot\cdot k\cdot}-\overline{Y}_{\cdots\cdot}$

模式(8.2)的參數代換以估計式，則(8.2)可改寫成

$$Y_{ijkm}=\underbrace{\overline{Y}_{\cdots\cdot}}_{總平均}+\underbrace{\overline{Y}_{i\cdots}-\overline{Y}_{\cdots\cdot}}_{A\,的主效果}+\underbrace{\overline{Y}_{\cdot j\cdots}-\overline{Y}_{\cdots\cdot}}_{B\,的主效果}+\underbrace{\overline{Y}_{\cdot\cdot k\cdot}-\overline{Y}_{\cdots\cdot}}_{C\,的主效果}$$

$$+\underbrace{\overline{Y}_{ij\cdots}-\overline{Y}_{i\cdots}-\overline{Y}_{\cdot j\cdots}+\overline{Y}_{\cdots\cdot}}_{AB\,交互作用}+\underbrace{\overline{Y}_{i\cdot k\cdot}-\overline{Y}_{i\cdots}-\overline{Y}_{\cdot\cdot k\cdot}+\overline{Y}_{\cdots\cdot}}_{AC\,交互作用}$$

$$+\underbrace{\overline{Y}_{\cdot jk\cdot}-\overline{Y}_{\cdot j\cdots}-\overline{Y}_{\cdot\cdot k\cdot}+\overline{Y}_{\cdots\cdot}}_{BC\,交互作用}+$$

$$\overline{Y}_{ijk\cdot} \underbrace{-\overline{Y}_{ij\cdot\cdot} - \overline{Y}_{i\cdot k\cdot} - \overline{Y}_{\cdot jk\cdot} + \overline{Y}_{i\cdots} + \overline{Y}_{\cdot j\cdot\cdot} + \overline{Y}_{\cdot\cdot k\cdot} - \overline{Y}_{\cdots\cdot}}_{\text{ABC 交互作用}}$$

$$+\underbrace{\overline{Y}_{ijkm} - \overline{Y}_{ijk\cdot}}_{\text{殘差}} \tag{8.3}$$

上式右端最後一項用以估計誤差項 ε_{ijkm}。若以模式(8.1)觀之，處理均值 μ_{ijk} 的估計式爲

$$\hat{\mu}_{ijk} = \overline{Y}_{ijk\cdot}$$

則(8.1)的參數 μ_{ijk} 代以估計式，即得 Y_{ijkm} 的估計值 $\hat{Y}_{ijkm}$，而

$$\hat{Y}_{ijkm} = \overline{Y}_{ijk\cdot}$$

故得殘差(Residual)爲

$$e_{ijkm} = Y_{ijkm} - \hat{Y}_{ijkm} = Y_{ijkm} - \overline{Y}_{ijk\cdot} \tag{8.4}$$

此即(8.3)式的最後一項。將(8.3)式右邊的 $\overline{Y}_{\cdots\cdot}$ 移至左邊後，二邊平方，對 i，j，k 求和，因所有交叉項的和爲零，只剩完全平方項，而得

$$SS_T = SS_A + SS_B + SS_C + SS_{A\times B} + SS_{A\times C} + SS_{B\times C} + SS_{A\times B\times C} + SS_E$$

其中

$$SS_T = \sum_i \sum_j \sum_k \sum_m (Y_{ijkm} - \overline{Y}_{\cdots\cdot})^2$$

$$SS_A = nbc\sum_i (\overline{Y}_{i\cdots} - \overline{Y}_{\cdots\cdot})^2$$

$$SS_B = nac\sum_j (\overline{Y}_{\cdot j\cdot\cdot} - \overline{Y}_{\cdots\cdot})^2$$

$$SS_C = nab\sum_k (\overline{Y}_{\cdot\cdot k\cdot} - \overline{Y}_{\cdots\cdot})^2$$

$$SS_{A\times B} = nc\sum_i \sum_j (\overline{Y}_{ij\cdot\cdot} - \overline{Y}_{i\cdots} - \overline{Y}_{\cdot j\cdot\cdot} + \overline{Y}_{\cdots\cdot})^2$$

$$SS_{A\times C} = nb\sum_i \sum_k (\overline{Y}_{i\cdot k\cdot} - \overline{Y}_{i\cdots} - \overline{Y}_{\cdot\cdot k\cdot} + \overline{Y}_{\cdots\cdot})^2$$

$$SS_{B\times C} = na\sum_j \sum_k (\overline{Y}_{\cdot jk\cdot} - \overline{Y}_{\cdot j\cdot\cdot} - \overline{Y}_{\cdot\cdot k\cdot} + \overline{Y}_{\cdots\cdot})^2$$

$$SS_{A\times B\times C} = n\sum_i \sum_j \sum_k (\overline{Y}_{ijk\cdot} - \overline{Y}_{ij\cdot\cdot} - \overline{Y}_{i\cdot k\cdot} - \overline{Y}_{\cdot jk\cdot} + \overline{Y}_{i\cdots} + \overline{Y}_{\cdot j\cdot\cdot}$$

$$+\overline{Y}_{\cdot\cdot k\cdot}-\overline{Y}_{\cdot\cdot\cdot\cdot})^2$$

$$SS_E=\sum_i\sum_j\sum_k\sum_m(Y_{ijkm}-\overline{Y}_{ijk\cdot})^2=\sum_i\sum_j\sum_k\sum_m e_{ijkm}{}^2$$

簡捷法的公式，則爲

$$SS_T=\sum_i\sum_j\sum_k\sum_m Y_{ijkm}{}^2-\frac{Y_{\cdots\cdot}{}^2}{nabc}$$

$$SS_E=\sum_i\sum_j\sum_k\sum_m Y_{ijkm}{}^2-\sum_i\sum_j\sum_k\frac{Y_{ijk\cdot}{}^2}{n}$$

$$SS_A=\frac{\sum_i Y_{i\cdots}{}^2}{nbc}-\frac{Y_{\cdots\cdot}{}^2}{nabc}$$

$$SS_B=\frac{\sum_j Y_{\cdot j\cdot\cdot}{}^2}{nac}-\frac{Y_{\cdots\cdot}{}^2}{nabc}$$

$$SS_C=\frac{\sum_k Y_{\cdot\cdot k\cdot}{}^2}{nab}-\frac{Y_{\cdots\cdot}{}^2}{nabc}$$

交互作用平方和的計算，可先算

$$SS_{A\cdot B}=nc\sum_i\sum_j(\overline{Y}_{ij\cdot\cdot}-\overline{Y}_{\cdots\cdot})^2=\frac{\sum_i\sum_j Y_{ij\cdot\cdot}{}^2}{nc}-\frac{Y_{\cdots\cdot}{}^2}{nabc}$$

再求

$$SS_{A\times B}=SS_{A\cdot B}-SS_A-SS_B$$

同理

$$SS_{A\cdot C}=\frac{\sum_i\sum_k Y_{i\cdot k\cdot}{}^2}{nb}-\frac{Y_{\cdots\cdot}{}^2}{nabc}$$

而

$$SS_{A\times C}=SS_{A\cdot C}-SS_A-SS_C$$

又

$$SS_{B\cdot C}=\sum_j\sum_k\frac{Y_{\cdot jk\cdot}{}^2}{na}-\frac{Y_{\cdots\cdot}{}^2}{nabc}$$

$$SS_{B\times C}=SS_{B\cdot C}-SS_B-SS_C$$

而

$$SS_{A \cdot B \cdot C} = \sum_i \sum_j \sum_k \frac{Y_{ijk}.^2}{n} - \frac{Y....^2}{abcn}$$

$$SS_{A \times B \times C} = SS_{A \cdot B \cdot C} - SS_A - SS_B - SS_C - SS_{A \times B} - SS_{A \times C} - SS_{B \times C}$$

因此 SS_E 亦常利用

$$SS_E = SS_T - SS_A - SS_B - SS_C - SS_{A \times B} - SS_{A \times C} - SS_{B \times C} - SS_{A \times B \times C}$$

$$= SS_T = SS_{A \cdot B \cdot C}$$

求取。

　　各平方和除以對應的自由度所得均方及各均方的期望值列示於下表 8.1。由表上均方期望值的公式易知，當主效果不存在或各交互作用效果不存在時，MS_A，MS_B，MS_C，$MS_{A \times B}$，$MS_{A \times C}$，$MS_{B \times C}$ 及 $MS_{A \times B \times C}$ 的期望值都等於 σ^2，而因子效果不存在時，所有因子的均方期望值都大於 σ^2。因此，檢定各因子效果時（包括主效果及交互作用效果），都以 MS_E 為分母，做 F 檢定。例如檢定 A 因子的效果 H_0：所有 $\alpha_i = 0$ 時，

表 8.1　固定效果模式的三因子變異數分析表

變異來源	平方和	自由度	均方	均方期望值	F_0值
A	SS_A	$a-1$	MS_A	$\sigma^2 + \dfrac{bcn\sum \alpha_i^2}{a-1}$	$F_0 = \dfrac{MS_A}{MS_E}$
B	SS_B	$b-1$	MS_B	$\sigma^2 + \dfrac{acn\sum \beta_j^2}{b-1}$	$F_0 = \dfrac{MS_B}{MS_E}$
C	SS_C	$c-1$	MS_C	$\sigma^2 + \dfrac{abn\sum \gamma_k^2}{c-1}$	$F_0 = \dfrac{MS_C}{MS_E}$
A×B	$SS_{A \times B}$	$(a-1)(b-1)$	$MS_{A \times B}$	$\sigma^2 + \dfrac{cn\sum\sum (\alpha\beta)_{ij}^2}{(a-1)(b-1)}$	$F_0 = \dfrac{MS_{A \times B}}{MS_E}$
A×C	$SS_{A \times C}$	$(a-1)(c-1)$	$MS_{A \times C}$	$\sigma^2 + \dfrac{bn\sum\sum (\alpha\gamma)_{ik}^2}{(a-1)(c-1)}$	$F_0 = \dfrac{MS_{A \times C}}{MS_E}$
B×C	$SS_{B \times C}$	$(b-1)(c-1)$	$MS_{B \times C}$	$\sigma^2 + \dfrac{an\sum\sum (\beta\gamma)_{jk}^2}{(b-1)(c-1)}$	$F_0 = \dfrac{MS_{B \times C}}{MS_E}$

A×B×C	$SS_{A×B×C}$	$(a-1)(b-1)(c-1)$	$MS_{A×B×C}$	$\sigma^2+\dfrac{n\sum\sum(\alpha\beta\gamma)_{ijk}^2}{(a-1)(b-1)(c-1)}$	$F_0=\dfrac{MS_{A×B×C}}{MS_E}$
誤差	SS_E	$abc(n-1)$	MS_E	σ^2	
總和	SS_T	$abcn-1$			

$$F_0=\frac{MS_A}{MS_E}$$

當虛無假設 H_0 爲眞時，F_0 服從自由度 $a-1$，$abc(n-1)$ 的 F 分配，因此 $F_0>F_{\alpha,a-1,abc(n-1)}$ 則拒絕 H_0，表示 A 因子效果顯著。其餘因子檢定法可類推，主要公式則整理如下

表 8.2　固定效果模式的檢定公式

統計假設	檢定統計量	拒絕域
H_0: 所有 $\alpha_i=0$ H_a: 有 $\alpha_i\neq0$	$F_0=\dfrac{MS_A}{MS_E}$	$F_0>F[\alpha;a-1,\ (n-1)abc]$
H_0: 所有 $\beta_j=0$ H_a: 有 $\beta_j\neq0$	$F_0=\dfrac{MS_B}{MS_E}$	$F_0>F[\alpha;b-1,\ (n-1)abc]$
H_0: 所有 $\gamma_k=0$ H_a: 有 $\gamma_k\neq0$	$F_0=\dfrac{MS_C}{MS_E}$	$F_0>F[\alpha;c-1,\ (n-1)abc]$
H_0: 所有 $(\alpha\beta)_{ij}=0$ H_a: 有 $(\alpha\beta)_{ij}\neq0$	$F_0=\dfrac{MS_{A×B}}{MS_E}$	$F_0>F[\alpha;(a-1)(b-1),\ (n-1)abc]$
H_0: 所有 $(\alpha\gamma)_{ik}=0$ H_a: 有 $(\alpha\gamma)_{ik}\neq0$	$F_0=\dfrac{MS_{A×C}}{MS_E}$	$F_0>F[\alpha;(a-1)(c-1),\ (n-1)abc]$
H_0: 所有 $(\beta\gamma)_{jk}=0$ H_a: 有 $(\beta\gamma)_{jk}\neq0$	$F_0=\dfrac{MS_{B×C}}{MS_E}$	$F_0>F[\alpha;(b-1)(c-1),\ (n-1)abc]$
H_0: 所有 $(\alpha\beta\gamma)_{ijk}=0$ H_a: 有 $(\alpha\beta\gamma)_{ijk}\neq0$	$F_0=\dfrac{MS_{A×B×C}}{MS_E}$	$F_0>F[\alpha;(a-1)(b-1)(c-1),\ (n-1)abc]$

例 8.1　果汁銷售量

第六章果汁口味與包裝可得不同銷售量，若研究者也想知道地區不同果汁銷售量是否不同。因此分不同地區調查果汁銷售量的資料，結果

如下

表 8.3　果汁銷售量資料

口　味 (因子 A)	包裝法（因子 B）					
	罐裝 j＝1		瓶裝 j＝2		鋁包 j＝3	
	南區 k＝1	北區 k＝2	南區 k＝1	北區 k＝2	南區 k＝1	北區 k＝2
柳橙 i＝1	39 37	38 37	31 32	33 32	45 44	42 44
蘋果 i＝2	26 25	27 28	22 25	22 23	32 33	31 32
檸檬 i＝3	30 31	32 31	24 25	28 26	35 36	36 34

各處理的觀察值加總及各水準的觀察值加總，整理如下表

表 8.4　觀察值加總的計算表

	k＝1	k＝2	加總 k
j＝1			
i＝1	$76(Y_{111.})$	$75(Y_{112.})$	$151(Y_{11..})$
i＝2	$51(Y_{211.})$	$55(Y_{212.})$	$106(Y_{21..})$
i＝3	$61(Y_{311.})$	$63(Y_{312.})$	$124(Y_{31..})$
加總 i	$188(Y_{.11.})$	$193(Y_{.12.})$	$381(Y_{.1..})$
j＝2			
i＝1	$63(Y_{121.})$	$65(Y_{122.})$	$128(Y_{12..})$
i＝2	$47(Y_{221.})$	$45(Y_{222.})$	$92(Y_{22..})$
i＝3	$49(Y_{321.})$	$54(Y_{322.})$	$103(Y_{32..})$

		159($Y_{\cdot 21 \cdot}$)	164($Y_{\cdot 22 \cdot}$)	323($Y_{\cdot 2 \cdot \cdot}$)
	加總 i			
j=3				
	i=1	89($Y_{131 \cdot}$)	86($Y_{132 \cdot}$)	175($Y_{13 \cdot \cdot}$)
	i=2	65($Y_{231 \cdot}$)	63($Y_{232 \cdot}$)	128($Y_{23 \cdot \cdot}$)
	i=3	71($Y_{331 \cdot}$)	70($Y_{332 \cdot}$)	141($Y_{33 \cdot \cdot}$)
	加總 i	225($Y_{\cdot 31 \cdot}$)	219($Y_{\cdot 32 \cdot}$)	444($Y_{\cdot 3 \cdot \cdot}$)
加總 j				
	i=1	228($Y_{1 \cdot 1 \cdot}$)	226($Y_{1 \cdot 2 \cdot}$)	454($Y_{1 \cdot \cdot \cdot}$)
	i=2	163($Y_{2 \cdot 1 \cdot}$)	163($Y_{2 \cdot 2 \cdot}$)	326($Y_{2 \cdot \cdot \cdot}$)
	i=3	181($Y_{3 \cdot 1 \cdot}$)	187($Y_{3 \cdot 2 \cdot}$)	368($Y_{3 \cdot \cdot \cdot}$)
	加總 i	572($Y_{\cdot \cdot 1 \cdot}$)	576($Y_{\cdot \cdot 2 \cdot}$)	1148($Y_{\cdot \cdot \cdot \cdot}$)

代入上述簡捷法公式，a=3，b=3，c=2，n=2

$$SS_T = \sum_i \sum_j \sum_k \sum_m Y_{ijkm}{}^2 - \frac{Y_{\cdots}{}^2}{abcn}$$

$$= 39^2 + 37^2 + 38^2 + \cdots + 36^2 + 34^2 - \frac{(1148)^2}{36} = 36608.44$$

$$SS_A = \sum_i \frac{Y_{i\cdots}{}^2}{nbc} - \frac{Y_{\cdots}{}^2}{abcn} = \frac{454^2 + 326^2 + 368^2}{12} - \frac{(1148)^2}{36}$$

$$= 37318 - 36608.44 = 709.56$$

$$SS_B = \sum_j \frac{Y_{\cdot j \cdot \cdot}{}^2}{nac} - \frac{Y_{\cdots}{}^2}{abcn} = \frac{381^2 + 323^2 + 444^2}{12} - \frac{(1148)^2}{36}$$

$$= 37218.83 - 36608.44 = 610.39$$

$$SS_C = \sum_k \frac{Y_{\cdot \cdot k \cdot}{}^2}{nab} - \frac{Y_{\cdots}{}^2}{abcn} = \frac{572^2 + 576^2}{18} - \frac{(1148)^2}{36}$$

$$= 36608.88 - 36608.44 = 0.44$$

$$SS_{A \cdot B} = \sum_i \sum_j \frac{Y_{ij \cdots}^2}{nc} - \frac{Y_{\cdots}^2}{abcn}$$

$$= \frac{151^2 + 106^2 + 124^2 + \cdots + 128^2 + 141^2}{4} - \frac{(1148)^2}{36}$$

$$= 37940 - 36608.44 = 1331.56$$

$$SS_{A \times B} = SS_{A \cdot B} - SS_A - SS_B = 1331.56 - 709.56 - 610.39 = 11.61$$

$$SS_{A \cdot C} = \sum_i \sum_k \frac{Y_{i \cdot k \cdot}^2}{nb} - \frac{Y_{\cdots}^2}{abcn}$$

$$= \frac{228^2 + 226^2 + \cdots + 181^2 + 187^2}{6} - \frac{(1148)^2}{36}$$

$$= 37321.33 - 36608.44 = 712.89$$

$$SS_{A \times C} = SS_{A \cdot C} - SS_A - SS_C = 712.89 - 709.56 - 0.44 = 2.89$$

$$SS_{B \cdot C} = \sum_j \sum_k \frac{Y_{\cdot jk \cdot}^2}{na} - \frac{Y_{\cdots}^2}{abcn}$$

$$= \frac{188^2 + 193^2 + 159^2 + \cdots + 225^2 + 219^2}{6} - \frac{(1148)^2}{36}$$

$$= 37225.99 - 36608.44 = 617.55$$

$$SS_{B \times C} = SS_{B \cdot C} - SS_B - SS_C = 617.55 - 610.39 - 0.44 = 6.72$$

$$SS_{A \cdot B \cdot C} = \sum_i \sum_j \sum_k \frac{Y_{ijk \cdot}^2}{n} - \frac{Y_{\cdots}^2}{abcn}$$

$$= \frac{76^2 + 75^2 + 51^2 + \cdots + 71^2 + 70^2}{2} - \frac{(1148)^2}{36}$$

$$= 37957 - 36608.44 = 1348.56$$

$$SS_{A \times B \times C} = SS_{A \cdot B \cdot C} - SS_A - SS_B - SS_C - SS_{A \times B} - SS_{A \times C} - SS_{B \times C}$$

$$= 1348.56 - 709.56 - 610.39 - 0.44 - 11.61 - 2.89$$

$$- 6.72 = 6.95$$

$$SS_E = SS_T - SS_{A \cdot B \cdot C} = 1367.56 - 1348.56 = 19.0$$

將各平方和除以自由度所得均方及 F_0 值整理如下變異數分析表

表 8.5 果汁銷售量三因子變異數分析表

變異來源	平方和	自由度	均方	F_0 值
口味(A)	709.56	2	354.78	336.11
包裝(B)	610.39	2	305.19	289.13
地區(C)	0.44	1	0.44	0.42
A×B	11.61	4	2.90	2.75
A×C	2.89	2	1.44	1.37
B×C	6.72	2	3.36	3.18
A×B×C	6.95	4	1.74	1.64
誤差	19.0	18	1.06	
總和	1367.56	35		

注意 F_0 值的計算在兩個均方相除時，都以 $MS_E = 1.06$ 爲分母。例如檢定A因子效果H_0：$\alpha_i \equiv 0$時，$F_0 = MS_A / MS_E = 354.78 / 1.06 = 336.11 > F_{0.01,2,18} = 6.01$，故應拒絕虛無假設 H_0，即表示口味效果非常顯著，果汁口味不同則平均銷售量差異非常顯著。同理，B 因子對應的 $F_0 = MS_B / MS_E = 305.19 / 1.06 = 289.13 > F_{0.01,2,18} = 6.01$，表示包裝不同則平均銷售量差異非常顯著。又 C 因子對應的 $F_0 = 0.44/1.06 = 0.42 < F_{0.1,1,18} = 3.01$，表示地區不同並不影響銷售量。而交互效果中，A×B 的 $F_0 = 2.90/1.06 = 2.75 > F_{0.1,4,18} = 2.29$，但 $F_0 = 2.75 < F_{0.05,4,18} = 2.93$，表示口味與包裝交互作用以 $\alpha = 0.1$ 的水準而言是屬顯著，而以 $\alpha = 0.05$ 的水準而言，則不顯著。同理，A×C 的 $F_0 = 1.37 < F_{0.1,2,18} = 2.62$，故口味與地區交互作用效果不顯著。B×C 的交互作用項的 $F_0 = 3.36/1.06 = 3.18 > F_{0.1,2,18} = 2.62$，但 $F_0 = 3.18 < F_{0.05,2,18} = 3.55$，故包裝與地區交互作用，以

$\alpha=0.1$ 而言效果顯著，但以 $\alpha=0.05$ 的標準而言，交互效果不顯著。A×B×C 的效果則因 $F_0=1.64<F_{0.1,4,18}=2.29$，故口味、包裝與地區三者的交互作用效果不顯著。

8-2　因子效果的比較

　　三因子變異數分析的結果，若是交互作用項不顯著，則因子效果的比較，主要是主因子水準均值的比較。但若交互作用效果顯著時，不能比較單獨主因子水準，而應二個以上因子水準同時考量，即應比較幾個因子水準組成的處理均值。今且舉幾種情形討論，其他情況可以類推。

　　當因子交互作用不存在時，要比較因子 A 的水準均值 $\mu_{i..}$，其點估計式為

$$\hat{\mu}_{i..}=\overline{Y}_{i...}$$

且其估計的變異數為

$$\widehat{\mathrm{Var}}(\overline{Y}_{i...})=\frac{\mathrm{MS_E}}{nbc}$$

在 Y_{ijkm} 為常態隨機變數的假設下，$\mu_{i..}$ 的 $1-\alpha$ 信賴區間為

$$\overline{Y}_{i...}\pm t_{\alpha/2,abc(n-1)}\sqrt{\widehat{\mathrm{Var}}(\overline{Y}_{i....})}$$

其中 $t_{\alpha/2,abc(n-1)}$ 為自由度 $abc(n-1)$ 的 t 分配的 $1-\alpha/2$ 分位數。

　　因子 A 的水準均值 $\mu_{i..}$ 所成對比(Contrast)

$$L=\sum_i C_i\mu_{i..}\quad 其中 \sum_i C_i=0$$

的點估計式是

$$\hat{L}=\sum_i C_i\overline{Y}_{i...}$$

而 $\hat{L}$ 的估計變異數為

$$\widehat{\mathrm{Var}}(\hat{\mathrm{L}}) = \frac{\mathrm{MS_E}}{\mathrm{nbc}} \sum_i \mathrm{C}_i^2$$

故 L 的 $1-\alpha$ 信賴度的信賴區間爲

$$\hat{\mathrm{L}} \pm \mathrm{t}_{\alpha/2,\mathrm{abc(n-1)}} \sqrt{\widehat{\mathrm{Var}}(\hat{\mathrm{L}})}$$

因子 B, C 的水準均值 $\mu_{\cdot j \cdot}$ 或 $\mu_{\cdot \cdot k}$ 的估計，或 $\mu_{\cdot j \cdot}$, $\mu_{\cdot \cdot k}$ 所成對比的點估計與信賴區間都同理類推。

因子 A 的水準均值 $\mu_i \cdots$ 做多重比較時，以 $1-\alpha$ 的聯合信賴區間來表示比較的公式，如用 Tukey 法做配對均值 $\mu_i \cdots - \mu_{i'} \cdots$ 的聯合信賴區間，公式爲

$$\overline{\mathrm{Y}}_i \cdots - \overline{\mathrm{Y}}_{i'} \cdots \pm \mathrm{q}_\alpha(\mathrm{a}, \ \mathrm{abc(n-1)}) \times \sqrt{\frac{\mathrm{MS_E}}{\mathrm{nbc}}}$$

用 Scheffé 法做所有對比的聯合信賴區間，則公式爲

$$\hat{\mathrm{L}} \pm \sqrt{(\mathrm{a}-1)\mathrm{F}_{\alpha,\mathrm{a}-1,\mathrm{abc(n-1)}}} \sqrt{\widehat{\mathrm{Var}}(\hat{\mathrm{L}})}$$

用 Bonferroni 法做 g 對對比的聯合信賴區間，則公式爲

$$\hat{\mathrm{L}} \pm \mathrm{t}_{\alpha/(2\mathrm{g}),\mathrm{abc(n-1)}} \sqrt{\widehat{\mathrm{Var}}(\hat{\mathrm{L}})}$$

因子 B, C 的水準均值 $\mu_{\cdot j \cdot}$ 或 $\mu_{\cdot \cdot k}$ 作多重比較時，公式亦類似。

當因子交互作用顯著時，處理均值的比較，以三因子水準組合的處理均值 μ_{ijk} 爲例。μ_{ijk} 的估計式是

$$\hat{\mu}_{ijk} = \overline{\mathrm{Y}}_{ijk} \cdot$$

其估計的變異數爲

$$\widehat{\mathrm{Var}}(\overline{\mathrm{Y}}_{ijk} \cdot) = \frac{\mathrm{MS_E}}{\mathrm{n}}$$

μ_{ijk} 的 $1-\alpha$ 信賴度的信賴區間爲

$$\overline{\mathrm{Y}}_{ijk} \cdot \pm \mathrm{t}_{\alpha/2,\mathrm{abc(n-1)}} \sqrt{\widehat{\mathrm{Var}}(\overline{\mathrm{Y}}_{ijk} \cdot)}$$

μ_{ijk} 所成對比

$$L = \sum_i \sum_j \sum_k C_{ijk}\mu_{ijk}, \quad 其中 \sum_i \sum_j \sum_k C_{ijk} = 0$$

的不偏估計式爲

$$\hat{L} = \sum_i \sum_j \sum_k C_{ijk}\overline{Y}_{ijk\cdot}$$

$\hat{L}$ 的變異數估計式爲

$$\widehat{\text{Var}(\hat{L})} = \frac{MS_E}{n} \sum_i \sum_j \sum_k C_{ijk}{}^2$$

而 L 的信賴區間則爲

$$\hat{L} \pm t_{\alpha/2,abc(n-1)}\sqrt{\widehat{\text{Var}(\hat{L})}}$$

μ_{ijk} 做多重比較時，其對應的聯合信賴區間公式，如 Tukey 法做 $\mu_{ijk} -$ $\mu_{i'j'k'}$ 的配對比較，則公式爲

$$\overline{Y}_{ijk\cdot} - \overline{Y}_{i'j'k'\cdot} \pm q_\alpha(abc,abc(n-1))\sqrt{\frac{MS_E}{n}}$$

用 Scheffé 法做所有對比的聯合信賴區間，則公式爲

$$\hat{L} \pm \sqrt{(abc-1)F_{\alpha,abc-1,abc(n-1)}}\sqrt{\widehat{\text{Var}(\hat{L})}}$$

用 Bonferroni 法做 g 對對比的聯合信賴區間，則公式爲

$$\hat{L} \pm t_{\alpha/(2g),abc(n-1)}\sqrt{\widehat{\text{Var}(\hat{L})}}$$

若交互作用只有一些二因子的交互作用顯著時，例如 B×C 交互作用顯著，則應比較二因子水準組合的處理均值 $\mu_{\cdot jk}$。例如 $\mu_{\cdot jk}$ 的對比

$$L = \sum_j \sum_k C_{jk}\mu_{\cdot jk} \qquad 其中 \sum_j \sum_k C_{jk} = 0$$

的不偏估計爲

$$\hat{L} = \sum_j \sum_k C_{jk}\overline{Y}_{\cdot jk}$$

其變異數的估計式爲

$$\widehat{Var}(\hat{L}) = \frac{MS_E}{na} \sum_j \sum_k C_{ijk}{}^2$$

L 的信賴區間為

$$\hat{L} \pm t_{\alpha/2, abc(n-1)} \sqrt{\widehat{Var}(\hat{L})}$$

因為 B, C 的二因子水準組成 bc 個處理, 故 $\mu_{.jk}$ 做多重比較時, 其對應的聯合信賴區間公式, 如 Tukey 法做 $\mu_{.jk} - \mu_{.j'k'}$ 的配對比較, 則公式為

$$\overline{Y}_{.jk} - \overline{Y}_{.j'k'} \pm q_\alpha(bc, \ abc(n-1)) \sqrt{\frac{MS_E}{na}}$$

用 Scheffé 法做所有對比的聯合信賴區間, 則公式為

$$\hat{L} \pm \sqrt{(bc-1)F_{\alpha, bc-1, abc(n-1)}} \sqrt{\widehat{Var}(\hat{L})}$$

用 Bonferroni 法做 g 對對比的聯合信賴區間, 則公式為

$$\hat{L} \pm t_{\alpha/(2g), abc(n-1)} \sqrt{\widehat{Var}(\hat{L})}$$

例 8.2　反應條件與產量

　　例 6.8 有關化學反應時的反應溫度 (因子 A) 與溶液 ph 值 (因子 B) 對產品產量的關係中, 若再考慮反應時間 (因子 C) 對產量的影響, 作三因子的因子實驗, 取反應時間 1 小時, 2 小時兩個水準, 得資料如下

表 8.6　三因子的反應條件與產量資料

反應溫度 (因子 A)	ph 值 (因子 B)					
	5 j＝1		7 j＝2		9 j＝3	
	1 小時 k＝1	2 小時 k＝2	1 小時 k＝1	2 小時 k＝2	1 小時 k＝1	2 小時 k＝2
5℃ i＝1	10 5	9 4	8 3	6 7	13 9	12 10
15℃ i＝2	10 9	6 11	9 6	13 12	5 8	10 9

25°C i=3	7 4	4 5	12 14	14 16	8 12	10 12

各處理的觀察值加總及各因子水準觀察值的加總，整理如下表

表 8.7　觀察值加總的計算表

	k=1	k=2	加總 k
j=1			
i=1	$15(Y_{111\cdot})$	$13(Y_{112\cdot})$	$28(Y_{11\cdot\cdot})$
i=2	$19(Y_{211\cdot})$	$17(Y_{212\cdot})$	$36(Y_{21\cdot\cdot})$
i=3	$11(Y_{311\cdot})$	$9(Y_{312\cdot})$	$20(Y_{31\cdot\cdot})$
加總 i	$45(Y_{\cdot11\cdot})$	$39(Y_{\cdot12\cdot})$	$84(Y_{\cdot1\cdot\cdot})$
j=2			
i=1	$11(Y_{121\cdot})$	$13(Y_{122\cdot})$	$24(Y_{12\cdot\cdot})$
i=2	$15(Y_{221\cdot})$	$25(Y_{222\cdot})$	$40(Y_{22\cdot\cdot})$
i=3	$26(Y_{321\cdot})$	$30(Y_{322\cdot})$	$56(Y_{32\cdot\cdot})$
加總 i	$52(Y_{\cdot21\cdot})$	$68(Y_{\cdot22\cdot})$	$120(Y_{\cdot2\cdot\cdot})$
j=3			
i=1	$22(Y_{131\cdot})$	$22(Y_{132\cdot})$	$44(Y_{13\cdot\cdot})$
i=2	$13(Y_{231\cdot})$	$19(Y_{232\cdot})$	$32(Y_{23\cdot\cdot})$
i=3	$20(Y_{331\cdot})$	$22(Y_{332\cdot})$	$42(Y_{33\cdot\cdot})$
加總 i	$55(Y_{\cdot31\cdot})$	$63(Y_{\cdot32\cdot})$	$118(Y_{\cdot3\cdot\cdot})$
加總 j			
i=1	$48(Y_{1\cdot1\cdot})$	$48(Y_{1\cdot2\cdot})$	$96(Y_{1\cdot\cdot\cdot})$
i=2	$47(Y_{2\cdot1\cdot})$	$61(Y_{2\cdot2\cdot})$	$108(Y_{2\cdot\cdot\cdot})$
i=3	$57(Y_{3\cdot1\cdot})$	$61(Y_{3\cdot2\cdot})$	$118(Y_{3\cdot\cdot\cdot})$

加總 i   152(Y..₁.)   170(Y..₂.)   322(Y....)

代入三因子平方和計算的簡捷法公式，因 a＝3，b＝3，c＝2，n＝2

$$SS_T = \sum_i \sum_j \sum_k \sum_m Y_{ijkm}^2 - \frac{Y_{....}^2}{abcn}$$

$$= 10^2 + 5^2 + 9^2 + \cdots + 10^2 + 12^2 - \frac{(322)^2}{36}$$

$$= 3262 - 2880.11 = 381.89$$

$$SS_A = \sum_i \frac{Y_{i...}^2}{nbc} - \frac{Y_{....}^2}{abcn} = \frac{96^2 + 108^2 + 118^2}{12} - \frac{(322)^2}{36}$$

$$= 2900.33 - 2880.11 = 20.22$$

$$SS_B = \sum_j \frac{Y_{.j..}^2}{nac} - \frac{Y_{....}^2}{abcn} = \frac{84^2 + 120^2 + 118^2}{12} - \frac{(322)^2}{36}$$

$$= 2948.33 - 2880.11 = 68.22$$

$$SS_C = \sum_k \frac{Y_{..k.}^2}{nab} - \frac{Y_{....}^2}{abcn} = \frac{152^2 + 170^2}{18} - \frac{(322)^2}{36}$$

$$= 2889.11 - 2880.11 = 9.00$$

$$SS_{A \cdot B} = \sum_i \sum_j \frac{Y_{ij..}^2}{cn} - \frac{Y_{....}^2}{abcn}$$

$$= \frac{28^2 + 36^2 + \cdots + 32^2 + 42^2}{4} - \frac{(322)^2}{36}$$

$$= 3128.99 - 2880.11 = 248.88$$

$$SS_{A \times B} = SS_{A \cdot B} - SS_A - SS_B = 248.88 - 20.22 - 68.22 = 160.44$$

$$SS_{A \cdot C} = \sum_i \sum_k \frac{Y_{i \cdot k \cdot}^2}{bn} - \frac{Y_{....}^2}{abcn}$$

$$= \frac{48^2 + 47^2 + \cdots + 61^2 + 61^2}{6} - \frac{(322)^2}{36}$$

$$= 2918 - 2880.11 = 37.89$$

$$SS_{A\times C} = SS_{A\cdot C} - SS_A - SS_C = 37.89 - 20.22 - 9.0 = 8.67$$

$$SS_{B\cdot C} = \sum_j \sum_k \frac{Y_{\cdot jk\cdot}^2}{an} - \frac{Y_{\cdots}^2}{abcn}$$

$$= \frac{45^2 + 39^2 + \cdots + 55^2 + 63^2}{6} - \frac{(322)^2}{36}$$

$$= 2978 - 2880.11 = 97.89$$

$$SS_{B\times C} = SS_{B\cdot C} - SS_B - SS_C = 97.89 - 68.22 - 9.0 = 20.67$$

$$SS_{A\cdot B\cdot C} = \sum_i \sum_j \sum_k \frac{Y_{ijk\cdot}^2}{n} - \frac{Y_{\cdots}^2}{abcn}$$

$$= \frac{15^2 + 13^2 + 19^2 + \cdots + 20^2 + 22^2}{2} - \frac{(322)^2}{36}$$

$$= 3172 - 2880.11 = 291.89$$

$$SS_{A\times B\times C} = SS_{A\cdot B\cdot C} - SS_A - SS_B - SS_C - SS_{A\times B} - SS_{A\times C} - SS_{B\times C}$$

$$= 291.89 - 20.22 - 68.22 - 9.0 - 160.44 - 8.67 - 20.67$$

$$= 4.67$$

$$SS_E = SS_T - SS_{A\cdot B\cdot C} = 381.89 - 291.89 = 90.0$$

將各平方和除以自由度所得均方及 F_0 值整理如下變異數分析表

表 8.8　化學產品產量的三因子變異數分析表

變異來源	平方和	自由度	均方	F_0 值
溫度(A)	20.22	2	10.11	2.02
ph 值(B)	68.22	2	34.11	6.82
時間(C)	9.0	1	9.0	1.80
A×B	160.44	4	40.11	8.02
A×C	8.67	2	4.33	0.87
B×C	20.67	2	10.33	2.07

A×B×C	4.67	4	1.17	0.23
誤差	90.0	18	5.00	
總和	381.89	35		

主因子效果的檢定中，$F_0 = MS_A/MS_E = 10.11/5.00 = 2.02 < F_{0.05,2,18} = 3.55$，故反應溫度對產量的影響效果不顯著。對因子 B 而言，$F_0 = MS_B/MS_E = 34.11/5.00 = 6.82 > F_{0.05,2,18} = 3.55$，故 ph 值對產量影響效果很大。又 $F_0 = MS_C/MS_E = 9.0/5.0 = 1.80 < F_{0.05,1,18} = 4.41$，故反應時間的影響效果不顯著。在交互作用效果中值太小者表示效果不顯著，值較大的 $F_0 = MS_{A×B}/MS_E = 40.11/5.00 = 8.02 > F_{0.05,4,18} = 2.93$，故反應溫度與 ph 值的交互作用效果顯著。而 $F_0 = MS_{B×C}/MS_E = 10.33/5.00 = 2.07 < F_{0.05,2,18} = 3.55$，故 ph 值與反應時間的交互作用不顯著。

由以上變異數分析知，交互作用 A×B×C 不顯著，而二因子的交互作用亦只有 A×B 的效果顯著，因此，若要比較因子效果，則應考慮 A，B 兩因子水準組合的處理均值的比較。例如考慮三個對比

$$L_1 = \frac{\mu_{11\cdot} + \mu_{22\cdot} + \mu_{33\cdot}}{3} - \frac{\mu_{31\cdot} + \mu_{22\cdot} + \mu_{13\cdot}}{3}$$

$$L_2 = \mu_{12\cdot} - \mu_{32\cdot}$$

$$L_3 = \mu_{21\cdot} - \mu_{23\cdot}$$

則由表 8.7，L_1，L_2 及 L_3 的估計值為

$$\hat{L_1} = \frac{\overline{Y}_{11\cdots} + \overline{Y}_{22\cdots} + \overline{Y}_{33\cdots}}{3} - \frac{\overline{Y}_{31} + \overline{Y}_{22} + \overline{Y}_{13}}{3}$$

$$= \frac{(28+40+42)/4}{3} - \frac{(20+40+44)/4}{3}$$

$$= 9.167 - 8.667 = -0.5$$

$$\hat{L}_2 = \overline{Y}_{12}.. - \overline{Y}_{32}.. = \frac{24}{4} - 56/4 = 6 - 14 = -8$$

$$\hat{L}_3 = \overline{Y}_{21}.. - \overline{Y}_{23}.. = 36/4 - 32/4 = 9 - 8 = 1$$

對應的變異數，因 $MS_E = 5.00$，自由度爲 18，得

$$\widehat{Var}(\hat{L}_1) = \frac{MS_E}{cn} \sum_i \sum_j C_{ij}^2 = \frac{5.00}{2 \times 2} \left(\frac{1}{9} + \frac{1}{9} + \frac{1}{9} + \frac{1}{9} + \frac{1}{9} + \frac{1}{9} \right)$$

$$= 0.833$$

$$\widehat{Var}(\hat{L}_2) = \frac{5.00}{2 \times 2} (1+1) = 2.50 = \widehat{Var}(\hat{L}_3)$$

因 $t_{0.025,18} = 2.101$ 各個對比 L_i，$i = 1$，2，3 的 95% 信賴區間分別爲

對 L_1 而言

$$\hat{L}_1 \pm t_{0.025,18} \sqrt{\widehat{Var}(\hat{L}_1)} = -0.5 \pm 2.101 \times \sqrt{0.833}$$

$$= -0.5 \pm 1.92$$

故　　　　$-2.42 \leq L_1 \leq 1.42$

L_2 的 95% 信賴區間則爲

$$\hat{L}_2 \pm t_{0.025,18} \sqrt{\widehat{Var}(\hat{L}_2)} = -8 \pm 2.101\sqrt{2.5} = -8 \pm 3.32$$

故　　　　$-11.32 \leq L_2 \leq -4.68$

L_3 的 95% 信賴區間爲

$$\hat{L}_3 \pm t_{0.025,18} \sqrt{\widehat{Var}(\hat{L}_3)} = 1 \pm 2.101\sqrt{2.5} = +1 \pm 3.32$$

故　　　　$-2.32 \leq L_3 \leq 4.32$

表示只有 L_2 的對比不爲 0，即 $\mu_{12}. \neq \mu_{32}.$.

L_1，L_2 與 L_3 作多重比較，以 Scheffé 法求 95% 聯合信賴區間，則 L_1 的聯合信賴區間爲

$$\hat{L}_1 \pm \sqrt{(ab-1)F_{\alpha,ab-1,abc(n-1)}} \sqrt{\widehat{Var}(\hat{L}_1)}$$

$$= -0.5 \pm \sqrt{(9-1) \times F_{0.05,8,18}} \sqrt{0.833}$$

$$= -0.5 \pm \sqrt{8 \times 2.51 \times 0.833}$$

$$= -0.5 \pm 4.09$$

故 $\qquad -4.59 \leq L_1 \leq 3.59$

L_2 的聯合信賴區間為

$$\hat{L}_2 \pm \sqrt{(9-1) F_{0.05,8,18}} \sqrt{\widehat{\text{Var}}(\hat{L}_2)}$$

$$= -8 \pm \sqrt{8 \times 2.51 \times 2.5} = -8 \pm 7.08$$

故 $\qquad -15.08 \leq L_2 \leq -0.92$

而 L_3 的 Scheffé 聯合信賴區間為

$$\hat{L}_3 \pm \sqrt{(9-1) F_{0.05,8,18}} \sqrt{\widehat{\text{Var}}(\hat{L}_3)}$$

$$= +1 \pm \sqrt{8 \times 2.51 \times 2.5} = 1 \pm 7.08$$

得 $\qquad -6.08 \leq L_3 \leq 8.08$

故只有 L_2 的對比顯著不為 0，即 $\mu_{12.} \neq \mu_{32.}$ 兩者差異顯著。

例 8.3　果汁銷售量

　　例 8.1 果汁銷售量的三因子變異數分析結果，由變異數分析表 8.5，所有交互作用在 $\alpha = 0.05$ 的顯著水準下，交互作用效果不存在。因此可以直接考慮二個效果顯著的主因子均值的比較，以包裝法不同（因子 B）的各種均值比較來說明。設考慮以下二個

$$L_1 = \frac{\mu_{.1.} + \mu_{.2.}}{2} - \mu_{.3.}$$

$$L_2 = \mu_{.1.} - \mu_{.2.}$$

則 L_1，L_2 的估計值，由 a＝3，c＝2，n＝2 及表 8.4，可得

$$\hat{L}_1 = \frac{\overline{Y}_{\cdot 1 \cdot \cdot} + \overline{Y}_{\cdot 2 \cdot \cdot}}{2} - \overline{Y}_{\cdot 3 \cdot \cdot}$$

$$= \frac{(381+323)/(3 \times 2 \times 2)}{2} - \frac{444}{3 \times 2 \times 2} = -7.667$$

$$\hat{L}_2 = \overline{Y}_{\cdot 1 \cdot \cdot} - \overline{Y}_{\cdot 2 \cdot \cdot} = \frac{381}{3 \times 2 \times 2} - \frac{323}{3 \times 2 \times 2}$$

$$= 31.75 - 26.917 = 4.833$$

由例 8.1，得 $MS_E = 1.06$，其自由度為 18，故百分位數 $t_{0.025,18} = 2.101$，又 L_1，L_2 的變異數估計值為

$$\widehat{Var}(\hat{L}_1) = \frac{MS_E}{acn} \sum_{j=1} C_j^2 = \frac{1.06}{3 \times 2 \times 2} \times (\frac{1}{4} + \frac{1}{4} + 1) = 0.13$$

$$\widehat{Var}(\hat{L}_2) = \frac{MS_E}{acn} \sum_{j=1} C_j^2 = \frac{1.06}{3 \times 2 \times 2} \times (1+1) = 0.177$$

故 L_1 的 95%信賴區間為

$$\hat{L}_1 \pm t_{0.025,18} \sqrt{\widehat{Var}(\hat{L}_1)} = -7.667 \pm 2.101 \times \sqrt{0.13}$$

$$= -7.667 \pm 0.765$$

故　　　$-8.427 \le L_1 \le -6.902$

而 L_2 的 95%信賴區間為

$$\hat{L}_2 \pm t_{0.025,18} \sqrt{\widehat{Var}(\hat{L}_2)} = 4.833 \pm 2.101 \sqrt{0.177} = 4.833 \pm 0.884$$

故　　　$3.949 \le L_2 \le 5.717$

用 Scheffé 法作 L_1，L_2 的多重比較，則 L_1 的 95%Scheffé 聯合信賴區間為

$$\hat{L}_1 \pm \sqrt{(b-1)F_{\alpha,b-1,abc(n-1)}} \sqrt{\widehat{Var}(\hat{L}_1)}$$

$$= -7.667 \pm \sqrt{(3-1)F_{0.05,2,18}} \sqrt{0.13}$$

$$= -7.667 \pm \sqrt{2 \times 3.55 \times 0.13} = -7.667 \pm 0.961$$

故

$$-8.628 \leq L_1 \leq -6.706$$

L_2 的 95%Scheffé 聯合信賴區間爲

$$\hat{L}_2 \pm \sqrt{2 \times F_{0.05,2,18}} \sqrt{\widehat{Var}(\hat{L}_2)}$$

$$= 4.833 \pm \sqrt{2 \times 3.55} \sqrt{0.177} = 4.833 \pm 1.121$$

故

$$3.712 \leq L_2 \leq 5.954$$

因 L_1, L_2 的 Scheffé 聯合信賴區間都不包含 0, 表示兩個對比 L_1, L_2 都顯著不爲 0, 即應拒絕虛無假設 H_{01}: $L_1 = 0$ 及 H_{02}: $L_2 = 0$。

若改以 Bonferroni 法做 L_1, L_2 的多重比較, 則因 g=2, 在 $\alpha = 0.05$ 下, $t_{\alpha/(2g),abc(n-1)} = t_{0.05/4,18} = 2.454$, 故 L_1 的 95%Bonferroni 聯合信賴區間爲

$$\hat{L}_1 \pm t_{\alpha/(2g),abc(n-1)} \sqrt{\widehat{Var}(\hat{L}_1)}$$

$$= -7.667 \pm 2.454 \times \sqrt{0.13} = -7.667 \pm 0.885$$

即

$$-8.552 \leq L_1 \leq -6.782$$

L_2 的 Bonferroni 聯合信賴區間爲

$$\hat{L}_2 \pm t_{\alpha/(2g),abc(n-1)} \sqrt{\widehat{Var}(\hat{L}_2)}$$

$$= 4.833 \pm 2.454 \sqrt{0.177} = 4.833 \pm 1.032$$

故　　　$$3.801 \leq L_2 \leq 5.865$$

因 L_1, L_2 的 Bonferroni 聯合信賴區間亦都不包含 0, 故結論亦爲兩個對比, L_1, L_2 都顯著不爲 0。

8-3　三因子隨機效果模式和混合效果模式

　　和單因子變異數分析或二因子變異數分析一樣，三因子隨機效果模式和混合效果模式做變異數分析時，各因子平方和的分解與計算，和三因子固定效果模式的平方和分解與計算完全相同。隨機或混合效果模式的主要問題，也和二因子變異數分析一樣，是各均方期望值的求取。若各因子均方期望值已知，則由均方期望值的差別與比較，可以決定各因子水準效果作 F 檢定時的檢定統計量，並可求出各變異數分量的估計式。

　　三因子隨機效果模式可寫成

$$Y_{ijkm} = \mu + \alpha_i + \beta_j + \gamma_k + (\alpha\beta)_{ij} + (\alpha\gamma)_{ik} + (\beta\gamma)_{jk}$$
$$+ (\alpha\beta\gamma)_{ijk} + \varepsilon_{ijkm}$$

$$i=1, 2, \cdots, a; \qquad j=1, 2, \cdots, b$$
$$k=1, 2, \cdots, c; \qquad m=1, 2, \cdots, n \qquad\qquad (8.5)$$

其中

　　μ 爲總平均值，是一常數

　　α_i, β_j, γ_k, $(\alpha\beta)_{ij}$, $(\alpha\gamma)_{ik}$, $(\beta\gamma)_{jk}$, $(\alpha\beta\gamma)_{ijk}$ 及 ε_{ijkm} 都是獨立的常態隨機變數，其期望值都是 0，而變異數分別爲 σ_α^2, σ_β^2, σ_γ^2, $\sigma_{\alpha\beta}^2$, $\sigma_{\alpha\gamma}^2$, $\sigma_{\beta\gamma}^2$, $\sigma_{\alpha\beta\gamma}^2$ 及 σ^2。$i=1, 2, \cdots, a$; $j=1, 2, \cdots, b$; $k=1, 2, \cdots, c$; $m=1, 2, \cdots, n$。因觀察值 Y_{ijkm} 是 μ 與一些獨立常態隨機變數的和，故 Y_{ijkm} 的機率分配亦爲常態分配，且其期望值與變異數分別爲

　　$E\{Y_{ijkm}\} = \mu$

　　$\{Y_{ijkm}\} = \sigma_Y^2 = \sigma_\alpha^2 + \sigma_\beta^2 + \sigma_\gamma^2 + \sigma_{\alpha\beta}^2 + \sigma_{\alpha\gamma}^2 + \sigma_{\beta\gamma}^2 + \sigma_{\alpha\beta\gamma}^2 + \sigma^2$

$Var(Y_{ijkm})$ 中的各個分量 σ_α^2, σ_β^2, $\cdots$, $\sigma_{\alpha\beta\gamma}^2$, σ^2 等即稱爲變異數分量。

各平方和分解後，各除以對應的自由度，所得均方，再求其期望值，公式可整理如下表

表 8.9　三因子隨機效果模式的均方期望值

均方(MS)	自由度(d.f.)	均方期望值 E(MS)
$MS_A = SS_A/d.f.$	$a-1$	$\sigma^2 + nbc\sigma_\alpha^2 + nc\sigma_{\alpha\beta}^2 + nb\sigma_{\alpha\gamma}^2 + n\sigma_{\alpha\beta\gamma}^2$
$MS_B = SS_B/d.f.$	$b-1$	$\sigma^2 + nac\sigma_\beta^2 + nc\sigma_{\alpha\beta}^2 + na\sigma_{\beta\gamma}^2 + n\sigma_{\alpha\beta\gamma}^2$
$MS_C = SS_C/d.f.$	$c-1$	$\sigma^2 + nab\sigma_\gamma^2 + nb\sigma_{\alpha\gamma}^2 + na\sigma_{\beta\gamma}^2 + n\sigma_{\alpha\beta\gamma}^2$
$MS_{A \times B} = SS_{A \times B}/d.f.$	$(a-1)(b-1)$	$\sigma^2 + nc\sigma_{\alpha\beta}^2 + n\sigma_{\alpha\beta\gamma}^2$
$MS_{A \times C} = SS_{A \times C}/d.f.$	$(a-1)(c-1)$	$\sigma^2 + nb\sigma_{\alpha\gamma}^2 + n\sigma_{\alpha\beta\gamma}^2$
$MS_{B \times C} = SS_{B \times C}/d.f.$	$(b-1)(c-1)$	$\sigma^2 + na\sigma_{\beta\gamma}^2 + n\sigma_{\alpha\beta\gamma}^2$
$MS_{A \times B \times C} = SS_{A \times B \times C}/d.f.$	$(a-1)(b-1)(c-1)$	$\sigma^2 + n\sigma_{\alpha\beta\gamma}^2$
$MS_E = SS_E/d.f.$	$(n-1)abc$	σ^2

由上表易知，檢定 H_0： $\sigma_{\alpha\beta\gamma}^2 = 0$ 對立 H_1： $\sigma_{\alpha\beta\gamma}^2 \neq 0$ 時，檢定統計量 $F_0 = MS_{A \times B \times C}/MS_E > F_{\alpha,(a-1)(b-1)(c-1),abc(n-1)}$ 則拒絕 H_0。檢定二因子交互作用效果時，各均方期望值，與 $E(MS_{A \times B \times C}) = \sigma^2 + n\sigma_{\alpha\beta\gamma}^2$ 比較，易知檢定統計量 F_0 的分母都應取 $MS_{A \times B \times C}$。例如，檢定 H_0： $\sigma_{\alpha\beta}^2 = 0$ 對立 H_1： $\sigma_{\alpha\beta}^2 \neq 0$，則當 $F_0 = MS_{A \times B}/MS_{A \times B \times C} > F_{\alpha,(a-1)(b-1),(a-1)(b-1)(c-1)}$ 則拒絕虛無假設。同理，檢定 H_0： $\sigma_{\alpha\gamma}^2 = 0$，則拒絕域為 $F_0 = MS_{A \times C}/MS_{A \times B \times C} > F_{\alpha,(a-1)(c-1),(a-1)(b-1)(c-1)}$，而檢定 H_0： $\sigma_{\beta\gamma}^2 = 0$，則拒絕域為 $F_0 = MS_{B \times C}/MS_{A \times B \times C} > F_{\alpha,(b-1)(c-1),(a-1)(b-1)(c-1)}$。

檢定主因子效果時，由表 8.9 的均方期望值，不易找出精確的 F 檢定統計量以檢定主效果。解決的方法常用的有以下二種

⑴假設交互作用效果不存在

例如上表 8.9，若假設二因子的交互作用效果不存在，即假設 $\sigma_{\alpha\beta}^2 = $

$\sigma_{\alpha\gamma}{}^2 = \sigma_{\beta\gamma}{}^2 = 0$,　則

$$E(MS_A) = \sigma^2 + nbc\sigma_\alpha{}^2 + n\sigma_{\alpha\beta\gamma}{}^2$$

$$E(MS_B) = \sigma^2 + nac\sigma_\beta{}^2 + n\sigma_{\alpha\beta\gamma}{}^2$$

$$E(MS_C) = \sigma^2 + nab\sigma_\gamma{}^2 + n\sigma_{\alpha\beta\gamma}{}^2$$

與 $E(MS_{A\times B\times C})$ 比較，故檢定 H_0： $\sigma_\alpha{}^2 = 0$ 對立 H_1： $\sigma_\alpha{}^2 \neq 0$ 時，可取 $F_0 = MS_A/MS_{A\times B\times C}$ 為檢定統計量，即 $F_0 > F_{\alpha,(a-1),(a-1)(b-1)(c-1)}$ 時，拒絕虛無假設 H_0： $\sigma_\alpha{}^2 = 0$，而檢定 H_0： $\sigma_\beta{}^2 = 0$，則取 $F_0 = MS_B/MS_{A\times B\times C} > F_{\alpha,(b-1),(a-1)(b-1)(c-1)}$ 為拒絕域，又檢定 H_0： $\sigma_\gamma{}^2 = 0$ 時，拒絕域為 $F_0 = MS_C/MS_{A\times B\times C} > F_{\alpha,(c-1),(a-1)(b-1)(c-1)}$。現在的問題是 $\sigma_{\alpha\beta}{}^2 = \sigma_{\alpha\gamma}{}^2 = \sigma_{\beta\gamma}{}^2 = 0$ 的假設合理嗎？若由相關的知識或其他類似的實驗和問題給我們的經驗和瞭解，而加以判斷交互作用不存在，似乎也是一法，但事實上檢查此假設是否成立是很難的問題。常用的方法是先檢定交互作用效果 H_0： $\sigma_{\alpha\beta}{}^2 = 0$ 等是否成立，利用前述 F 檢定若 H_0： $\sigma_{\alpha\beta}{}^2 = 0$, H_0： $\sigma_{\alpha\gamma}{}^2 = 0$, H_0： $\sigma_{\beta\gamma}{}^2 = 0$ 都不能拒絕，則認定 $\sigma_{\alpha\beta}{}^2 = \sigma_{\alpha\gamma}{}^2 = \sigma_{\beta\gamma}{}^2 = 0$，然後再檢定主效果 H_0： $\sigma_\alpha{}^2 = 0$ 等是否成立。這個方法實際應用最簡便，但 H_0： $\sigma_{\alpha\beta}{}^2 = 0$ 的認定受型 I 誤差與型 II 誤差影響，故再檢定 H_0： $\sigma_\alpha{}^2 = 0$ 時，真正檢定的型 I 誤差可能會與給定的顯著水準 α 不相同。

當三因子交互作用不存在時，即檢定 H_0： $\sigma_{\alpha\beta\gamma}{}^2 = 0$ 時，不拒絕 $\sigma_{\alpha\beta\gamma}{}^2 = 0$，而認定 $\sigma_{\alpha\beta\gamma}{}^2 = 0$，則 $E[MS_{A\times B\times C}] = \sigma^2$，且 $E[MS_E] = \sigma^2$，故 $MS_{A\times B\times C}$ 及 MS_E 均為 σ^2 的不偏估計式，故自然想到把兩者混和，做成組合估計式

$$MS_E' = \frac{abc(n-1)MS_E + (a-1)(b-1)(c-1)MS_{A\times B\times C}}{abc(n-1) + (a-1)(b-1)(c-1)}$$

易知 $E(MS_E') = \sigma^2$，且 MS_E' 的自由度為 $abc(n-1) + (a-1)(b-1)(c-1)$，而不是原來 MS_E 的自由度 $abc(n-1)$。用組合估計式 MS_E' 的

缺點是，若檢定 H_0: $\sigma_{\alpha\beta\gamma}^2=0$ 的型 II 誤差太大，而使 $\sigma_{\alpha\beta\gamma}^2\neq0$ 者被誤判為 $\sigma_{\alpha\beta\gamma}^2=0$，則較大的 $MS_{A\times B\times C}$ 可能與 MS_E 組合後，使 MS_E' 放大，而在檢定其他因子效果時，F 檢定的分母改取 MS_E' 時，F_0 值變小使得虛無假設不易拒絕，而使因子效果檢定的結論大部分變成不存在而不符實際情況。用組合估計式的優點是若原來 MS_E 的自由度較小（比如小於 6），則組合後的 MS_E' 自由度放大，而增加 σ^2 估計式的準確度，亦增加各因子效果檢定的準確性。因此建議，當原來 MS_E 的自由度大於 6 時，不用組合估計式 MS_E'，若原來 MS_E 的自由度小於 6 時，檢定 H_0: $\sigma_{\alpha\beta\gamma}^2=0$ 的顯著水準取成 $\alpha=0.25$，若不能拒絕 H_0，則將 $MS_{A\times B\times C}$ 與 MS_E 組合成 MS_E' 利用它作後續的 F 檢定。

(2) Satterthwaite 近似 F 檢定法

當交互作用不能假設它們不存在時，我們仍需對主因子效果等做檢定，則可用以下近似 F 檢定法。**Satterthwaite 近似法**，選取適當的均方的線性組合，如

$$MS'=MS_r+\cdots+MS_s$$

及

$$MS''=MS_u+\cdots+MS_v$$

使得 $E(MS')-E(MS'')$ 恰等於虛無假設上的變異數分量的倍數，則檢定統計量

$$F^*=\frac{MS'}{MS''} \tag{8.6}$$

服從近似 F 分配，其自由度為 p，q，其中

$$p=\frac{(MS_r+\cdots+MS_s)^2}{MS_r^2/f_r+\cdots+MS_s^2/f_s} \tag{8.7 a}$$

且

$$q=\frac{(MS_u+\cdots+MS_v)^2}{MS_u^2/f_u+\cdots+MS_v^2/f_v} \tag{8.7 b}$$

p，q 公式中的 f_r，f_u 等是 MS_r，MS_u 等所對應的自由度，而 p，q 值計

算出可能不是整數,因此查 F 分配的分位數 $F_{\alpha,p,q}$ 時要用挿補法求 $F_{\alpha,p,q}$ 值。例如, 檢定 H_0: $\sigma_\alpha^2 = 0$, 則取

$$MS' = MS_A + MS_{A \times B \times C}$$

$$MS'' = MS_{A \times B} + MS_{A \times C}$$

則因 $E(MS') - E(MS'') = 2\sigma^2 + nbc\sigma_\alpha^2 + nc\sigma_{\alpha\beta}^2 + nb\sigma_{\alpha\gamma}^2 + 2n\sigma_{\alpha\beta\gamma}^2$

$$- [2\sigma^2 + nc\sigma_{\alpha\beta}^2 + nb\sigma_{\alpha\gamma}^2 + 2n\sigma_{\alpha\beta\gamma}^2]$$

$$= nbc\sigma_\alpha^2$$

故可取檢定統計量 $F^* = MS'/MS'' > F_{\alpha,p,q}$ 爲拒絕域。其中 p, q, 由(8.7 a), (8.7 b)式可得

$$p = \frac{(MS_A + MS_{A \times B \times C})^2}{MS_A^2/(a-1) + MS_{A \times B \times C}^2/((a-1)(b-1)(c-1))} \qquad (8.8\ a)$$

$$q = \frac{(MS_{A \times B} + MS_{A \times C})^2}{MS_{A \times B}^2/((a-1)(b-1)) + MS_{A \times C}^2/((a-1)(c-1))} \qquad (8.8\ b)$$

例 8.4　反應條件與產量

　　例 8.2 研究反應溫度 (因子 A), 溶液 ph 值 (因子 B) 及反應時間 (因子 C)對化學產品產量的影響時, 若假設因子水準的選取, 都是由所有可能因子水準的母體隨機抽出的樣本水準, 而視爲隨機模式來做變異數分析, 則各平方和的計算與例 8.2 的結果完全相同。檢定各因子效果時, 若先檢定 H_0: $\sigma_{\alpha\beta\gamma}^2 = 0$ 否, 由表 8.10 的變異數分析表因 $F_0 = MS_{A \times B \times C}/MS_E = 1.17/5.00 = 0.23 < F_{0.1,4,18} = 2.29$, 故三因子交互作用效果不顯著。而 MS_E 的自由度 $18 > 6$, 故不必做組合估計式 MS_E'。而檢定 H_0: $\sigma_{\alpha\beta}^2 = 0$ 時, 檢定統計量 $F_0 = MS_{A \times B}/MS_{A \times B \times C} = 40.11/1.17 = 34.28 > F_{0.01,4,4} = 15.98$, 故反應溫度與 ph 值交互作用效果非常顯著。檢定 H_0: $\sigma_{\alpha\gamma}^2 = 0$, 則檢定統計量 $F_0 = MS_{A \times C}/MS_{A \times B \times C} = 4.33/1.17 = 3.7 < F_{0.05,2,4} = 6.94$, 故反應溫度與反應時間交互作用不顯著。檢定 H_0:

$\sigma_{\beta\gamma}^2=0$，檢定統計量 $F_0=MS_{B\times C}/MS_{A\times B\times C}=10.33/1.17=8.83>F_{0.05,2,4}=6.94$，故 ph 值與反應時間二者交互作用效果顯著。檢定 H_0：$\sigma_\alpha^2=0$ 時，因交互作用存在，可用 Satterwaite 近似法檢定，而

表 8.10　產品產量的隨機效果模式變異數分析

變異來源	平方和	自由度	均方	F_0值
溫度(A)	20.22	2	10.11	
ph 值(B)	68.22	2	34.11	
時間(C)	9.0	1	9.0	
A×B	160.44	4	40.11	34.28
A×C	8.67	2	4.33	3.70
B×C	20.67	2	10.33	8.83
A×B×C	4.67	4	1.17	0.23
誤差	90.0	18	5.00	
總和	381.89	35		

$$MS'=MS_A+MS_{A\times B\times C}=10.11+1.17=11.28$$
$$MS''=MS_{A\times B}+MS_{A\times C}=40.11+4.33=44.44$$

又

$$p=\frac{(10.11+1.17)^2}{(10.11)^2/2+(1.17)^2/4}=\frac{127.24}{51.45}=2.47$$
$$q=\frac{(40.11+4.33)^2}{(40.11)^2/4+(4.33)^2/2}=\frac{1974.91}{411.58}=4.80$$

檢定統計量 $F^*=MS'/MS''=11.28/44.44=0.25<F_{0.1,3,5}=3.62<F_{0.1,2.47,4.80}$，故反應溫度效果不顯著。檢定 H_0：$\sigma_\beta^2=0$，則取

$$MS'=MS_B+MS_{A\times B\times C}=34.11+1.17=35.28$$
$$MS''=MS_{A\times B}+MS_{B\times C}=40.11+10.33=50.44$$

因 $E(MS') - E(MS'') = nac\sigma_\beta^2$。又

$$p = \frac{(34.11 + 1.17)^2}{(34.11)^2/2 + (1.17)^2/4} = \frac{1244.68}{582.09} = 2.14$$

$$q = \frac{(40.11 + 10.33)^2}{(40.11)^2/4 + (10.33)^2/2} = \frac{2544.19}{455.56} = 5.58$$

檢定統計量 $F^* = MS'/MS'' = 35.28/50.44 = 0.70 < F_{0.1,3,6} = 3.29 <$

$F_{0.1,2.14,5.58}$，故 ph 值的效果亦不顯著。而檢定 H_0：$\sigma_\gamma^2 = 0$ 時，取

$$MS' = MS_C + MS_{A \times B \times C} = 9.00 + 1.17 = 10.17$$

$$MS'' = MS_{A \times C} + MS_{B \times C} = 4.33 + 10.33 = 14.66$$

而

$$p = \frac{(9.0 + 1.17)^2}{(9.0)^2/1 + (1.17)^2/4} = \frac{103.43}{81.34} = 1.27$$

$$q = \frac{(4.33 + 10.33)^2}{(4.33)^2/2 + (10.33)^2/2} = \frac{214.92}{62.73} = 3.43$$

檢定統計量 $F^* = MS'/MS'' = 10.17/14.66 = 0.69 < F_{0.1,2,4} = 4.32 <$

$F_{0.1,1.27,3.43}$，故反應時間的效果亦不顯著。

三因子混合效果模式，設因子 A 為固定效果模式，因子 B，C 為隨機效果，則統計模式為

$$Y_{ijkm} = \mu_{\cdots} + \alpha_i + \beta_j + \gamma_k + (\alpha\beta)_{ij} + (\alpha\gamma)_{ik} + (\beta\gamma)_{jk}$$
$$+ (\alpha\beta\gamma)_{ijk} + \varepsilon_{ijkm}$$

$$i = 1, 2, \cdots, a; \quad j = 1, 2, \cdots, b$$

$$k = 1, 2, \cdots, c; \quad m = 1, 2, \cdots, n \tag{8.9}$$

其中 μ 為總平均值是一常數

α_i 為一常數，表示因子 A 在第 i 水準的因子效果

β_j，γ_k，$(\alpha\beta)_{ij}$，$(\alpha\gamma)_{ik}$，$(\beta\gamma)_{jk}$，$(\alpha\beta\gamma)_{ijk}$ 為二二獨立的常態隨機變數，其期望值都是 0，而變異數分別為 σ_β^2，σ_γ^2，$\sigma_{\alpha\beta}^2$，$\sigma_{\alpha\gamma}^2$，$\sigma_{\beta\gamma}^2$ 及 $\sigma_{\alpha\beta}^2$。而誤差項 ε_{ijkm} 為獨立的常態 $N(0, \sigma^2)$ 分配的隨機變數且與各隨機分量

互爲獨立。又

$$\sum_i \alpha_i = \sum_i (\alpha\beta)_{ij} = \sum_i (\alpha\gamma)_{ik} = \sum_i (\alpha\beta\gamma)_{ijk} = 0$$

$$i=1, \cdots, a; \; j=1, \cdots, b; \; k=1, \cdots, c; \; m=1, \cdots, n$$

注意交互作用項，因交互作用因子中至少都有一隨機效果，故爲隨機變數，而隨機效果項之間可能有各種相關存在，今且不詳述。混合效果模式(8.9)的觀察值 Y_{ijkm} 的機率分配，其變異數爲一常數，而期望值爲

$$E(Y_{ijkm}) = \mu + \alpha_i$$

模式(8.9)變異數分析時, 各平方和的計算和分解都與固定效果模式的情況完全相同。平方和除以自由度的均方，其對應的均方期望值等，整理如下表

表 8.11　三因子混合效果模式的均方期望值

均方(MS)	自由度(d.f.)	均方期望值 E(MS)
$MS_A = SS_A/d.f.$	$a-1$	$\sigma^2 + nbc\dfrac{\sum \alpha_i^2}{a-1} + nc\sigma_{\alpha\beta}^2 + nb\sigma_{\alpha\gamma}^2 + n\sigma_{\alpha\beta\gamma}^2$
$MS_B = SS_B/d.f.$	$b-1$	$\sigma^2 + nac\sigma_{\beta}^2 + na\sigma_{\beta\gamma}^2$
$MS_C = SS_C/d.f.$	$c-1$	$\sigma^2 + nab\sigma_{\gamma}^2 + na\sigma_{\beta\gamma}^2$
$MS_{A\times B} = SS_{A\times B}/d.f.$	$(a-1)(b-1)$	$\sigma^2 + nc\sigma_{\alpha\beta}^2 + n\sigma_{\alpha\beta\gamma}^2$
$MS_{A\times C} = SS_{A\times C}/d.f.$	$(a-1)(c-1)$	$\sigma^2 + nb\sigma_{\alpha\gamma}^2 + n\sigma_{\alpha\beta\gamma}^2$
$MS_{B\times C} = SS_{B\times C}/d.f.$	$(b-1)(c-1)$	$\sigma^2 + na\sigma_{\beta\gamma}^2$
$MS_{A\times B\times C} = SS_{A\times B\times C}/d.f.$	$(a-1)(b-1)(c-1)$	$\sigma^2 + n\sigma_{\alpha\beta\gamma}^2$
$MS_E = SS_E/d.f.$	$(n-1)abc$	σ^2

比較各均方的期望值, 可以看出, 檢定 $H_0: \sigma_{\alpha\beta\gamma}^2 = 0$ 時, 檢定統計量 $F_0 = MS_{A\times B\times C}/MS_E$, 而檢定 $H_0: \sigma_{\alpha\beta}^2 = 0$ 時, 檢定統計量 $F_0 = MS_{A\times B}/MS_{A\times B\times C}$, 檢定 $H_0: \sigma_{\alpha\gamma}^2 = 0$ 時, 檢定統計量用 $F_0 = MS_{A\times C}/MS_{A\times B\times C}$ 此

三種情況和前述隨機效果模式一樣，但檢定 H_0：$\sigma_{\beta\gamma}^2=0$ 時，檢定統計量，應取 $F_0=MS_{B\times C}/MS_E$，其分母是 MS_E 而不是 $MS_{A\times B\times C}$ 而 $F_0>F_{\alpha,(b-1)(c-1),abc(n-1)}$，則拒絕虛無假設 H_0：$\sigma_{\beta\gamma}^2=0$。檢定主因子效果時，若檢定 H_0：σ_{β}^2，則有精確的 F 檢定法可用，即取檢定統計量 $F_0=MS_B/MS_{B\times C}$，當 $F_0>F_{\alpha,(b-1),(b-1)(c-1)}$ 時拒絕 H_0：$\sigma_{\beta}^2=0$，同理，檢定 H_0：$\sigma_{\gamma}^2=0$ 時，取 $F_0=MS_C/MS_{B\times C}$ 為檢定統計量，取 $F_0>F_{\alpha,(c-1),(b-1)(c-1)}$ 為拒絕域。但檢定主因子的固定效果 H_0：$\alpha_i\equiv0$ 時，只能用近似 F 檢定法，取

$$MS'=MS_A+MS_{A\times B\times C}$$
$$MS''=MS_{A\times B}+MS_{A\times C}$$

則　　　$E(MS')-E(MS'')=nbc\dfrac{\sum\limits_{i=1}^{a}\alpha_i^2}{a-1},$

故取檢定統計量為

$$F^*=\dfrac{MS'}{MS''}$$

而 F^* 在 H_0 為真時，其機率分配為近似自由度為 p，q 的 F 分配，其中 p，q 值的計算公式如(8.8 a)及(8.8 b)，則 $F^*>F_{\alpha,p,q}$ 時即拒絕虛無假設 H_0：$\alpha_i\equiv0$。

例 8.5　反應條件與產量

　　例 8.2 研究反應溫度（因子 A），溶液 ph 值（因子 B）及反應時間（因子 C）對化學產品產量的影響時，若反應溫度的三水準是特別取定的，而 ph 值與反應時間水準值的選取是由水準母體隨機選取的，則反應溫度為固定效果，而溶液 ph 值及反應時間為隨機效果。以例 8.2 的數據，用混合模式(8.9)來做變異數分析時，各平方和的計算與例 8.2 的計

算完全相同。所得平方和除以自由度所得均方，及各檢定的 F_0 值整理成如下變異數分析表

表 8.12 產品產量的混合效果模式變異數分析表

變異來源	平方和	自由度	均方	F_0 值
溫度（A）	20.22	2	10.11	
ph 值（B）	68.22	2	34.11	3.30
時間（C）	9.0	1	9.0	0.87
A×B	160.44	4	40.11	34.28
A×C	8.67	2	4.33	3.70
B×C	20.67	2	10.33	2.07
A×B×C	4.67	4	1.17	0.23
誤差	90.0	18	5.00	
總和	381.89	35		

檢定 H_0：$\sigma_{\alpha\beta\gamma}^2=0$ 時，由上表，因 $F_0=MS_{A\times B\times C}/MS_E=1.17/5.00=0.23<F_{0.1,4,8}=2.29$，故三因子交互作用效果不顯著。而 MS_E 的自由度爲 $18>6$，故不必做組合估計式 $MS_E{}'$。而檢定 H_0：$\sigma_{\alpha\beta}^2=0$，及檢定 H_0：$\sigma_{\alpha\gamma}^2=0$ 時，檢定統計量的 F_0 值與前述例 8.4 隨機效果模式的分析完全相同，可知反應溫度與 ph 值（A×B）交互作用效果非常顯著，而反應溫度與反應時間（A×C）交互效果不顯著。對檢定 H_0：$\sigma_{\beta\gamma}^2=0$ 時，檢定統計量應取 $F_0=MS_{B\times C}/MS_E$，而 $F_0=10.33/5.00=2.07<F_{0.05,2,18}=3.55$，故 ph 值與反應時間兩者的交互作用不顯著，此結論與例 8.4 結論不同。檢定主因子效果時，檢定 H_0：$\sigma_\beta^2=0$，檢定統計量 $F_0=MS_B/MS_{B\times C}=34.11/10.33=3.30$，與臨界值 $F_{0.05,2,2}=19.0$ 比較，$F_0=3.30<19.0$，即表

示因子 B(ph 值)效果不顯著，又檢定 H_0: $\sigma_\gamma^2=0$ 的檢定統計量爲 $F_0=$ $MS_C/MS_{B\times C}=9.0/10.33=0.87$。$F_0<F_{0.05,1,2}=199.5$，故亦表示反應時間對產品產量效果不顯著。而檢定 H_0: $\alpha_i\equiv0$ 時，利用 Satterthwaite 近似 F 檢定法，$MS'=MS_A+MS_{A\times B\times C}=11.28$，$MS''=MS_{A\times B}+MS_{A\times C}=44.44$，而對應 $p=2.47$，$q=4.80$ 其計算與例 8.4 完全相同。而檢定統計量 $F^*=MS'/MS''=11.28/44.44=0.25<F_{0.1,2.47,4.80}$ 亦得與例 8.4 完全相同的結論，即反應溫度的固定效果不顯著。

習　題

8-1　公司營業部門認爲不同的定價策略，包裝法對公司產品銷售量有影響外，銷售地區的不同，可能銷售量亦不同，資料調查的結果有：

產品銷售量

定價策略	包　裝　法					
	甲		乙		丙	
	地區		地區		地區	
	南	北	南	北	南	北
法 I	109	115	114	111	118	116
	110	113	119	116	112	114
法 II	120	122	126	124	131	128
	125	125	128	126	127	130
法 III	108	104	119	117	125	129
	104	107	115	120	124	128

(a)作變異數分析表，以 $\alpha=0.05$ 檢定各因子效果顯著否？

(b)以 $\alpha=0.05$ 對不同定價策略的所有成對水準均值差求 Scheffé 及 Bonferroni 聯合信賴區。

8-2 公司品管部門認爲該公司生產產品的缺陷率可能因零件種類，裝配線的不同及早晚班工人工作情緒等有關聯，他們做了因子實驗記錄各種可能組合下的產品缺陷率，而得以下資料：

產品缺陷率

零件種類	裝 配 線					
	線 I		線 II		線 III	
	早班	晚班	早班	晚班	早班	晚班
甲種	16.6	17.0	19.8	18.4	19.6	20.6
	16.0	16.1	19.4	18.6	20.4	20.9
乙種	18.5	17.7	18.4	17.5	18.7	19.6
	17.2	16.9	17.6	18.1	18.8	19.0
丙種	17.5	15.6	17.4	17.6	17.4	18.5
	16.6	16.2	18.1	18.4	17.8	19.0
丁種	19.5	19.2	19.8	19.4	20.3	19.8
	19.6	18.8	19.6	19.0	20.5	20.2

(a)作變異數分析表，以 $\alpha=0.05$ 檢定各因子效果顯著否？

(b)以 $\alpha=0.05$ 分別對三個主因子的成對水準均值差，求 95%的 Scheffé 聯合信賴區間。

8-3 電鍍工廠鍍銅厚度可能與電鍍溶液濃度，電鍍時間與電鍍片擺放位置有關。若工程師隨機選取三種濃度水準，三種時間水準，並將電鍍片放在左，中，右三個固定位置，以做因子實驗，得資料如下：

鍍銅厚度

位置	濃					度			
	40%			45%			50%		
	時間			時間			時間		
	2 hr	2.5 hr	3 hr	2 hr	2.5 hr	3 hr	2 hr	2.5 hr	3 hr
左邊	1.0	1.2	1.5	1.5	1.8	2.2	2.0	2.4	2.7
	0.8	0.9	1.2	1.0	1.2	2.0	2.1	2.5	2.9
中間	1.2	1.8	2.2	1.6	1.9	2.5	2.5	3.0	3.2
	0.9	1.3	2.0	1.7	2.1	2.6	2.6	2.9	3.4
右邊	1.2	1.6	1.8	1.7	2.4	2.6	2.6	3.1	3.8
	1.0	1.2	1.7	1.8	2.2	2.5	2.5	2.7	3.5

　　(a)作變異數分析表，以 $\alpha=0.05$ 檢定各因子效果顯著否？

　　(b)估計各變異分量 σ^2，σ_β^2，σ_γ^2。

8-4　稻米生產量的多寡可能和施肥的肥料種類，施肥量還有稻米品種有關聯，研
　　究者為證實此假設，隨機選定四個施肥量的水準，並由所有稻米品種中隨機
　　選了二種，並用鉀、鈉、氨三種肥料做因子實驗，得產量資料如下：

稻米產量

肥料	施肥量 （公兩/m²）							
	0.2		0.4		0.6		0.8	
種類	品種		品種		品種		品種	
	1 號	2 號	1 號	2 號	1 號	2 號	1 號	2 號
鉀肥	9.6	10.1	10.1	11.0	11.3	12.0	9.8	10.5
	9.8	10.2	10.5	11.2	11.0	11.8	9.9	10.8
鈉肥	8.4	8.4	9.8	11.8	9.5	12.2	9.0	11.8
	8.7	8.6	9.6	11.6	9.0	12.0	9.2	11.0

氨肥	11.2	12.0	12.4	13.4	15.1	16.2	11.1	13.3
	11.8	12.2	13.0	13.8	14.9	15.8	11.5	13.0

(a)作變異數分析表, 以 $\alpha = 0.05$ 檢定各因子效果顯著否?

(b)試估計各變異分量 σ^2, σ_β^2, σ_γ^2。

8-5 化工廠工程師認為公司產品產率和反應溫度, 反應壓力與觸媒量都有關聯, 工程師對三因子隨機選了幾個水準做因子實驗, 得資料如下:

產品產率

溫度	壓			力		
	200		225		250	
	觸媒量		觸媒量		觸媒量	
	1	2	1	2	1	2
30°C	80.4	82.4	86.7	88.1	85.7	88.2
	80.6	82.8	86.5	88.2	85.5	88.4
	80.2	82.5	86.5	88.3	85.9	88.7
40°C	85.7	87.3	90.8	92.0	89.9	91.0
	85.9	87.5	90.9	92.3	90.1	90.8
	86.0	87.9	90.8	92.1	90.3	90.9
50°C	86.0	88.0	88.8	90.5	90.0	90.2
	86.2	88.4	89.0	90.7	89.8	90.0
	86.4	88.1	89.4	91.0	89.9	90.0

(a)作變異數分析表, 以 $\alpha = 0.05$ 檢定各因子效果顯著否?

(b)試求各變異數分量 σ^2, σ_α^2, σ_β^2, σ_γ^2, $\sigma_{\alpha\beta}^2$, $\sigma_{\beta\gamma}^2$, $\sigma_{\alpha\gamma}^2$ 的估計值。

8-6 造紙廠工程師認為紙張的強度可能與紙漿濃度, 製程乾燥時間及紙張厚度有關, 工程師隨機選出以上三因子的三個水準組合, 做因子實驗而得以下資料:

紙張強度

紙漿	乾　燥　時　間								
濃度	1 小時			2 小時			3 小時		
	厚度			厚度			厚度		
	0.01	0.02	0.03	0.01	0.02	0.03	0.01	0.02	0.03
50%	42	52	60	50	62	68	56	68	75
	47	56	58	55	60	66	59	70	77
55%	62	66	68	61	62	71	54	56	62
	64	65	70	61	65	70	55	59	64
60%	54	61	67	61	63	78	67	75	82
	52	57	65	62	66	72	70	77	80

(a)作變異數分析表，以 $\alpha=0.05$ 檢定各因子效果顯著否？

(b)試求各變異分量 σ^2，σ_α^2，σ_β^2，σ_γ^2 的估計值。

附　　錄

附錄 I. 標準常態分配的累加機率表

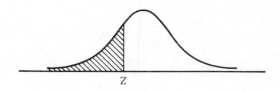

z	.00	.01	.02	.03	.04	.05	.06	.07	.08	.09
.0	.0000	.0040	.0080	.0120	.0160	.0199	.0239	.0279	.0319	.0359
.1	.0398	.0438	.0478	.0517	.0557	.0596	.0636	.0675	.0714	.0753
.2	.0793	.0832	.0871	.0910	.0948	.0987	.1026	.1064	.1103	.1141
.3	.1179	.1217	.1255	.1293	.1331	.1368	.1406	.1443	.1480	.1517
.4	.1554	.1591	.1628	.1664	.1700	.1736	.1772	.1808	.1844	.1879
.5	.1915	.1950	.1985	.2019	.2054	.2088	.2123	.2157	.2190	.2224
.6	.2257	.2291	.2324	.2357	.2389	.2422	.2454	.2486	.2517	.2549
.7	.2580	.2611	.2642	.2673	.2704	.2734	.2764	.2794	.2823	.2852
.8	.2881	.2910	.2939	.2967	.2995	.3023	.3051	.3078	.3106	.3133
.9	.3159	.3186	.3212	.3238	.3264	.3289	.3315	.3340	.3365	.3389
1.0	.3413	.3438	.3461	.3485	.3508	.3531	.3554	.3577	.3599	.3621
1.1	.3643	.3665	.3686	.3708	.3729	.3749	.3770	.3790	.3810	.3830
1.2	.3849	.3869	.3888	.3907	.3925	.3944	.3962	.3980	.3997	.4015
1.3	.4032	.4049	.4066	.4082	.4099	.4115	.4131	.4147	.4162	.4177
1.4	.4192	.4207	.4222	.4236	.4251	.4265	.4279	.4292	.4306	.4319
1.5	.4332	.4345	.4357	.4370	.4382	.4394	.4406	.4418	.4429	.4441
1.6	.4452	.4463	.4474	.4484	.4495	.4505	.4515	.4525	.4535	.4545
1.7	.4554	.4564	.4573	.4582	.4591	.4599	.4608	.4616	.4625	.4633
1.8	.4641	.4649	.4656	.4664	.4671	.4678	.4686	.4693	.4699	.4706
1.9	.4713	.4719	.4726	.4732	.4738	.4744	.4750	.4756	.4761	.4767
2.0	.4772	.4778	.4783	.4788	.4793	.4798	.4803	.4808	.4812	.4817
2.1	.4821	.4826	.4830	.4834	.4838	.4842	.4846	.4850	.4854	.4857
2.2	.4861	.4864	.4868	.4871	.4875	.4878	.4881	.4884	.4887	.4890
2.3	.4893	.4896	.4898	.4901	.4904	.4906	.4909	.4911	.4913	.4916
2.4	.4918	.4920	.4922	.4925	.4927	.4929	.4931	.4932	.4934	.4936
2.5	.4938	.4940	.4941	.4943	.4945	.4946	.4948	.4949	.4951	.4952
2.6	.4953	.4955	.4956	.4957	.4959	.4960	.4961	.4962	.4963	.4964
2.7	.4965	.4966	.4967	.4968	.4969	.4970	.4971	.4972	.4973	.4974
2.8	.4974	.4975	.4976	.4977	.4977	.4978	.4979	.4979	.4980	.4981
2.9	.4981	.4982	.4982	.4983	.4984	.4984	.4985	.4985	.4986	.4986
3.0	.4987	.4987	.4987	.4988	.4988	.4989	.4989	.4989	.4990	.4990

資料來源: Mendenhall, W., Sincich, T.(1989)
Statistics for the Engineering and computer
Sciences, Second edition, Dellen publishing
Company.

附錄II.　t分配的分位數表

自由度	機率$1-\alpha$				
	.90	.95	.975	.99	.995
1	3.078	6.314	12.706	31.821	63.657
2	1.886	2.920	4.303	6.965	9.925
3	1.638	2.353	3.182	4.541	5.841
4	1.533	2.132	2.776	3.747	4.604
5	1.476	2.015	2.571	3.365	4.032
6	1.440	1.943	2.447	3.143	3.707
7	1.415	1.895	2.365	2.998	3.499
8	1.397	1.860	2.306	2.896	3.355
9	1.383	1.833	2.262	2.821	3.250
10	1.372	1.812	2.228	2.764	3.169
11	1.363	1.796	2.201	2.718	3.106
12	1.356	1.782	2.179	2.681	3.055
13	1.350	1.771	2.160	2.650	3.012
14	1.345	1.761	2.145	2.624	2.977
15	1.341	1.753	2.131	2.602	2.947
16	1.337	1.746	2.120	2.583	2.921
17	1.333	1.740	2.110	2.567	2.898
18	1.330	1.734	2.101	2.552	2.878
19	1.328	1.729	2.093	2.539	2.861
20	1.325	1.725	2.086	2.528	2.845
21	1.323	1.721	2.080	2.518	2.831
22	1.321	1.717	2.074	2.508	2.819
23	1.319	1.714	2.069	2.500	2.807
24	1.318	1.711	2.064	2.492	2.797
25	1.316	1.708	2.060	2.485	2.787
26	1.315	1.706	2.056	2.479	2.779
27	1.314	1.703	2.052	2.473	2.771
28	1.313	1.701	2.048	2.467	2.763
29	1.311	1.699	2.045	2.462	2.756
30	1.310	1.697	2.042	2.457	2.750
40	1.303	1.684	2.021	2.423	2.704
60	1.296	1.671	2.000	2.390	2.660
120	1.290	1.661	1.984	2.358	2.626
∞	1.282	1.645	1.960	2.326	2.576

附錄III. 卡方分配的分位數表

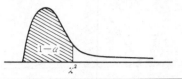

自由度	機　　率 $1-\alpha$							
	.005	.010	.025	.050	.950	.975	.990	.995
1	...	...	...	.004	3.84	5.02	6.63	7.88
2	.01	.02	.05	.10	5.99	7.38	9.21	10.60
3	.07	.11	.22	.35	7.81	9.35	11.34	12.84
4	.21	.30	.48	.71	9.49	11.14	13.28	14.86
5	.41	.55	.83	1.15	11.07	12.83	15.09	16.75
6	.68	.87	1.24	1.64	12.59	14.45	16.81	18.55
7	.99	1.24	1.69	2.17	14.07	16.01	18.48	20.28
8	1.34	1.65	2.18	2.73	15.51	17.53	20.09	21.96
9	1.73	2.09	2.70	3.33	16.92	19.02	21.67	23.59
10	2.16	2.56	3.25	3.94	18.31	20.48	23.21	25.19
11	2.60	3.05	3.82	4.57	19.68	21.92	24.72	26.76
12	3.07	3.57	4.40	5.23	21.03	23.34	26.22	28.30
13	3.57	4.11	5.01	5.89	22.36	24.74	27.69	29.82
14	4.07	4.66	5.63	6.57	23.68	26.12	29.14	31.32
15	4.60	5.23	6.26	7.26	25.00	27.49	30.58	32.80
16	5.14	5.81	6.91	7.96	26.30	28.85	32.00	34.27
17	5.70	6.41	7.56	8.67	27.59	30.19	33.41	35.72
18	6.26	7.01	8.23	9.39	28.87	31.53	34.81	37.16
19	6.84	7.63	8.91	10.12	30.14	32.85	36.19	38.58
20	7.43	8.26	9.59	10.85	31.41	34.17	37.57	40.00
21	8.03	8.90	10.28	11.59	32.67	35.48	38.93	41.40
22	8.64	9.54	10.98	12.34	33.92	36.78	40.29	42.80
23	9.26	10.20	11.69	13.09	35.17	38.08	41.64	44.18
24	9.89	10.86	12.40	13.85	36.42	39.36	42.98	45.56
25	10.52	11.52	13.12	14.61	37.65	40.65	44.31	46.93
26	11.16	12.20	13.84	15.38	38.89	41.92	45.64	48.29
27	11.81	12.88	14.57	16.15	40.11	43.19	46.96	49.64
28	12.46	13.56	15.31	16.93	41.34	44.46	48.28	50.99
29	13.12	14.26	16.05	17.71	42.56	45.72	49.59	52.34
30	13.79	14.95	16.79	18.49	43.77	46.98	50.89	53.67
40	20.71	22.16	24.43	26.51	55.76	59.34	63.69	66.77
50	27.99	29.71	32.36	34.76	67.50	71.42	76.15	79.49
60	35.53	37.48	40.48	43.19	79.08	83.30	88.38	91.95
70	43.28	45.44	48.76	51.74	90.53	95.02	100.43	104.22
80	51.17	53.54	57.15	60.39	101.88	106.63	112.33	116.32
90	59.20	61.75	65.65	69.13	113.14	118.14	124.12	128.30
100	67.33	70.06	74.22	77.93	124.34	129.56	135.81	140.17

附錄IV.　F 分配的分位數表

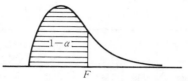

$1-\alpha = 0.95$

v_2 \ v_1	1	2	3	4	5	6	7	8	9
1	161.45	199.50	215.71	224.58	230.16	233.99	236.77	238.88	240.54
2	18.513	19.000	19.164	19.247	19.296	19.330	19.353	19.371	19.385
3	10.128	9.5521	9.2766	9.1172	9.0135	8.9406	8.8868	8.8452	8.8123
4	7.7086	6.9443	6.5914	6.3883	6.2560	6.1631	6.0942	6.0410	5.9988
5	6.6079	5.7861	5.4095	5.1922	5.0503	4.9503	4.8759	4.8183	4.7725
6	5.9874	5.1433	4.7571	4.5337	4.3874	4.2839	4.2066	4.1468	4.0990
7	5.5914	4.7374	4.3468	4.1203	3.9715	3.8660	3.7870	3.7257	3.6767
8	5.3177	4.4590	4.0662	3.8378	3.6875	3.5806	3.5005	3.4381	3.3881
9	5.1174	4.2565	3.8626	3.6331	3.4817	3.3738	3.2927	3.2296	3.1789
10	4.9646	4.1028	3.7083	3.4780	3.3258	3.2172	3.1355	3.0717	3.0204
11	4.8443	3.9823	3.5874	3.3567	3.2039	3.0946	3.0123	2.9480	2.8962
12	4.7472	3.8853	3.4903	3.2592	3.1059	2.9961	2.9134	2.8486	2.7964
13	4.6672	3.8056	3.4105	3.1791	3.0254	2.9153	2.8321	2.7669	2.7144
14	4.6001	3.7389	3.3439	3.1122	2.9582	2.8477	2.7642	2.6987	2.6458
15	4.5431	3.6823	3.2874	3.0556	2.9013	2.7905	2.7066	2.6408	2.5876
16	4.4940	3.6337	3.2389	3.0069	2.8524	2.7413	2.6572	2.5911	2.5377
17	4.4513	3.5915	3.1968	2.9647	2.8100	2.6987	2.6143	2.5480	2.4943
18	4.4139	3.5546	3.1599	2.9277	2.7729	2.6613	2.5767	2.5102	2.4563
19	4.3808	3.5219	3.1274	2.8951	2.7401	2.6283	2.5435	2.4768	2.4227
20	4.3513	3.4928	3.0984	2.8661	2.7109	2.5990	2.5140	2.4471	2.3928
21	4.3248	3.4668	3.0725	2.8401	2.6848	2.5757	2.4876	2.4205	2.3661
22	4.3009	3.4434	3.0491	2.8167	2.6613	2.5491	2.4638	2.3965	2.3419
23	4.2793	3.4221	3.0280	2.7955	2.6400	2.5277	2.4422	2.3748	2.3201
24	4.2597	3.4028	3.0088	2.7763	2.6207	2.5082	2.4226	2.3551	2.3002
25	4.2417	3.3852	2.9912	2.7587	2.6030	2.4904	2.4047	2.3371	2.2821
26	4.2252	3.3690	2.9751	2.7426	2.5868	2.4741	2.3883	2.3205	2.2655
27	4.2100	3.3541	2.9604	2.7278	2.5719	2.4591	2.3732	2.3053	2.2501
28	4.1960	3.3404	2.9467	2.7141	2.5581	2.4453	2.3593	2.2913	2.2360
29	4.1830	3.3277	2.9340	2.7014	2.5454	2.4324	2.3463	2.2782	2.2229
30	4.1709	3.3158	2.9223	2.6896	2.5336	2.4205	2.3343	2.2662	2.2107
40	4.0848	3.2317	2.8387	2.6060	2.4495	2.3359	2.2490	2.1802	2.1240
60	4.0012	3.1504	2.7581	2.5252	2.3683	2.2540	2.1665	2.0970	2.0401
120	3.9201	3.0718	2.6802	2.4472	2.2900	2.1750	2.0867	2.0164	1.9588
∞	3.8415	2.9957	2.6049	2.3719	2.2141	2.0986	2.0096	1.9384	1.8799

附錄IV. F 分配的分位數表(續)

$1-\alpha = 0.95$

v_1 / v_2	10	12	15	20	24	30	40	60	120	∞
1	241.88	243.91	245.95	248.01	249.05	250.09	251.14	252.20	253.25	254.32
2	19.396	19.413	19.429	19.446	19.454	19.462	19.471	19.479	19.487	19.496
3	8.7855	8.7446	8.7029	8.6602	8.6385	8.6166	8.5944	8.5720	8.5494	8.5265
4	5.9644	5.9117	5.8578	5.8025	5.7744	5.7459	5.7170	5.6878	5.6581	5.6281
5	4.7351	4.6777	4.6188	4.5581	4.5272	4.4957	4.4638	4.4314	4.3984	4.3650
6	4.0600	3.9999	3.9381	3.8742	3.8415	3.8082	3.7743	3.7398	3.7047	3.6688
7	3.6365	3.5747	3.5108	3.4445	3.4105	3.3758	3.3404	3.3043	3.2674	3.2298
8	3.3472	3.2840	3.2184	3.1503	3.1152	3.0794	3.0428	3.0053	2.9669	2.9276
9	3.1373	3.0729	3.0061	2.9365	2.9005	2.8637	2.8259	2.7872	2.7475	2.7067
10	2.9782	2.9130	2.8450	2.7740	2.7372	2.6996	2.6609	2.6211	2.5801	2.5379
11	2.8536	2.7876	2.7186	2.6464	2.6090	2.5705	2.5309	2.4901	2.4480	2.4045
12	2.7534	2.6866	2.6169	2.5436	2.5055	2.4663	2.4259	2.3842	2.3410	2.2962
13	2.6710	2.6037	2.5331	2.4589	2.4202	3.3803	2.3392	2.2966	2.2524	2.2064
14	2.6021	2.5342	2.4630	2.3879	2.3487	2.3082	2.2664	2.2230	2.1778	2.1307
15	2.5437	2.4753	2.4035	2.3275	2.2878	2.2468	2.2043	2.1601	2.1141	2.0658
16	2.4935	2.4247	2.3522	2.2756	2.2354	2.1938	2.1507	2.1058	2.0589	2.0096
17	2.4499	2.3807	2.3077	2.2304	2.1898	2.1477	2.1040	2.0584	2.0107	1.9604
18	2.4117	2.3421	2.2686	2.1906	2.1497	2.1071	2.0629	2.0166	1.9681	1.9168
19	2.3779	2.3080	2.2341	2.1555	2.1141	2.0712	2.0264	1.9796	1.9302	1.8780
20	2.3479	2.2776	2.2033	2.1242	2.0825	2.0391	1.9938	1.9464	1.8963	1.8432
21	2.3210	2.2504	2.1757	2.0960	2.0540	2.0102	1.9645	1.9165	1.8657	1.8117
22	2.2967	2.2258	2.1508	2.0707	2.0283	1.9842	1.9380	1.8895	1.8380	1.7831
23	2.2747	2.2036	2.1282	2.0476	2.0050	1.9605	1.9139	1.8649	1.8128	1.7570
24	2.2547	2.1834	2.1077	2.0267	1.9838	1.9390	1.8920	1.8424	1.7897	1.7331
25	2.2365	2.1649	2.0889	2.0075	1.9643	1.9192	1.8718	1.8217	1.7684	1.7110
26	2.2197	2.1479	2.0716	1.9898	1.9464	1.9010	1.8533	1.8027	1.7488	1.6906
27	2.2043	2.1323	2.0558	1.9736	1.9299	1.8842	1.8361	1.7851	1.7307	1.6717
28	2.1900	2.1179	2.0411	1.9586	1.9147	1.8687	1.8203	1.7689	1.7138	1.6541
29	2.1768	2.1045	2.0275	1.9446	1.9005	1.8543	1.8055	1.7537	1.6981	1.6377
30	2.1646	2.0921	2.0148	1.9317	1.8874	1.8409	1.7918	1.7396	1.6835	1.6223
40	2.0772	2.0035	1.9245	1.8389	1.7929	1.7444	1.6928	1.6373	1.5766	1.5089
60	1.9926	1.9174	1.8364	1.7480	1.7001	1.6491	1.5943	1.5343	1.4673	1.3893
120	1.9105	1.8337	1.7505	1.6587	1.6084	1.5543	1.4952	1.4290	1.3519	1.2539
∞	1.8307	1.7522	1.6664	1.5705	1.5173	1.4591	1.3940	1.3180	1.2214	1.0000

附錄IV．　F 分配的分位數表(續)

$1-\alpha = 0.975$

v_2 \ v_1	1	2	3	4	5	6	7	8	9
1	647.79	799.50	864.16	899.58	921.85	937.11	948.22	956.66	963.28
2	38.506	39.000	39.165	39.248	29.298	39.331	39.355	39.373	39.387
3	17.443	16.044	15.439	15.101	14.885	14.735	14.624	14.540	14.473
4	12.218	10.649	9.9792	9.6045	9.3645	9.1973	9.0741	8.9796	8.9047
5	10.007	8.4336	7.7636	7.3879	7.1464	6.9777	6.8531	6.7572	6.6810
6	8.8131	7.2598	6.5988	6.2272	5.9876	5.8197	5.6955	5.5996	5.5234
7	8.0727	6.5415	5.8898	5.5226	5.2852	5.1186	4.9949	4.8994	4.8232
8	7.5709	6.0595	5.4160	5.0526	4.8173	4.6517	4.5286	4.4332	4.3572
9	7.2093	5.7147	5.0781	4.7181	4.4844	4.3197	4.1971	4.1020	4.0260
10	6.9367	5.4564	4.8256	4.4683	4.2361	4.0721	3.9498	3.8549	3.7790
11	6.7241	5.2559	4.6300	4.2751	4.0440	3.8807	3.7586	3.6638	3.5879
12	6.5538	5.0959	4.4742	4.1212	3.8911	3.7283	3.6065	3.5118	3.4358
13	6.4143	4.9653	4.3472	3.9959	3.7667	3.6043	3.4827	3.3880	3.3120
14	6.2979	4.8567	4.2417	3.8919	3.6634	3.5014	3.3799	3.2853	3.2093
15	6.1995	4.7650	4.1528	3.8043	3.5764	3.4147	3.2934	3.1987	3.1227
16	6.1151	4.6867	4.0768	3.7294	3.5021	3.3406	3.2194	3.1248	3.0488
17	6.0420	4.6189	4.0112	3.6648	3.4379	3.2767	3.1556	3.0610	2.9849
18	5.9781	4.5597	3.9539	3.6083	3.3820	3.2209	3.0999	3.0053	2.9291
19	5.9216	4.5075	3.9034	3.5587	3.3327	3.1718	3.0509	2.9563	2.8800
20	5.8715	4.4613	3.8587	3.5147	3.2891	3.1283	3.0074	2.9128	2.8365
21	5.8266	4.4199	3.8188	3.4754	3.2501	3.0895	2.9686	2.8740	2.7977
22	5.7863	4.3828	3.7829	3.4401	3.2151	3.0546	2.9338	2.8392	2.7628
23	5.7498	4.3492	3.7505	3.4083	3.1835	3.0232	2.9024	2.8077	7.7313
24	5.7167	4.3187	3.7211	3.3794	3.1548	2.9946	2.8738	2.7791	2.7027
25	5.6864	4.2909	3.6943	3.3530	3.1287	2.9685	2.8478	2.7531	2.6766
26	5.6586	4.2655	3.6697	3.3289	3.1048	2.9447	2.8240	2.7293	2.6528
27	5.6331	4.2421	3.6472	3.3067	3.0828	2.9228	2.8021	2.7074	2.6309
28	5.6096	4.2205	3.6264	3.2863	3.0625	2.9027	2.7820	2.6872	2.6106
29	5.5878	4.2006	3.6072	3.2674	3.0438	2.8840	2.7633	2.6686	2.5919
30	5.5675	4.1821	3.5894	3.2499	3.0265	2.8667	2.7460	2.6513	2.5746
40	5.4239	4.0510	3.4633	3.1261	2.9037	2.7444	2.6238	2.5289	2.4519
60	5.2857	3.9253	3.3425	3.0077	2.7863	2.6274	2.5068	2.4117	2.3344
120	5.1524	3.8046	3.2270	2.8943	2.6740	2.5154	2.3948	2.2994	2.2217
∞	5.0239	3.6889	3.1161	2.7858	2.5665	2.4082	2.2875	2.1918	2.1136

附錄IV. F 分配的分位數表(續)

$1-\alpha = 0.975$

v_1 v_2	10	12	15	20	24	30	40	60	120	∞
1	968.63	976.71	984.87	993.10	997.25	1001.4	1005.6	1009.8	1014.0	1018.3
2	39.398	39.415	39.431	39.448	39.456	39.465	39.473	39.481	39.490	39.498
3	14.419	14.337	14.253	14.167	14.124	14.081	14.037	13.992	13.947	13.902
4	8.8439	8.7512	8.6565	8.5599	8.5109	8.4613	8.4111	8.3604	8.3092	8.2573
5	6.6192	6.5246	6.4277	6.3285	6.2780	6.2269	6.1751	6.1255	6.0693	6.0153
6	5.4613	5.3662	5.2687	5.1684	5.1172	5.0652	5.0125	4.9589	4.9045	4.8491
7	4.7611	4.6658	4.5678	4.4667	4.4150	4.3624	4.3089	4.2544	4.1989	4.1423
8	4.2951	4.1997	4.1012	3.9995	3.9472	3.8940	3.8398	3.7844	3.7279	3.6702
9	3.9639	3.8682	3.7694	3.6669	3.6142	3.5604	3.5055	3.4493	3.3918	3.3329
10	3.7168	3.6209	3.5217	3.4186	3.3654	3.3110	3.2554	3.1984	3.1399	3.0798
11	3.5257	3.4296	3.3299	3.2261	3.1725	3.1176	3.0613	3.0035	2.9441	2.8828
12	3.3736	3.2773	3.1772	3.0728	3.0187	2.9633	2.9063	2.8478	2.7874	2.7249
13	3.2497	3.1532	3.0527	2.9477	2.8932	2.8373	2.7797	2.7204	2.6590	2.5955
14	3.1469	3.0501	2.9493	2.8437	2.7888	2.7324	2.6742	2.6142	2.5519	2.4872
15	3.0602	2.9633	2.8621	2.7559	2.7006	2.6437	2.5850	2.5242	2.4611	2.3953
16	2.9862	2.8890	2.7875	2.6808	2.6252	2.5678	2.5085	2.4471	2.3831	2.3163
17	2.9222	2.8249	2.7230	2.6158	2.5598	2.5021	2.4422	2.3801	2.3153	3.2474
18	2.8664	2.7689	2.6667	2.5590	2.5027	2.4445	2.3842	2.3214	2.2558	2.1869
19	2.8173	2.7196	2.6171	2.5089	2.4523	2.3937	2.3329	2.2695	2.2032	2.1333
20	2.7737	2.6758	2.5731	2.4645	2.4076	2.3486	2.2873	2.2234	2.1562	2.0853
21	2.7348	2.6368	2.5338	2.4247	2.3675	2.3082	2.2465	2.1819	2.1141	2.0422
22	2.6998	2.6017	2.4984	2.3890	2.3315	2.2718	2.2097	2.1446	2.0760	2.0032
23	2.6682	2.5699	2.4665	2.3567	2.2989	2.2389	2.1763	2.1107	2.0415	1.9677
24	2.6396	2.5412	2.4374	2.3273	2.2693	2.2090	2.1460	2.0799	2.0099	1.9353
25	2.6135	2.5149	2.4110	2.3005	2.2422	2.1816	2.1183	2.0517	1.9811	1.9055
26	2.5895	2.4909	2.3867	2.2759	2.2174	2.1565	2.0928	2.0257	1.9545	1.8781
27	2.5676	2.4688	2.3644	2.2533	2.1946	2.1334	2.0693	2.0018	1.9299	1.8527
28	2.5473	2.4484	2.3438	2.2324	2.1735	2.1121	2.0477	1.9796	1.9072	1.8291
29	2.5286	2.4295	2.3248	2.2131	2.1540	2.0923	2.0276	1.9591	1.8861	1.8072
30	2.5112	2.4120	2.3072	2.1952	2.1359	2.0739	2.0089	1.9400	1.8664	1.7867
40	2.3882	2.2882	2.1819	2.0677	2.0069	1.9429	1.8752	1.8028	1.7242	1.6371
60	2.2702	2.1692	2.0613	1.9445	1.8817	1.8152	1.7440	1.6668	1.5810	1.4822
120	2.1570	2.0548	1.9450	1.8249	1.7597	1.6899	1.6141	1.5299	1.4327	1.3104
∞	2.0483	1.9447	1.8326	1.7085	1.6402	1.5660	1.4835	1.3883	1.2684	1.0000

附錄IV. F 分配的分位數表(續)

$1-\alpha = 0.99$

v_1 $\backslash$ v_2	1	2	3	4	5	6	7	8	9
1	4052.2	4999.5	5403.3	5624.6	5763.7	5859.0	5928.3	5981.6	6022.5
2	98.503	99.000	99.166	99.249	99.299	99.332	99.356	99.374	99.388
3	34.116	30.817	29.457	28.710	28.237	27.911	27.672	27.489	27.345
4	21.198	18.000	16.694	15.977	15.522	15.207	14.976	14.799	14.659
5	16.258	13.274	12.060	11.392	10.967	10.672	10.456	10.289	10.158
6	13.745	10.925	9.7795	9.1483	8.7459	8.4661	8.2600	8.1016	7.9761
7	12.246	9.5466	8.4513	7.8467	7.4604	7.1914	6.9928	6.8401	6.7188
8	11.250	8.6491	7.5910	7.0060	6.6318	6.3707	6.1776	6.0289	5.9106
9	10.561	8.0215	6.9919	6.4221	6.0569	5.8018	5.6129	5.4671	5.3511
10	10.044	7.5594	6.5523	5.9943	5.6363	5.3858	5.2001	5.0567	4.9424
11	9.6460	7.2057	6.2167	5.6686	5.3160	5.0692	4.8861	4.7445	4.6315
12	9.3302	6.9266	5.9526	5.4119	5.0643	4.8206	4.6395	4.4994	4.3875
13	9.0738	6.7010	5.7394	5.2053	4.8616	4.6204	4.4410	4.3021	4.1911
14	8.8616	6.5149	5.5639	5.0354	4.6950	4.4558	4.2779	4.1399	4.0297
15	8.6831	6.3589	5.4170	4.8932	4.5556	4.3183	4.1415	4.0045	3.8948
16	8.5310	6.2262	5.2922	4.7726	4.4373	4.2016	4.0259	3.8896	3.7804
17	8.3997	6.1121	5.1850	4.6690	4.3359	4.1015	3.9267	3.7910	3.6822
18	8.2854	6.0129	5.0919	4.5790	4.2479	4.0146	3.8406	3.7054	3.5971
19	3.1850	5.9259	5.0103	4.5003	4.1708	3.9386	3.7653	3.6305	3.5225
20	8.0960	5.8489	4.9382	4.4307	4.1027	3.8714	3.6987	3.5644	3.4567
21	8.0166	5.7804	4.8740	4.3688	4.0421	3.8117	3.6396	3.5056	3.3981
22	7.9454	5.7190	4.8166	4.3134	3.9880	3.7583	3.5867	3.4530	3.3458
23	7.8811	5.6637	4.7649	4.2635	3.9392	3.7102	3.5390	3.4057	3.2986
24	7.8229	5.6136	4.7181	4.2184	3.8951	3.6667	3.4959	3.3629	3.2560
25	7.7698	5.5680	4.6755	4.1774	3.8550	3.6272	3.4568	3.3239	3.2172
26	7.7213	5.5263	4.6366	4.1400	3.8183	3.5911	3.4210	3.2884	3.1818
27	7.6767	5.4881	4.6009	4.1056	3.7848	3.5580	3.3882	3.2558	3.1494
28	7.6356	5.4529	4.5681	4.0740	3.7539	3.5276	3.3581	3.2259	3.1195
29	7.5976	5.4205	4.5378	4.0449	3.7254	3.4995	3.3302	3.1982	3.0920
30	7.5625	5.3904	4.5097	4.0179	3.6990	3.4735	3.3045	3.1726	3.0665
40	7.3141	5.1785	4.3126	3.8283	3.5138	3.2910	3.1238	2.9930	2.8876
60	7.0771	4.9774	4.1259	3.6491	3.3389	3.1187	2.9530	2.8233	2.7185
120	6.8510	4.7865	3.9493	3.4796	3.1735	2.9559	2.7918	2.6629	2.5586
∞	6.6349	4.6052	3.7816	3.3192	3.0173	2.8020	2.6393	2.5113	2.4073

附錄IV.　F分配的分位數表（續）

$1 - \alpha = 0.99$

v_1 v_2	10	12	15	20	24	30	40	60	120	∞
1	6055.8	6106.3	6157.3	6208.7	6234.6	6260.7	6286.8	6313.0	6339.4	6366.0
2	99.399	99.416	99.432	99.449	99.458	99.466	99.474	99.483	99.491	99.501
3	27.229	27.052	26.872	26.690	26.598	26.505	26.411	26.316	26.221	26.125
4	14.546	14.374	14.198	14.020	13.929	13.838	13.745	13.652	13.558	13.463
5	10.051	9.8883	9.7222	9.5527	9.4665	9.3793	9.2912	9.2020	9.1118	9.0204
6	7.8741	7.7183	7.5590	7.3958	7.3127	7.2285	7.1432	7.0568	6.9690	6.8801
7	6.6201	6.4691	6.3143	6.1554	6.0743	5.9921	5.9084	5.8236	5.7372	5.6495
8	5.8143	5.6668	5.5151	5.3591	5.2793	5.1981	5.1156	5.0316	4.9460	4.8588
9	5.2565	5.1114	4.9621	4.8080	4.7290	4.6486	4.5667	4.4831	4.3978	4.3105
10	4.8492	4.7059	4.5582	4.4054	4.3269	4.2469	4.1653	4.0819	3.9965	3.9090
11	4.5393	4.3974	4.2509	4.0990	4.0209	3.9411	3.8596	3.7761	3.6904	3.6025
12	4.2961	4.1553	4.0096	3.8584	3.7805	3.7008	3.6192	3.5355	3.4494	3.3608
13	4.1003	3.9603	3.8154	3.6646	3.5868	3.5070	3.4253	3.3413	3.2548	3.1654
14	3.9394	3.8001	3.6557	3.5052	3.4274	3.3476	3.2656	3.1813	3.0942	3.0040
15	3.8049	3.6662	3.5222	3.3719	3.2940	3.2141	3.1319	3.0471	2.9595	2.8684
16	3.6909	3.5527	3.4089	3.2588	3.1808	3.1007	3.0182	2.9330	3.8447	2.7528
17	3.5931	3.4552	3.3117	3.1615	3.0835	3.0032	2.9205	2.8348	2.7459	2.6530
18	3.5082	3.3706	3.2273	3.0771	2.9990	2.9185	2.8354	2.7493	2.6597	2.5660
19	3.4338	3.2965	3.1533	3.0031	2.9249	2.8422	2.7608	2.6742	2.5839	2.4893
20	3.3682	3.2311	3.0880	2.9377	2.8594	2.7785	2.6947	2.6077	2.5168	2.4212
21	3.3098	3.1729	3.0299	2.8796	2.8011	2.7200	2.6359	2.5484	2.4568	2.3603
22	3.2576	3.1209	2.9780	2.8274	2.7488	2.6675	2.5831	2.4951	2.4029	2.3055
23	3.2106	3.0740	2.9311	2.7805	2.7017	2.6202	2.5355	2.4471	2.3542	2.2559
24	3.1681	3.0316	2.8887	2.7380	2.6591	2.5773	2.4923	2.4035	2.3099	2.2107
25	3.1294	2.9931	2.8502	2.6993	2.6203	2.5383	2.4530	2.3637	2.2695	2.1694
26	3.0941	2.9579	2.8150	2.6640	2.5848	2.5026	2.4170	2.3273	2.2325	2.1315
27	3.0618	2.9256	2.7827	2.6316	2.5522	2.4699	2.3840	2.2938	2.1984	2.0965
28	3.0320	2.8959	2.7530	2.6017	2.5223	2.4397	2.3535	2.2629	2.1670	2.0642
29	3.0045	2.8685	2.7256	2.5742	2.4946	2.4118	2.3253	2.2344	2.1378	2.0342
30	2.9791	2.8431	2.7002	2.5487	2.4689	2.3860	2.2992	2.2079	2.1107	2.0062
40	2.8005	2.6648	2.5216	2.3689	2.2880	2.2034	2.1142	2.0194	1.9172	1.8047
60	2.6318	2.4961	2.3523	2.1978	2.1154	2.0285	1.9360	1.8363	1.7263	1.6006
120	2.4721	2.3363	2.1915	2.0346	1.9500	1.8600	1.7628	1.6557	1.5330	1.3805
∞	2.3209	2.1848	2.0385	1.8783	1.7908	1.6964	1.5923	1.4730	1.3246	1.0000

附錄 V. 固定效果模式的作業特性曲線

ν_1 = numerator degrees of freedom, ν_2 = denominator degrees of freedom

附錄Ⅴ.   固定效果模式的作業特性曲線（續）

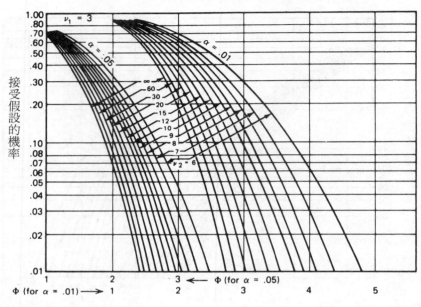

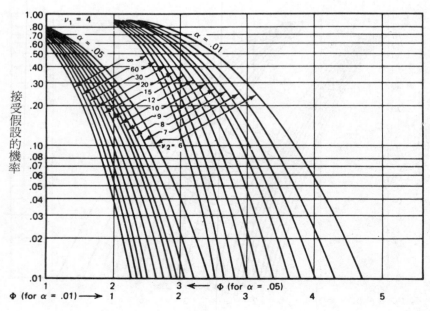

附錄Ⅴ.　固定效果模式的作業特性曲線（續）

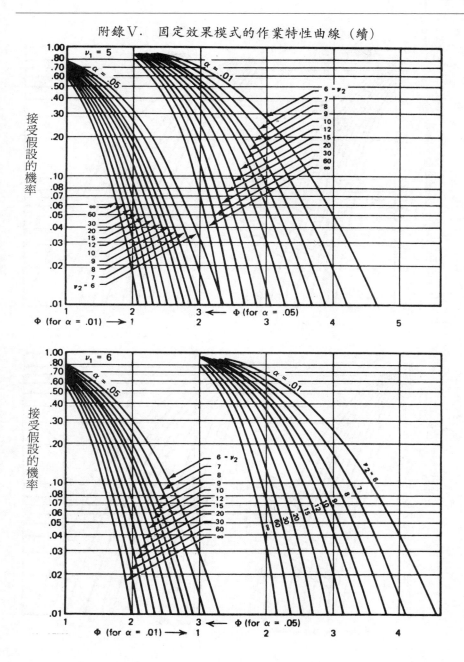

附錄V. 固定效果模式的作業特性曲線（續）

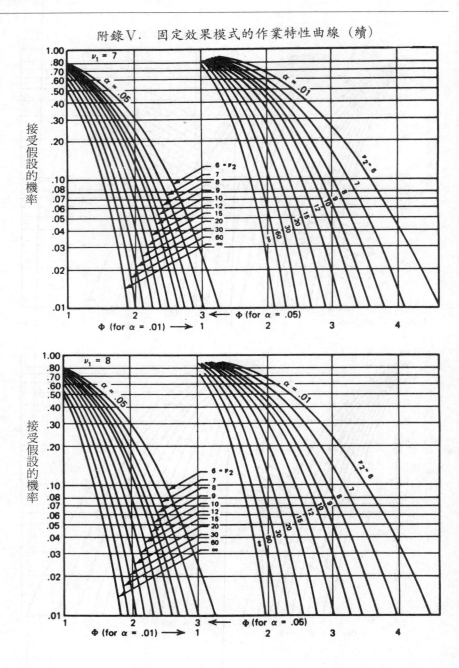

附錄VI.　隨機效果模式的作業特性曲線

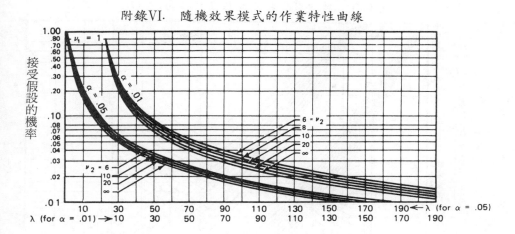

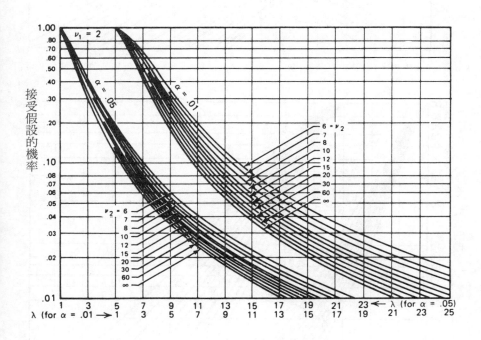

附錄VI. 隨機效果模式的作業特性曲線（續）

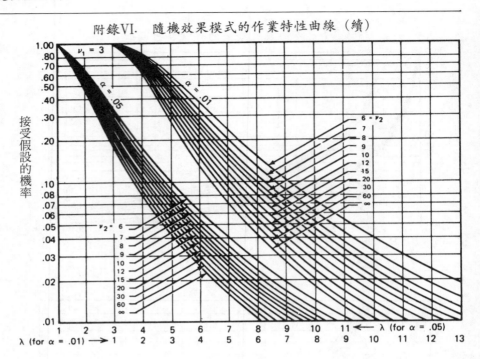

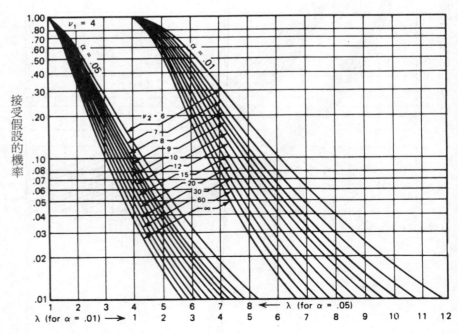

附錄 VI.　隨機效果模式的作業特性曲線（續）

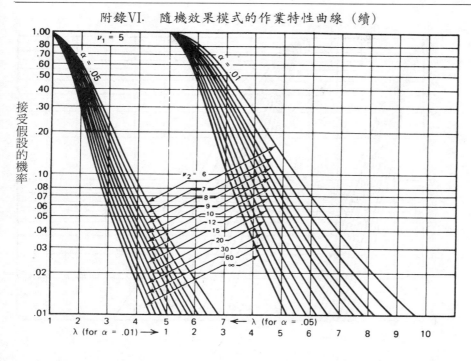

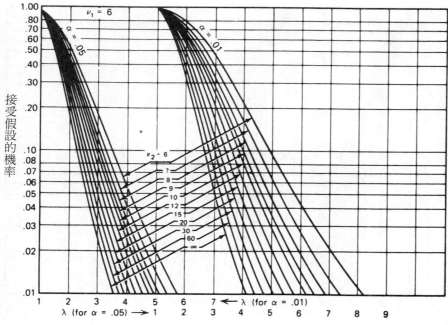

附錄VI.   隨機效果模式的作業特性曲線（續）

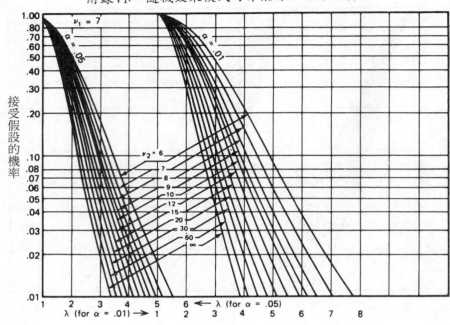

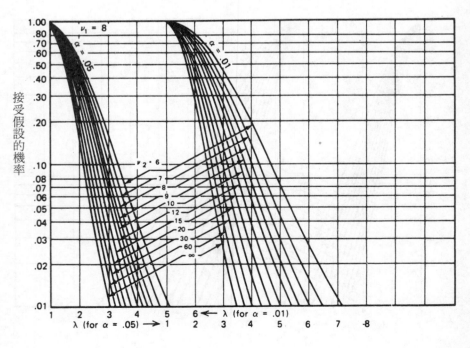

附錄VII. Duncan 多重全距檢定的顯著全距表

$$r_{.01}(p,f)$$

f	\multicolumn{12}{c}{p}
	2	3	4	5	6	7	8	9	10	20	50	100
1	90.0	90.0	90.0	90.0	90.0	90.0	90.0	90.0	90.0	90.0	90.0	90.0
2	14.0	14.0	14.0	14.0	14.0	14.0	14.0	14.0	14.0	14.0	14.0	14.0
3	8.26	8.5	8.6	8.7	8.8	8.9	8.9	9.0	9.0	9.3	9.3	9.3
4	6.51	6.8	6.9	7.0	7.1	7.1	7.2	7.2	7.3	7.5	7.5	7.5
5	5.70	5.96	6.11	6.18	6.26	6.33	6.40	6.44	6.5	6.8	6.8	6.8
6	5.24	5.51	5.65	5.73	5.81	5.88	5.95	6.00	6.0	6.3	6.3	6.3
7	4.95	5.22	5.37	5.45	5.53	5.61	5.69	5.73	5.8	6.0	6.0	6.0
8	4.74	5.00	5.14	5.23	5.32	5.40	5.47	5.51	5.5	5.8	5.8	5.8
9	4.60	4.86	4.99	5.08	5.17	5.25	5.32	5.36	5.4	5.7	5.7	5.7
10	4.48	4.73	4.88	4.96	5.06	5.13	5.20	5.24	5.28	5.55	5.55	5.55
11	4.39	4.63	4.77	4.86	4.94	5.01	5.06	5.12	5.15	5.39	5.39	5.39
12	4.32	4.55	4.68	4.76	4.84	4.92	4.96	5.02	5.07	5.26	5.26	5.26
13	4.26	4.48	4.62	4.69	4.74	4.84	4.88	4.94	4.98	5.15	5.15	5.15
14	4.21	4.42	4.55	4.63	4.70	4.78	4.83	4.87	4.91	5.07	5.07	5.07
15	4.17	4.37	4.50	4.58	4.64	4.72	4.77	4.81	4.84	5.00	5.00	5.00
16	4.13	4.34	4.45	4.54	4.60	4.67	4.72	4.76	4.79	4.94	4.94	4.94
17	4.10	4.30	4.41	4.50	4.56	4.63	4.68	4.73	4.75	4.89	4.89	4.89
18	4.07	4.27	4.38	4.46	4.53	4.59	4.64	4.68	4.71	4.85	4.85	4.85
19	4.05	4.24	4.35	4.43	4.50	4.56	4.61	4.64	4.67	4.82	4.82	4.82
20	4.02	4.22	4.33	4.40	4.47	4.53	4.58	4.61	4.65	4.79	4.79	4.79
30	3.89	4.06	4.16	4.22	4.32	4.36	4.41	4.45	4.48	4.65	4.71	4.71
40	3.82	3.99	4.10	4.17	4.24	4.30	4.34	4.37	4.41	4.59	4.69	4.69
60	3.76	3.92	4.03	4.12	4.17	4.23	4.27	4.31	4.34	4.53	4.66	4.66
100	3.71	3.86	3.98	4.06	4.11	4.17	4.21	4.25	4.29	4.48	4.64	4.65
∞	3.64	3.80	3.90	3.98	4.04	4.09	4.14	4.17	4.20	4.41	4.60	4.68

f＝自由度

附錄VII. Duncan 多重全距檢定的顯著全距表（續）

r.05(p,f)

f	p											
	2	3	4	5	6	7	8	9	10	20	50	100
1	18.0	18.0	18.0	18.0	18.0	18.0	18.0	18.0	18.0	18.0	18.0	18.0
2	6.09	6.09	6.09	6.09	6.09	6.09	6.09	6.09	6.09	6.09	6.09	6.09
3	4.50	4.50	4.50	4.50	4.50	4.50	4.50	4.50	4.50	4.50	4.50	4.50
4	3.93	4.01	4.02	4.02	4.02	4.02	4.02	4.02	4.02	4.02	4.02	4.02
5	3.64	3.74	3.79	3.83	3.83	3.83	3.83	3.83	3.83	3.83	3.83	3.83
6	3.46	3.58	3.64	3.68	3.68	3.68	3.68	3.68	3.68	3.68	3.68	3.68
7	3.35	3.47	3.54	3.58	3.60	3.61	3.61	3.61	3.61	3.61	3.61	3.61
8	3.26	3.39	3.47	3.52	3.55	3.56	3.56	3.56	3.56	3.56	3.56	3.56
9	3.20	3.34	3.41	3.47	3.50	3.52	3.52	3.52	3.52	3.52	3.52	3.52
10	3.15	3.30	3.37	3.43	3.46	3.47	3.47	3.47	3.47	3.48	3.48	3.48
11	3.11	3.27	3.35	3.39	3.43	3.44	3.45	3.46	3.46	3.48	3.48	3.48
12	3.08	3.23	3.33	3.36	3.40	3.42	3.44	3.44	3.46	3.48	3.48	3.48
13	3.06	3.21	3.30	3.35	3.38	3.41	3.42	3.44	3.45	3.47	3.47	3.47
14	3.03	3.18	3.27	3.33	3.37	3.39	3.41	3.42	3.44	3.47	3.47	3.47
15	3.01	3.16	3.25	3.31	3.36	3.38	3.40	3.42	3.43	3.47	3.47	3.47
16	3.00	3.15	3.23	3.30	3.34	3.37	3.39	3.41	3.43	3.47	3.47	3.47
17	2.98	3.13	3.22	3.28	3.33	3.36	3.38	3.40	3.42	3.47	3.47	3.47
18	2.97	3.12	3.21	3.27	3.32	3.35	3.37	3.39	3.41	3.47	3.47	3.47
19	2.96	3.11	3.19	3.26	3.31	3.35	3.37	3.39	3.41	3.47	3.47	3.47
20	2.95	3.10	3.18	3.25	3.30	3.34	3.36	3.38	3.40	3.47	3.47	3.47
30	2.89	3.04	3.12	3.20	3.25	3.29	3.32	3.35	3.37	3.47	3.47	3.47
40	2.86	3.01	3.10	3.17	3.22	3.27	3.30	3.33	3.35	3.47	3.47	3.47
60	2.83	2.98	3.08	3.14	3.20	3.24	3.28	3.31	3.33	3.47	3.48	3.48
100	2.80	2.95	3.05	3.12	3.18	3.22	3.26	3.29	3.32	3.47	3.53	3.53
∞	2.77	2.92	3.02	3.09	3.15	3.19	3.23	3.26	3.29	3.47	3.61	3.67

f＝自由度

附錄Ⅷ.　學生全距統計量 (Studentized Range Statistic) 的分位數表

$q_{.01}(p,f)$

f	2	3	4	5	6	7	8	9	10	11	12	13	14	15	16	17	18	19	20
1	90.0	135	164	186	202	216	227	237	246	253	260	266	272	227	282	286	290	294	198
2	14.0	19.0	22.3	24.7	26.6	28.2	29.5	30.7	31.7	32.6	33.4	34.1	34.8	35.4	36.0	36.5	37.0	37.5	37.9
3	8.26	10.6	12.2	13.3	14.2	15.0	15.6	16.2	16.7	17.1	17.5	17.9	18.2	18.5	18.8	19.1	19.3	19.5	19.8
4	6.51	8.12	9.17	9.96	10.6	11.1	11.5	11.9	12.3	12.6	12.8	13.1	13.3	13.5	13.7	13.9	14.1	14.2	14.4
5	5.70	6.97	7.80	8.42	8.91	9.32	9.67	9.97	10.24	10.48	10.70	10.89	11.08	11.24	11.40	11.55	11.68	11.81	11.93
6	5.24	6.33	7.03	7.56	7.97	8.32	8.61	8.87	9.10	9.30	9.49	9.65	9.81	9.95	10.08	10.21	10.32	10.43	10.54
7	4.95	5.92	6.54	7.01	7.37	7.68	7.94	8.17	8.37	8.55	8.71	8.86	9.00	9.12	9.24	9.35	9.46	9.55	9.65
8	4.74	5.63	6.20	6.63	6.96	7.24	7.47	7.68	7.87	8.03	8.18	8.31	8.44	8.55	8.66	8.76	8.85	8.94	9.03
9	4.60	5.43	5.96	6.35	6.66	6.91	7.13	7.32	7.49	7.65	7.78	7.91	8.03	8.13	8.23	8.32	8.41	8.49	8.57
10	4.48	5.27	5.77	6.14	6.43	6.67	6.87	7.05	7.21	7.36	7.48	7.60	7.71	7.81	7.91	7.99	8.07	8.15	8.22
11	4.39	5.14	5.62	5.97	6.25	6.48	6.67	6.84	6.99	7.13	7.25	7.36	7.46	7.56	7.65	7.73	7.81	7.88	7.95
12	4.32	5.04	5.50	5.84	6.10	6.32	6.51	6.67	6.81	6.94	7.06	7.17	7.26	7.36	7.44	7.52	7.59	7.66	7.73
13	4.26	4.96	5.40	5.73	5.98	6.19	6.37	6.53	6.67	6.79	6.90	7.01	7.10	7.19	7.27	7.34	7.42	7.48	7.55
14	4.21	4.89	5.32	5.63	5.88	6.08	6.26	6.41	6.54	6.66	6.77	6.87	6.96	7.05	7.12	7.20	7.27	7.33	7.39
15	4.17	4.83	5.25	5.56	5.80	5.99	6.16	6.31	6.44	6.55	6.66	6.76	6.84	6.93	7.00	7.07	7.14	7.20	7.26
16	4.13	4.78	5.19	5.49	5.72	5.92	6.08	6.22	6.35	6.46	6.56	6.66	6.74	6.82	6.90	6.97	7.03	7.09	7.15
17	4.10	4.74	5.14	5.43	5.66	5.85	6.01	6.15	6.27	6.38	6.48	6.57	6.66	6.73	6.80	6.87	6.94	7.00	7.05
18	4.07	4.70	5.09	5.38	5.60	5.79	5.94	6.08	6.20	6.31	6.41	6.50	6.58	6.65	6.72	6.79	6.85	6.91	6.96
19	4.05	4.67	5.05	5.33	5.55	5.73	5.89	6.02	6.14	6.25	6.34	6.43	6.51	6.58	6.65	6.72	6.78	6.84	6.89
20	4.02	4.64	5.02	5.29	5.51	5.69	5.84	5.97	6.09	6.19	6.29	6.37	6.45	6.52	6.59	6.65	6.71	6.76	6.82
24	3.96	4.54	4.91	5.17	5.37	5.54	5.69	5.81	5.92	6.02	6.11	6.19	6.26	6.33	6.39	6.45	6.51	6.56	6.61
30	3.89	4.45	4.80	5.05	5.24	5.40	5.54	5.65	5.76	5.85	5.93	6.01	6.08	6.14	6.20	6.26	6.31	6.36	6.41
40	3.82	4.37	4.70	4.93	5.11	5.27	5.39	5.50	5.60	5.69	5.77	5.84	5.90	5.96	6.02	6.07	6.12	6.17	6.21
60	3.76	4.28	4.60	4.82	4.99	5.13	5.25	5.36	5.45	5.53	5.60	5.67	5.73	5.79	5.84	5.89	5.93	5.98	6.02
120	3.70	4.20	4.50	4.71	4.87	5.01	5.12	5.21	5.30	5.38	5.44	5.51	5.56	5.61	5.66	5.71	5.75	5.79	5.83
∞	3.64	4.12	4.40	4.60	4.76	4.88	4.99	5.08	5.16	5.23	5.29	5.35	5.40	5.45	5.49	5.54	5.57	5.61	5.65

(column group heading: p)

f＝自由度

附錄Ⅷ. 學生全距統計量（Studentized Range Statistic）的分位數表（續）

$q_{.05}(p,f)$

f	2	3	4	5	6	7	8	9	10	11	12	13	14	15	16	17	18	19	20
1	18.1	26.7	32.8	37.2	40.5	43.1	45.4	47.3	49.1	50.6	51.9	53.2	54.3	55.4	56.3	57.2	58.0	58.8	59.6
2	6.09	8.28	9.80	10.89	11.73	12.43	13.03	13.54	13.99	14.39	14.75	15.08	15.38	15.65	15.91	16.14	16.36	16.57	16.77
3	4.50	5.88	6.83	7.51	8.04	8.47	8.85	9.18	9.46	9.72	9.95	10.16	10.35	10.52	10.69	10.84	10.98	11.12	11.24
4	3.93	5.00	5.76	6.31	6.73	7.06	7.35	7.60	7.83	8.03	8.21	8.37	8.52	8.67	8.80	8.92	9.03	9.14	9.24
5	3.61	4.54	5.18	5.64	5.99	6.28	6.52	6.74	6.93	7.10	7.25	7.39	7.52	7.64	7.75	7.86	7.95	8.04	8.13
6	3.46	4.34	4.90	5.31	5.63	5.89	6.12	6.32	6.49	6.65	6.79	6.92	7.04	7.14	7.24	7.34	7.43	7.51	7.59
7	3.34	4.16	4.68	5.06	5.35	5.59	5.80	5.99	6.15	6.29	6.42	6.54	6.65	6.75	6.84	6.93	7.01	7.08	7.16
8	3.26	4.04	4.53	4.89	5.17	5.40	5.60	5.77	5.92	6.05	6.18	6.29	6.39	6.48	6.57	6.65	6.73	6.80	6.87
9	3.20	3.95	4.42	4.76	5.02	5.24	5.43	5.60	5.74	5.87	5.98	6.09	6.19	6.28	6.36	6.44	6.51	6.58	6.65
10	3.15	3.88	4.33	4.66	4.91	5.12	5.30	5.46	5.60	5.72	5.83	5.93	6.03	6.12	6.20	6.27	6.34	6.41	6.47
11	3.11	3.82	4.26	4.58	4.82	5.03	5.20	5.35	5.49	5.61	5.71	5.81	5.90	5.98	6.06	6.14	6.20	6.27	6.33
12	3.08	3.77	4.20	4.51	4.75	4.95	5.12	5.27	5.40	5.51	5.61	5.71	5.80	5.88	5.95	6.02	6.09	6.15	6.21
13	3.06	3.73	4.15	4.46	4.69	4.88	5.05	5.19	5.32	5.43	5.53	5.63	5.71	5.79	5.86	5.93	6.00	6.06	6.11
14	3.03	3.70	4.11	4.41	4.64	4.83	4.99	5.13	5.25	5.36	5.46	5.56	5.64	5.72	5.79	5.86	5.92	5.98	6.03
15	3.01	3.67	4.08	4.37	4.59	4.78	4.94	5.08	5.20	5.31	5.40	5.49	5.57	5.65	5.72	5.79	5.85	5.91	5.96
16	3.00	3.65	4.05	4.34	4.56	4.74	4.90	5.03	5.15	5.26	5.35	5.44	5.52	5.59	5.66	5.73	5.79	5.84	5.90
17	2.98	3.62	4.02	4.31	4.52	4.70	4.86	4.99	5.11	5.21	5.31	5.39	5.47	5.55	5.61	5.68	5.74	5.79	5.84
18	2.97	3.61	4.00	4.28	4.49	4.67	4.83	4.96	5.07	5.17	5.27	5.35	5.43	5.50	5.57	5.63	5.69	5.74	5.79
19	2.96	3.59	3.98	4.26	4.47	4.64	4.79	4.92	5.04	5.14	5.23	5.32	5.39	5.46	5.53	5.59	5.65	5.70	5.75
20	2.95	3.58	3.96	4.24	4.45	4.62	4.77	4.90	5.01	5.11	5.20	5.28	5.36	5.43	5.50	5.56	5.61	5.66	5.71
24	2.92	3.53	3.90	4.17	4.37	4.54	4.68	4.81	4.92	5.01	5.10	5.18	5.25	5.32	5.38	5.44	5.50	5.55	5.59
30	2.89	3.48	3.84	4.11	4.30	4.46	4.60	4.72	4.83	4.92	5.00	5.08	5.15	5.21	5.27	5.33	5.38	5.43	5.48
40	2.86	3.44	3.79	4.04	4.23	4.39	4.52	4.63	4.74	4.82	4.90	4.98	5.05	5.11	5.17	5.22	5.27	5.32	5.36
60	2.83	3.40	3.74	3.98	4.16	4.31	4.44	4.55	4.65	4.73	4.81	4.88	4.94	5.00	5.06	5.11	5.15	5.20	5.24
120	2.80	3.36	3.69	3.92	4.10	4.24	4.36	4.47	4.56	4.64	4.71	4.78	4.84	4.90	4.95	5.00	5.04	5.09	5.13
∞	2.77	3.32	3.63	3.86	4.03	4.17	4.29	4.39	4.47	4.55	4.62	4.68	4.74	4.80	4.84	4.89	4.93	4.97	5.01

f＝自由度

附錄 IX.　亂數表

10480	15011	01536	02011	87647	91646	69179	14194	62590
22368	46573	25595	85393	30995	89198	27982	53402	93965
24130	48360	22527	97265	76393	64809	15179	24830	49340
42167	93093	06243	61680	07856	16376	39440	53537	71341
37570	39975	81837	16656	06121	91782	60468	81305	49684
77921	06907	11008	42751	27756	53498	18602	70659	90655
99562	72905	56420	69994	98872	31016	71194	18738	44013
96301	91977	05463	07972	18876	20922	94595	56869	69014
89579	14342	63661	10281	17453	18103	57740	84378	25331
85475	36857	53342	53988	53060	59533	38867	62300	08158
28918	69578	88231	33276	70997	79936	56865	05859	90106
63553	40961	48235	03427	49626	69445	18663	72695	52180
09429	93969	52636	92737	88974	33488	36320	17617	30015
10365	61129	87529	85689	48237	52267	67689	93394	01511
07119	97336	71048	08178	77233	13976	47564	81056	97735
51085	12765	51821	51259	77452	16308	60756	92144	49442
02368	21382	52404	60268	89368	19885	55322	44819	01188
01011	54092	33362	94904	31273	04146	18594	29852	71585
52162	53916	46369	58586	23216	14513	83149	98736	23495
07056	97628	33787	09998	42698	06691	76988	13602	51851
48663	91245	85828	14346	09172	30168	90229	04734	59193
54164	58492	22421	74103	47070	25306	76468	26384	58151
32639	32363	05597	24200	13363	38005	94342	28728	35806
29334	27001	87637	87308	58731	00256	45834	15398	46557
02488	33062	28834	07351	19731	92420	60952	61280	50001

附錄 IX.　亂數表(續)

81525	72295	04839	96423	24878	82651	66566	14778	76797
29676	20591	68086	26432	46901	20849	89768	81536	86645
00742	57392	39064	66432	84673	40027	32832	61362	98947
05366	04213	25669	26422	44407	44048	37937	63904	45766
91921	26418	64117	94305	26766	25940	39972	22209	71500
00582	04711	87917	77341	42206	35126	74087	99547	81817
00725	69884	62797	56170	86324	88072	76222	36086	84637
69011	65795	95876	55293	18988	27354	26575	08625	40801
25976	57948	29888	88604	67917	48708	18912	82271	65424
09763	83473	73577	12908	30883	18317	28290	35797	05998
91567	42595	27958	30134	04024	86385	29880	99730	55536
17955	56349	90999	49127	20044	59931	06115	20542	18059
46503	18584	18845	49618	02304	51038	20655	58727	28168
92157	89634	94824	78171	84610	82834	09922	25417	44137
14577	62765	35605	81263	39667	47358	56873	56307	67607
98427	07523	33362	64270	01638	92477	66969	98420	04880
34914	63976	88720	82765	34476	17032	87589	40836	32427
70060	28277	39475	46473	23219	53416	94970	25832	69975
53976	54914	06990	67245	68350	82948	11398	42878	80287
76072	29515	40980	07391	58745	25774	22987	80059	39911
90725	52210	83974	29992	65831	38857	50490	83765	55657
64364	67412	33339	31926	14883	24413	59744	92351	97473
08962	00358	31662	25388	61642	34072	81249	35648	56891
95012	68379	93526	70765	10592	04542	76463	54328	02349
15664	10493	20492	38391	91132	21999	59516	81652	27195

多變量分析　張健邦／著

　　本書主要介紹各種多變量統計方法的基本概念，並強調如何以電腦套裝軟體來完成各種的計算過程，更針對所得到的報表結果加以重點說明，期使讀者能獨立執行與分析有關的統計問題。第一章為緒論。第二章則為平均數向量的檢定。第三章至第八章則分別介紹主成分分析、因素分析、典型相關分析、族群分析、區別分析及直線結構關係模型等六種多變量統計方法。

迴歸分析　吳宗正／著

　　迴歸分析為線性統計模式之一環，用來探討一個自變數或多個自變數與因變數間之關係，並探討影響程度。本書所寫之迴歸分析為預測方法之基礎，屬於計量方法之運用，舉凡工商、社經、管理諸領域之預測分析皆能有效地使用。本書共分成四大部分：簡單線性迴歸模式、多重線性迴歸模式、多項式迴歸模式、非線性迴歸模式。另在各章之後留有豐碩之習題以供練習。

抽樣方法——理論與實務　鄭光甫、韋端／著

　　本書係為使用抽樣方法的讀者而設計，特別配合應用時所遭遇到的問題，將理論與實務作有系統的平衡介紹。本書也特別避免過深的理論論述，而以淺顯的方式來說明抽樣調查的基本原理。書中特別注重於對抽樣誤差和非抽樣誤差的解釋和分析，並且針對未回卷的問題和敏感問題的處理方法作詳細的介紹，適合大學部及應用統計研究所的一年級學生使用。

抽樣方法　儲全滋／著

　　本書第一章簡介與抽樣方法有關的基本概念，第二至五章分別論述簡單隨機抽樣法、分層隨機抽樣法、系統抽樣法及簡單集體抽樣法；這是四種最基本的抽樣方法。第六至八章論述兩段抽樣法、第九至十章論述三段抽樣法及分層兩段抽樣法、第十一至十三章論述有關估計問題及分面抽樣法與複合抽樣法等。筆者在論述每一主題時，都舉出實例說明，且在每章末均提供習題。

統計學　陳美源／著

　　E 知識時代的特色在於透過網路能快速而大量的獲取訊息。人與人之間競爭的成敗決定於誰能在最短的時間內，將手中的資料訊息轉換成有助於決策判斷的資訊；而這種將資料訊息轉換成資訊的工具，即是統計學所探討的內容。本書注重於統計問題的形成、假設條件的陳述以及統計方法的選定邏輯，至於資料的數值運算，只使用一組資料，並介紹如何使用電腦軟體幫助計算。

商用統計學　顏月珠／著

　　本書除了學理與方法的介紹外，特別重視應用的條件、限制與比較。全書共分十五章，章節分明、字句簡要，所介紹的理論與方法可應用於任何行業，特別是工商企業的經營與管理，不但可作為大專院校的統計學教材、投考研究所的參考用書，亦可作為工商企業及各界人士實際作業的工具。

統計概念與方法　戴久永／著

　　統計學，近年來幾乎在各不同領域都扮演著越來越重要的角色。作者鑑於採用英文教科書教學的不便，乃全力完成此書。其編寫方式是希望藉助讀者生活體認及直覺理解的能力，沿著動機、理解、統計方法、例題、個案研究的順序進行，透過這些步驟必將有助於學習者更容易吸收統計知識。

統計學（上）（下）　張素梅／著

　　本書分為上、下兩冊，以淺近但不失嚴謹的文字，分別介紹敘述統計學，機率理論、重要機率分配與抽樣分配，估計與假設檢定，迴歸與相關分析，以及卡方檢定法。全書內容完整且深入淺出，適用於初學者。而為幫助讀者學得一套完整有系統的統計方法，本書特別強調統計方法的基本觀念，著重說明在何種情況下，何種問題適用何種統計分析方法。